www.kenneseditions.com
Dépôt légal : juin 2014 | D/2014/13.105/13
ISBN 978-2-8758-0025-1 | NUART 65-7778-5

Publié avec les autorisations des Éditions Hurtubise inc. – Montréal, Québec, Canada

Impression : Snel – Belgique

Josée Bournival

BÉBÉ BOUM

Roman

Collection du Québec
Kennes
éditions

Avant-propos

Bébé boum, ce n'est pas simplement le titre d'un roman. C'est mon quotidien. Depuis que je suis mère, ma vie est un grand tourbillon; un cataclysme dont je mesurais mal l'ampleur avant d'y être plongée; une tempête aussi exaltante qu'elle peut être terrifiante.

Bébé boum, ce sont quatre couples qui évoluent à vitesse supersonique. Au-delà des nausées et des ventres qui s'arrondissent, ce sont des relations amoureuses qui s'embellissent, se rident ou se transforment à cause d'un catalyseur nommé foetus.

Bébé boum, c'est un hommage aux femmes et aux hommes qui acceptent de se reproduire. Un portrait réaliste du voyage émotif inévitable de celui ou celle qui devient parent. C'est également mon pied de nez à tous ceux qui prétendent qu'un héros de roman doit être célibataire et aventurier. Les héros du quotidien, ce sont les parents.

Mes mots voguent vers vous dans leur version originale, sans aucune adaptation. Un cadeau pour moi qui chéris tant la langue imagée du Québec.

J'espère que derrière mon vocabulaire et mes tournures de phrases, les émotions décrites ne vous seront que trop familières. Que l'on soit d'Europe ou d'Amérique, un test de grossesse positif provoque assurément le même « boum »!

Bonne lecture!

Josée Bournival
Février 2014

À Clémentine

Lili poussa la porte de la boutique. Une clochette avisa le propriétaire des lieux qu'un client venait d'entrer dans son commerce. Elle n'avait que quelques secondes pour mettre son plan diabolique à exécution. Elle poussa le verrou et retourna la pancarte qui était accrochée à la porte pour aviser les acheteurs potentiels que le fleuriste était fermé.

— Qu'est-ce que tu fais là ?

Lili sursauta et se retourna pour faire face à Thomas. La lumière de malice qu'il put discerner dans l'œil de Lili n'avait rien pour le rassurer.

— J'te prends en otage pour quinze minutes.

Coquine, elle laissa tomber son sac à main sur le sol. Sa veste suivit le même chemin alors qu'elle faisait un pas dans la direction de Thomas.

— Chérie, je termine dans deux heures. Ça peut pas attendre ? dit Thomas en jetant un coup d'œil inquiet vers la porte.

— Moi, dans deux heures, je vais couvrir le lancement de la nouvelle interface de Biblioweb.

— Ça a l'air excitant, dit-il avec toute l'ironie dont il était capable.

— Pas aussi excitant que ce que j'ai en tête pour toi…

Pour ne laisser aucun doute sur ses intentions, Lili déboutonna langoureusement son chemisier et le laissa glisser sur ses épaules.

— Ici ? s'inquiéta Thomas.

— Il faut qu'on le fasse ce soir, pis je sais pas à quelle heure je vais rentrer, donc…

Lili captura les lèvres de Thomas et entreprit de le dévêtir. Elle mettait beaucoup d'ardeur à la tâche lorsqu'elle entendit un cliquetis derrière elle.

Une vieille dame se battait avec la porte verrouillée. Elle posa ses mains en visière afin de bien voir à l'intérieur du commerce. La vue des deux amoureux, à moitié dévêtus, la choqua. Elle asséna un coup de canne contre le bas de la porte pour signifier son mécontentement et partit en marmonnant ses prières.

— Tu me fais perdre des clients, lui reprocha Thomas, un sourire aux lèvres.

— J'vais te rembourser en nature, lui dit-elle en le poussant vers l'arrière-boutique.

CHAPITRE 1

Lili préparait le déjeuner. Du coin de l'œil, elle observait Thomas qui lisait tranquillement les nouvelles du jour sur le iPad. Mordue des technologies, elle avait convaincu son chum de s'abonner au journal en version électronique. Il avait cédé à sa requête, mais il regrettait l'odeur caractéristique de l'encre et du papier.

Il n'y avait pas plus différents qu'eux sur ce point : autant Lili adorait les gadgets et les nouveautés, autant Thomas était vieux jeu et terre-à-terre. Il aimait le bruit du journal grand format qu'on déplie pour découvrir la une. Au-delà du plaisir sensuel du papier, Thomas était surtout un homme d'habitudes qui n'aimait pas se faire bousculer.

— J'haïs ça flipper des pages ! se plaignait-il.

— Fais un effort. Ça commence à être gênant pour moi. J'suis chroniqueuse en nouvelles technologies pis mon chum lit du papier, a pas de cellulaire, pis loue des films en DVD.

— Les contraires s'attirent !

Chaque fois qu'elle lui reprochait de ne pas être à la fine pointe des technologies, Thomas esquissait un sourire. Depuis maintenant près de trois ans, ils étaient soudés l'un à l'autre, en parfaite symbiose. Il lui gardait les pieds bien ancrés sur le plancher des vaches alors qu'elle mettait de la folie dans son quotidien.

Lili prenait un malin plaisir à raconter leur rencontre. Elle s'était présentée chez le fleuriste afin d'égayer sa cuisine et de se faire croire qu'elle avait un amoureux. En fait, elle venait de se faire lâchement plaquer, par courriel. Elle avait demandé un petit bouquet de fleurs quelconque, sans même vraiment regarder la marchandise à travers le grand réfrigérateur vitré. Elle patientait à la caisse pour régler son achat lorsque Thomas, propriétaire de la boutique, lui avait tendu un magnifique bouquet de gerbéras ensoleillés. Ce n'était pas du tout ce qu'elle avait demandé. Elle s'apprêtait à critiquer le choix du fleuriste qui, visiblement, n'avait pas écouté sa demande, lorsqu'elle quitta le bouquet des yeux et fit la rencontre de ceux de Thomas. Des yeux calmes et patients, remplis de douceur. Elle en avait perdu ses mots pour quelques instants. Il en avait profité pour lui couper l'herbe sous le pied :

— Quand on est triste, ça prend des fleurs joyeuses. Celles-là vous vont comme un gant.

Pour la forme, il l'avait fait payer. Lili n'achetait pas des fleurs tous les jours, mais elle n'était pas dupe : on n'avait pas un bouquet aussi raffiné que le sien pour le prix d'un sac de chips.

Chaque fois qu'elle passait devant son bouquet rouge et orangé, Lili repensait aux yeux bleus qui l'avait assemblé. Est-ce que c'était ça le coup de foudre ? Pour en avoir le cœur net, Lili s'était présenté à la boutique de Thomas chaque semaine pour s'acheter un bouquet. Elle s'intéressait à la symbolique des fleurs, voulait des trucs pour éviter que ses achats se fanent trop rapidement, posait plein de questions. Tout était prétexte pour passer plus de temps auprès de cet homme qui accaparait désormais ses pensées.

Au bout de quelques semaines, Lili avait changé sa tactique et s'était présentée sur place avec une demande différente. Elle voulait un bouquet pour dévoiler son intérêt à un homme. Thomas, l'air déçu, lui avait recommandé une fleur unique, un lys blanc accompagné de feuilles de *monstera deliciosa*. Un bouquet épuré qui serait apprécié pour sa simplicité et sa pureté. Lili avait quitté la boutique, fleur à la main, pour y revenir cinq minutes plus tard. Lorsqu'elle avait tendu le bouquet à Thomas, il avait rougi de plaisir. Le café qui avait suivi la fermeture de la boutique avait été le premier d'une longue série qui ne semblait pas vouloir se terminer.

Lili réchauffa le café de son amoureux. Il détestait tellement lire sur la tablette électronique de sa blonde qu'il en oubliait de boire son café. Au moment de déposer le déjeuner sur la table, Lili surprit son chum en ajoutant un test de grossesse dans son assiette.

— Tu dois même pas avoir envie, tu viens d'y aller, se moqua-t-il gentiment.

Pour toute réponse, Lili cala le grand verre de jus d'orange de son amoureux.

— D'ici une demi-heure, je devrais avoir envie de nouveau.

Thomas redoutait cet instant. Déjà huit mois qu'ils essayaient d'avoir un enfant sans succès. Chaque mois, c'était la même histoire : Lili avait de nombreux signes qui lui laissaient croire qu'elle était enceinte. Thomas finissait presque par la croire tellement elle y mettait du cœur. Elle passait un test de grossesse et la triste réalité les rattrapait.

Si, au début, elle se remettait facilement de sa déception, maintenant elle avait besoin de quelques jours pour retrouver le sourire. Lili était obsédée par son envie de maternité et était inconsolable devant un test de grossesse négatif. Thomas, normalement si habile pour la consoler, ne savait plus quel argument utiliser. Il faut dire que lui aussi était déçu, mais il se gardait bien d'ajouter sa peine à celle de Lili. Chaque fois qu'il était question de grossesse, Thomas marchait sur des œufs.

— Pourquoi t'attendrais pas en fin de semaine pour le passer ?

— Pourquoi j'attendrais ?

— Un cycle, vingt-huit jours. Vingt-huit jours, quatre semaines. C'est toujours le samedi que tu passes ton test.

— Tu sauras que la technologie a évolué.

— Je sais, les tests peuvent être passés cinq jours à l'avance, mais c'est moins fiable comme résultat.

— Ça va être positif, je le sens.

Ça faisait au moins six mois en ligne que Thomas entendait la même phrase, prononcée avec espoir et conviction par sa blonde. Une phrase maudite qui précédait toujours une grande déception. Alors que Lili se dirigeait vers la salle de bain, le test de grossesse à la main, Thomas priait intérieurement pour qu'elle ait enfin raison.

Dans la chambre jouxtant la salle de bain où Lili s'était enfermée, Thomas ouvrit le tiroir de sa table de chevet. Il en sortit un hochet de bois qu'il avait fabriqué en cachette de Lili. Le précieux joujou avait été confectionné il y a fort longtemps, alors qu'il croyait naïvement que sa blonde tomberait enceinte en criant ciseaux. Chaque mois, c'était la même routine : Lili sortait de la salle de bain en larmes avec le test de grossesse négatif à la main. Thomas était toujours fasciné par la réaction de Lili. On aurait dit qu'elle avait honte de ne pas être enceinte, que son corps devait porter la faute de ce vide. Devant tant de chagrin, Thomas refermait alors subtilement le tiroir de la table de chevet en se disant que le mois prochain serait peut-être le bon et qu'il pourrait enfin montrer à Lili le jouet qu'il avait minutieusement conçu pour leur enfant.

Perdu dans ses rêveries, Thomas n'entendit pas Lili entrer. Un rapide coup d'œil lui confirma ce qu'il redoutait : ce n'était pas ce mois-ci qu'il pourrait offrir le hochet à Lili.

— On va se reprendre le mois prochain, risqua-t-il.

C'était son classique à lui. Une phrase générique et vide de sens, supposée panser la douleur d'un utérus vide. Lili accueillit la réplique sans manifester la moindre reconnaissance pour l'effort de Thomas.

— Comment ça se fait qu'on n'y arrive pas ? pleurnicha Lili. On est jeune, en santé, on mange bien…

— On a un QI élevé, on prend des REER à chaque année et je ramasse même mes bas sales. Tu sais bien que ça n'a rien à voir.

C'était bête, mais vrai. La nature a de drôles de lois lorsqu'il s'agit de conception. Certaines tombent enceintes sans le vouloir alors que d'autres, moins chanceuses, mettent des années à le devenir malgré tous leurs efforts. Lili était loin d'accepter cette fatalité. Il lui fallait un responsable ou une cause. Il fallait qu'elle ait quelque chose à faire pour remédier à la situation. Thomas savait que la pire crainte de Lili allait être exprimée sous peu. Tous ces questionnements sur leur incapacité à concevoir un bébé n'étaient que des détours et cachaient toujours la même grande crainte que Lili n'arrivait pas à formuler tellement cette éventualité lui faisait peur.

— Tout à coup que…

— On n'est pas stériles, la rassura Thomas. Ça fait juste quelques mois qu'on essaie. Mon chum Pascal, ça lui a pris deux ans avant que sa blonde tombe enceinte.

— Deux ans… Merci pour les encouragements !

Thomas avait le don de se mettre les pieds dans le plat. Contrairement à sa blonde qui gagnait sa vie avec son aisance à manier les phrases, il n'était pas vraiment doué avec les mots. C'était sans doute la raison de son choix de carrière. En devenant fleuriste, il laissait les fleurs et leur symbolique s'exprimer à sa place.

— Est-ce que c'est parce qu'on mérite pas d'être parents ? hoqueta Lili.

— Si ça allait au mérite, ça ferait longtemps que tu serais maman.

Lili refoula les larmes qui menaçaient d'envahir ses joues. Elle trouva refuge dans les bras de son amoureux. Pour une fois, Thomas avait fourni la bonne réponse : celle qui plaisait à Lili.

Le lendemain midi, Lili semblait déjà avoir repris du poil de la bête. Sa déception était de courte durée en comparaison avec les mois précédents. Thomas attribuait ce changement aux bons soins dont il entourait Lili. Il s'apprêtait d'ailleurs à lui servir un repas mijoté avec amour lorsqu'il sentit que la respiration de Lili s'était interrompue. Elle fixait son assiette, les yeux embués. Thomas hésitait sur la marche à suivre. Devait-il ignorer cet excès d'émotivité ou y plonger au risque de devoir ramer pendant de longues minutes afin d'en repêcher sa blonde ?

— Est-ce que c'est trop chaud ?

— Non. Ça a l'air parfait.

— Ça manque d'assaisonnement ?

— Non. C'est parfait.

Thomas savait bien que son repas n'était pas en cause. Lili n'avait pas touché à son assiette, comment pouvait-elle prétendre que l'assaisonnement était adéquat ? À contrecœur, Thomas plongea au cœur de la tempête.

— Pourquoi t'as envie de pleurer, Lili ?

— Les carottes.

Le cerveau de Thomas tournait à cent milles à l'heure pour comprendre ce que Lili sous-entendait. Thomas avait cuisiné un mijoté de porc auquel il avait pris soin d'ajouter de belles petites carottes biologiques. Un légume que Lili appréciait en temps normal. Mais un lendemain de test de grossesse négatif n'était pas un temps normal.

Le silence dura suffisamment longtemps pour que Lili lève les yeux et comprenne que Thomas avait besoin d'un peu plus d'explications.

— T'as fait des minicarottes.

— T'aimes pas ça ?

— Thomas, t'as fait des bébés carottes. Des BÉBÉS carottes !

Thomas eut envie d'éclater de rire, croyant à une bonne blague, mais l'air buté de Lili lui permit de se ressaisir à temps et d'éviter un faux pas.

Elle ne voulait pas l'embêter avec ses états d'âme, mais depuis quelque temps, Lili voyait des bébés et des femmes enceintes partout. Un peu comme lorsque vous planifiez un voyage en Tanzanie et que soudainement, tout le monde vous parle de grimper le Kilimandjaro. Sauf qu'au lieu d'augmenter l'anticipation comme dans le cas d'un voyage, ces rappels blessaient Lili et ne faisaient que souligner le fait qu'elle n'était pas enceinte.

— C'est une véritable obsession. Est-ce que je suis en train de virer folle, Thomas ?

Avant de répondre, Thomas regarda amoureusement sa blonde et lui prit la main.

— Moi, j'suis fou de toi. Alors un fou de plus ou de moins…

C'était aussi futile qu'un diachylon sur une fracture ouverte, mais Lili fit l'effort de sourire. Thomas n'était peut-être pas la meilleure personne pour la comprendre.

Le lendemain matin, lorsque son chum partit travailler, Lili pianota rapidement sur son clavier d'ordinateur. En attendant qu'Esther accepte sa demande de vidéoconférence, Lili s'observa dans la petite fenêtre ouverte au bas de l'écran. La caméra intégrée au portable lui retourna une image bien peu flatteuse : cheveux en bataille, visage blême et yeux rougis. Elle avait vraiment mauvaise mine. Elle n'aurait pas mis le pied dehors avec une telle tête de peur de faire fuir les voisins, mais plus de vingt années d'amitié pouvaient bien supporter cette vision d'horreur.

Esther était comme une sœur pour Lili. Les deux s'étaient connues à l'école primaire. À l'époque, Lili avait été fascinée par cette grande brune, première de classe, qui avait toujours le nez dans les livres. Sur l'heure du dîner, Esther mangeait souvent seule, le nez dans un bouquin. C'est Lili qui avait pris l'initiative de partager sa table, son lunch et ensuite ses rêves de petite fille. Si elle était solitaire, Esther n'était pas le souffre-douleur de la classe pour autant. Il était difficile de trouver sur quel front l'attaquer. On avait beau fouiller, creuser, elle semblait sans faille. En apparence, elle était parfaite : tenue impeccable, démarche fluide, silhouette élancée, endurante dans les sports, studieuse et récipiendaire de tous les honneurs académiques. Le peu de fois où elle s'entourait d'amies, on constatait même qu'elle avait une certaine forme d'humour. Intriguée, Lili avait patiemment travaillé pour ouvrir la carapace de cette fille et découvrir finalement qu'elle érigeait des barrières pour éviter d'avoir à parler d'elle. Elle cultivait son esprit pour avoir des sujets de discussion et ainsi faire dévier la conversation dès que quelqu'un lui posait une question trop personnelle. Enfant unique, Esther portait sur ses frêles épaules tous les rêves et toutes les ambitions de ses parents. Au contact de Lili, elle apprit à être une enfant, à s'amuser et à laisser tomber les apparences… un peu.

Lorsque Esther apparut à l'écran, Lili découvrit son amie en train de nettoyer le comptoir de la cuisine. Il était tôt, mais Esther était déjà coiffée, habillée et maquillée. La petite Emma, quatre ans, cadette de la famille, avait activé la caméra de l'ordinateur familial. Lili fit une grimace à la fillette qui éclata de rire, faisant valser ses longs cheveux nattés devant l'écran.

— Bon matin, Lili! lui cria Esther en rangeant sa guenille.

Pour toute réponse, Lili tint son test de grossesse devant la caméra de l'ordinateur. Comprenant qu'elle était enceinte, Esther cria de joie.

— Excite-toi pas trop, Esther, y a juste une barre.

— Excuse-moi. J'pensais…

— Moi aussi…

Tout avait été dit. Lili n'était pas enceinte. Encore. Avant d'enchaîner, Esther invita sa fille à passer dans l'autre pièce pour jouer un peu puisque maman avait des «choses de grands à discuter avec matante Lili». Emma quitta la pièce, intriguée par la mine triste de Lili.

— Lili, jette-moi ça à la poubelle. C'est morbide ! Tu vas quand même pas collectionner tous tes tests de grossesse négatifs ?

— Ben non. Parti comme c'est là, va falloir que je déménage pour tous les entreposer.

Bien sûr, elle exagérait, mais son ironie démontrait bien le chagrin accumulé par plusieurs mois d'essais infructueux.

Mère de deux enfants, Esther n'avait jamais connu de problème de conception. Elle n'avait qu'à voir son chum nu pour tomber enceinte. Elle ne savait donc pas quoi dire pour remonter le moral de Lili.

Esther était mariée depuis huit ans avec un de ses patients. À titre d'hygiéniste dentaire, elle rencontrait constamment de nouvelles personnes et avait craqué pour le beau Jean-François dès qu'il avait posé ses petites fesses rebondies et ses larges épaules musclées dans son fauteuil d'examen. Il avait une bouche parfaite. Des dents étincelantes, alignées à la perfection et qu'il entretenait avec minutie. À l'odeur, elle savait qu'il utilisait régulièrement la soie dentaire. Une perle rare en ces temps où plusieurs se gargarisaient à l'aide d'un rince-bouche ultra puissant en pensant camoufler leur laxisme à se brosser les dents. Elle ne pouvait s'empêcher de remarquer la douceur de ses lèvres et leur rose invitant. Elle était convaincue qu'il embrassait bien et en aurait fait l'expérience si elle avait eu un peu plus de courage. Mais les bonnes filles ne font pas ça. Elles se laissent désirer. Mille fois, Esther avait fantasmé en tenant fermement la mâchoire virile et rugueuse d'une main pendant qu'elle aspirait sa salive de l'autre. Si on lui avait prédit à la faculté de médecine dentaire que sa future profession serait source d'excitation charnelle, elle ne l'aurait pas cru. Tartre, gingivite et extraction étaient des mots dont le potentiel érotique était plutôt nul. Chaque fois qu'elle voyait le nom de Jean-François sur sa liste de patients, le rouge lui montait aux joues. Lorsqu'elle appelait son nom dans la salle d'attente, elle anticipait un frisson de plaisir.

Entre deux allers-retours de soie dentaire à l'arrière des molaires, Jean-François en profitait pour lui faire la conversation. Les patients n'étaient habituellement pas bavards et lorsqu'ils parlaient, c'était pour se plaindre d'une douleur aux gencives ou raconter, dans le menu détail, leurs déboires amoureux. Esther n'y prêtait qu'une oreille distraite et continuait à poncer l'émail des clients. Avec Jean-François, c'était différent. Il s'intéressait à elle, posait des questions sur sa profession et Esther avait bien senti qu'il la reluquait des pieds à la tête dès qu'elle lui tournait le dos.

Lorsque Jean-François s'était mystérieusement mis à souffrir de maux de dents répétés, Esther avait vu clair dans son jeu et n'avait pas hésité une seconde à accepter d'accompagner ce grand sportif pour une balade en forêt. Elle avait dépensé une fortune pour s'équiper de nouvelles chaussures et d'un ensemble décontracté mettant en valeur ses courbes jusqu'à présent cachées sous un uniforme très peu seyant. C'était un investissement intelligent, qui avait résulté en une demande en mariage officielle un an plus tard et la naissance de deux enfants aussi charmants et attachants l'un que l'autre.

De l'extérieur, même après huit ans de mariage, le couple formé par Esther et Jean-François faisait envie. C'était d'ailleurs le modèle familial parfait aux yeux de Lili, celui vers lequel elle tendait de toutes les fibres de son être.

— On dirait que ça lui fait rien.

Revenant au moment présent, Esther comprit que sa meilleure amie se plaignait de la réaction de Thomas devant le test de grossesse négatif.

— Ben non, c'est juste parce que c'est un gars.

— On dirait qu'il n'a pas hâte que je sois enceinte. Y a fallu que je me batte avec lui pour passer le test de grossesse.

— J'vois pas de traces de sang dans la cuisine, fit Esther d'un air sceptique, en espérant faire sourire Lili.

Le silence s'éternisait. Lili fixait son clavier d'ordinateur, les yeux dans l'eau. Esther en était à se demander si elle ne devrait pas inviter Lili à luncher lorsque Emma fit irruption dans la salle à manger avec Gontran, un vieux singe en peluche défraîchi qui avait connu de meilleurs jours. Emma installa Gontran afin qu'il monopolise tout l'espace devant la caméra de l'ordinateur.

— Lorsque j'ai du chagrin, maman me dit de tout raconter à Gontran. Veux-tu lui parler, matante Lili ?

Lorsque la fillette retira sa peluche, Esther découvrit que Lili, pour la première fois ce matin-là, avait l'ébauche d'un sourire sur le visage.

— Non merci, Emma. Matante a aussi son Gontran.

Lili pointa le doigt vers la caméra. Un petit rire cristallin explosa alors dans l'autre cuisine.

— C'est maman ! cria Emma.

Devant l'hilarité de sa fille et le début d'un vrai sourire sur le visage de son amie, Esther accepta de se ridiculiser pour la bonne cause en jouant les offusquées.

— Franchement, me comparer à un vieux singe poilu. Vous êtes pas gênées !

Esther profita de cette faille dans la mauvaise humeur de Lili pour les inviter, elle et Thomas, à venir souper à la maison, plus tard cette semaine. Lili accepta avant de prétexter du boulot pour raccrocher.

Une fois la conversation vidéo terminée, Esther serra sa fille dans ses bras.

— T'es meilleure que maman pour consoler.

Pour toute réponse, Emma entoura le cou de sa mère avec ses petits bras et serra autant que ses muscles délicats le lui permettaient. À cet instant précis, Esther était une maman comblée.

Après avoir conduit Emma à la garderie, Esther se dirigea vers le centre-ville où elle avait rendez-vous avec son médecin. Une fois la voiture stationnée à quelques coins de rue du cabinet du docteur Champagne, Esther fouilla dans son sac à la recherche de ses précieux antidépresseurs et en avala deux. Elle remit le tout au fond de son sac à main. C'était la meilleure cachette possible afin que personne ne soupçonne sa prise de médicaments. Jamais Jean-François n'oserait mettre le nez dans son sac. Même chose pour les amis ou les collègues. Il n'y avait que les enfants à surveiller. Si la majorité des mères redoutait qu'un rejeton sorte des condoms ou des tampons de leur sac à main, Esther craignait uniquement de voir apparaître son flacon de pilules.

Emma avait déjà trouvé les antidépresseurs alors qu'elle était à la recherche de maquillage pour jouer à la princesse. Heureusement, Esther était seule à la maison avec sa fille et avait récupéré ses médicaments avant que quelqu'un d'autre ne les voie, ou qu'Emma s'y intéresse de trop près et pose des questions. Elle avait sacrifié un rouge à lèvre flambant neuf afin de détourner l'attention de sa fille. Un secret comme celui-là valait plus que tous les bâtons Chanel ou Lancôme du monde. La petite s'était coloré les joues et les lèvres de carmin et avait rapidement oublié les bonbons dans la sacoche de maman.

Cela faisait près de deux ans qu'Esther consommait, sur une base quotidienne, ces pilules miracles qui lui permettaient de fonctionner. Si elle avait été réticente à se faire prescrire des antidépresseurs, c'était davantage par orgueil que par scepticisme. Chaque mois, elle prétextait un rendez-vous chez l'esthéticienne pour se rendre incognito dans la ville voisine et se procurer ses pilules. Jamais elle ne les aurait demandées au pharmacien du coin. Elle mourrait de honte si quelqu'un connaissait son secret et, surtout, pouvait l'éventer.

Personne dans son entourage ne soupçonnait sa dépression et c'était très bien ainsi. Grâce aux médicaments, elle avait été en mesure de continuer de travailler et avait rapidement retrouvé son entrain. Du moins, c'est ce qu'elle laissait croire aux autres. Mais souvent, seule derrière une porte close, elle pleurait. Elle refaisait alors son maquillage et sortait avec le masque de la superwoman qu'elle souhaitait incarner.

C'est ce même masque qu'elle présenta à la réceptionniste de la clinique. De l'extérieur, on aurait pu croire qu'elle était une représentante pharmaceutique en visite de courtoisie davantage qu'une patiente assidue. Heureusement, le docteur Champagne était perspicace et connaissait bien ses patients.

Esther entra donc dans le chaleureux cabinet et s'assit sur le bout de la chaise réservée aux patients. Devant elle, le docteur Champagne repoussa une mèche de cheveux argentés derrière son oreille tout en consultant le dossier d'Esther.

— De légers maux de tête, vous dites ?

Esther acquiesça en silence, mal à l'aise. Elle n'aimait pas demander un rendez-vous d'urgence entre ses visites mensuelles, mais depuis quelque temps, les effets secondaires se multipliaient. Elle attribuait ces désagréments au changement de posologie effectué le mois dernier.

— Madame Leblanc, je vous suis depuis presque deux ans. Vous n'auriez pas demandé un rendez-vous d'urgence pour de légers maux de tête.

Esther était consciente de l'incongruité de la situation, mais elle hésitait à dévoiler tous ses symptômes de peur que son médecin augmente la posologie. Les antidépresseurs l'endormaient et elle craignait de devenir un danger public. N'empêche, tant qu'à être là...

— J'ai aussi une perte d'appétit. J'ai facilement la larme à l'œil et je dors un peu moins bien. Je me sens parfois agressive sans raison, j'ai de l'enflure au niveau des extrémités, ma libido est à zéro, même mon cycle menstruel est déréglé. Moi qui suis une horloge suisse, je suis toute débalancée.

Plus elle parlait et plus les mots s'enchaînaient à une vitesse folle. Elle avait retenu ces maux trop longtemps et craignait de ne pas tout dire si elle prenait le temps de respirer en cours d'énumération. Pour saluer son courage, le docteur Champagne hocha la tête avec satisfaction et nota la liste de récriminations dans son dossier.

— Je vais vérifier si l'infirmière est disponible pour vous faire des prises de sang. Certains symptômes m'inquiètent un peu.

«On est deux», pensa Esther dont le niveau de stress atteignait des sommets.

Frédérique ouvrit les yeux et vit un homme à ses côtés. Le matelas posé à même le sol qui lui servait de lit était envahi par les grands membres musclés de son amant endormi. Elle prit quelques instants pour remettre ses idées en place et se releva sur un coude afin de dégager une mèche de cheveux du visage de l'homme. Elle se rappelait.

La veille, elle était sortie dans un bar avec ses copines et était tombée sur Patrick, un amant occasionnel. Quelques verres et regards appuyés avaient suffi pour ramener son adonis à la maison pour une partie de jambes en l'air digne des scènes les plus torrides tournées sur les grands plateaux hollywoodiens. Patrick était un amant formidable, mais il avait la fâcheuse habitude de s'endormir après une bonne baise. Frédérique était toujours mal à l'aise de se réveiller à ses côtés.

Un rapide coup d'œil au réveille-matin lui confirma qu'elle allait être en retard pour le travail. Elle poussa effrontément l'épaule de son amant pour le réveiller. Il se contenta de grogner. Elle glissa donc sa main sous les couvertures en direction de son entrejambe afin de lui prodiguer une caresse dont elle avait le secret et qui pouvait réveiller les morts. Malgré son ardeur au travail, l'abus d'alcool semblait lui voler la vedette ce matin.

Ne restait plus qu'une solution : lui lancer un verre d'eau à la figure. Manœuvre qui eut pour seul résultat que Patrick se retourna et cuva son vin vers le mur opposé.

C'est à ce moment que le cellulaire de Frédérique sonna. La ritournelle faisant office de sonnerie résonnant beaucoup trop fort dans la petite chambre, Patrick se réveilla enfin. Frédérique vérifia l'appelant, sacra et entreprit de s'habiller sans répondre.

— Tu réponds pas, Fred ?

— Bon matin, Patrick.

— Cédric.

Oups. Frédérique commençait à mélanger ses amants. Au moins, elle avait eu le chic de le confondre avec un prénom similaire. Elle fit comme si elle ne s'était pas trompée et essaya de changer de sujet. Il avait beau être saoul, Cédric avait de la suite dans les idées.

— Tu réponds pas ?

— Mauvais moment pour cet appel-là.

— Prends-le ! Je parlerai pas.

— La personne va rappeler.

Comme pour lui donner raison, le téléphone devint muet. Frédérique n'aimait pas rendre des comptes et ne voyait pas l'utilité d'une discussion quand elle souhaitait simplement se retrouver seule dans son appartement.

— Tu vois quelqu'un d'autre ? hasarda le jeune homme.

Voilà, le mal était fait. Une simple phrase qui avait le don de tout gâcher. Encore un nom à rayer de son carnet de rappel. Frédérique évita soigneusement une réponse honnête et prit mille détours pour ne pas blesser l'orgueil de sa baise de la veille. En plus d'avoir de la suite dans les idées, Cédric avait un minimum d'intelligence. Il sentit bien que Frédérique essayait de se défiler.

— C'est pas parce qu'on n'est pas *steady*, Fred, qu'on peut pas être honnête.

Frédérique comprit qu'elle avait gaffé. En voulant éviter le sujet, elle y mettait plutôt l'emphase. Cédric voulait de l'honnêteté, il allait en avoir.

— Dans ce cas-là, achète-toi des bobettes. Tes vieux boxers troués, c'est pas sexy.

— C'est pas ce que tu criais hier...

À l'évocation de se souvenir, Frédérique sourit et se dit que finalement, elle attendrait un peu avant de rayer définitivement le nom de Cédric de sa liste de rappel. Elle en était à ces réflexions lorsque le téléphone sonna de nouveau. De crainte que ce soit son patron, elle vérifia qui téléphonait.

— Pas encore elle !

— C'est une *chick* ? Là, tu m'intéresses.

— Crois-moi, c'est vraiment pas ton genre.

— Faudrait vérifier ça...

— J'suis en retard, tu barreras en sortant. Reste pas trop tard, OK ?

Sans même un baiser, Frédérique quitta l'appartement. Pendant que Cédric rêvait d'un trip à trois, Frédérique se demandait bien pourquoi sa mère appelait encore.

Jeannine déposa le combiné du téléphone, songeuse. Déjà trois messages qu'elle laissait à sa grande fille de vingt-sept ans sans avoir un retour d'appel. Elle était habituée au silence de sa grande. Frédérique et elle n'étaient pas toujours en bons termes. Les relations mère-fille, c'est parfois compliqué. Lorsqu'on est fille, on veut prendre ses distances. Lorsqu'on est mère, on essaie de resserrer le lien, parfois maladroitement.

C'est ce à quoi Jeannine travaillait chaque jour que le bon Dieu amenait : garder un lien avec sa fille. Quelques mois après sa naissance, quand son père avait choisi de les abandonner, Jeannine s'était promis de chérir son trésor et de lui offrir un foyer exemplaire malgré l'absence du papa. Elle serait la mère, mais ferait aussi office de père pour son enfant.

Elle s'était plutôt échinée à la nourrir de peine et de misère, additionnant les petits boulots minables afin de la gâter un peu. Des emplois précaires, mal rémunérés et à heures variables qui la tenaient trop souvent à l'extérieur de l'appartement qu'elles partageaient. C'était la voisine qui avait élevé sa fille pendant qu'elle gagnait leur croûte. Heureusement que le destin avait mis cette femme généreuse sur sa route. Elle prenait Frédérique sous son aile comme sa propre petite-fille.

Au fond d'elle-même, Jeannine reconnaissait que si elle avait été cruellement absente pour la petite Frédérique, c'était sans doute ce qui pouvait lui arriver de mieux. Elle n'avait que seize ans lorsqu'elle était tombée enceinte, n'était pas prête à être mère et ne connaissait rien aux enfants. Les bons soins de la grosse voisine chaleureuse étaient ce qu'il y avait de mieux pour sa fille. Elle préférait travailler et laisser Frédérique à une étrangère plutôt que d'être à la maison avec elle.

Elle s'en voulait de toutes les erreurs dont Frédérique avait fait les frais et essayait aujourd'hui de se faire pardonner à coups de gâteau au chocolat et d'appels téléphoniques.

Jeannine regarda sa montre.

— Si la montagne ne vient pas à toi, va à la montagne.

Du plat de la main, Jeannine asséna des coups répétitifs sur la porte de l'appartement de sa fille. Impatiente, elle utilisa même la sonnette et ne se gêna pas pour appeler sa fille à travers la porte fermée. Un voisin de palier sortit dans le corridor pour lui demander de baisser le ton. Jeannine se contenta de lui sourire et recommença à cogner de plus belle.

Lorsque Cédric entrouvrit légèrement la porte pour y passer la tête, Jeannine crut un instant s'être trompée d'appartement. Elle vérifia le numéro affiché sur la porte et constata du même coup que Frédérique avait un nouveau copain.

— Ça sent le bon café. Ça te dérange pas si j'en prends une tasse avec vous ?

Sans attendre de réponse, Jeannine pénétra dans l'appartement. Ce n'est qu'une fois à l'intérieur qu'elle réalisa que son futur gendre était nu comme un ver. Le pauvre cachait son sexe avec ses mains.

— J'suis ta belle-maman. Mais tu peux m'appeler Jeannine, dit-elle en lui tendant la main.

En prenant bien soin de transférer son arsenal génital dans sa main gauche, le jeune homme tendit la main droite à Jeannine.

— Frédérique est au travail, enchaîna Cédric pour se donner une contenance. C'est pas ce que vous pensez…

— Ben non ! s'esclaffa Jeannine. T'es tout nu dans l'appartement de ma fille pis elle est même pas là. Tu dois être son comptable !

Jeannine s'amusait de la gêne du jeune homme. Afin de lui permettre de se vêtir, elle lui tourna le dos et entreprit de nettoyer une tasse qui traînait sur le comptoir pour y verser le fond de café qui patientait sur le réchaud. L'appartement ressemblait à un champ de bataille. Rien à voir avec l'entretien maniaque qu'on retrouvait chez Jeannine.

— J'espère que t'es pas pressé, cria-t-elle à Cédric, parce qu'on va faire un peu de ménage. C'est le bordel ici !

— C'est que…

— Pas besoin de me remercier, le coupa Jeannine. Ça me fait plaisir. Tu diras juste à Frédérique qu'elle m'appelle.

En moins d'une demi-heure, l'appartement avait retrouvé des allures respectables. Satisfaite, Jeannine avait quitté son gendre pour se rendre au travail. Comme à chaque début de quart de travail, elle entreprit de mettre de l'ordre dans le présentoir de magazines de la pharmacie. Elle adorait les magazines féminins et les revues à potins. Elle profitait toujours de son classement matinal pour lire quelques nouvelles piquant sa curiosité avec des titres accrocheurs.

Elle en était justement à lire les déboires de jeunes starlettes américaines lorsque la conseillère de la section cosmétique, une belle d'Ivory d'à peine vingt ans, lui tendit un tube de crème.

— Tiens. C'est la meilleure qui existe en vente libre.

— Ça a l'air qu'elle fait des miracles ! s'excita Jeannine.

C'est du moins ce que Jeannine avait lu le mois dernier dans tous ses magazines. Soit le fabricant s'était offert une campagne de publicité monstre et avait soudoyé les équipes de rédaction, soit c'était une crème vraiment efficace. Jeannine préférait croire à la deuxième option.

— Ça va pas te transformer en Monica Bellucci, Jeannine, mais ça va atténuer tes rides.

— J'te dois combien ?

— Rien pantoute. C'est un démo. J'dirai qu'on se l'est fait piquer.

Jeannine glissa donc le minuscule tube dans la poche de son uniforme et continua de placer des magazines. L'employée, qui allait partir, se ravisa :

— T'en est où avec tes projets de bébé ?

— On attend les résultats du dernier traitement de fertilité. T'es fine de te renseigner.

— C'est surtout que j'ai des supercrèmes pour les vergetures. C'est plus ça le rayon des femmes enceintes. Crème antirides et test de grossesse, on dirait que ça va pas ensemble. Sauf quand tu vois naître des rides dans ta face !

Fière de sa blague, l'employée rit de bon cœur pendant que Jeannine se contentait de sourire tristement. Ça faisait huit ans qu'elle essayait de tomber enceinte, sans succès. Maintenant âgée de quarante-trois ans, elle était l'objet de blagues douteuses et de commentaires étonnés dès qu'elle parlait de son désir d'être mère. Combien de fois lui avait-on dit qu'elle était trop vieille, de laisser ça aux plus jeunes, que son tour était passé, que c'était de la folie de vivre une grossesse à un âge aussi avancé ? Chaque fois, elle refusait d'entendre les sarcasmes, mais les années qui passaient commençaient à user sa foi.

On s'étonnait de sa persévérance. Elle avait déjà une grande fille, elle avait connu la maternité. Pourquoi alors défier les lois de la nature et se payer une grossesse à coups de traitement de fertilité ? Sa réponse était invariablement la même :

— Ma fille répond jamais quand j'appelle. C'est tout un exploit de l'avoir à ma table. Quand quelque chose va pas, elle se confie à son beau-père plutôt qu'à sa mère. Ça te donnerait pas le goût de recommencer, toi ?

Ce que Jeannine ne disait pas, c'est qu'un deuxième enfant lui offrirait une sorte de rédemption, l'occasion de s'amender comme mère. Et ça, Jeannine en avait grandement besoin…

Frédérique portait un chandail décolleté. Elle n'avait pas mis grand temps à comprendre que plus le décolleté plongeait, plus les pourboires étaient intéressants au café où elle travaillait comme serveuse depuis bientôt trois ans. La clientèle de jour était constituée de professionnels dont les bureaux étaient à distance de marche et qui venaient casser la croûte ici avec leurs clients. En soirée, c'était davantage une faune bigarrée qui envahissait les lieux. Les jeunes professionnels côtoyaient les étudiants et les habitués d'un certain âge qui reluquaient la chair fraîche avec plus d'appétit que le menu.

Frédérique en était à servir un client lorsqu'un livreur de fleurs fit son entrée et se dirigea vers elle avec un bouquet volumineux.

— Encore ! s'exclama Frédérique à l'intention du livreur. Tu me gâtes trop.

— Celles-là sont pas de moi.

La phrase sous-entendait que Frédérique avait « oublié » de le rappeler. Il était mignon, mais ne faisait pas le poids contre tous les apollons gravitant dans les environs. Il lui offrait des fleurs en espérant un rendez-vous galant officiel. Il avait pris l'habitude, comme bien d'autres, de coller au bar en soirée pour lui parler. Il laissait de bons pourboires. Voilà pourquoi Frédérique s'était intéressée à lui. Quel était son nom déjà ? Patrick, peut-être ?

— Ça doit être de la part de mon beau-père, expliqua-t-elle en pointant le bouquet.

— Ton beau-père fait six pieds, à peu près trente ans, gueule d'acteur hollywoodien ?

— C'est lui tout craché ! mentit-elle.

Ça ressemblait plutôt à la description de Cédric. Frédérique signa le bordereau et laissa filer le livreur. Il y aurait une place de libre au bar ce soir.

Après l'heure du lunch, Frédérique accueillit son client préféré avec deux grosses bises sonores sur les joues. Le petit homme bedonnant, mi-quarantaine, prit place au bar pour siroter un café offert par la maison. Il tendit un minuscule bouquet de fleurs, acheté à la pharmacie, constitué d'œillets et de marguerites aux couleurs surréalistes. Frédérique le prit entre ses mains comme si c'était la huitième merveille du monde.

— Pourquoi les fleurs ? demanda-t-elle innocemment.

— Ça fait dix ans.

Dix ans que Gerry portait le titre de beau-père. Il achetait un bouquet de fleurs pour sa princesse tous les mois d'avril. Depuis qu'il avait fait la rencontre de Jeannine, Gerry était doublement amoureux. Il avait rencontré une femme parfaite pour lui et la fille de cette dernière était devenue comme sa propre fille, son propre sang.

Gerry se souvenait parfaitement de son premier contact avec l'adolescente de dix-huit ans. Une soirée catastrophique. À l'époque, Frédérique était déjà en appartement et ne se montrait le bout du nez chez Jeannine sous aucune considération. Jeannine avait donc invité Gerry chez Frédérique pour faire les présentations. Elle était certaine que sa fille accueillerait positivement cet homme bon et généreux. Elle avait donc apporté des provisions pour concocter un repas vite fait et une bouteille de vin achetée à l'épicerie pour arroser son festin.

Gerry avait remarqué tous les efforts déployés par Jeannine pour plaire à sa fille. Elle avait enfilé une jolie robe, s'était maquillée – ce qui était rarissime à l'époque – mais surtout, il avait senti la moiteur de la main de Jeannine lorsqu'il avait voulu lui faire un baise-main avant d'entrer dans l'appartement de sa belle-fille. Elle était nerveuse à l'idée qu'ils se retrouvent tous les trois ensemble.

Et pour cause ! Frédérique avait refusé de serrer la main de Gerry lorsque Jeannine, le rouge aux joues, les avait présentés. Le repas s'était déroulé avec un enchaînement parfait de silences embarrassés, de répliques qui tombent à plat et de reproches à peine voilés. Gerry en était à se dire qu'ils devraient partir lorsque Frédérique avait dépassé les bornes : elle avait carrément insulté sa mère, la femme dont il était amoureux. Elle lui avait dit qu'elle ressemblait à un clown avec son maquillage et que si elle n'était pas capable d'appliquer du *eyeliner*, mieux valait faire de la peinture à numéro.

Plutôt que de réagir, Jeannine avait détourné le regard, blessée. Gerry s'était levé, autoritaire mais calme. Il avait simplement dit à la jeune femme que sa mère préférait se présenter ici maquillée, même comme un clown, plutôt que de venir le visage à nu de peur que son ingrate de fille puisse y lire toutes les nuits blanches et les rides d'inquiétude qu'elle lui causait. Il avait enchaîné en lui souhaitant de comprendre, un jour. Ensuite, il avait pris Jeannine par la main en lui souriant avec chaleur et ils avaient quitté les lieux, laissant Frédérique seule avec ses pâtes trop cuites et son verre de vin bon marché.

Dans les jours qui avaient suivi, Jeannine avait reçu un coup de fil de sa fille. Elle ne s'était pas excusée de son comportement, mais Gerry savait qu'il était à l'origine de cette petite révolution. Il avait marqué un point. En faisant preuve d'une autorité souple, il avait obtenu le respect de Frédérique. Respect qu'elle lui portait encore aujourd'hui, plus que jamais.

Le baiser de Frédérique sur sa joue le tira de sa rêverie :

— Dix ans déjà que je t'endure comme beau-père. J'suis faite forte !

Derrière la plaisanterie, Gerry voyait surtout le compliment. Frédérique n'avait pas besoin d'un père. C'est ce qu'elle clamait haut et fort. Pourtant, il était certain qu'elle appréciait chaque parole ou geste paternel qu'il avait à son endroit. S'il la voyait avec un petit copain, il se permettait de questionner le jeune homme sur ses projets d'avenir, comme l'aurait fait un bon papa avec sa fille de quatorze ans. Il était toujours là pour débloquer un tuyau, l'aider à déménager ou lui dire qu'elle était jolie. Et lorsque le compliment venait de Gerry, Frédérique savait qu'il ne parlait pas de ses fesses. C'était rare qu'un homme s'intéresse à son âme.

— Tu parles pas, Gerry ? Je m'attends à ce que tu me marchandes ton bouquet.

« La petite vlimeuse, pensa Gerry. Elle me voit venir avec mes gros sabots. »

— Dix ans, ça mérite un souper…

Sachant très bien où Gerry voulait en venir, Frédérique joua les innocentes :

— Un souper en tête-à-tête ? Juste toi et moi ?

Gerry la regarda d'un air entendu. Chaque année, c'était la même rengaine. Il essayait d'obtenir la présence de Frédérique pour un repas familial. Un vrai repas, à la maison, où ils devaient se parler aimablement. Gerry les appelait ses repas de l'armistice. Chaque année, la guerre était difficile à gagner avec Frédérique. Cette fois ne faisait pas exception.

— Ça va prendre plus que des fleurs pour me traîner dans la cuisine à ma mère.

— C'est quand même grâce à elle qu'on s'est rencontrés.

L'argument ne donna rien. Alors, d'un geste théâtral, Gerry sortit son chéquier. Il tapota le bout de sa langue avec la pointe d'un stylo, prêt à céder sa fortune pour avoir les deux femmes de sa vie autour de la même table.

Frédérique rit de bon cœur en voyant son beau-père insister, mais elle n'avait pas envie de se soumettre à la torture du repas annuel, aussi elle trouva une excuse classique pour se défiler :

— J'suis débordée, Gerry. On a une serveuse de malade. Regarde le café.

L'air dubitatif de Gerry en disait long. Il avait l'habitude des excuses de Frédérique. Elle pouvait user de beaucoup d'imagination pour éviter sa mère. En gardant le silence, il savait que Frédérique finirait par avouer la vérité.

— OK. OK. J'ai juste pas le goût d'y aller.

— Mais nous on a le goût que tu viennes. On pourrait pas gagner pour une fois ?

— Tu connais les talents culinaires de ta femme. C'est pas un très grand incitatif, t'avoueras.

— Avec une bonne bouteille de vin, ça passe, non ?

Frédérique était loin d'être convaincue. Elle aurait plutôt misé sur un cellier tout entier.

Jeannine assistait justement à un cours de cuisine pour parfaire ses techniques culinaires. Une collègue avait suivi une session intensive et prétendait être maintenant la reine des fourneaux. Jeannine n'en demandait pas tant, elle prit donc un cours à la carte sur les desserts. Sa fille raffolait du chocolat et elle espérait l'impressionner un peu lors du prochain souper de l'armistice.

Le professeur en était à la liste d'ingrédients pour obtenir un gâteau au chocolat moelleux. Bonne élève, Jeannine prenait tout en note dans un calepin. Elle ne voulait pas oublier un seul détail et sa main avait de la difficulté à suivre le rythme de croisière du professeur. Sa page était donc recouverte de pattes de mouche qu'elle aurait sans doute de la difficulté à relire une fois armée de cacao et de poudre à pâte. Qu'était-il en train de dire justement ?

— Évidemment, on peut varier les épices au goût. En autant que le mariage soit harmonieux avec le cacao.

Jeannine avait toujours cuisiné avec des capuchons de chocolat et non pas du cacao en poudre. Elle leva donc la main pour poser une question. Instantanément, un roulement d'yeux collectif se produisit. Jeannine avait tendance à poser beaucoup de questions et le déroulement du cours en était affecté.

— On peut pas prendre des Chipits à la place ?

— Oui, mais ça va être compliqué pour vous, je pense, de modifier la recette. Faudrait couper le sucre et enlever tout le cacao. Peut-être même augmenter la quantité de farine pour compenser le gras des Chipits.

Le dernier mot avait été prononcé avec dédain. Jeannine ne pouvait pas concevoir que quelqu'un n'aime pas les capuchons de chocolat. Elle en raffolait au point d'en faire fondre dans son café à l'occasion.

— Fini la théorie, mettez-vous en équipe de deux.

Jeannine se tourna vers sa gauche, mais son voisin était déjà en conversation avec une autre élève. Vers la droite, elle tomba sur un dos qui lui était obstinément tourné. Derrière, devant, tous les participants semblaient couplés. Jeannine comprit alors sa chance : elle devrait faire équipe avec son professeur. C'était comme un cours privé, mais au prix d'un cours de groupe. Le regard que lui rendit son professeur hurlait silencieusement qu'il ne partageait pas son enthousiasme.

Après une heure de travail acharné, Jeannine avait récolté une galette à moitié cuite, brûlée sur le pourtour. Tous les participants emportaient leur gâteau à la maison pour le partager avec leurs proches. Jeannine partit les mains vides en se disant qu'elle devait absolument avoir un gâteau au chocolat sur la table pour son souper de famille. Lors de ses nombreux messages laissés sur la boîte vocale de Frédérique, elle avait utilisé l'argument d'un bon gâteau au chocolat fait maison pour appâter sa fille. Elle avait mentionné son cours de cuisine et son envie de s'améliorer. Elle ne pouvait pas décevoir.

En chemin, elle s'arrêta à l'épicerie dans la section des surgelés. Elle y trouva un gâteau de marque Deep'n Delicious, reconnaissable entre mille avec sa forme rectangulaire et son crémage automatisé. Ça ferait un bon dessert, mais Gerry et Frédérique soupçonneraient facilement qu'elle n'en était pas l'auteure.

Elle fit donc un détour pour entrer dans une petite pâtisserie qu'elle ne fréquentait pas habituellement, mais qui avait bonne réputation selon Monique, la grosse caissière de la pharmacie. À lui voir la largeur de l'arrière-train, Jeannine ne doutait pas que leur marchandise soit appétissante. Elle se retrouva donc devant un comptoir rempli à craquer de desserts variés où chaque client salivait, les yeux émerveillés.

Jeannine repéra ce qu'il lui fallait et apostropha le commis.

— Ce gâteau-là... il est au chocolat ?

— Il s'agit d'une ganache royale confectionnée avec du cacao de Madagascar, répondit de manière gourmande l'homme bedonnant.

Elle n'avait aucune idée de l'emplacement de Madagascar sur le globe terrestre et n'y associait que le film d'animation du même nom, mais le gâteau était sublime. Un seul doute subsistait : est-ce que Gerry et Frédérique allaient croire qu'elle avait elle-même préparé ce chef-d'œuvre chocolaté ?

Elle avait un doute. Minime, mais un doute quand même. Et dans le doute, Jeannine s'abstenait.

Une fois rendue à la maison, elle transforma la cuisine en véritable champ de bataille avec l'intention d'avoir le dessus sur sa recette de gâteau au chocolat. Elle ne s'avouait pas vaincue et entreprit de déchiffrer les gribouillis dont elle avait noirci son calepin de notes. Une fois les ingrédients sur le comptoir et le matériel nécessaire sorti des armoires, elle inspira profondément pour se donner un peu de courage puis s'attaqua à la confection du dessert.

Lorsque Gerry arriva, le spectacle avait de quoi faire rire. Il y avait de la farine partout, beaucoup trop de vaisselle sale pour une recette aussi simple et au milieu du carnage culinaire, une Jeannine angoissée comme si sa vie dépendait du résultat de l'expérience en cours. Gerry ne dit rien pour ne pas déconcentrer sa douce moitié et s'assit sur le tabouret lui faisant face, de l'autre côté du comptoir. Lorsqu'elle remarqua sa présence, il en profita pour l'embrasser et se retrouva avec de la farine sur le bout du nez.

— Fred a un nouveau chum, lui annonça Jeannine. Un beau garçon, mais pas fort fort sur l'aspirateur. Il tournait les coins ronds.

Gerry ne s'étonna pas du récit de Jeannine. Sa femme avait l'habitude de s'imposer chez Frédérique. Il décida de ne pas briser ses illusions quant aux liens unissant sa fille au jeune homme timide qu'elle lui dépeignait. Jeannine ne réalisait pas que les mœurs de sa fille étaient légères… De toute façon, Jeannine avait interrompu son récit pour se concentrer sur la recette qui semblait lui donner du fil à retordre.

— Besoin d'aide, trésor ?

— Non. Besoin de… bicarbonate de soude, essaya de décrypter Jeannine.

Jeannine savait bien que l'ingrédient en question était une petite poudre blanche, mais elle avait toujours confondu la poudre à pâte et le bicarbonate.

— C'est la p'tite vache, vulgarisa Gerry pour lui venir en aide.

— Y en a qui se compliquent la vie avec leurs grands termes culinaires. Ils devraient lire un peu sur la simplicité volontaire.

Gerry sourit intérieurement. Sa Jeannine avait tendance à prendre pour paroles d'évangile tout ce qu'elle lisait dans ses magazines féminins. Depuis qu'elle avait lu un article sur le sujet, elle avait réaménagé leur intérieur, jeté ce qui ne servait plus et donné aux pauvres tout ce qui avait plus de quinze ans d'âge et encombrait inutilement leurs tiroirs. Il n'y avait que ses nombreux arrangements en fleurs séchées qui avaient été épargnés par le tsunami de la simplicité volontaire. Gerry se doutait bien que ce n'était qu'une mode de passage dans la vie de Jeannine et que d'ici quelques années, elle accumulerait des babioles inutiles de nouveau.

La seule lubie qu'elle entretenait constamment concernait le pouvoir de la pensée positive. Jeannine avait lu *Le Secret* et continuait de mettre en application les principes qu'on y retrouvait. Elle persistait à croire que grâce à ce livre, elle finirait par être enceinte.

Lorsqu'ils s'étaient rencontrés, ils avaient rapidement partagé leur désir de fonder une famille. Il faut dire qu'ils étaient tous les deux au milieu de la trentaine et savaient leur temps compté. Les mois s'étaient succédé, les saisons puis les années. Ils avaient consulté afin de déterminer quel était le problème et, à leur grande surprise, les spécialistes avaient été unanimes: il n'y en avait aucun. Gerry était fertile et pouvait concevoir un enfant. Quant à Jeannine, la présence de Frédérique répondait à la question.

Au quarantième anniversaire de naissance de Jeannine, Gerry croyait que leur projet familial allait être abandonné. Ils étaient conscients que les risques associés à une grossesse sont proportionnels à l'âge de la mère. Jamais il n'aurait insisté pour poursuivre les essais. Jeannine avait une fille, elle connaissait les joies et les misères de la maternité, et lui pouvait se contenter de les vivre par procuration à titre de beau-père de Frédérique. Le deuil n'était cependant pas facile à faire. D'aussi loin qu'il se souvenait, Gerry rêvait d'avoir de la marmaille. Enfant, il aimait emprunter les poupées de sa sœur aînée et les catiner. Il leur chantait des berceuses et leur lisait des histoires de superhéros. S'il se retrouvait à l'aube de la quarantaine sans héritiers, c'était davantage un hasard de la vie qu'un choix.

Lorsqu'ils s'étaient couchés ce soir-là, Jeannine lui avait révélé le souhait qu'elle avait formulé en soufflant ses quarante bougies : que cette année soit la bonne et qu'elle accouche avant son quarante-et-unième anniversaire. Ainsi donc, la partie n'était pas terminée. La confidence s'était terminée dans un froissement de draps bien cadencé et Gerry y avait mis toute l'ardeur qu'il possédait.

Ému par tous ces souvenirs, Gerry s'était blotti dans le dos de Jeannine et l'entourait de ses bras robustes. Il évitait ainsi de se couvrir de farine des pieds à la tête, mais il évitait surtout le visage de Jeannine. Ce qu'il voulait lui dire allait la contrarier.

— Si je te donnais un coup de main, on pourrait finir ça au plus vite.

Le baiser qu'il déposa derrière l'oreille de Jeannine la fit se tortiller de plaisir.

— Arrête tes folleries! C'est pas le temps de jouer aux fesses.

— C'est pas ce que j'ai en tête... J'aimerais ça jaser.

Le commentaire fit sourire Jeannine. Elle se demandait parfois qui était la femme du couple. Gerry était un homme au physique très masculin, dirigeant une entreprise de construction. Du dehors, on pouvait croire qu'il était macho, mais dès qu'il ouvrait la bouche, on découvrait un être sensible, émotif et délicat. Elle savait très bien de quoi son homme voulait lui parler et s'organisa pour éviter le sujet.

— Peux-tu passer à la SAQ pour acheter une bouteille? Un rouge, pour Frédérique.

— Trésor, j'suis passé au café. Fred a l'air débordée...

— Crois-moi, je l'ai tricotée celle-là. Elle va venir. Achète un rouge.

Pour éviter que Gerry revienne à la charge et lui brise ses certitudes, Jeannine mit en marche le batteur électrique, empêchant du même coup toute discussion.

Le lendemain matin, au réveil, Gerry trouva Jeannine couchée par-dessus les couvertures de sa moitié de lit, encore habillée avec de la farine sur le visage. Ses larmes avaient laissé de minces chemins exempts de farine sur chacune de ses joues. Ses mains étaient jointes par-dessus sa poitrine. On aurait dit qu'elle ne dormait pas, mais qu'elle priait.

Sur le pas de la porte, Gerry se retourna une dernière fois pour souffler un bisou à l'amour de sa vie et murmura, davantage pour lui-même que pour Jeannine:

— Tu pries pour être enceinte ou pour qu'elle vienne?

Lorsqu'il pénétra dans la cuisine pour se faire une tasse de café, Gerry se retrouva devant un curieux spectacle. Sur le comptoir trônaient trois gâteaux. Le premier était calciné, le second semblait manquer de cuisson et le dernier était mal démoulé et amputé du tiers. Gerry prit le premier gâteau et le cogna contre le comptoir. Le bruit mat lui confirma ce qu'il pensait déjà : il était dur comme de la roche. Le sourire aux lèvres, il ouvrit la poubelle et y jeta les trois expériences culinaires infructueuses de sa femme. Il dénicha un tablier qu'il enfila et noua dans son dos et entreprit de cuisiner un gâteau au chocolat. Contrairement à Jeannine, il n'avait besoin d'aucun livre de recettes.

Lili s'était donné comme mission de fouiller la Toile de fond en comble pour dénicher tous les trucs et astuces susceptibles de l'aider à concevoir un bébé. La majorité des conseils formulés sur les forums de femmes enceintes relevaient davantage du folklore que de la science, mais au point où elle en était, Lili n'avait rien à perdre.

Elle dressa la liste de tout ce qu'elle pouvait acheter ou consulter pour augmenter ses chances de tomber enceinte. Elle commença avec une recherche sommaire sur la méthode Noug : un calendrier établi grâce à des calculs astrologiques et permettant de déterminer une date possible d'accouchement ou de grossesse. Elle constata ensuite que de nombreuses femmes enceintes vantaient les mérites de leur cure de détoxification à base d'herbe de blé, les vertus du yoga et du Kamasutra.

Requinquée par autant de solutions miracles, Lili établit un plan d'action pour le mois à venir. Elle passa à la pharmacie pour effectuer quelques achats et se rendit à la fleuristerie afin de contaminer Thomas de ses nouveaux espoirs.

Elle se dirigea prestement dans l'arrière-boutique, pendant que Thomas servait un client. Lorsque le propriétaire des lieux fut seul, Lili réapparut avec une gourde à la main. Elle tendit le récipient à Thomas qui examina d'un air dubitatif le liquide vert et épais qui s'y trouvait.

— Du jus de martien ? blagua-t-il.

— Niaiseux ! C'est un cocktail d'herbe de blé, pour *booster* notre fertilité. Tu y goûtes pas ?

Pris au piège, Thomas dévissa le bouchon et approcha la gourde de sa bouche avec hésitation. Il y plongea le bout des lèvres avec dédain : c'était infect.

— Je sens déjà ma fertilité remonter, mentit-il avec l'espoir que Lili n'insiste pas pour qu'il finisse la bouteille au complet.

— Cette quantité-là, trois fois par jour. C'est simple, non ?

Thomas s'efforça de sourire, mais l'idée ne lui plaisait pas du tout. L'effort en valait le prix s'il permettait à Lili de sortir de son marasme. Et puis, il pourrait toujours tricher et jeter une partie de la potion magique en l'absence de Lili et prétendre qu'il l'avait ingurgitée.

— Et comment tu comptes me remercier pour mes efforts ? demanda Thomas en enlaçant sa blonde.

— J'ai une autre astuce qui requiert ta participation. Et celle-là se passe au lit, confia Lili avec une lueur lubrique au fond de l'œil.

Les heures s'égrenèrent avec une lenteur insupportable. Thomas avait hâte de rentrer à la maison. Il ferma même boutique quelques minutes à l'avance, ses sens excités à l'idée de retrouver sa douce. À la maison, son excitation diminua grandement lorsque Lili entreprit de lui expliquer ce qu'elle attendait de lui.

— Ça s'appelle la fleur éclatée. Le Ranga Aranga.

Lili était couchée sur le dos, les jambes repliées vers les aisselles et demandait à Thomas de s'installer par-dessus elle, en appui sur ses bras.

— J'ai l'impression de jouer au Twister, pouffa Thomas.

La position pouvait être excitante au cœur d'une relation sexuelle, mais actuellement, les deux amoureux étaient habillés, Lili tenait une pile de feuilles à la main pour bien expliquer chaque posture et donnait des conseils à Thomas pour l'enchaînement des positions supposément bénéfiques pour la fertilité, selon le Kamasutra.

— Si je maîtrise ces cinq-là, on est en business, résuma Thomas.

— Idéalement, faut les faire dans l'ordre.

— Vive la spontanéité !

— OK. On reprend du début. Quelle est la première position ?

— La brouette thaïlandaise ? hasarda Thomas qui avait déjà perdu le fil du cours Kamasutra 101 de Lili.

— Non ! La tige.

— Comment l'oublier...

La position relevait davantage du travail des artistes de cirque que du partage amoureux. La tige exigeait que la femme se tienne sur les épaules et la nuque en lançant ses jambes au cou de son amoureux. Thomas avait déjà à son actif quelques coups de pied au visage.

— La deuxième ? questionna Lili.

— C'est pas l'heure de mon cocktail d'herbe ? dit Thomas pour faire diversion.

Jamais Thomas n'aurait cru qu'il préférerait boire du jus de gazon plutôt que de se retrouver au lit avec sa blonde, mais devant les exigences du Kamasutra, il choisissait la première option. Il devrait écrire l'ordre des poses et le coller à la tête du lit pour se sortir toutes ces informations du crâne et être en mesure d'avoir une érection. L'obsession de Lili rendait la conception du bébé de moins en moins excitante.

Assise dans le cabinet du médecin, Esther attendait les résultats de ses prises de sang. Déjà deux jours qu'elle fabulait sur les causes de ses malaises. Une journée de plus et elle se serait convaincue qu'un cancer généralisé était en train de la ronger de l'intérieur. Heureusement, le supplice de l'attente tirait à sa fin. Lorsque le docteur Champagne entra dans la pièce, le nez plongé dans son dossier, elle n'arriva pas à déchiffrer son air amusé.

— Madame Leblanc, j'ai une bonne et une mauvaise nouvelle pour vous. Je commence par laquelle ?

L'idée du cancer généralisé lui revint en mémoire l'espace d'une microseconde. Elle en avait assez d'angoisser et décida de prendre le taureau par les cornes.

— La mauvaise.

— Va effectivement falloir changer d'antidépresseurs.

Esther laissa échapper un soupir de soulagement. Le mal était bien minime.

— Honnêtement, avec les effets secondaires que j'avais, c'est presque une bonne nouvelle.

— Vous faites fausse route, ce n'est pas le médicament qui vous met à l'envers. On doit le changer simplement parce qu'il n'est pas compatible avec votre état.

La gorge d'Esther se serra de nouveau. Pourquoi le docteur Champagne faisait-elle intentionnellement une pause ? Les idées noires des derniers jours revinrent en tourbillon dans son esprit. Si bien qu'elle eut du mal à comprendre ce que le médecin venait de lui dire et lui demanda de répéter.

— Félicitations! Vous êtes enceinte.

Esther se leva calmement, vérifia que ses clés d'auto étaient bien dans son sac et se dirigea vers la porte. Elle n'avait fait que deux pas lorsqu'elle perdit connaissance.

Lorsqu'elle revint à elle, Esther était allongée sur le sol avec une infirmière à ses côtés. On lui diagnostiqua une chute de pression. Probablement le choc de la nouvelle. Quand l'infirmière quitta la pièce, rassurée qu'Esther reprenne des couleurs, le docteur Champagne l'aida à s'asseoir sur une chaise.

— Je veux refaire des prises de sang, exigea Esther.

— Les résultats sont sans équivoque.

— C'est impossible.

Esther avait déjà deux grossesses à son actif. Comment pouvait-elle être enceinte sans le savoir? Elle pensa à cette série américaine présentée à la télévision où de jeunes écervelées apprennent qu'elles sont enceintes au moment où le bébé leur sort entre les jambes. Elle avait toujours dénigré ces femmes si peu à l'écoute de leur corps. Aujourd'hui, elle pouvait presque poser sa candidature pour la prochaine saison.

— Chaque grossesse est unique, madame Leblanc. Vous avez simplement confondu les symptômes de cette grossesse-ci avec les effets secondaires de votre médication.

— C'est vous qui avez confondu mes résultats sanguins avec ceux d'une autre. Mon mari est vasectomisé.

Voilà, elle l'avait dit. Au risque de se faire juger et que le docteur Champagne la prenne pour une femme infidèle.

— La vasectomie n'est pas une procédure efficace à cent pour cent, précisa le médecin.

« Allez dire ça à mon mari », pensa Esther. Elle ne voyait tout simplement pas comment lui annoncer la nouvelle. Après la naissance d'Emma, Jean-François avait été rapide à subir la vasectomie. Pour lui, la famille était complète avec un garçon et une fille. Même si Esther avait laissé sous-entendre qu'elle aimerait bien un troisième enfant, pour son mari, il n'en était pas question. Comme il se plaisait à le dire : « Le grand débrouillage est fini, le canal famille est fermé. »

Il fallait aussi penser à leur entourage. Tout le monde allait faire des gorges chaudes d'eux et de leur situation. On allait l'affubler de surnoms grotesques comme l'immaculée conception du vingt-et-unième siècle ou la Vierge Marie du Québec. Pire, les langues sales ne manqueraient pas de salir sa réputation en lui inventant des aventures extraconjugales. Esther, pour qui les apparences étaient importantes, se voyait déjà obligée de défendre sa vertu.

Même si le docteur Champagne l'avait rassurée en expliquant que certains antidépresseurs étaient compatibles avec une grossesse, cela signifiait un nouveau cocktail de pilules pour Esther. Ça pouvait prendre des mois avant de trouver le bon dosage. Combinez ça aux hormones fluctuantes de la femme enceinte et vous obtenez une arme de destruction massive. Esther n'avait pas la force d'affronter tout ça. Elle devait réfléchir et attendre avant d'informer son mari de cette grossesse inopinée. Après tout, ce qu'on ne sait pas ne nous fait pas mal.

Le soir même, Esther jouait les hôtesses modèles pour Lili et Thomas. Les deux couples avaient terminé le repas, un excellent osso buco arrosé d'un rouge italien de la région du Piémont. Il n'y avait qu'Esther qui buvait de l'eau pétillante. Lorsqu'elle posa le plat de sa main sur son ventre pour une millième fois, Lili s'inquiéta, mais Esther se fit rassurante :

— Je pense que j'ai trop mangé. Une bonne tisane, ça te dirait ?

Lili acquiesça et les femmes laissèrent les hommes au salon pour se retrouver dans la cuisine. Dès que Lili prit place en face d'elle, Esther eut envie de lui dévoiler son secret, mais une certaine pudeur l'en empêchait. Elle ne pouvait quand même pas annoncer sa grossesse à sa meilleure amie sans avoir au préalable avisé son conjoint. Elle ouvrit l'armoire à la recherche de sa boîte de tisane en espérant se trouver une contenance. Heureusement pour elle, Lili avait la tête à ses récentes découvertes en matière de fertilité.

— Tousser ? questionna Esther.

— Oui. Ça permet au col de l'utérus de s'ouvrir.

— T'attends au moins qu'il ait fini d'éjaculer ?

— Si t'attends trop, ça sert à rien.

— Vous êtes motivés.

— Je peux pas me croiser les bras et attendre, non ?

— Je sais pas. J'voudrais bien te dire que je te comprends, mais je tombe enceinte tellement facilement.

Alors que Lili croyait qu'Esther faisait référence au fait d'être tombée enceinte au premier essai pour Antoine et Emma, Esther pensait plutôt qu'elle était enceinte d'un homme vasectomisé qui ne se doutait encore de rien.

Le regard perdu au loin, Lili ruminait son malheur. La facilité avec laquelle son amie était devenue mère la renvoyait à son sentiment d'incompétence. Esther réalisa soudainement son indélicatesse. Même si le sujet l'obligeait à marcher sur des œufs, elle se força à vider la question avec sa meilleure amie. Esther déposa sa main sur celle de Lili. Un geste tout simple qui suscita beaucoup d'émotions à Lili. Les efforts de cette dernière pour ne pas pleurer étaient évidents. Esther la prit dans ses bras.

— Excuse-moi. On était petites et tu parlais déjà de bébés.

— Mais c'est toi qui en as eu la première, ajouta Lili avec amertume.

— C'est pas de ma faute, se défendit doucement Esther. J'ai rencontré mon prince avant toi.

— Chaque fois que t'es tombée enceinte, j'étais tellement… jalouse.

— C'est ton tour, là.

Enceinte de nouveau, Esther mentait, mais Lili n'y vit que du feu. Décidément, ce sujet était beaucoup trop dangereux. Esther en profita donc pour faire choisir une tisane à Lili en essayant d'orienter le sujet de conversation sur les bienfaits des queues de cerise et les vertus du millepertuis.

Comme tous les matins, Lili sortit le thermomètre de sa bouche afin de noter sa température journalière. Dès qu'elle vit les chiffres, elle s'emporta :

— Maudite technologie ! Ça vaut pas d'la marde les thermomètres électroniques.

Depuis quelques mois déjà, Lili prenait sa température afin de cibler son ovulation. C'était un truc qu'Esther lui avait donné et qui jusqu'à ce matin semblait bien plaire à Lili. Thomas s'étonna de la réaction de sa blonde qui continuait de chialer.

— Deux températures différentes à trente seconde d'intervalle. Comment est-ce que je suis supposée faire une courbe de température qui a de l'allure avec ça ?

Thomas préféra se taire plutôt que de fournir une réponse que Lili ne souhaitait pas entendre de toute façon.

Lili prit tout de même son iPad afin d'ajouter la donnée à son graphique mensuel. Thomas fut surpris lorsqu'elle le lança rageusement au milieu du lit.

— La batterie est à terre.

— C'est pas le iPad le problème, hein ?

Lili secoua doucement la tête. Son enthousiasme retrouvé s'évaporait déjà. L'espoir qu'elle avait feint toute la semaine en dénichant de supposées solutions miracles à leurs problèmes de conception faisait place à l'angoisse de ne jamais tomber enceinte.

Lili ne comprenait pas que Thomas puisse sourire et continuer à vivre même si elle n'était pas enceinte. Elle aurait voulu que toutes leurs discussions portent sur ce sujet et pouvoir épancher *ad nauseam* sa tristesse et ses angoisses. Secrètement, elle craignait que Thomas ne tienne pas tant que ça à avoir un enfant avec elle. Alors que de son côté, c'était un besoin viscéral, lui acceptait le résultat du test de grossesse sans broncher.

— Trouves-tu que je suis en train de virer folle ?

— Oui.

Lili asséna un coup d'oreiller à son amoureux pour lui faire payer son honnêteté. Elle le remercia de faire des efforts et de se plier de bonne grâce à ses expérimentations. Thomas lui laissa ses illusions. Il devenait maître dans l'art de jeter le jus d'herbe de blé dans l'évier, la cuvette ou les pots de plantes.

Pour une rare fois, le patron de Lili lui avait offert une affectation en début de matinée. Thomas se retrouva seul au loft. Il déjeuna tranquillement, savourant la quiétude des lieux.

Thomas remarqua que la boîte du test de grossesse traînait encore sur le comptoir. On aurait dit que Lili faisait exprès de garder bien en vue des reliques permettant de rallumer son chagrin à tout instant. Il se leva donc avec l'intention de jeter la boîte de carton à la poubelle. Il remarqua que sa blonde changeait de sorte de test chaque mois. Peut-être finalement qu'elle boudait aussi les fabricants de tests de grossesse et refusait qu'une même compagnie lui dise non à plus d'une reprise.

Il s'apprêtait à jeter le test aux ordures lorsqu'un détail sur la boîte attira son attention. Il sourit puis chercha frénétiquement le combiné du téléphone sans fil pour joindre Lili. Quand il tomba sur la boîte vocale, il raccrocha sans laisser de message, enfila un manteau et sortit en vitesse.

Lili et Esther s'étaient donné rendez-vous au café. En fait, il s'agissait d'un bistro qu'on nommait à tort un café. L'ambiance y était décontractée, la clientèle agréable à l'œil et le menu réconfortant. Lili avait justement besoin de réconfort. Le plat du jour lui en fournirait une bonne dose et Esther se chargerait de la balance.

Les deux femmes avaient leur table attitrée, près de la fenêtre. En plus d'offrir une vue intéressante, la section était toujours desservie par la même serveuse. Lili s'y sentait chez elle.

Frédérique s'avança pour offrir à boire aux deux femmes. Esther choisit un Perrier et Lili une coupe de vin blanc. Frédérique connaissait bien ses clients et n'eut pas besoin de faire choisir Lili sur la carte des vins. Une fois derrière son comptoir, elle lui versa un sauvignon néo-zélandais tout en écoutant la conversation des deux femmes.

— Me semblait que l'alcool c'était anti-bébé selon tes découvertes, la taquina Esther.

— Je le sais, mais le jus d'herbe de blé commence à me sortir par les oreilles. Je sais pas comment Thomas fait pour en boire trois verres par jour. Moi, j'suis pas capable!

— Tu lui imposes ça et tu le fais pas toi-même?

— C'est mal?

— Au moins, ça me rassure sur ta santé mentale.

Frédérique choisit ce moment pour apporter leurs verres.

— Avez-vous fait vos choix?

— On n'a pas eu le temps de regarder le menu, s'excusa Esther.

Lili avait l'habitude de laisser la serveuse choisir pour elle et jusqu'à présent, elle n'avait pas été déçue.

— Qu'est-ce que tu nous recommandes?

— La prise du jour. C'est accompagné d'une salsa à la mangue. Ça va à merveille avec le jus d'herbe de blé, ajouta Frédérique à l'intention de Lili en lui tapant un clin d'œil complice.

Les deux femmes approuvèrent la suggestion d'un hochement de tête. Esther attendit que Frédérique s'éloigne avant de souffler à Lili:

— Coudonc, on dirait qu'elle écoute aux tables.

— C'est pas bien grave. On n'a rien à cacher.

— Parle pour toi.

Lili leva un sourcil. Esther fit mine de rien et prit une gorgée. Elle venait de commettre un acte manqué très peu subtil. Le silence de Lili l'incommodait et elle commença à triturer sa serviette en papier.

— T'as pas l'air bien, Esther, t'es sûre que ça va? Depuis le début de la semaine, je suis centrée sur mon nombril, mais là, je vois bien que quelque chose cloche.

— Tout va bien. Inquiète-toi pas.

C'était dit avec tellement peu de conviction que ça ressemblait à un aveu contraire de la part d'Esther.

— Si j'étais parano, j'penserais que tu me caches quelque chose.

Esther inspira profondément. Elle était piégée.

— T'as raison. J'ai un secret.

Une fois rendu à la pharmacie, Thomas se dirigea vers l'allée des produits d'hygiène féminine. Il avait l'intention de faire une surprise à Lili en lui achetant un test de grossesse. C'est qu'il avait remarqué que la date de péremption de celui qu'elle avait utilisé en début de semaine était largement dépassée. Il n'avait aucune connaissance sur le sujet, ne savait pas si le résultat du test pouvait être affecté par sa découverte, mais il soupçonnait que Lili avait passé le test trop rapidement de toute façon. C'était enfin l'occasion de prouver à sa douce qu'il avait hâte d'être père et il n'allait pas louper sa chance.

Il pensait bien expédier l'affaire en un claquement de doigt, mais lorsqu'il fit face à une mer de tests de grossesse, il resta figé en plein milieu de l'allée. Comment pouvait-on créer autant de produits aussi banalement similaires? L'emballage du premier ressemblait à s'y méprendre à l'emballage du deuxième; le nom du troisième était la copie conforme du quatrième; chaque boîte pouvait facilement être confondue avec sa voisine de tablette. Il n'arrivait pas à choisir.

Il prit une petite boite rose dans ses mains et en commença la lecture lorsqu'une voix s'éleva dans son dos.

— Ça fait plusieurs mois que vous essayez.

Ce n'était pas une question et l'employée qui s'adressait à lui avait l'air convaincue de son affirmation.

— Acheter un test de grossesse, c'est un rituel important pour une femme, expliqua Jeannine. Quand un homme vient en chercher un, c'est parce que ça fait plusieurs mois que sa blonde en achète.

Thomas sourit tristement. L'analyse de Jeannine était juste. Cruelle, mais juste. Jeannine remarqua l'ombre qui avait voilé les yeux de Thomas pendant un court instant et voulut l'encourager.

— Faites-vous-en pas. J'ai fait vivre la compagnie pendant des années.

Thomas n'avait pas vraiment envie d'entendre les confidences d'une pure étrangère. Il voulait trouver un test de grossesse et quitter la pharmacie. Il croyait qu'en lisant l'endos d'une boîte, la commis poursuivrait sa route. C'était bien mal connaître Jeannine.

— Ça fait huit ans que j'essaie. Mais j'ai plus besoin d'acheter des tests : on va en clinique de fertilité. Au prix que ça coûte, ils fournissent les tests.

Jeannine rit de sa blague avant d'aligner la marchandise sur les tablettes. Thomas commençait à être gêné par sa présence. Il se décida tout de même à poser la question qui le tracassait :

— Est-ce qu'un test de grossesse périmé peut donner un faux résultat ?

Jeannine ne connaissait visiblement pas la réponse à la question. Elle prit un temps pour réfléchir et, comme chaque fois qu'elle doutait de l'information à donner, elle se rabattit sur l'humour :

— Si c'est votre grand-mère qui vous en a légué un, j'le jetterais aux poubelles !

Constatant que son humour ne fonctionnait pas auprès de Thomas, elle lui recommanda un test de nouvelle génération. Celui qu'il avait à la main faisait apparaître une croix rose ou une simple barre, dépendamment des hormones détectées. Les nouveaux tests comportaient plutôt une fenêtre de lecture où le mot « enceinte » apparaissait. C'est cette dernière catégorie qui plaisait le plus aux jeunes mamans, selon Jeannine.

— Vous saviez qu'une femme sur quatre peut mal interpréter le résultat d'un test de grossesse ?

Thomas prit connaissance du prix du test en question, près de trente dollars, et avala sa salive de travers.

— J'espère pour moi que ma blonde fait partie de l'autre trois quarts.

Jeannine lui pointa les tests d'ovulation, un peu plus loin sur la deuxième tablette. Elle prit le temps de lui mentionner que le magazine *Vie de famille* les recommandait chaudement avant de finalement laisser Thomas seul avec lui-même. Il ne savait vraiment plus quel test rapporter à la maison.

Lili était assise sur le bout de sa chaise, les yeux grands ouverts par la surprise. Pendant une fraction de seconde elle songea à prendre Esther dans ses bras, puis l'absurdité de la situation la frappa de plein fouet. Elle éclata de rire.

— Arrête de dire des niaiseries, Esther.

Sa meilleure amie venait de lui annoncer qu'elle était dépressive. S'il y avait une personne dans son entourage dont elle ne doutait pas de la santé mentale, c'était bien Esther. Elle incarnait l'efficacité, la méthode, l'énergie inépuisable. Comment pouvait-elle prétendre être en dépression ?

— Ça fait deux ans, se sentit obligée d'ajouter Esther devant le scepticisme de Lili.

— Pis moi j'suis enceinte de jumeaux. J'accouche demain ! Surprise !

Elle aurait tout fait pour ne pas en arriver là, mais Esther plongea la main dans son sac à main et en extirpa son flacon d'antidépresseurs qu'elle déposa en plein centre de la table. Lili arrêta de rire et prit le pot de pilules pour l'observer de plus près. Le nom qui y figurait lui était inconnu. Ça pouvait tout aussi bien être des anti-inflammatoires prescrits par un dentiste du cabinet où travaillait Esther. Pourtant, quelque chose dans le regard de son amie lui laissait croire qu'elle disait la vérité. Pour la première fois de sa vie, Lili crut voir de la honte dans les yeux d'Esther qui fixaient obstinément le plancher. Lorsque leurs regards se croisèrent, Esther tendit la main pour récupérer sa prescription et la cacher au fond de son sac à main. La hâte qui accompagnait le geste confirma à Lili la véracité de son impression : son amie ne voulait pas que ça se sache.

— J'suis une mauvaise meilleure amie. J'suis tellement centrée sur mon nombril ces temps-ci que je n'ai rien vu.

— Faut dire que je suis toute une comédienne.

Les deux femmes se sourirent un moment. Lili reconnaissait là la grande générosité d'Esther. Elle essayait de la déculpabiliser.

— Qui est au courant ?

— Personne.

— Même pas Jean-François ?

— Surtout pas.

Lili comprit alors l'ampleur du désastre. Son amie vivait avec ce lourd secret depuis près de deux ans. La fière Esther n'avait pas voulu ternir son image de superwoman et avait tout fait pour cacher son mal-être. Obnubilée par son désir de tomber enceinte, Lili n'avait vu aucun signe. Elle réalisait maintenant à quel point elle avait négligé de prendre des nouvelles d'Esther dans les derniers mois. Leur relation était à sens unique. Lili allait vers Esther pour se faire encourager et déverser son chagrin. Elle s'en voulait et essaya de se rattraper.

— À midi, on parle pas de bébé.

Esther soupira de soulagement. Ce que Lili interpréta comme le relâchement de deux années de silence était plutôt du contentement. Esther avait réussi à éviter le pire.

Lorsque la sonnette se fit entendre, Gerry fronça les sourcils alors que Jeannine volait littéralement vers l'entrée. Quand elle ouvrit la porte, Frédérique salua poliment sa mère avant de se jeter dans les bras de son beau-père. Pendant que Jeannine retournait à la cuisine, Gerry observa la jeune femme d'un air surpris. Elle prit le temps d'enlever son manteau, de le suspendre au crochet dans l'entrée avant de lui murmurer d'un air taquin:

— Y avait rien de bon à la télé.

Gerry était aux anges. S'il était franchement étonné de voir Frédérique, il n'en était pas moins heureux.

— C'est pour toi que je suis venue, avoua-t-elle à mi-voix.

Lorsqu'ils arrivèrent dans la cuisine, Frédérique remarqua tout de suite l'appétissant gâteau au chocolat sur le comptoir. Elle s'en approcha, l'eau à la bouche, et remercia son beau-père.

— Remercie ta mère, rectifia Gerry, c'est elle qui a cuisiné comme une folle toute la nuit.

Frédérique n'était pas dupe. Sa mère pouvait faire coller de l'eau dans un chaudron.

— Pas besoin de mentir, Gerry, ma fille me connaît autant que je la connais.

— J'mens pas non plus ! se défendit Gerry.

Pour appuyer ses dires, il se dirigea vers la poubelle et en sortit un gâteau en piteux état.

— Ta mère a cuisiné toute la nuit. On va juste pas manger ce qu'elle a fait.

Frédérique et Gerry hésitèrent à éclater de rire devant la principale intéressée. Loin d'être offusquée, Jeannine rit la première, donnant ainsi la permission aux deux autres d'en faire autant.

— Vous pouvez rire tant que vous voulez, mais j'ai travaillé avec tout mon cœur.

Frédérique n'était pas toujours consciente de l'amour que lui portait sa mère et Gerry espérait qu'elle réalise que derrière chacune des maladresses de Jeannine se cachait un gros « je t'aime ». Pendant que Frédérique reportait son attention sur le dessert, Jeannine remercia silencieusement son homme. Lorsque Frédérique prit la parole, ce fut la cerise sur le sundae :

— Merci Jeannine... pour l'effort.

Elle aurait préféré « merci maman », mais pouvait se contenter de ce qu'elle venait d'entendre. La lueur qu'elle avait dans l'œil remplit Gerry de bonheur. Ça allait être une belle soirée.

Sur la table de la cuisine, il y avait, parfaitement alignés, plusieurs boîtes de tests de grossesse et à l'extrémité de ce curieux étalage de marchandises, un Thomas souriant. Lili venait tout juste de rentrer à la maison, elle avait encore son manteau sur le dos, mais Thomas lui avait déjà expliqué ses aventures de la journée. L'enthousiasme de son chum faisait plaisir à voir. Il voulait qu'elle passe un test de grossesse le soir même. Cette fois-ci, c'était elle qui doutait de la pertinence d'un test supplémentaire.

— Si c'est comme le yogourt, c'est pas deux jours de plus ou de moins qui vont faire la différence.

Thomas revint à la charge, arguant qu'il avait affronté vents et marées pour lui rapporter les tests de grossesse. Du moins, il avait supporté une employée de pharmacie bavarde et envahissante. Il insistait tellement que Lili accepta. Au moment où elle se dirigeait vers la salle de bain avec un bâtonnet à la main, elle réalisa que la vie était parfois ironique. À la suite de sa discussion avec Esther, Lili avait décidé de lâcher prise et d'arrêter de tout faire tourner autour de son utérus et voilà que Thomas prenait le relais. Aussi étrange que ça puisse paraître, en cet instant précis, elle se foutait un peu du résultat puisqu'elle venait de réaliser que son chum souhaitait vraiment un enfant avec elle. Suffisamment en tous cas pour acheter une dizaine de tests de grossesse.

Quelques secondes plus tard, le regard de Lili valsait entre son reflet dans le miroir et le bâtonnet déposé à côté du lavabo. Déjà plusieurs mois que le même manège se répétait. Elle était certaine d'être enceinte, urinait sur un bout de plastique qui prétendait le contraire au bout de deux minutes d'attente. Chaque fois, c'était la fin du monde. Une fin du monde qui pourrait bien se reproduire ce soir. On meurt souvent avant de donner la vie.

Elle devait prendre soin de son couple avant d'avoir un enfant. Pour Lili, faire l'amour était maintenant un outil et non plus un plaisir. Un outil qu'elle utilisait de moins en moins et de manière ciblée, sa courbe de température lui indiquant quand elle était fertile. En dehors de sa période d'ovulation, les plaisirs de la chair lui semblaient perdre de leur noblesse. Thomas, lui, ne semblait pas affecté par ses montagnes russes émotives. Disons que son désir était… constant. En attendant le résultat du test de grossesse, Lili se promit de remédier à la situation.

Lorsqu'une petite croix rose apparut, pâle et incertaine, Lili ressentit une légère implosion dans son ventre. Se méfiant de son trop grand désir et de sa grande imagination, elle patienta dix secondes avant de vérifier le résultat de nouveau. La croix était maintenant visible et affirmée. Elle était enceinte.

Elle s'étonna de sa réaction. Elle croyait qu'elle crierait de joie et se précipiterait dans la chambre d'à côté pour annoncer la grande nouvelle à Thomas. Au lieu de ça, elle dégustait. Pendant quelques secondes, ce serait son secret, son grand bonheur égoïste. Elle venait de recevoir le plus beau des cadeaux et, comme une enfant de deux ans, elle n'était pas prête à le partager avec les autres.

Il fallait que l'idée se fraie un chemin de l'utérus jusqu'au cerveau. Il y avait d'abord cette boule dans son estomac qui semblait lui dire qu'elle n'était finalement peut-être pas prête à être maman. Même si elle en avait rêvé pendant des années, depuis ses jeux de petite fille, elle avait peur de ne pas être à la hauteur.

Ensuite, vint l'accélération du rythme cardiaque. On pense à tort que c'est la joie ou l'excitation de la nouvelle qui multiplie les battements du cœur. C'est plutôt la vie, l'autre vie, qui insuffle ce nouveau rythme.

L'idée poursuivit sa route vers la gorge qui se resserra et refusa de laisser des mots gâcher une émotion si pure. Aucun assemblage de lettres et de sons ne pouvait traduire la félicité qu'elle ressentait.

Lorsque les larmes montèrent aux yeux de Lili, elle comprit que l'idée d'être enceinte avait fait son chemin et qu'elle atteignait maintenant le cerveau. Ce grand voyage n'aurait duré qu'un millième de seconde. Aussi rapide qu'une explosion…

CHAPITRE 2

La table de chevet de Lili croulait sous une montagne de livres et de magazines consacrés entièrement à la grossesse. Qu'autant de ventres proéminents puissent cohabiter sur une aussi petite surface tenait du miracle. Les livres étaient ordonnés en une pile qui rejoignait presque la hauteur de la lampe de chevet. Il en dépassait de nombreux marque-pages que Lili avait utilisés pour ne pas perdre une information cruciale pour les neuf mois à venir. Elle avait même son code de couleur: jaune pour l'alimentation, bleu pour les conseils s'adressant aux pères, orange pour la préparation à l'accouchement, rouge pour les interdits et vert pour les rendez-vous à prévoir. Quant aux magazines qui formaient la pile voisine, plusieurs pages en avaient été écornées. C'était sans compter toutes les ressources numériques qu'elle avait téléchargées sur son iPad et qui monopolisaient une bonne partie de la mémoire de l'appareil. « C'est fou comme les gens ne sont pas pudiques. » C'est ce qui lui venait en tête chaque fois qu'elle visionnait une vidéo d'accouchement trouvée sur des sites de partage.

Lili prenait un malin plaisir à se moquer d'elle-même en affirmant que ses hormones de grossesse lui donnaient faim et qu'elle était maintenant boulimique de lecture. Elle pouvait consacrer des heures à lire sur le sujet en ayant toujours l'impression d'apprendre quelque chose. Évidemment, son bonheur n'était complet que si elle pouvait transmettre toutes ses découvertes à Thomas. Elle interrompait fréquemment sa lecture pour partager sa plus récente trouvaille avec lui.

— Savais-tu que le bébé reconnaît à la naissance davantage la voix de son père que celle de sa mère? C'est parce qu'il est dans le ventre de la mère pis ensuite à l'extérieur. C'est un peu comme s'entendre parler dans sa tête puis sur un répondeur. On est souvent surpris par notre propre voix.

— Hum...

Thomas faisait semblant de s'intéresser quelques instants avant de replonger dans la lecture de son magazine consacré au plein air.

Plusieurs fois par heure, Lili déposait une main à plat sur son ventre, en communion avec son bébé. Elle était maintenant maman. Elle ne comprenait pas que Thomas n'en fasse pas autant. À quelques reprises, elle avait pris sa main et l'avait placée juste sous son nombril. C'était une manière de faire les présentations entre le père et l'enfant. Elle venait justement de lire à quel point il est important pour le bébé de sentir et entendre son père pendant la grossesse afin que le lien s'établisse plus rapidement à la naissance.

Thomas était loin de se projeter dans le futur et de penser à la naissance de son premier enfant. Il savourait le retour de l'étincelle dans les yeux de Lili et se disait qu'il avait neuf mois devant lui pour se faire à l'idée d'être papa. S'il avait désiré cet enfant autant que Lili, il n'en restait pas moins qu'en ce moment, l'aventure était abstraite et le seul aspect tangible qu'il pouvait en saisir était le changement d'humeur de sa blonde. Il était loin de se douter qu'un embryon minuscule pouvait avoir autant d'influence sur sa vie.

Lili referma son livre et se tourna vers Thomas. Elle attendit patiemment qu'il termine sa lecture et tourne la tête vers elle avant de s'asseoir en tailleur à ses côtés.

— Comment on va annoncer la nouvelle ?

Le choix des mots importait peu pour Thomas. Une phrase aussi banale que « on va avoir un bébé » lui convenait tout à fait. Lorsqu'il s'en ouvrit à Lili, il comprit que la subtilité de la question lui avait échappé.

— Il faut faire ça en grand. Quelque chose de spécial, dont les gens vont se souvenir.

Thomas aimait la simplicité. Il redoutait parfois l'excentricité et l'extravagance des idées de sa blonde. La grossesse de Lili était un événement extraordinaire pour eux, mais il se doutait bien qu'à l'échelle planétaire ce n'était qu'un fait divers. Il se souvenait de ce souper que Lili avait organisé pour célébrer le premier anniversaire de leur rencontre. Plutôt que de réserver une table pour deux dans un restaurant chaleureux et souligner l'événement dans l'intimité, elle avait réservé une salle pour vingt personnes afin d'afficher au grand jour ses sentiments. Le prétexte avait donné lieu à une belle rencontre entre copains, mais trois ans plus tard, tout le monde avait oublié la raison initiale de cette fête, à part Lili, bien sûr.

— Pourquoi on ne profiterait pas de mon anniversaire pour annoncer la nouvelle ? On emballe des hochets ou des suces pour tout le monde et on leur demande de déballer le tout en même temps ?

— C'est ta fête. Ils vont trouver ça louche de recevoir un cadeau.

— Tu réunis tout le monde pour ma fête, et au moment où j'arrive et qu'ils s'attendent à me surprendre, c'est moi qui les surprends en portant une grosse bedaine de femme enceinte que j'aurais louée.

— On pourrait aussi acheter un panneau sur le bord de l'autoroute et amener tout le monde en autobus pour y lire la nouvelle.

— Bonne idée, mais trop chère.

Lili n'avait pas saisit l'ironie de la proposition de Thomas. Il comprit donc qu'elle était sérieuse dans son désir de faire de l'annonce de sa grossesse un moment mémorable. Comme il savait parfaitement que Lili prendrait elle-même en charge l'organisation de l'événement, il se plia de bonne grâce à son souhait.

— Pis pour Jeff et Esther ?

La question de Thomas raviva un doute de Lili. Elle ne savait pas si elle parviendrait à garder le secret en face de sa meilleure amie et ils avaient prévu un souper en leur compagnie plus tard dans la semaine. Ce serait difficile de ne pas vendre la mèche, mais Lili tenait à son idée de suces emballées. Elle promit donc à Thomas de garder le secret jusqu'à son trentième anniversaire.

Cette discussion lui avait ouvert l'appétit, elle proposa donc à Thomas de préparer un brunch et de le manger au lit, en amoureux. Elle voulait s'occuper de la préparation du repas et laissa Thomas à sa lecture quelques instants.

Lorsqu'elle revint un peu plus tard, Thomas s'étonna du contenu de son assiette.

— Du pain brun ?

— Une femme enceinte doit manger beaucoup de fibres pour éviter la constipation.

Thomas scruta son assiette de plus belle.

— Pas de fromage au lait cru non plus, crut bon d'ajouter Lili. C'est trop risqué. Pis les œufs sont brouillés et bien cuits. Je ne peux pas consommer le jaune baveux pour le temps de la grossesse.

Thomas se disait que si Lili devait modifier son alimentation à cause de la grossesse, lui n'en avait pas l'obligation, mais par solidarité, il prit une grosse bouchée d'œufs trop cuits et la mangea avec appétit. C'était un peu sec. Il attrapa donc sa tasse de café et en but une gorgée, anticipant déjà le plaisir qui accompagnait invariablement son café quotidien. Il essaya tant bien que mal de cacher sa grimace de surprise. Lili avait acheté du café décaféiné.

Esther coupait des légumes. Elle s'appliquait à trancher une julienne de concombre et de carotte pour le lunch d'Antoine. Un chirurgien n'aurait pas mis plus de minutie à effectuer son travail. Tous les bâtonnets avaient l'exacte même longueur et la balance d'un pâtissier aurait probablement révélé qu'au poids, ils étaient identiques. Si Esther s'absorbait autant dans sa tâche, c'était plus par envie de se changer les idées que par perfectionnisme.

Depuis plusieurs jours, Esther jonglait avec la meilleure façon d'annoncer sa grossesse à Jean-François et n'en trouvait aucune. En temps normal, elle aurait simplement étalé les faits, mais il y avait tellement de non-dits et de secrets entre eux dernièrement qu'Esther se voyait obligée de révéler bien plus que sa grossesse. Elle devrait expliquer comment elle avait découvert qu'elle était enceinte, ses visites chez le médecin et sa dépression. Elle ne pouvait pas se résoudre à se mettre dans cet état de vulnérabilité.

Si Jean-François ignorait encore qu'elle attendait un enfant, ce n'était pas faute d'avoir essayé de le lui dire. Chacune de ses tentatives s'était soldée par un échec. Lorsque ce n'était pas le courage qui lui manquait au dernier moment, c'était le téléphone de son chum qui dérangeait leur conversation et coupait l'élan, ou alors les enfants qui arrivaient à l'improviste. Tout devenait une excuse pour retarder le moment de l'annonce. Il faut dire que depuis peu, Esther avait l'impression que son couple battait légèrement de l'aile et cette grossesse n'arrangerait pas les choses.

Les antidépresseurs anéantissaient sa libido depuis des mois. Elle refusait de plus en plus souvent les avances de son mari sans pouvoir lui en fournir la raison. Elle prétextait n'importe quoi pour expliquer son comportement : elle ne s'était pas rasé les jambes, elle avait mal à la tête, elle craignait que les enfants déboulent dans la chambre, elle était fatiguée.

Épouse parfaite, Esther s'était toujours fait un devoir d'accorder ses désirs à ceux de son mari : « On s'attache un homme par le ventre, mais on le retient six pouces plus bas. » Jean-François était un amant passionné et fougueux. Elle s'était assurée de combler son besoin de rapports physiques de crainte qu'il aille voir ailleurs.

Lorsqu'il entra dans la cuisine pour déjeuner, Esther le regarda attentivement. À l'aube de la quarantaine, il était toujours bel homme et prenait soin de lui. Il s'entraînait de manière régulière et faisait attention à son alimentation. Ça lui donnait au final un corps ferme et sculpté. Lorsqu'ils sortaient en public, elle interceptait fréquemment le regard envieux d'une jeune femme posé sur son mari. Ça l'avait toujours amusée. Jean-François n'hésitait pas à dévoiler son alliance lorsqu'une femme s'intéressait à lui de trop près. Elle en avait eu la preuve lors d'un voyage dans le Sud alors qu'en revenant des toilettes, elle avait aperçu une magnifique Cubaine poser son derrière haut perché sur un minuscule tabouret aux côtés de Jean-François. Elle-même, qui n'avait jamais ressenti de désir pour une femme et ne comptait aucune expérience homosexuelle à son actif, pouvait affirmer que la déesse à la peau chocolatée était une splendeur. Pourtant, elle avait vu Jean-François l'éconduire poliment. S'il aimait se faire courtiser, il préférait de loin que ça vienne d'Esther.

Ce matin, il avait enfilé un chandail qu'Esther n'avait jamais vu. Un fin lainage, probablement du cachemire, porté par dessus un t-shirt et qui complétait à merveille le jeans qu'il s'était acheté le mois dernier. Un modèle à la mode qui lui faisait un beau derrière. Esther le voyait, le savait, mais ne le ressentait pas. «Dommage», se dit-elle.

Sa carrière de représentant d'équipement sportif allait bon train et le propriétaire de l'entreprise venait d'augmenter son territoire de vente. Elle se demanda un instant si cette promotion était à la base de son envie de renouveler sa garde-robe. Jean-François portait les mêmes vêtements depuis au moins cinq ans et semblait s'en contenter, mais dernièrement, il rajeunissait le contenu de la penderie. Il avait même pris l'habitude de se coiffer. Ce qui équivalait à déposer un peu de pâte visqueuse dans ses paumes et frotter sa chevelure en tous sens. Ça ne prenait que dix secondes, mais le résultat était intéressant.

— J'vais peut-être finir un peu plus tard ce soir. Mon dernier client est à l'autre bout de la ville. Vas-tu pouvoir ramasser les enfants?

— Pas de problème.

La garderie d'Emma était sur le trajet entre le travail et la maison. Esther n'aurait qu'un petit détour à faire pour récupérer Antoine au service de garde de son école. À l'évocation de ses enfants, Esther posa une main sur son ventre. Elle se demandait si elle allait accueillir un autre garçon ou une autre fille. En regardant son mari, elle se dit qu'elle aimerait bien un garçon, une copie en miniature de son mari. Antoine n'avait pas hérité de la testostérone de son père, c'était un petit garçon silencieux et intellectuel qui n'aimait pas jouer au hockey ou faire des bagarres d'oreiller, au grand dam de Jean-François qui rêvait de partager ces activités avec son fils. Emma, quant à elle, était le sosie d'Esther à son âge.

Les enfants étaient rivés devant le téléviseur pour leurs quinze minutes de télé matinale. Esther fut tentée de lâcher la nouvelle à Jean-François sans préambule, de but en blanc. S'il l'aimait, et elle n'en doutait pas un instant, il comprendrait et se réjouirait avec elle d'agrandir la famille. Elle se rappela qu'ils devaient partir dans dix minutes pour ne pas déroger à leur routine matinale et remit l'annonce de sa grossesse à plus tard.

Lorsqu'elle sortit avec Emma, Jean-François avisa son fiston de s'habiller.

— Papa a un coup de fil à passer et après, on part pour l'école.

En fouillant dans ses poches à la recherche du numéro à composer, Jean-François tomba sur une carte d'affaires dont il ne se souvenait pas. En retournant le bout de papier entre ses doigts, il vit l'inscription au dos de la carte, sourit, puis la remit dans la poche de son jeans neuf en sachant parfaitement que son nouveau pantalon lui faisait des fesses d'enfer.

Frédérique prit une boîte de condoms et se dirigea rapidement vers la caisse pour payer. Elle ne connaissait pas l'horaire de travail de Jeannine et s'en moquait royalement, mais la dernière chose dont elle avait besoin, c'était de croiser sa mère avec une boîte de préservatifs à la main et de récolter un sermon maternel sur le respect de son corps et les précautions à prendre pour éviter de tomber enceinte lors d'un *one night stand*. Frédérique considérait que sa mère n'avait de leçons à donner à personne, elle-même étant la preuve vivante que Jeannine ne mettait pas en application ses propres conseils lorsqu'elle était adolescente.

Au mieux, Jeannine se contenterait de la harceler afin d'être présentée à son futur gendre. Depuis qu'elle avait l'âge d'être en couple, Frédérique avait soigneusement évité de présenter un gars à sa mère. Elle imaginait une rencontre et, invariablement, l'homme de sa vie prenait les jambes à son cou après avoir fait la connaissance de sa belle-maman.

Il faut dire que Frédérique n'avait jamais vraiment eu d'histoires d'amour sérieuses non plus. Elle voguait d'un amant à l'autre, préférant s'étourdir de la naissance d'une passion que de solidifier une relation. Elle se voyait mal faire défiler ses amants dans le salon de Jeannine et Gerry. Ses proches pensaient simplement qu'elle n'avait pas encore trouvé chaussure à son pied. Elle seule savait qu'elle ne cherchait pas à se chausser.

Elle regrettait d'être venue à la pharmacie pour se procurer des capotes. Il y en avait dans les toilettes du café, mais les acheter à l'unité dans une distributrice n'était pas économique. Elle en aurait besoin de plusieurs cette nuit puisque Jason devait passer à la maison. Contrairement à ce que redoutait sa mère, jamais Frédérique n'aurait fait l'amour sans condom. Et ce n'était pas par peur du sida ou autre cochonneries transmises sexuellement. Elle ne voulait tout simplement pas tomber enceinte.

Lorsqu'elle quitta la pharmacie, elle soupira de soulagement. La seule possibilité de tomber nez à nez avec Jeannine la mettait mal à l'aise. D'aussi loin qu'elle se souvenait, elle avait été en conflit avec sa mère. Frédérique était assez intelligente pour comprendre que Jeannine avait fait de son mieux pour l'élever seule et avait essayé de lui offrir un confort matériel impensable pour une famille monoparentale. Elle reconnaissait que sa mère avait trimé dur toute sa vie et qu'elle avait enduré ses remontrances sans broncher, mais ce dont elle aurait eu besoin ne s'achetait pas. Elle voulait une maman pour lui coiffer les cheveux le matin et la border le soir. Une maman que Jeannine n'avait jamais été.

De retour à la maison, Frédérique chassa rapidement ces tristes pensées avec l'arrivée de Jason. Le jeune homme employa tout son savoir-faire à orienter les pensées de Frédérique vers le plaisir avant même qu'elle ait eu le temps de déboucher la première bouteille de vin qu'elle avait achetée. C'était le remède parfait pour oublier ses problèmes. Le désir des hommes avait toujours eu sur Frédérique un effet anesthésiant salvateur.

Après l'amour, Frédérique quitta le sofa du salon pour prendre une douche. Elle n'avait pas fait trois pas que Jason l'interpella. Elle fit demi-tour, majestueusement nue. Elle portait la nudité comme d'autres portent de somptueuses robes de bal.

— Ton *rack* est écœurant ! fut tout ce qu'il arriva à articuler, encore ébranlé par la force de l'orgasme qu'il venait de vivre.

Frédérique sourit. Elle savait bien qu'elle ne venait pas de baiser avec Molière, mais elle aurait préféré entendre que ses seins étaient magnifiques.

Une fois devant le miroir de la salle de bain, Frédérique se scruta dans la glace. Elle était jolie. Elle savait qu'elle correspondait aux canons de beauté de la société : longs cheveux soyeux, peau de pêche, silhouette bien proportionnée, cuisses fines. Elle aurait simplement souhaité une poitrine plus volumineuse. Un jour, elle se paierait une augmentation mammaire. Elle sourit à son reflet. Ce soir, ses seins lui semblaient parfaits.

Assis en silence aux côtés de Jeannine, Gerry remerciait la vie de ne pas avoir été obligé de monter les marches de l'Oratoire Saint-Joseph à genoux. Jeannine l'avait proposé, le plus sérieusement du monde, alors qu'ils faisaient route en direction du célèbre bâtiment.

— C'est pas de m'écorcher les genoux qui va rendre mes spermatozoïdes plus fringants, Jeannine !

Elle avait sourit. Son homme la connaissait bien. Elle avait prétexté l'envie de visiter l'Oratoire pour le plaisir, mais voulait en fait y prier pour implorer Dieu de les aider à concevoir un bébé. Gerry venait de lui confirmer que sa véritable intention ne lui avait pas échappé.

Gerry acceptait les bondieuseries de sa femme, mais il était loin de les partager. Jeannine n'était pas plus catholique que lui, mais depuis quelque temps, elle ressentait le besoin de prier. Ils avaient tout essayé pour fonder une famille et leurs efforts n'étaient pas récompensés. Tout ce qui était humainement possible pour tomber enceinte,

Jeannine l'avait considéré. Ne restait plus qu'à s'en remettre au divin.

Gerry tourna la tête en direction de Jeannine. Elle était à genoux, les mains jointes et murmurait sa prière. Il n'avait pas besoin de lire sur ses lèvres pour savoir qu'elle demandait une deuxième chance. Combien de fois avait-elle pleuré sur son épaule en expliquant que jamais elle ne pourrait se pardonner l'enfance misérable qu'elle avait offerte à sa fille et que seule la venue d'un autre enfant pourrait soulager son chagrin. Elle avait depuis longtemps abandonné l'idée que Frédérique lui offre son pardon et voulait se racheter à travers un autre enfant. Elle voulait prouver à Frédérique qu'elle était une bonne mère et que ses manquements étaient circonstanciels bien plus que volontaires.

— Si vous me donnez un bébé, je vais faire des efforts pour être une meilleure personne, souffla-t-elle entre ses lèvres.

En entendant ça, Gerry se dit que Jeannine avait une bien piètre opinion d'elle-même. Il s'agenouilla aux côtés de sa femme en se demandant comment elle faisait pour garder cette position depuis deux minutes. À peine dix secondes et il avait mal aux jambes.

— T'es déjà formidable, qu'est-ce que tu pourrais faire de plus ? lui murmura-t-il à l'oreille.

Il espérait la faire rire, mais elle demeura les yeux clos pour répondre comme si Dieu lui-même avait posé la question.

— J'vais… j'vais… J'vais m'impliquer dans ma communauté, faire du bénévolat.

Gerry éclata de rire. Un rire amplifié par l'acoustique de la salle. Quelques vieillards tournèrent des yeux réprobateurs dans sa direction avant de retourner à leurs suppliques.

Jeannine attendit de ne plus être le centre de l'attention pour donner une tape derrière la tête de Gerry qui étouffa une nouvelle envie de rire. Sous l'œil attentif de son amoureuse, il ferma les yeux, joignit les mains et pria à voix basse.

— Salut, vieux. Si t'exauces la belle brune à qui je viens de faire honte, j'vais revenir te voir pour dire merci.

Il ouvrit un œil pour voir la réaction de Jeannine. Enfin, elle souriait. Il referma l'œil pour continuer sa prière.

— Astheure, me donnes-tu la permission de l'emmener manger un gros dessert cochon ?

Cette fois, c'est sur l'épaule que Jeannine lui donna une tape avant de s'approcher et de répondre :

— Lui décide pour mon utérus ; moi, pour mon estomac. J'accepte avec plaisir.

Jeannine proposa le café où travaillait Frédérique. Ils auraient peut-être la chance d'être servis par elle. Sur place, Jeannine apprit avec déception que sa fille ne travaillait pas aujourd'hui. Ils décidèrent tout de même de s'attabler pour manger le dessert promis par Gerry. Ils partagèrent une immense pointe de gâteau au fromage avec son coulis de bleuet. Ils avaient l'air de deux collégiens qui en sont à leurs premières rencontres, se servant de leur fourchette respective pour se nourrir l'un l'autre. Ils se félicitaient mutuellement d'être aussi amoureux après dix ans d'union. Surtout que des problèmes de conception fragilisent grandement l'unité d'un couple. Le leur n'avait pas été épargné, mais ils avaient un objectif commun qui surpassait en importance tous leurs problèmes. Jeannine raclait le fond de l'assiette pour ne rien laisser du coulis, lorsqu'elle remarqua que Gerry regardait subtilement sa montre.

— Va sur ton chantier ! J'ai un rendez-vous dans une heure de toute façon.

Gerry quitta le café en laissant un généreux pourboire. Jeannine fit un saut rapide aux toilettes pour se brosser les dents et fila chez le dentiste pour son nettoyage annuel. Esther l'accueillit et lui demanda de prendre place sur le fauteuil d'examen en vérifiant le dossier de sa patiente.

— On est dû pour vos radiographies, madame Labonté.

— J'peux pas, j'suis peut-être enceinte.

Les plus récentes radiographies buccales de Jeannine remontait à six ans déjà. Chaque année, elle refusait d'en prendre en alléguant qu'elle était peut-être enceinte. Esther regarda la date de naissance inscrite au dossier et comprit que c'était la meilleure excuse trouvée par sa patiente pour ne pas faire des radiographies. Qui aurait idée de tomber enceinte à quarante-trois ans ? Certains patients redoutaient les radiographies, ils avaient peur des radiations. D'autres ne voulaient pas payer pour ce qu'ils jugeaient superflu. Dans tous les cas, ces patients avaient un point en commun : ils mentaient. Ils n'osaient pas dire la vérité et inventaient des raisons pour repousser la prise des radiographies. Chez les femmes, la grossesse était la plus commune.

Esther commença son examen. Jeannine parlait constamment. Chaque fois qu'Esther tentait d'introduire un de ses instruments dans sa bouche, elle se mettait à parler. Le détartrage allait être long et laborieux ! Voulant sans doute rendre crédible sa supposée grossesse, Jeannine utilisait chaque seconde disponible pour parler de maternité. Esther en était d'autant plus agacée. Elle avait l'impression qu'on se moquait d'elle, mais surtout, ça lui rappelait son propre état.

Thomas avait rarement vu Lili aussi excitée. Depuis qu'ils avaient mis les pieds dans le magasin d'articles pour bébé, elle sautait comme une puce d'une poussette à l'autre et s'extasiait devant chaque peluche qui se trouvait sur son chemin. Sa grossesse la rendait tellement heureuse !

Elle avait insisté pour qu'ils magasinent un peu en prévision de l'arrivée du bébé. S'il trouvait cette visite prématurée, Thomas n'en avait rien dit. Il n'avait rien contre l'idée de faire du repérage et de commencer à se renseigner, mais il n'avait pas l'intention d'acheter quoi que ce soit.

Lili, par contre, semblait prête à vider son compte de banque. Elle pointait un parc pour enfant transformable en table à langer. L'article offrait de nombreuses caractéristiques intéressantes, mais Thomas opposa son droit de *veto*.

— Y a des fleurs dessus.

— Elles sont bleues. Ça fait unisexe. Pis t'es fleuriste. C'est concept.

— On devrait pas plutôt attendre de connaître le sexe du bébé ?

Le soupir d'impatience de Lili aurait pu être entendu par un astronaute en orbite tellement il n'était pas subtil.

— J'vais demander à Esther ce qu'elle en pense.

Lili sortit son téléphone intelligent, prit une photo de l'article et achemina le tout par texto à Esther. La voyant faire, Thomas s'écria :

— Tu vas vendre le punch de ta grossesse, Lili !

— Ben non, penses-tu vraiment que c'est la première fois que je mets les pieds dans un magasin comme celui-là ? J'ai envoyé ce genre de photos-là des dizaines de fois à Esther dans la dernière année. Regarde.

Quelques tapotements sur l'écran du cellulaire et Lili fit dérouler une panoplie de pyjamas minuscules et d'articles pour bébé. Thomas était abasourdi. Jamais Lili n'avait fait mention de ses visites dans les boutiques pour enfants auparavant. Il commença à se demander ce qu'il faisait ici si sa blonde avait l'intention de choisir le matériel nécessaire pour leur bébé en compagnie de sa meilleure amie. Il avait envie de s'impliquer dans le processus, mais avait imaginé cette scène avec une Lili bedonnante et remplie de vie, et non pas avec sa svelte copine. Il essaya un autre argument:

— Faudrait d'abord choisir la décoration de la chambre du bébé. Question que ça s'harmonise ensemble, non?

— Le parc, ça va pas dans la chambre du bébé.

Dans la bouche de Lili ça semblait d'une telle évidence que Thomas se sentit bête pendant un instant. Comme s'il était un enfant, Lili poursuivit son explication:

— Tu mets ça dans le salon justement pour pas avoir à te déplacer dans la chambre pour changer une couche.

Il ne restait qu'un seul argument à Thomas pour ne pas avoir à remplir le coffre de la voiture aujourd'hui, mais il hésitait à le formuler.

— Y a rien qui presse, Lili. On pourrait magasiner un peu avant de prendre une décision finale. C'est pas donné les articles pour bébé. Pis les risques de fausse couche sont élevés en début de grossesse...

Il n'eut pas le temps de terminer sa phrase. Lili lui lança un regard noir qui invitait au silence immédiat. Ce qu'il vit à ce moment-là dans les yeux de Lili lui était inconnu. C'était un regard sauvage. Celui d'une louve qui refuse qu'on s'attaque à ses petits et risquerait sa vie pour sauver la leur. Il était sur le point de s'excuser lorsque Esther fit parvenir un texto à Lili. La vibration de l'appareil qu'elle tenait encore entre ses mains agissait comme le chant des sirènes sur Lili. Elle regarda rapidement la réponse d'Esther.

«Un peu tôt pour y penser.»

Elle ne dévoila pas la teneur du message à Thomas, mais se radoucit. Thomas remercia intérieurement Esther pour son sens pratique en devinant qu'elle venait d'émettre une opinion similaire à la sienne. Thomas en profita pour se diriger vers les suces, sachant que Lili avait jeté son dévolu sur cette idée pour annoncer sa grossesse lors de son anniversaire. Lorsque le téléphone vibra de nouveau, Thomas craignit qu'Esther n'ait changé d'avis. Elle écrivait plutôt pour s'assurer que leur invitation à souper pour le lendemain tenait toujours.

Le riz à la cardamome embaumait la maison. Depuis qu'elle était enceinte, Lili cuisinait comme jamais. Elle tenait à offrir la meilleure alimentation possible à son bébé. Elle avait lu que déjà, dans le ventre de sa mère, le bébé est capable de distinguer les goûts et qu'une maman qui mange des aliments variés aide son futur enfant à apprécier une grande variété de saveurs. Aujourd'hui, bébé goûterait à la cardamome.

Les invités étaient au salon lorsque Lili arriva avec une bouteille de vin à la main et trois coupes. Esther refusa poliment en prétextant qu'elle était chauffeur désigné. Lili n'insista pas, sachant maintenant que son amie cachait sa prise d'antidépresseurs aux autres, et se sentit même fière d'être la seule dans la confidence. Elle prétexta la solidarité féminine pour ne pas boire d'alcool non plus. Les autres, excepté Thomas, n'y virent que du feu.

La soirée allait bon train et se déroulait comme prévu. Le repas était un succès et avait ravi les invités. Lili se retenait de peine et de misère de dévoiler son secret. Elle repensait aux suces achetées et à l'effet qu'elles produiraient sur ses invités pour ne pas craquer. L'attente en vaudrait le coup.

La deuxième bouteille de vin était presque vide et Jean-François avait bien l'intention d'en voir le fond. Lorsqu'il offrit à Thomas de remplir sa coupe de nouveau, ce dernier s'interposa.

— J'en ai assez. Prends le reste, toi.

Jean-François commença à se moquer de son vieux chum et de son aptitude à faire la fête qui déclinait avec les années.

— T'as même pas besoin de conduire. T'as juste à rouler dans ton lit en fin de soirée!

L'alcool aidant, il fit le fanfaron et commença à ridiculiser les performances de Thomas au gym: il s'entraînait depuis beaucoup moins longtemps que Jean-François et n'avait jamais été un véritable adepte de poids et haltères. Thomas commença par réagir mollement mais Lili sentit le malaise de son amoureux. On attaquait sa virilité et il n'aimait pas ça. Il avait souvent essuyé les moqueries de son entourage concernant sa profession. Lorsqu'il avait fait le choix de devenir fleuriste au début de l'âge adulte, certains copains s'étaient même interrogés sur son orientation sexuelle. Jean-François insistait tant, que Thomas lui lança au visage:

— Tu sauras que ma virilité se porte très bien.

Il avait dit ça en regardant Lili. Esther, les yeux ronds, avait saisi l'allusion, Lili en était certaine, mais probablement Jean-François avait-il trop bu pour lire entre les lignes. Pourtant, ce fut lui qui rompit le silence:

— Félicitations, *man*!

Il se leva et serra chaleureusement Thomas dans ses bras avant de faire de même avec Lili. Esther aussi se réjouissait pour son amie, réalisant qu'elles étaient enceintes en même temps. Un drôle de tour du destin.

Lili fit mine de rien, mais Thomas savait qu'il venait de gaffer. Lorsqu'ils se retrouveraient seuls, elle allait sûrement lui reprocher d'avoir gâché l'annonce en grandes pompes de sa première grossesse qu'elle souhaitait faire.

— On va enfin pouvoir se débarrasser de tous les vêtements pour bébés qui traînent à la maison, claironna Jean-François. On va vous refiler ça, hein Esther?

— On va quand même attendre de connaître le sexe de leur bébé pour savoir si on doit leur prêter les vêtements d'Antoine ou d'Emma.

Esther ne pouvait pas avouer qu'ils auraient eux-mêmes besoin des vêtements dans quelques mois.

— Nos enfants sont nés en été, essaya-t-elle de raisonner son mari. Celui de Lili est prévu pour janvier, ça fittera pas.

Jean-François repoussa les arguments d'un geste de la main et poursuivit sur sa lancée:

— On a aussi les gros morceaux: poussette, siège d'auto, parc...

— Ça dure neuf mois une grossesse, ça presse pas, Jean-François, se dépêcha-t-elle de le couper.

— Moi, j'ai hâte de me débarrasser de tout ça.

Esther se félicitait intérieurement de ne pas avoir encore révélé sa grossesse à son mari. Il faudrait manœuvrer avec doigté pour l'intéresser de nouveau à la paternité. Elle était confiante d'y parvenir avec le temps et décida d'utiliser ses munitions avec parcimonie. La vitesse avec laquelle il souhaitait se départir des cartons qu'Esther ouvrait encore en cachette en espérant y retrouver l'odeur de ses bébés sur le col des pyjamas la surprit.

Esther perdit le fil de la conversation un moment. Lorsqu'elle entendit Thomas traiter son chum de vieux croûton de quarante ans, Esther intervint :

— Franchement ! Quarante ans, c'est la fleur de l'âge ! Y a plein de gens qui deviennent parents passé quarante ans.

Elle hésita avant de pousser sa réflexion jusqu'au bout :

— Tu pourrais très bien être papa à ton âge.

Jean-François la fixa un bref moment pendant lequel Esther se sentit transparente. Lorsqu'il se contenta de dire qu'il avait déjà donné dans le rayon des couches et biberons, et qu'il était plus que content de passer le flambeau à Thomas, Esther reçut la réplique en plein cœur. Elle confirmait ses pires craintes. Si elle voulait ce bébé, mieux valait en garder le secret jusqu'à ce que l'avortement ne soit plus une option.

Frédérique passa la porte du restaurant où on lui avait donné rendez-vous. Elle remarqua rapidement qu'elle était habillée beaucoup trop chic pour l'endroit. Son décolleté plongeant, qui fit tourner quelques regards, n'avait pas sa place au sein des chemisiers boutonnés jusqu'au cou que la clientèle féminine de la place arborait. Elle ne s'en fit pas trop, elle avait l'habitude des œillades masculines et des froncements de sourcils de leurs compagnes.

Elle cherchait son cavalier du regard et ne le trouvait pas. Il n'y avait qu'un seul homme solitaire et ce n'était pas Jason. Elle avisa une table libre au fond de la pièce et s'y dirigea en remarquant que les nappes recouvrant les tables de l'établissement étaient assez longues pour permettre quelques jeux coquins pendant le repas.

Elle avait presque atteint sa destination lorsqu'on l'interpella. En se retournant, Frédérique aperçut enfin Jason, mais il n'était pas seul. À ses côtés, sur un siège d'appoint, un petit être morveux et décoiffé mastiquait ses biscuits soda la bouche ouverte.

Il n'y avait qu'une seule chaise de libre à la table. Jason en occupait déjà une, monsieur Morve la deuxième et un sac à couches était posé sur la troisième. Frédérique devait donc s'asseoir à côté du bambin de deux ans. Une proximité qui n'avait rien pour lui plaire. Elle n'avait pas encore ouvert la bouche lorsqu'elle prit place à table. Elle attendait des explications. Jamais elle n'avait même soupçonné que Jason avait un fils et trouvait étrange qu'un souper d'amoureux soit le moment idéal pour lui révéler cette information.

— Mon ex me l'a dompé pis j'ai pas trouvé de gardienne. Habituellement, Loïc fait un malheur auprès des femmes. D'ici la fin de la soirée, il va t'avoir charmée.

Frédérique en doutait. Pour Jason, le sujet était clos. Tout avait été dit. Il s'empara du menu et fit signe au serveur pour commander avant même que Frédérique n'ouvre le sien.

— Le petit a faim, se justifia-t-il.

Frédérique n'en doutait pas à voir la quantité de crottes de nez qu'il avait portées à sa bouche depuis deux minutes. Elle lut le menu en diagonale, n'y vit rien d'appétissant et commanda le premier plat qui y figurait lorsque le serveur s'adressa à elle. Si la présence du petit monstre l'incommodait, elle décida tout de même de sourire et de charmer l'homme qu'elle voulait avoir dans son lit.

Le souper se déroula à la vitesse de l'éclair entre un changement de couche odorante, une crise pour avoir du dessert et le tambourinage incessant des pieds de Loïc sous la table. Jason semblait tout à fait à l'aise avec la présence de son fils. Il complimenta Frédérique sur sa tenue, mais elle n'entendit pas, monsieur Morve criait et lançait le contenu de sa tablette dans sa direction. Lorsqu'un morceau de gâteau au chocolat atterrit dans son décolleté, Frédérique s'excusa et se rendit aux toilettes en pestant contre Jason.

Monsieur Morve était l'incarnation de toutes les raisons pour lesquelles Frédérique ne voulait pas avoir d'enfant. Lorsqu'elle fut prête à sortir des toilettes, elle hésita entre retourner à table ou filer en douce par la cuisine. La deuxième option était très attirante.

Jeannine posa le combiné du téléphone sur le comptoir. De dos, Gerry était incapable de déchiffrer la réaction de sa femme. Elle était muette et ça ne lui arrivait pas souvent de manquer de mots. La voix à l'autre bout du fil appelait Jeannine et s'informait de sa présence. Jeannine raccrocha sans même lui accorder son attention. Gerry aurait voulu lui saisir le bras, l'obliger à lui faire face, mais il voulait respecter son rythme. Si elle venait d'apprendre que le traitement de fertilité avait échoué, il devrait mettre des gants blancs avec elle.

— Ça y est.

Elle avait murmuré les mots si faiblement que Gerry doutait même qu'ils aient été prononcés. « Ça y est, on va être parents » ou « Ça y est, c'est terminé, notre dernier essai est infructueux » ? Gerry brûlait d'envie d'entendre le verdict.

Il était prêt à ramasser sa douce à la petite cuillère. Il était résolu à être fort, à différer sa propre déception pour épauler Jeannine.

Des deux, il était celui qui avait le plus à perdre. Jamais sa génétique ne lui survivrait, Il laisserait couler de l'eau sous les ponts avant d'aborder le sujet de l'adoption, mais il finirait bien pas convaincre Jeannine qu'un enfant reste un enfant, qu'on l'ait porté ou non.

Le téléphone sonna de nouveau. Probablement le personnel de la clinique de fertilité qui essayait de les joindre, croyant faussement que la ligne avait été coupée. Jeannine ne fit aucun geste pour répondre.

Lorsqu'elle se retourna enfin, son visage exprimait une émotion à mi-chemin entre la peur et l'incompréhension. Au moment même où des larmes affluaient dans ses yeux, un mince sourire apparut sur ses lèvres. Un sourire qui disait : « Je suis enceinte. »

Gerry s'agenouilla sur le sol, pleurant comme une Madeleine. Il était en proie à de tels sanglots que Jeannine laissa s'écouler un moment avant de se blottir contre lui, sur le plancher de la cuisine. Le téléphone sonnait toujours et ils s'en foutaient éperdument. Ils savaient ce qu'il y avait à savoir et se disaient que les détails pouvaient bien attendre.

— Merci mon Dieu, pleura Gerry.

Jeannine s'étonna des mots qu'elle venait d'entendre. Intérieurement, c'était la première chose qu'elle avait faite : remercier le Tout-Puissant de l'avoir exaucée. Que Gerry ait pensé à la même chose tenait véritablement du miracle pour elle. Deux miracles dans la même journée. Elle avait de quoi être reconnaissante.

Elle n'arrivait pas à croire que la vie grandissait de nouveau en elle, que la rédemption pour laquelle elle avait tant prié ces dernières années était maintenant à portée de main. Cet enfant serait un nouveau départ, une deuxième chance.

Elle prit le visage de Gerry entre ses mains. Son roc de Gibraltar avait les épaules qui tressautaient. Une grande vague de tendresse la submergea en voyant son solide compagnon fragile et vulnérable. Elle se dit que l'enfant à naître avait beaucoup de chance que Gerry soit son père.

Une fois calmés et remis de leurs émotions, ils essayèrent de contacter Frédérique, mais la boîte vocale était pleine. De toute façon, Jeannine voulait lui annoncer la bonne nouvelle en personne. Ils sortirent en direction du café où on leur apprit que Frédérique avait pris congé. Qu'à cela ne tienne, ils passèrent à la tabagie du coin pour acheter des cigares et se rendirent sur le chantier de construction que Gerry dirigeait actuellement. Jeannine avait beau lui expliquer que la tradition voulait qu'on offre des cigares à la naissance de l'enfant, il n'avait rien voulu entendre. Elle choisit de ne pas gâcher son plaisir et le laissa faire à sa tête. Elle ne l'avait jamais vu aussi heureux.

Lorsqu'ils rentrèrent à la maison, ils remarquèrent la lumière clignotante sur le répondeur. La clinique avait essayé de les joindre à de multiples reprises. Jeannine choisit d'ignorer les messages et d'aller se coucher. Elle devait maintenant se reposer, et prendre soin d'elle et de leur bébé. Lorsqu'elle fut bordée, Gerry revint à la cuisine pour écouter les messages.

— Madame Labonté, monsieur Blackburn, il serait très important de nous rappeler dans les plus brefs délais.

Gerry eut un mauvais pressentiment.

En s'habillant, Frédérique remarqua qu'un de ses soutiens-gorge avait rapetissé au lavage. Au prix qu'elle payait pour ces quelques grammes de tissus, elle se serait attendu à un peu plus de qualité. Elle comprima ses seins afin d'attacher le sous-vêtement et réalisa que quelque chose clochait.

Elle avait beau choisir des modèles pigeonnants, il y avait des limites à défier les lois de la gravité. Ses seins étaient sur le point de faire exploser les coutures du morceau de vêtement.

Elle se remémora soudainement que Jason l'avait complimentée sur sa poitrine à deux reprises dans les dernières semaines. Frédérique avait l'habitude qu'on lui vante ses fesses, son ventre plat ou ses cuisses de soie, mais ses seins, jamais. Se pourrait-il que… Elle s'inquiétait sûrement pour rien, mais mieux valait en avoir le cœur net.

Elle écarta l'idée de se présenter à la pharmacie où travaillait Jeannine et opta plutôt pour un petit commerce similaire situé un peu plus loin. Pas question d'éveiller les soupçons de sa mère en achetant un test de grossesse. Certaines caissières étaient de vraies commères et Frédérique ne doutait pas un instant qu'elles aillent bavasser sur ses allées et venues une fois qu'elle aurait quitté le commerce.

Armée de son test de grossesse, d'un paquet de cigarettes et d'une caisse de bière, elle rentra à son appartement. Elle prit le temps de s'allumer une cigarette et de se verser une bière avant d'utiliser son test de grossesse. Elle en était à sa deuxième cigarette lorsqu'elle regarda le résultat affiché sur le bâtonnet de plastique. Elle cala sa bière.

— *Fuck.*

Après une bonne nuit de sommeil, Jeannine se réveilla avec l'estomac qui gargouillait. Elle s'apprêtait à envoyer Gerry à la cuisine pour leur concocter un festin lorsqu'elle remarqua la mine sombre de ce dernier.

— J'ai mal dormi, avoua-t-il avec un demi-sourire.

— T'es trop excité à l'idée de devenir papa? Moi, j'ai dormi comme une bûche. Le stress de l'attente me tuait. Maintenant que je suis enceinte, je vais dormir pour deux!

Gerry hésitait à aborder la véritable raison de son insomnie. Quelque chose clochait. La clinique n'aurait pas laissé autant de messages et tenté de les joindre aussi souvent s'il n'y avait pas quelque chose d'important à ajouter. Lorsqu'il s'en ouvrit, ses doutes contaminèrent l'humeur de Jeannine.

— Franchement, Gerry! Tu pourrais pas te réjouir de la nouvelle qu'on a reçue hier pis laisser faire le reste?

Jeannine ne voulait pas l'admettre, mais elle craignait qu'on ait détecté une maladie ou une malformation du fœtus qu'elle portait. Ils n'avaient pas abordé la question ensemble jusqu'à présent. Si pour elle, il était impensable de garder un enfant handicapé, elle doutait qu'il en soit de même pour Gerry. Son homme avait une grandeur d'âme et une humanité qu'elle lui enviait. Alors qu'il serait probablement prêt à tout sacrifier pour s'occuper d'un enfant différent, Jeannine pensait à son confort personnel et aux trop grands sacrifices qu'un handicapé lui demanderait. Elle sortit donc du lit et se dirigea vers la cuisine pour préparer le déjeuner.

Les rôties au beurre d'arachide, sa spécialité culinaire, restèrent dans l'assiette de Gerry. Il se contenta de boire un grand café avec du lait et du sucre en quantité industrielle. Son estomac refusait d'absorber quoi que ce soit d'autre. Il regardait constamment l'horloge de la cuisine, attendant l'heure d'ouverture de la clinique pour se précipiter sur le téléphone.

— C'est peut-être mieux qu'on le sache pas, hasarda Jeannine.

— Jouer à l'autruche serait un peu ridicule. Mieux vaut en avoir le cœur net.

L'horloge sonna neuf fois. Gerry inspira profondément et composa le numéro de la clinique.

Lili détestait que Thomas sacre. Ça lui arrivait très peu souvent et normalement, le juron était justifié, mais depuis qu'elle était enceinte, elle avait l'impression qu'il sacrait plus souvent, ou alors, elle le remarquait davantage. Elle l'observa alors qu'il suçait son pouce. Il venait probablement de se couper en préparant le souper, elle choisit donc de ne pas lui reprocher ce qu'elle venait d'entendre. Dès qu'il alla vers la salle de bain à la recherche d'un pansement, Lili referma ses yeux et essaya de faire le vide dans son esprit. Elle se concentra sur sa respiration pour chasser ses pensées négatives.

Le sol était un peu froid et Lili se dandinait les fesses à la recherche d'une position confortable. Elle avait lu que les émotions jouent un rôle important dans le bon déroulement d'une grossesse et avait pris la résolution de pratiquer le yoga pour retrouver sa sérénité. Ce n'était pas le genre d'activité qu'elle ferait en temps normal, mais elle trouvait que ça convenait à son état. Elle avait acheté un DVD d'exercices et réalisait déjà que le yoga prénatal était trop passif pour elle. Encore une fois, elle respira profondément afin d'oublier sa frustration et l'engourdissement provoqué par la tenue prolongée de la même pose.

Thomas referma la porte derrière lui, trouva un diachylon et profita du fait que Lili était occupée pour ouvrir la dernière armoire de la salle de bain. Tout au fond, derrière les draps de rechange de leur lit, il avait caché un sac de chips. Il respira l'intérieur du sac avant de s'enfiler quelques croustilles qu'il mangea la tête dans l'armoire afin de réduire le bruit de sa mastication. Il se sentait ridicule, mais Lili lui imposait un régime strict depuis qu'elle était enceinte et il ne pouvait se résoudre à se priver de tout sous prétexte qu'ils allaient être parents dans neuf mois.

En revenant vers la cuisine, Thomas sourit en apercevant sa blonde. Elle était immobile depuis plus de quinze minutes. Seules ses mains avaient bougé. Thomas s'amusait de la nouvelle manie de Lili. S'il échappait un gros mot, elle posait ses deux mains à plat sur son ventre, comme si elle voulait boucher les oreilles du bébé et l'empêcher d'entendre. Thomas ne s'y connaissait pas en développement intra-utérin, mais il doutait fort que ses paroles actuelles aient un impact sur leur enfant. Il réalisa à cet instant qu'il avait dû sacrer en se coupant, car Lili maintenait sa pose mais avait les mains sur le ventre et les sourcils froncés.

En s'installant derrière le comptoir pour terminer sa recette, Thomas réalisa que sa vie avait changé dans les derniers jours. Lili changeait.

Un grand soupir de découragement lui parvint du salon. Lili se relevait, la mine découragée. Elle abandonnait le yoga pour la chaleur et le confort du sofa. Thomas prit l'initiative de lui verser un verre de jus de fruit et lorsqu'il contourna le divan pour le remettre à sa blonde, la grande yogi ronflait déjà.

En soirée, après un repas santé, les amoureux décidèrent de se coller en regardant un bon film à la télévision. Lili insista pour que Thomas lui masse le ventre avec de l'huile d'amande douce. Thomas ne savait pas si Lili redoutait les vergetures ou si c'était un prétexte pour qu'il communique avec le bébé.

— Parle-lui, ordonna Lili comme on demande aux enfants d'être polis.

Au départ, Thomas avait exprimé son embêtement. Il n'avait rien à dire. Peut-être que lorsque le bébé bougerait sous ses paumes, il aurait envie de communiquer, mais pour l'instant, il se serait adressé à un genou ou un talon que ça n'aurait pas fait de différence. N'empêche, devant l'insistance de Lili, il fit un effort :

— Allô, bébé. C'est papa.

C'était suffisant pour que Lili retrouve le sourire. Elle se lançait ensuite dans un grand monologue avec son nombril.

Thomas profita d'une pause publicitaire pour préparer des boissons chaudes. Lorsqu'il revint avec son imbuvable café décaféiné et une tisane pour Lili, il trouva sa blonde en larmes devant une annonce publicitaire de papier hygiénique.

— Les bébés chats sont tellement *cute*...

C'est à ce moment que Thomas réalisa l'ampleur des transformations que subissait Lili. Une petite lumière rouge s'alluma dans sa tête.

Jeannine s'était versé un deuxième café au moment où Gerry contactait la clinique de fertilité. Elle devrait définitivement mettre la pédale douce sur la caféine dans les prochains mois, mais pas ce matin. Il lui sembla qu'une éternité s'écoulait avant que Gerry ne puisse parler au médecin qui suivait leur dossier.

Après un bref échange de civilités, Gerry en vint au but de son appel.

— Tout est normal, se dépêcha de le rassurer le médecin. Doublement normal.

Gerry était tellement angoissé à l'idée qu'il y ait un problème avec le bébé qu'il ne comprit rien après le mot «normal». Il soupira de soulagement et fit un clin d'œil à Jeannine. C'est le silence persistant au bout de la ligne qui lui fit comprendre qu'il avait loupé une information cruciale. Il demanda au médecin de répéter.

— Vous attendez des jumeaux.

Un sourire plus grand que nature s'imposa sur le visage de Gerry. Il raccrocha le combiné, comme sa femme l'avait fait la veille, et gonfla le torse de fierté.

— J'ai du sperme de calibre olympique!

Il s'agenouilla près de Jeannine, repoussa légèrement la chaise sur laquelle elle prenait place et s'adressa au ventre de cette dernière.

— Mes p'tits tannants! Vous avez fait peur à papa.

— Mes. T'as bien dit "mes".

Pour toute réponse, Gerry souleva deux doigts dans les airs avant de bécoter la bedaine qui abritait sa descendance. Un pli d'inquiétude barra le front de Jeannine. Un détail que Gerry ne remarqua pas.

Lili avait choisi une table pour quatre. À cette heure du jour, l'endroit était presque désert et ce n'étaient pas les tables vides qui manquaient. Elle avait l'intention de travailler un peu au café avant l'arrivée d'Esther et avait étalé son matériel sur toute la table. Au lieu de travailler comme prévu, elle téléchargeait une application sur son iPhone. Elle avait trouvé un calendrier de grossesse que l'on pouvait personnaliser. Chaque jour, la future maman recevait un conseil en fonction du stade de sa grossesse, de son âge et de la période de l'année. Le conseil du jour était de faire du ménage dans sa garde-robe afin de prévoir l'achat de quelques vêtements de maternité. Lili savait que cette tâche pouvait bien attendre encore quelques semaines. Elle n'avait aucune difficulté à rentrer dans ses jeans et la grossesse n'était pas apparente, mais elle avait hâte d'acheter des vêtements de femme enceinte. Elle avait déjà visité le site Internet de quelques boutiques de maternité pour se faire une idée des tendances actuelles. Un rapide tour d'horizon et elle devait bien admettre que « tendances », le mot était fort.

Tant qu'à être distraite, elle fit signe à Frédérique d'approcher.

— Est-ce que c'est possible de faire une réservation de groupe pour samedi ? C'est mon anniversaire pis j'aimerais ça inviter mon monde ici pour pas me casser la tête avec le souper pis le ramassage.

— Je vais vérifier, mais je suis certaine que ça peut s'organiser. C'est moi qui travaille samedi.

— Super !

C'était sorti spontanément. Lili aimait bien Frédérique et se réjouissait qu'elle soit présente pour sa fête. Ses proches allaient être traités comme des rois avec elle.

— Quel âge tu vas avoir ? demanda Frédérique.

— C'est très impoli de demander ça à une femme, mais je vais quand même répondre : trente ans.

La remontrance sonnait faux. Frédérique comprit tout de suite que sa cliente se moquait de dévoiler son âge. Elle choisit donc de poursuivre sur un ton humoristique à son tour.

— J'espère que je vais te ressembler quand j'aurai ton âge vénérable.

— Baveuse ! T'es plus jeune que moi ? Je ne pensais pas qu'on avait le droit de travailler pour payer sa place en garderie à sept dollars ?

— J'ai juste vingt-sept ans. Y a un monde qui nous sépare.

Lili éclata de rire. Décidément, elle aimait beaucoup cette fille.

Esther arriva sur les entrefaites. Frédérique retourna derrière le comptoir pour laisser un peu d'intimité aux deux amies. Esther profita du fait que Lili était absorbée pour déposer en douce un sac d'emplettes sur la chaise à l'opposé de son amie. Elle avait pris la décision de divulguer sa grossesse à Lili. Le secret était trop lourd à porter maintenant que son amie était enceinte. Elle voulait partager ce qu'elle vivait et surtout se faire une alliée. Lili aurait sûrement un point de vue intéressant sur le sujet et s'il y avait une personne susceptible de ne pas la juger, c'était bien sa meilleure amie. Elle se sentirait épaulée au moment de révéler son état à Jean-François.

Elle avait donc fait un saut dans une boutique de maternité avant de rejoindre Lili au café. Elle avait acheté un chandail de maternité, simple, mais élégant. Elle planifiait de montrer son achat à Lili pour annoncer sa grossesse.

Sa dernière grossesse remontait à plus de quatre ans et elle refusait de porter sa garde-robe de l'époque. Les vêtements étaient défraîchis. Même si elle n'en était qu'au premier trimestre, c'était la troisième fois qu'elle portait un enfant et Esther constatait déjà le léger gonflement de son ventre. Le retour de ses courbes de femme enceinte lui faisait plaisir, mais elle avait peur que ça trahisse sa grossesse avant même qu'elle ait trouvé le courage de tout avouer à son mari.

Elle prit place aux côtés de Lili pour lui faire la bise et enleva son manteau.

— Tu travailles ?

— Non. Je télécharge de nouvelles applications.

— Des trucs de femmes enceintes ?

Esther connaissait déjà la réponse à cette question, mais c'était l'occasion d'introduire en douceur le sujet qu'elle souhaitait aborder avec Lili. Elle fit semblant de s'intéresser au téléchargement et posa quelques questions sur l'utilisation que Lili comptait en faire. Son intérêt était tellement suspect que Lili eut la puce à l'oreille.

— Depuis quand tu t'intéresses à ce que je télécharge, toi ?

— Depuis que j'ai quelque chose à t'annoncer… que je ne sais pas comment annoncer.

Voilà. Esther ne pouvait plus reculer à présent. Lili rangea son téléphone intelligent et attendit la suite avec intérêt. Si Esther ne pouvait plus reculer, elle pouvait tout de même étirer la sauce.

— On se commande quelque chose à boire avant, comme ça, on va être tranquille pour jaser.

Comprenant que le sujet était sérieux et qu'il en coûtait à Esther de se livrer, Lili accéda à sa demande. Elle fit signe à Frédérique de venir à leur table avec l'intention de commander une tisane.

Jeannine se stationna directement en face du café. Elle regarda encore la boîte à pâtisserie qu'elle venait d'acheter et qui avait fait le voyage sur le siège du passager. Elle en souleva le couvercle pour contempler le chef-d'œuvre de nouveau : un magnifique gâteau au chocolat avec l'inscription « Tu vas être grande sœur ». Fière de sa trouvaille, elle referma délicatement la boîte afin de ne pas abîmer le glaçage.

Avant d'ouvrir sa portière, elle inspira profondément. Annoncer sa grossesse à Frédérique la stressait. Elle souhaitait que sa grande fille se réjouisse pour elle et Gerry, et redoutait que ce ne soit pas le cas. Elle avait envisagé plusieurs scénarios et celui de l'annonce via le dessert préféré de Frédérique lui semblait l'option la plus sûre. À défaut de partager entièrement la joie de sa mère, Frédérique serait contente de se sucrer le bec et Jeannine pourrait se faire croire que sa fille était heureuse à l'idée de ne plus être enfant unique. L'annonce dans un lieu public promettait aussi moins de vagues…

Jeannine ramassa la boîte blanche et entra au café. Elle repéra Frédérique, calepin à la main, avec deux clientes. Elle choisit d'attendre un peu pour ne pas déranger sa fille dans l'exercice de ses fonctions. Elle l'observa. Elle rigolait. Jeannine ne voyait jamais Frédérique aussi enjouée. Les trois femmes semblaient bien s'entendre. Probablement n'étaient-elles pas de simples clientes, mais plutôt des amies de sa fille. Si tel était le cas, peut-être pouvait-elle se permettre de les rejoindre pour partager avec elles sa bonne nouvelle ?

En les observant attentivement, Jeannine reconnut son hygiéniste dentaire qui pointait quelque chose sur le menu. Ravie, elle se dit qu'elle ferait d'une pierre deux coups en leur annonçant conjointement sa grossesse. Son hygiéniste avait toujours été réceptive à ses discussions sur la maternité. Jeannine mit donc son plus beau sourire pour s'imposer à leur table.

— Bonjour! Désolée de vous interrompre...

— Jeannine, je travaille, là. Va au comptoir, j'arrive tout de suite, dit Frédérique, expéditive, que l'arrivée inopinée de sa mère embêtait.

— J'ai une surprise pour toi.

Jeannine souleva sa boîte juste sous le nez de Frédérique pour qu'elle sente le gâteau et soit en appétit. Elle prit soin de repousser le matériel de Lili avant de déposer la boîte, toujours fermée, devant la seule chaise vide autour de la table.

— Tu vas vouloir t'asseoir pour ce que j'ai à t'annoncer, assura Jeannine.

Sans attendre la réaction de sa fille et par nervosité, Jeannine prit le sac d'emplettes d'Esther, sans même la saluer, et le déposa sur la table pour libérer une chaise et s'asseoir à son tour. Elle avait les jambes molles. Son attention fut attirée par le sac qu'elle venait de mettre bien en évidence sur la table. Un sac de boutique de maternité.

— Qui est enceinte? ne put s'empêcher de demander Jeannine.

Le rose aux joues, Lili leva fièrement un doigt pour se manifester. Jeannine avait déjà les deux mains dans le sac lorsqu'elle demanda ce que Lili avait acheté comme vêtement. Esther voulut s'interposer, mais Jeannine l'avait prise de vitesse et admirait déjà le pull ample qui mettrait en valeur un bedon rebondi dans quelques mois.

— Esther! Cachottière! s'exclama Lili, réalisant que sa meilleure amie lui avait acheté un cadeau.

Lili prit le chandail dans ses mains, l'observa de près.

— Mon premier vêtement de maternité. Merci, Esther !

— C'est pas...

Esther était dépassée par les événements. Il n'avait fallu que quelques secondes pour que cette femme impolie, qu'elle avait tout de suite reconnue, vienne gâcher toute sa planification. Elle ne savait pas comment rétablir les faits et expliquer à Lili qu'elle avait acheté le chandail pour elle-même.

Lili s'extasiait sur son cadeau, pendant que Frédérique voulait savoir si la commande était complète tout en exhortant sa mère à laisser la clientèle tranquille. À travers la confusion, Jeannine essayait d'avoir l'attention de toutes. Elle éleva la voix afin de bien se faire entendre.

— Je suis enceinte ! cria-t-elle avec enthousiasme.

Esther fut estomaquée. Elle avait peut-être jugé rapidement sa patiente. Elle ne pouvait pas croire que cette Jeannine poussait l'audace jusqu'à la relancer ici pour poursuivre son mensonge. C'était donc vrai ! Cette femme avait espéré la grossesse pendant toutes ces années et son souhait se réalisait. Lili sourit devant le bonheur évident de cette future maman. Dans ses yeux brillants, elle reconnaissait la même fierté qu'elle éprouvait depuis qu'elle se savait enceinte. Elle n'arrivait juste pas à saisir encore le lien entre Frédérique et cette femme.

— Tu vas peut-être même avoir un frère et une sœur parce que j'attends des jumeaux ! dévoila Jeannine à Frédérique, éclairant Lili au passage sur son arbre généalogique.

— Oh !

Lili et Esther s'étaient exclamées en chœur. Finalement, la seule que l'annonce laissait de glace était Frédérique. Lorsque tous les yeux se fixèrent sur elle, Frédérique prit la parole d'un ton qu'elle souhaitait enjoué, mais qui traduisait son indifférence.

— Félicitations, Jeannine ! J'suis contente pour vous deux. Maintenant, si tu permets, j'ai du travail. J'vais t'appeler ce soir.

— Tu comprends pas, ma fille. Tu vas être grande sœur. Je... suis... enceinte ! répéta Jeannine avec emphase.

— Moi aussi, pis j'écœure pas tout le monde avec ça, laissa tomber Frédérique.

C'était franchement maladroit et de mauvais goût d'annoncer sa propre grossesse de la sorte, mais Frédérique aimait provoquer. C'était plus fort qu'elle. Elle sourit sans joie puis tourna les talons dans l'espoir que sa mère quitte la table de Lili et d'Esther. Elle savait qu'elle aurait dû garder sa grossesse pour elle-même et s'en voulait un peu d'avoir gâché la surprise de sa mère. Elle passerait à la maison ce soir pour la féliciter décemment et faire de même avec Gerry. Elle vit que Jeannine se dirigeait vers elle et comprit qu'elle devrait faire l'effort de s'excuser sur-le-champ. Ce qu'elle fit de bonne grâce, mais en reprochant à sa mère au passage son attitude cavalière envers ses clientes. Elle avait l'habitude que Jeannine la relance sur son lieu de travail, mais aujourd'hui, elle dépassait les bornes.

Pendant ce temps, il y eut un moment de flottement à la table où Esther et Lili ne parlaient pas, encore éberluées par la scène familiale qui venait de se jouer sous leurs yeux. Lili n'en revenait pas que la mère de Frédérique soit si jeune. Elle ressentait une certaine joie de savoir que sa serveuse préférée était enceinte comme elle. Elles auraient dorénavant un sujet de conversation de plus.

Esther, pour sa part, se questionnait sur la marche à suivre après l'imbroglio autour du gilet de maternité. Elle pouvait rétablir les faits et dévoiler sa grossesse ou encore profiter de la méprise pour retarder son annonce encore un peu. Elle prit sa décision.

— Moi non plus.

— Quoi ? répliqua Lili.

— Moi non plus, j'écœure pas tout le monde avec le fait que je suis enceinte.

Lili laissa tomber le chandail de maternité. Décidément, son amie lui cachait plus de choses qu'elle ne le pensait.

CHAPITRE 3

Esther fit pivoter le rétroviseur de la voiture afin de s'observer. Avec ses lunettes de soleil, elle pourrait passer incognito. Depuis que les montures des lunettes avaient pris de l'expansion et couvraient pratiquement tout le visage de leur propriétaire, elles devenaient un accessoire de choix pour se camoufler.

Convaincue de son anonymat, elle bifurqua vers le service au volant d'une chaîne de restauration rapide. Il était quatorze heures, il n'y avait pas de file d'attente. Évidemment, c'était voulu. Esther n'aurait jamais risqué une commande au service à l'auto en pleine heure d'affluence. Ça augmentait les risques d'être vue près d'un de ces châteaux de la malbouffe.

Elle commanda le trio du jour et s'assura d'avoir la monnaie exacte en main avant de passer au guichet pour payer. Pas question de s'éterniser sur place. Elle prit le sac brun tendu, donna l'argent et embraya avant même d'avoir remonté sa vitre.

C'était maintenant que le plaisir commençait. Après la commande, Esther se rendait toujours au centre commercial le plus proche, choisissait le pire espace de stationnement, celui qui est loin des boutiques et que personne ne convoite, y garait sa voiture et avalait goulûment son butin. Elle ne prenait même pas le temps de déguster. Elle se débarrassait au plus vite des indices de son crime. Une fois la nourriture avalée, elle jetait l'emballage dans la poubelle du centre commercial. Pas question de rapporter des preuves incriminantes à la maison. Elle préférait mourir plutôt que de révéler son penchant pour la malbouffe. Lorsqu'elle n'avait pas le contrôle d'une situation, il lui arrivait de manger de manière compulsive.

Fidèle à ses habitudes, Esther conclut son délit alimentaire avec un vaporisateur d'intérieur qu'elle conservait dans le coffre à gants. Elle en aspergea la voiture pour éliminer toutes les odeurs alléchantes qui avaient accompagné le crime. Elle se remit du rouge à lèvres, délogea un petit bout de salade coincé entre deux dents et regagna le domicile familial.

Moins de quatre heures plus tard, Esther déposa les choux de Bruxelles au centre de la table. Elle vit les enfants grimacer. Même Jean-François plissa légèrement le nez, l'espace d'un moment. Ce n'était pas un légume qu'elle appréciait particulièrement non plus, mais le chou de Bruxelles est une bonne source de vitamine B9 et de fibres. Esther pouvait parfois sacrifier le plaisir du palais pour les bienfaits d'un aliment. Elle suivait à la lettre les recommandations du Guide alimentaire canadien et la malbouffe n'avait pas sa place dans leur cuisine. Elle ne voulait pas qu'un des membres de sa famille ait un surpoids et s'appliquait à cuisiner santé. Son mari venait de franchir le cap de la quarantaine et elle avait remarqué sa petite bedaine naissante. Elle ne lui en avait pas parlé, mais avait réduit les portions dans son assiette et mis plus de poisson au menu. Elle fit mine de ne pas percevoir la réaction que les petits légumes vert foncé avaient provoquée et se concentra sur son assiette.

Elle n'avait pas faim. Elle avait décidé d'annoncer sa grossesse à Jean-François et le stress lui nouait l'estomac. Du moins, c'est ce qu'elle voulait se faire croire. Tout le gras ingéré dans l'après-midi était aussi au banc des accusés et rendait son souper bien peu invitant. Elle se força tout de même et piqua un chou de Bruxelles du bout de sa fourchette. Elle devait donner l'exemple aux enfants.

Dès qu'ils eurent terminé leur dessert, Esther congédia Antoine et Emma. Ils s'enfuirent à l'étage pour jouer dans leur chambre en attendant l'heure du bain. Maintenant seule avec son mari, Esther devait parler.

— Qu'est-ce que tu penses de mes choux de Bruxelles avec pancetta et noix de Grenoble ?

C'était d'une banalité sans nom. Esther se demanda quand est-ce qu'elle avait eu une vraie conversation avec Jean-François pour la dernière fois. Ils pouvaient discuter pendant des heures des progrès d'Antoine à l'école ou des facéties d'Emma au cours de ballet. Ils abordaient sans problème le compte de taxes municipales, l'horaire télé ou le contenu du bac de recyclage, mais elle ne se souvenait pas de la dernière fois où ils avaient pris le temps de parler d'eux. Ils en avaient perdu l'habitude et revenir à une certaine forme d'intimité dans leur discours n'était pas naturel.

— Moi et les choux, ça fait deux, essaya de s'en sortir Jean-François sans blesser l'orgueil de sa femme. Mais je suis certain que c'est bon pour ma santé.

Jean-François avait ajouté la dernière remarque pour signifier à son épouse qu'il percevait ses efforts pour prendre soin de leur famille. Esther était une bonne mère, probablement la meilleure qui existe. Jean-François n'était pas parfait, mais il se félicitait régulièrement d'avoir eu ses enfants avec Esther.

Le sujet de la maternité l'amena à penser à Lili qui était maintenant enceinte. Il se réjouissait à l'idée que Thomas devienne papa. La paternité allait souder des liens encore plus forts entre eux. Il se voyait bien jouer le rôle de mentor auprès de son ami dans cette grande aventure.

— M'as-tu dit que c'était vendredi soir le party de fête à Lili ?

Devant le signe affirmatif d'Esther, Jean-François eut l'air embêté.

— Pourquoi ? Y a un problème ?

Jean-François balaya la question d'un geste de la main et commença à desservir la table. Il rinça les ustensiles et les déposa dans le lave-vaisselle. Une étape qu'il jugeait parfaitement inutile, mais qu'Esther exigeait tous les soirs. C'était le genre de petite manie qui lui tapait royalement sur les nerfs lorsqu'ils avaient commencé à vivre ensemble, mais qui était parfaitement intégrée à leur train-train quotidien actuel. Esther tenait mordicus à de tels petits rituels. Il préférait plier plutôt que de débattre continuellement de la pertinence de rincer à la main alors que leur lave-vaisselle dernier cri devait, en principe, accomplir le travail, d'où l'intérêt d'en avoir un.

Au bout d'un moment, il réalisa qu'Esther était toujours assise et ne venait pas l'aider. Lorsqu'il se retourna pour vérifier ce qu'elle faisait, il fut surpris de constater qu'elle le fixait. Ils restèrent un moment, chacun sur ses positions, à s'observer. C'est Esther qui brisa le silence.

— J'ai quelque chose à te dire.

Jean-François laissa la vaisselle en plan et vint s'asseoir à côté d'Esther. Elle recula aussitôt de quelques pouces. D'aussi près, elle était certaine qu'il pourrait entendre son cœur battre la chamade. Esther s'attendait à ce qu'il entremêle ses doigts aux siens pour l'inviter à la confidence. À la place, il croisa les mains devant lui sur la table. Il semblait sur la défensive.

— J'aurai pas le temps de trouver un cadeau pour Lili, capitula Esther. Pourrais-tu acheter un bouquet de fleurs avant de venir nous rejoindre vendredi ?

Elle s'en voulut de repousser de nouveau l'annonce de sa grossesse. Elle espérait que Lili ait tenu sa langue et respecté sa promesse de ne parler de son secret à personne, pas même à son chum. Sinon, Esther venait de se jeter dans la gueule du loup en envoyant Jean-François chez le fleuriste.

Thomas était muet de surprise. Lili venait de lui confier le secret d'Esther. Elle profita du silence de son chum pour élaborer des théories farfelues concernant cette grossesse imprévue. Lili avait bien joué son rôle de confidente en présence d'Esther, mais maintenant que la principale intéressée n'y était pas, elle avouait ses doutes à Thomas.

— Peux-tu imaginer Esther en train de tromper Jean-François ?

— Franchement, Lili ! Esther est la droiture incarnée. C'est sûrement la vasectomie le problème.

Lili devait bien admettre que son chum avait raison. Son amie était plus blanche que blanche. Elle réalisa à cet instant qu'elle dénigrait Esther parce qu'au fond d'elle-même, elle ressentait une pointe de jalousie. Elle souhaitait naïvement que sa grossesse fasse d'elle le centre d'attention et voilà qu'on lui volait la vedette. Il aurait fallu qu'aucune autre femme ne soit enceinte en même temps qu'elle. C'était son moment, ses quinze minutes de gloire, et les projecteurs étaient maintenant dirigés sur les autres. Même Frédérique et sa mère semblaient avoir une histoire moins banale que la sienne. Elle s'attristait d'avoir une grossesse tout à fait normale.

Esther avait insisté sur le fait que Lili ne devait parler à personne de sa grossesse. Évidemment, Lili en avait conclu que ça excluait Thomas. Tout le monde sait que dans un couple, on partage tout, non ? Le secret pesait lourd sur les épaules de Lili et le partager avec Thomas lui permettait d'avoir une nouvelle perspective. Thomas lui reprocha sa confidence. Il était maintenant joliment coincé entre l'arbre et l'écorce.

— Maintenant, c'est moi qui vais devoir mentir à mon meilleur chum. Quand est-ce qu'elle a l'intention de tout dire à Jean-François ?

Thomas priait pour que ce soit au plus sacrant. Comment pourrait-il cacher cette information cruciale à son partenaire de spinning ? Il devrait se trouver des prétextes pour éviter le centre d'entraînement pendant quelques jours. Mentir n'avait jamais été facile à Thomas.

Une fois le sujet épuisé, Thomas proposa à Lili de regarder le film qu'il avait loué en prévision d'une soirée tranquille en amoureux. Il avait à peine appuyé sur la fonction de lecture, les bandes-annonces de films à venir n'étaient même pas terminées, que Lili s'assoupit. Thomas éteignit le téléviseur et couvrit sa blonde d'une mince couverture pour ne pas qu'elle ait froid. Il avait arrêté son choix sur une comédie romantique qui ne lui disait rien de bon. Un choix qui avait pour fonction première de plaire à Lili. Thomas regretta de ne pas avoir opté pour le film d'action qu'il souhaitait voir depuis des mois.

La tapette à mouche jaune moutarde trônait fièrement sur la table basse dans le salon. Gerry l'avait sortie du placard pour s'attaquer aux bestioles volantes qui valsaient près des lampes du salon. La soirée était douce et Jeannine avait ouvert la porte patio pour permettre à l'air de circuler. Les mouches en avaient fait autant.

C'était une distraction fort utile en ce moment pour combler les silences qui ponctuaient la conversation. Surveiller le va-et-vient des mouches permettait de masquer le malaise qui grandissait de minute en minute. N'en pouvant plus, Jeannine se retira à la cuisine pour faire du thé.

Frédérique empoigna la tapette pour se donner une contenance. Si elle n'avait pas hésité une seconde à balancer sa propre grossesse au visage de sa mère, elle peinait à l'aborder devant Gerry. Elle fut reconnaissante qu'il brise la glace.

— Je pensais pas être papa et papi en même temps.

Frédérique éclata de rire. Gerry maîtrisait l'art de désamorcer les situations.

— Contente-toi d'être un bon papa, répondit Frédérique, le sourire aux lèvres.

Gerry saisit l'insinuation. À mots couverts, Frédérique venait d'avouer qu'elle n'avait pas l'intention de porter sa grossesse à terme. Son avortement était déjà prévu. Quelques minutes à peine après avoir pris connaissance du résultat affiché sur son test de grossesse, Frédérique feuilletait le bottin téléphonique pour trouver une clinique. Il fallait se débarrasser du problème.

— T'es certaine de ton choix ?

Gerry connaissait déjà la réponse. Frédérique avait toujours affirmé qu'elle ne voulait pas d'enfant, que le bon Dieu aurait dû la concevoir sans utérus, que ses menstruations n'avaient aucune raison d'être. Si plusieurs jeunes femmes considèrent leurs règles comme la promesse éventuelle de la maternité, Frédérique voyait cette période du mois comme un calvaire inutile. Gerry ne connaissait pas précisément les motivations cachées derrière le refus d'avoir des enfants de Frédérique, mais il se doutait bien que l'absence de son père biologique y était pour quelque chose. Sans réfléchir, il se lança sur une pente glissante :

— Si tu le gardes, on va être là pour t'aider.

Ce n'était qu'un demi-mensonge. Jeannine était bouleversée par la grossesse de sa fille. Elle ressentait un certain malaise à vivre cet événement en même temps que Frédérique. Même si elle concevait que la grossesse était davantage l'apanage de la génération de sa fille que celui des femmes de son âge, elle trouvait étrange de vivre une grossesse en même temps que son aînée.

— Cet enfant-là va avoir des oncles ou des tantes du même âge que lui ! Ça n'a pas d'allure !

Jeannine s'était lancé dans un grand discours de généalogie en s'inquiétant que les branches de leur arbre familial ne soient un peu tordues. Gerry l'avait patiemment écoutée, lui-même sous le choc de la nouvelle. Elle tenait un discours superficiel pour ne pas aborder ce qui la dérangeait vraiment.

Ce que Jeannine ne disait pas, c'était que la situation de Frédérique la renvoyait à sa première grossesse et qu'elle refusait que sa fille traverse le même enfer qu'elle comme mère célibataire. Jeannine mesurait l'ampleur de son échec parental devant la grossesse non désirée de Frédérique. La prunelle de ses yeux commettait les mêmes erreurs qu'elle. Connaissant sa fille, elle se doutait cependant que Frédérique souhaiterait interrompre sa grossesse. Elle ne pouvait s'empêcher d'imaginer ce que serait devenue sa propre vie si elle avait fait le même choix, vingt-sept ans plus tôt.

Pour sa part, Gerry se préoccupait du bien-être de sa belle-fille. L'idée de voir trois bambins dans son salon au prochain Noël lui plaisait. Pour lui, un enfant était un cadeau de la vie qui ne se refuse pas. Il avait patienté plus de quarante ans avant de pouvoir jouir du statut officiel de papa. Il avait endossé ce costume par procuration envers Frédérique et pouvait s'imaginer faire de même dans les années à venir avec l'enfant de sa belle-fille. Il avait suffisamment d'amour à donner pour chérir trois enfants à la fois et acceptait à l'avance de jouer le rôle de figure paternelle pour son petit-fils ou sa petite-fille.

— Tu me vois avec un bébé, toi ?

Gerry sourit.

— Pourquoi pas ? Lui t'a choisie en tous cas, dit-il en pointant du menton le ventre de Frédérique.

Frédérique baissa les yeux un instant. Gerry comprit qu'il touchait un point sensible. Frédérique avait beau crâner, à l'intérieur d'elle se cachait une fillette en manque d'amour qui portait encore la blessure de l'abandon de son père. Qu'un être humain, un semblable, l'ait choisie entre toutes, la troublait. Jamais elle ne s'était sentie à la hauteur de l'amour d'un autre. Gerry savait très bien qu'elle mettait fin à toutes ses liaisons amoureuses avant que l'autre n'ait le temps de la connaître. Dès que ça devenait le moindrement sérieux, elle prenait ses jambes à son cou, évitant ainsi qu'on la quitte de nouveau. Dans ce cas-ci, l'avortement faisait office de rupture amoureuse. Il savait que son prochain commentaire était insidieux, mais il ne put s'empêcher de le prononcer :

— Il t'a choisie, comme t'as choisi ta mère, il y a plus de vingt-sept ans.

Frédérique garda le silence. Elle n'arrivait pas à saisir si c'était un encouragement à l'avortement, ou carrément le contraire.

Frédérique reprit ses activités en oubliant presque le fait qu'elle était enceinte. À part un cercle rouge sur le calendrier qui identifiait la date prévue pour l'avortement, aucun signe extérieur ne trahissait son état. La routine du métro-boulot-baise-dodo reprit donc.

Le printemps hâtif avait permis la réouverture de la terrasse au café. Ça se traduisait concrètement par un surplus de travail pour les serveuses, mais Frédérique ne s'en plaignait pas. Les pourboires étaient aussi à la hausse.

L'ouverture de la terrasse coïncidait également avec la période de l'année où les hommes avaient la testostérone dans le tapis. On dévoilait un mollet, une épaule, et certains clients bavaient sur leur table. Frédérique se sentait vivante.

Elle remplissait des chopes de bière lorsqu'elle vit entrer un homme seul qui se dirigea vers le bar. Son visage lui disait vaguement quelque chose, mais elle n'arrivait pas à identifier les circonstances dans lesquelles elle avait pu le côtoyer. Il vint s'asseoir juste en face d'elle.

— J'vais prendre une rousse, s.v.p.

Frédérique regarda à la ronde avant de répondre, un sourire coquin accroché au visage.

— On n'en a pas sur le plancher aujourd'hui, mais je pourrais vous servir une bière de la même couleur pour compenser.

La blague était facile et Frédérique la recyclait avec à peu près tous les nouveaux clients. Habituellement, l'homme qu'elle taquinait se contentait de rire grivoisement. Celui qu'elle avait devant elle fit exception.

— J'ai une perruque flamboyante dans ma voiture, je pourrais vous la prêter ? lui sussura-t-il à quelques pouces du visage.

Elle prit une seconde pour jauger le nouvel arrivant et déterminer s'il s'agissait d'un déviant sexuel doublé d'un homme à l'humour douteux ou d'un charmeur qui savait se démarquer. Le regard direct de l'homme qui ne déviait aucunement vers sa poitrine la fit pencher pour la deuxième option. Elle se lança donc dans la joute verbale avec plaisir.

— Ne me sous-estimez pas ! J'ai mon arsenal personnel. Bouclettes ou cheveux raides ?

— Peu importe en autant que ce soit long comme les vôtres.

Elle fit semblant de regarder dans un tiroir sous le comptoir avant de prendre une mine désolée.

— Pour l'instant, il me reste le chignon gris de grand-maman, la boule à zéro et la coupe Longueuil, blagua-t-elle.

— J'suis certain que la coupe Longueuil vous irait à merveille, mais j'vais pas faire mon difficile. Restez donc comme vous êtes. J'aime aussi les brunettes qui servent de la rousse.

Lorsque le client s'en alla, après avoir bu sa seule et unique bière, Frédérique regretta que le café n'ait pas été désert. Elle aurait bien aimé repartir avec lui.

Le lendemain soir, la terrasse du café était bondée. Frédérique déambulait difficilement entre les tables avec son plateau chargé de verres pleins à ras bord. Elle revenait vers le bar y déposer de nouvelles consommations lorsqu'elle remarqua que son mystérieux client de la veille était de retour sur le même tabouret qu'hier. Elle prit le temps de replacer une mèche de cheveux, rentrer le nombril et s'humecter les lèvres avant d'apparaître dans son champ de vision.

— Toujours à la recherche d'une rousse ?

Plutôt que de répondre, il pointa un sac qu'il avait déposé sur le comptoir. Curieuse, Frédérique en souleva le rebord pour voir ce qui s'y cachait. Elle rit lorsqu'elle découvrit une perruque rousse. Elle n'hésita pas une seconde à enfiler la longue chevelure bouclée qui resta sur sa tête toute la soirée. L'homme se contenta d'une seule bière, comme la veille, avant de demander l'addition. Frédérique cherchait comment le retenir et décida de passer à l'attaque.

— En passant, je m'appelle Frédérique.

— Simon.

Ils se donnèrent la main. Il avait une poigne ferme, virile, mais étonnamment chaude et douce. Frédérique lui aurait abandonné sa main plus longtemps. Pour être honnête, c'est bien plus que la main qu'elle lui aurait cédé. Ce premier contact physique entre eux laissait présager une suite des plus agréables.

Simon sortit son portefeuille pour payer. L'espace d'un instant, Frédérique fut tentée d'inscrire son numéro de téléphone sur l'addition avant de la lui tendre. Elle hésitait, sans savoir vraiment pourquoi. Le gars en pinçait visiblement pour elle, les chances de refus étaient à peu près nulles. Pourtant, elle ne se décidait pas à passer à l'action. Elle en savait trop peu sur sa proie.

Simon s'apprêtait à sortir lorsqu'il revint sur ses pas, les sourcils froncés.

— T'as dit que tu t'appelais Frédérique ?

— Oui.

— Frédérique Labonté ?

Un malaise la saisit à la gorge. Qui était cet homme ?

Jean-François entra chez le fleuriste et commença à regarder le choix de fleurs disponibles. La variété était au rendez-vous, mais la qualité laissait à désirer. Certaines étaient meurtries alors que d'autres étaient carrément sur le déclin. Il pesta intérieurement. Il souhaitait un bouquet sublime et il en serait quitte pour se sauver avec un bouquet passable. Ça l'agaçait.

Il était en route pour le party d'anniversaire de Lili et devait impérativement trouver un bouquet de fleurs. Son dernier rendez-vous de l'après-midi s'était prolongé au-delà du temps qu'il avait prévu, Esther avait déjà laissé deux messages sur sa boîte vocale et il avait presque oublié de passer chez le fleuriste. Il avait donc opté pour le premier endroit vendant des fleurs qu'il avait croisé et à présent, il regrettait son choix. Cette boutique n'arrivait pas à la cheville de celle de Thomas. Si son ami le voyait, il se foutrait de sa gueule.

Il donna quelques indications à la propriétaire des lieux qui lui confectionna un bouquet surprenant. Elle devait avoir l'habitude des fleurs amochées parce qu'elle avait réussi à camoufler les imperfections de sa marchandise. Le bouquet était présentable.

Jean-François déposa le tout sur la banquette arrière de la voiture, mis son oreillette et vida sa boîte vocale en se rendant au café où on l'attendait sûrement. Esther lui reprocherait son retard. Ça allait être d'autant plus difficile de lui faire avaler qu'il devait quitter la fête pour voir un dernier client en soirée.

Tout à ses réflexions, il gara la voiture, replaça sommairement ses cheveux du bout des doigts et entra au café. Le bouquet de fleurs patientait sur la banquette arrière.

L'ambiance était à la fête à l'intérieur, si bien que l'arrivée de Jean-François passa presque inaperçue. Sauf pour Esther qui s'impatientait et ne cessait de guetter la porte d'entrée du commerce. Jean-François n'avait jamais été une horloge suisse, mais depuis quelque temps, ça devenait carrément problématique. Elle devait même inventer des histoires pour l'excuser auprès des enfants lorsqu'il ne pouvait être présent à leurs activités familiales. Elle constatait avec plaisir que les nouvelles responsabilités professionnelles de Jean-François le stimulaient, mais en contrepartie, l'absence de son mari l'agaçait. Ça se traduisait par un surplus de responsabilités pour elle.

Esther remarqua que Jean-François avait les mains vides.

— As-tu oublié le cadeau de Lili ? voulut-elle savoir dès que Jean-François prit place à côté d'elle.

— J'ai pas eu le temps, mentit-il. Grosse journée.

— T'aurais pu m'avertir, je serais allée.

— Tu m'as demandé d'y aller parce que t'avais pas le temps !

Esther venait de se faire prendre à son propre jeu. Elle s'en mordit les doigts.

Lili tentait d'attirer l'attention de Frédérique en levant la main dans les airs. L'affluence au café était beaucoup plus grande qu'à midi et les nombreux clients agglutinés au bar empêchaient Lili d'établir un contact visuel avec la serveuse. Elle se dirigea donc vers le bar et s'assit sur le seul tabouret libre.

Plutôt que de s'agiter pour que Frédérique la remarque, elle observa la scène qui se déroulait devant elle. Les hommes présents cherchaient tous un moyen d'attirer l'attention de Frédérique. On aurait dit un groupe de gros ours mal léchés devant un appétissant pot de miel. Frédérique semblait à l'aise dans le rôle de l'appât et Lili se dit que la jeune femme savait où était son profit. Décidément, l'ambiance en soirée était différente de celle de midi. Cela permettait à Lili de découvrir Frédérique sous un nouvel éclairage. Si Esther aurait trouvé indécent la manière d'agir de la serveuse, Lili s'en amusait. Elle y décelait de l'opportunisme, évidemment, mais aussi beaucoup d'intelligence.

Frédérique s'amena enfin et s'approcha de l'oreille de Lili pour lui parler sans avoir à crier.

— Une femme à mon bar… tu viens pas me cruiser, j'espère ?

L'espace d'un instant, Lili fut déstabilisée par la remarque, mais elle comprit rapidement que Frédérique se moquait gentiment d'elle. Elle reprit son aplomb pour répondre.

— T'inquiète pas, je joue pour la même équipe que toi.

Lili se frotta le ventre discrètement.

— D'ailleurs, bravo pour la grossesse. J'ai pas vraiment eu le temps de te féliciter la dernière fois qu'on s'est vues.

— Merci. Félicitations à toi aussi.

— Non. Dans mon cas ce serait plutôt "mes sympathies".

Croyant que Frédérique blaguait toujours, Lili éclata de rire. Frédérique se rapprocha pour continuer.

— C'était pas planifié. Garde ça pour toi, OK?

Lili acquiesça. Elle se demandait si Frédérique avait tout de même l'intention de porter sa grossesse à terme, mais ne se voyait pas aborder le sujet en plein bar, entourée d'inconnus. Heureusement, Frédérique mit fin à son malaise en changeant de sujet.

— C'est l'heure ?

— Oui. J'aimerais ça que tu les apportes toutes en même temps, s'il te plaît.

— Retourne t'asseoir, j'arrive avec tout ça dans cinq minutes.

Lili avait à peine décollé ses fesses du tabouret qu'elle tomba nez à nez avec un client qui s'empressa de la retenir pour qu'elle ne tombe pas à la renverse. Il s'excusa de l'avoir heurtée. Sa proximité permettait à Lili se sentir son parfum aux notes boisées. Elle s'apprêtait à se dégager lorsque Frédérique intervint.

— Lili, je te présente Simon Meilleur. On a été à la p'tite école ensemble. Simon, Lili... une amie que j'ai rencontrée ici.

Frédérique avait hésité à présenter Lili comme son amie, mais elle ne pouvait quand même pas la présenter comme une simple cliente parmi tant d'autres. Sinon, Simon se demanderait pourquoi elle les présentait l'un à l'autre.

L'arrivée surprise de Simon troublait Frédérique plus qu'elle n'aurait voulu le laisser voir, elle en perdait ses moyens.

La veille, Simon lui avait révélé son nom de famille. Frédérique avait mis un certain temps avant de faire le lien entre un petit garçon maigrichon qu'elle avait connu au primaire et l'homme solide qui était devant elle. Ils avaient partagé des souvenirs d'enfance, le temps avait filé et Simon était parti. Frédérique réalisait subitement que Simon avait monopolisé ses pensées depuis la veille. Elle redonna à boire à ceux qui avaient fini leur consommation tout en regardant Simon du coin de l'œil : la chasse était ouverte.

Heureusement, Lili fit la conversation avec Simon pendant qu'elle servait ses clients. Ils eurent le temps de parler de l'anniversaire de Lili, de sa grossesse et du travail de traducteur de Simon avant que Frédérique ne revienne vers eux. Lili s'éclipsa en rappelant à Frédérique qu'elle attendait la surprise à table.

Les cinq minutes de Frédérique se changèrent en dix minutes. De temps en temps, Lili jetait un coup d'œil amusé vers le bar pour apercevoir Frédérique en discussion avec Simon. Elle en pinçait pour lui, c'était évident. Lili se demanda s'il était le père de l'enfant.

Les invités avaient maintenant tous en main une petite boîte cadeau apportée par Frédérique. Leurs mines intriguées réjouirent Lili. Elle donna le signal et chacun ouvrit son présent : une suce ou une paire de chaussettes de format miniature. Les exclamations se firent rapidement entendre à gauche et à droite de la table, et se terminèrent dans un tonnerre d'applaudissements. Lili était aux anges ! Chacun vint féliciter les futurs parents, ne manquant pas d'agacer Thomas au passage. Ça se déroulait exactement comme Lili l'avait prévu.

La seule personne dont la réaction étonna Lili fut sa mère. Femme vive et énergique, Lili s'attendait à ce que sa maman lui saute au cou pour témoigner de son bonheur. Elle éclata plutôt en sanglots et resta assise de longues minutes avant de venir faire la bise à sa fille et son gendre. L'annonce de la grossesse troublait ses parents. Lili eut l'impression que sa mère se retenait de lui dire le fond de sa pensée. Peut-être que de savoir sa fille enceinte remuait de vieilles émotions enfouies ? Lili se promit d'aborder le sujet avec sa mère dès qu'elles seraient seules.

Thomas surprit Lili en train d'étouffer un bâillement. La fête ne faisait que commencer, mais elle rêvait déjà de retrouver son lit. Décidément, la grossesse l'affectait beaucoup. Jean-François, témoin des signes de fatigue de Lili, utilisa le prétexte pour tirer sa révérence.

— T'es arrivé en retard pis tu vas être le premier parti, se plaignit Esther.

— C'est à cause du travail. Thomas et Lili vont comprendre.

— Veux-tu ben me dire qui booke des meetings avec ses représentants un vendredi soir ?

Jean-François avait souri à sa femme avant de l'embrasser sur le front. Il comprenait les reproches d'Esther et se dit qu'il devrait aménager son horaire pour être à la maison tous les soirs la semaine prochaine. En serait-il capable ?

— Un dernier client et je rentre à la maison. J'vais probablement être là avant toi.

Jean-François sortit, le pas léger.

Quelques minutes plus tard, Jean-François stationna son véhicule en face d'un bloc appartement. De la musique tonitruante s'échappait du logement du haut. Un style que Jean-François aurait été bien embêté de décrire ou de cataloguer. Les fenêtres étaient toutes fermées. Le volume à l'intérieur de l'appartement devait être infernal. Jean-François se promit de rendre visite à un disquaire dans la semaine à venir. S'il ne voulait pas faire rire de lui, il devrait se mettre à jour. Ses connaissances musicales étaient surtout reliées aux années quatre-vingt-dix.

Il ramassa le bouquet de fleurs et se dirigea vers la porte. L'anticipation accélérait son rythme cardiaque. Il était nerveux. Il sonna, sachant très bien que de cogner à la porte ne donnerait aucun résultat. Il ne ferait pas le poids contre la musique des voisins. Il dut patienter un moment avant que la porte ne s'ouvre.

— Surprise, beauté !

— Tu t'es libéré !

La jeune femme, prénommée Julie, lui sauta dessus, littéralement. Elle mis ses bras autour de son cou pendant qu'elle s'agrippait aux hanches de Jean-François avec ses jambes. Le baiser langoureux qui accompagna l'étreinte était sans équivoque, ces deux-là se connaissaient intimement. Jean-François s'approcha du mur afin d'y adosser sa partenaire. Après une longue étreinte impudique, Julie remarqua le bouquet de fleurs que Jean-François, dans l'excitation, avait laissé tomber sur le sol. Elle le ramassa, le huma sensuellement avant de remercier Jean-François, puis se désintéressa des fleurs tout aussi rapidement qu'elle s'y était intéressée. Elle avait visiblement autre chose en tête.

— T'as combien de temps ?

— Pas beaucoup, avoua à regret Jean-François.

Julie entraîna son amant dans l'appartement.

Frédérique ouvrit lentement les yeux. Elle émergeait d'un rêve agréable et essaya d'en retenir les dernières impressions quelques instants. Le soleil perçait à travers le rideau de sa chambre à coucher et la força à affronter la réalité : la nuit était terminée depuis longtemps. En tendant le bras gauche, elle réalisa que son lit était vide. Elle soupira de bonheur. Elle aimait se réveiller seule. Partager son intimité sous la lumière crue du petit matin l'indisposait. La majorité des hommes qu'elle ramenait à la maison s'incrustaient. Il n'y avait pas moyen de les mettre dehors après la partie de jambes en l'air. Plusieurs lui donnaient l'impression de rester pour ne pas la vexer. S'ils savaient ! Elle aurait donné cher pour qu'ils déguerpissent une fois la passion consumée.

Simon était différent.

Après s'être ouvertement dragués de part et d'autre toute la soirée au bar, Frédérique lui avait souhaité bonne nuit. Elle sentait qu'elle ne devait pas s'offrir trop rapidement à Simon. Il aimait chasser. Elle l'avait congédié et avait fermé le café. Lorsqu'elle était sortie, Simon patientait sur le trottoir.

— Ma voiture est en panne, lui avait-il dit, l'œil allumé.

Frédérique savait qu'il mentait, juste à lire son sourire. Elle décida tout de même d'étirer la sauce et d'entrer dans son jeu.

— Tu veux que je t'appelle un taxi ?

— Bonne idée, mais tu le prends avec moi.

— Pas question que je couche chez vous, dit-elle, amusée et excitée à l'idée d'une nuit en sa compagnie.

— J'avais pas l'intention de te ramener à mon appartement.

Il était malin. Il agissait à la manière d'un vieux pêcheur qui sait ferrer le poisson tout en lui laissant croire qu'il lui laisse sa liberté. Frédérique se demandait quelle attitude adopter lorsque Simon décida pour elle.

— Tu donneras ton adresse au chauffeur ! C'est moi qui vais à ton appartement.

Quel effronté ! Sans même attendre de réponse, il avait levé un bras dans les airs pour faire signe à un chauffeur de taxi de s'arrêter. Il avait galamment ouvert la portière de la voiture, mais Frédérique refusa d'y monter, croisant les bras sur sa poitrine, un air de défi dans le regard.

Simon n'eut pas besoin d'utiliser la force pour la faire entrer dans le taxi. Il glissa une main sur sa nuque, serra une poignée de cheveux dans son poing, fit doucement basculer la tête de Frédérique vers l'arrière avant de l'embrasser dans le cou. Frédérique en ressentit tellement de plaisir que ses genoux ramollirent. Lorsqu'elle redressa la tête dans le but évident de l'embrasser sur la bouche, Simon esquiva ses lèvres et monta dans le taxi, sans même la regarder. Frédérique avait trouvé chaussure à son pied.

En ramenant son bras vers elle pour conserver sa chaleur, Frédérique remarqua un verre de jus d'orange déposé sur sa table de chevet. Simon avait fouillé dans le frigo avant de partir. Sa première pensée ne fut pas qu'il avait été attentionné, mais bien qu'elle espérait qu'il n'ait pas mangé les deux croissants qu'elle avait achetés la veille. Elle avait une faim de loup.

Des effluves de café s'insinuèrent dans ses narines. Elle redouta soudainement que Simon soit dans sa cuisine en train de lui concocter un petit-déjeuner. Frédérique détestait qu'on joue les chefs pendant qu'elle poireautait à table. À contrecœur, elle enfila un t-shirt moulant, une culotte et des bas de laine puis se rendit à la cuisine. Elle trouva la pièce vide. Simon avait préparé du café, mais il n'en avait pas consommé. Aucune tasse ne témoignait qu'il s'était attardé pour boire. Frédérique vit ses deux croissants posés dans une assiette à côté du pot de confiture. Ils étaient intacts. Elle s'assit pour déguster le tout, mais ne put s'empêcher, à quelques reprises, de faire le tour de l'appartement.

Après quelques rondes, elle dut se rendre à l'évidence : Simon ne lui avait laissé aucune note.

Jeannine fit le tour de la pharmacie en moins de cinq minutes. Elle connaissait l'inventaire par cœur, savait l'emplacement de chaque médicament, pouvait trouver le moindre flacon en claquant des doigts. Elle se faisait un devoir d'aider tous les clients de la pharmacie à trouver ce qu'ils cherchaient. Si en plus elle pouvait distribuer un conseil au passage, son bonheur en était décuplé. Jeannine était étalagiste, mais elle assistait les clients comme si elle possédait un doctorat en pharmacologie.

Aujourd'hui, elle ne travaillait pas. Elle prit tout de même le temps de répondre à une vieille dame égarée qui cherchait de l'acétaminophène dans la rangée des brosses à dents. Une fois la bonne action complétée, elle parvint à la caisse les bras chargés de comprimés antiacidité, de supplément d'acide folique, de Gravol au gingembre et de multivitamines : l'arsenal parfait de la femme enceinte, la trousse de secours pour contrer les malaises des premiers mois de grossesse.

On l'avait prévenue que les grossesses gémellaires entraînent souvent plus de malaises physiques à la mère. Elle était à même de constater la véracité de l'information. Elle souffrait de nausées matinales. Par solidarité, Gerry ne se sentait pas très bien au réveil non plus. Tout indiquait que monsieur vivait une grossesse sympathique. Il se plaignait d'avoir des haut-le-cœur inexplicables et soudains, d'avoir l'estomac dérangé et il ressentait le besoin de faire une sieste en mi-journée la fin de semaine. Si, au départ, Jeannine soupçonnait qu'il voulait simplement en profiter pour se coller un peu, les ronflements de son homme la convainquirent qu'il avait vraiment besoin de repos. Elle s'attendait à ce que dans les prochains mois, son ventre gonfle et qu'il se plaigne de maux de dos. Il prenait vraiment la grossesse à cœur. Ça rassurait Jeannine.

Elle destinait donc les Gravol à son amoureux. Du moins, la première bouteille. Elle avait tout acheté en plusieurs exemplaires. Elle se réservait quelques achats, mais la majorité de son butin était destinée à d'autres femmes enceintes.

Jeannine n'avait pas oublié la promesse qu'elle avait faite à Dieu, agenouillée à l'Oratoire Saint-Joseph. Elle devait maintenant échafauder un plan pour rendre service à son prochain et payer sa dette. Aider d'autres femmes enceintes s'était imposé comme première possibilité. Aucune collègue à la pharmacie n'attendait un enfant, elle jeta donc son dévolu sur sa fille et sa copine. Elle pensait pouvoir se rapprocher de Frédérique en étant gentille avec son cercle d'amies. Malheureusement, Jeannine n'avait aucun moyen d'entrer en contact avec l'amie enceinte qu'elle avait croisée dernièrement au café. En y réfléchissant, une idée de génie avait germé dans sa tête.

Elle se dirigea vers le cabinet du dentiste avec l'intention ferme de voir Esther. En se présentant à la réceptionniste, elle prétexta un début de gingivite de grossesse pour obtenir un rendez-vous d'urgence.

— Une hygiéniste pourra vous voir entre deux patients.

— La même que d'habitude, j'espère ? J'ai une phobie des dentistes, vous comprenez ? Ça me rassurerait d'être avec une hygiéniste que je connais.

Habituée aux caprices et craintes de la clientèle, la réceptionniste avait glissé le dossier de Jeannine dans la pile réservée à Esther.

Jeannine patienta plusieurs minutes avant qu'Esther n'appelle son nom. Lorsqu'elles se retrouvèrent seules dans la salle d'examen, un malaise s'installa entre les deux femmes. Jeannine ne savait pas comment lui faire sa demande surprenante, et Esther se remémorait la scène du café et n'osait pas parler de la grossesse de Jeannine. Esther rompit le silence en invitant Jeannine à prendre place pour l'examen. Elle constata rapidement que les gencives de la patiente étaient en bonne santé.

— Vous avez une petite inflammation en haut à gauche, mais vraiment rien de catastrophique.

— Je sais, répondit Jeannine. Je suis ici parce que je voulais vous voir.

Esther était offusquée qu'on bouscule son horaire de travail sans raison valable. Elle croisa les bras, sur la défensive. Jeannine sortit un sac arborant le logo de la pharmacie contenant les essentiels pour la femme enceinte et le tendit à Esther.

— C'est pour la grossesse.

Esther rougit instantanément. Ainsi donc, la confidence faite à Lili au café avait été entendue par Jeannine. Elle n'avait pas envie d'expliquer sa vie personnelle, ni de demander la discrétion de sa patiente. Elle devait pourtant limiter les dégâts puisqu'elle n'avait pas encore trouvé le courage de dévoiler la chose à son propre mari.

— En principe, vous devriez pas savoir que je suis enceinte.

— Vous êtes enceinte, vous aussi ! s'exclama Jeannine.

Elle n'en revenait pas de sa chance. Elle avait une alliée de plus pour se rapprocher de sa fille et une occasion en or à saisir.

— Dans ce cas-là, gardez-le, j'en ai un autre pour votre amie.

Pendant que Jeannine fouillait dans son sac à main et sortait un deuxième paquet identique au premier, Esther comprit sa méprise. Jeannine l'utilisait pour remettre un cadeau à Lili. Qu'elle avait été bête de parler de sa grossesse !

— J'suis sérieuse, madame Labonté. Pouvez-vous être discrète quant à ma grossesse ?

Jeannine eut beau se prétendre muette comme une tombe, Esther savait qu'elle ne pouvait plus reculer maintenant : elle devait parler à Jean-François.

Les enfants étaient couchés depuis un bon moment. En récurant l'évier de la cuisine une deuxième fois, Esther regarda l'horloge suspendue au mur. Les aiguilles la narguaient en tournant au ralenti. Jean-François ne devrait pas tarder à rentrer. Elle regretta de ne pas pouvoir se saouler afin de vomir la vérité d'un seul coup, sans penser.

Toute la soirée, elle avait répété inlassablement son discours dans sa tête. Elle avait imaginé des scénarios divers, allant du plus réaliste au plus farfelu, et prévu des répliques en fonction des réactions possibles de Jean-François. Elle était prête. Pourquoi n'arrivait-il pas ? Elle composa le numéro du cellulaire de son mari et laissa un deuxième message pour connaître l'heure à laquelle il prévoyait rentrer. Lorsqu'elle raccrocha, elle entendit le bruit d'une clé qu'on insère dans une serrure.

Jean-François fut surpris de la trouver dans la cuisine à une heure aussi tardive. Esther avait toujours été une couche-tôt et prenait un moment pour lire au lit en fin de soirée avant de s'endormir.

— Toujours debout ?

— Tu retournes pas tes appels, je commençais à m'inquiéter.

— J'ai fermé mon cellulaire en arrivant chez le dernier client. Qu'est-ce qui se passe ?

— Il faut qu'on parle.

Dans tous les scénarios d'Esther, Jean-François comprenait à son ton sérieux que l'heure était grave. Il s'assoyait à table pour engager la discussion. Au lieu de ça, il déposa ses effets personnels sur la console dans l'entrée, se dirigea vers le réfrigérateur pour se verser un verre d'eau fraîche et prit une pomme au passage comme collation de fin de soirée. On aurait dit qu'il faisait exprès pour retarder le moment fatidique. Lorsqu'il n'eut plus aucune excuse pour repousser la conversation, Jean-François s'assit à table. Esther sentit qu'elle avait son attention, elle plongea.

— J'ai quelque chose à t'annoncer. J'ai vu mon médecin récemment.

— T'es pas malade, toujours ?

— Non, non... mais je filais pas, puis elle m'a recommandé de passer des prises de sang.

— Et ?

— Elle a découvert quelque chose.

— Une tumeur ?

Esther secoua la tête en signe de négation. Elle voulait regarder Jean-François dans les yeux pour annoncer sa grossesse, mais elle était incapable de quitter du regard la minuscule tache de sauce à spaghetti qui subsistait sur le coin de la table. Comment avait-elle pu la louper lors du ménage d'après-repas ?

— Accouche ! intervint Jean-François.

— T'auras jamais si bien dit. Je suis enceinte.

Un silence chargé d'incompréhension envahit la pièce. Jean-François enchaîna avec une réplique qu'Esther avait prévue.

— J'suis vasectomisé.

— L'opération est pas efficace à cent pour cent.

— Ça fait plus de quatre ans qu'elle est efficace, pis soudainement, elle le serait plus ?

Celle-là, Esther ne l'avait pas prévue. La sentant déstabilisée, Jean-François poussa plus loin sa réflexion.

— Esther, j'te touche à peine depuis plusieurs mois. Ça t'intéresse plus, on dirait.

Esther fixa son homme longuement. Il avait parlé avec douceur. Elle comprit alors son erreur. Elle aurait dû parler de sa dépression et de sa grossesse. Jean-François l'aimait suffisamment pour composer avec tout ça. Elle s'apprêtait à lui prendre la main lorsque Jean-François freina son élan.

— Y a quelqu'un d'autre ?

Piquée, Esther retira vivement sa main.

— J'peux pas croire que tu me demandes ça!

— T'as raison, t'es bien trop orgueilleuse pour me dire la vérité de toute façon, se ferma Jean-François à son tour. Les apparences, hein?

Son homme la connaissait bien. Esther s'inquiétait toujours de l'opinion des autres et veillait à ce que sa famille et elle-même projettent en tout temps une image irréprochable. Elle pouvait contourner la vérité ou omettre des détails pour adoucir la réalité. Jean-François s'était toujours moqué de cette habitude qu'elle avait de trimballer avec elle un sac de boutique prestigieuse pour y déposer ses achats faits dans des boutiques bas de gamme. Jamais elle n'aurait voulu se promener avec un sac du Dollarama à la main. Les bébelles à un dollar aboutissaient invariablement dans son sac Holt Renfrew. Pour lui, c'était un péché d'orgueil et l'orgueil d'Esther était démesuré.

— Tu peux me le dire si tu vois quelqu'un, enchaîna Jean-François. J'pourrais comprendre.

Esther était abasourdie. Son mari doutait d'elle. Le pire de ses scénarios était en train de se réaliser.

— Comprendre quoi?

— Que tu veuilles aller voir ailleurs. Ça fait des années qu'on est ensemble, la routine s'est installée, les enfants prennent tout notre temps libre, notre énergie. C'est plus comme avant.

— Ça, c'est ton opinion, trancha Esther. J'me plains pas du tout de ce qu'on a comme vie.

— Une erreur, ça peut arriver. Un incident de parcours, une histoire d'un soir...

— Coudonc, on dirait que ça ferait ton bonheur que cet enfant-là soit d'un autre?

Le silence de Jean-François était éloquent. Esther sentit les larmes lui piquer les yeux. Jean-François dut faire un effort pour enchaîner :

— Esther, je vois quelqu'un d'autre.

Damnés scénarios ! Esther se dit qu'elle manquait vraiment de créativité, car la réalité dépassait largement tout ce qu'elle avait imaginé.

Le temps était couvert. Thomas frissonna et maudit les présentateurs météo qui prévoyaient que le mercure resterait en dessous des normales de saison pour quelques jours encore. Si tôt le matin, le temps était frisquet. Vêtu seulement d'un boxer et d'un t-shirt, Thomas regrettait de ne pas avoir acheté une cafetière plus performante. La sienne mettait un temps fou à remplir une minuscule tasse de café.

Depuis que Lili avait des nausées matinales et que le café décuplait leur intensité, Thomas en était réduit à sortir sur le balcon avec une rallonge et sa cafetière pour satisfaire son vice matinal. C'était ça ou rien. Lili n'en consommant plus, le décaféiné avait pris le chemin des poubelles. La caféine faisait du bien à Thomas au réveil. Chaque matin, c'était donc le même spectacle qui s'offrait aux yeux des passants : un Thomas échevelé, en petite tenue, qui pestait contre la lenteur de sa cafetière, perché sur son balcon.

Il avait quand même le droit de boire son café à l'intérieur. Du moins, jusqu'à récemment. Depuis quelques jours, Lili se dirigeait immanquablement aux toilettes pour vomir dès qu'il entrait dans la maison avec sa précieuse tasse. Il en avait déduit qu'il devait boire son café dehors. Exit le plaisir de le déguster lentement en lisant les nouvelles du jour ou de paresser au lit avec un café latte.

Thomas admettait que c'était un bien petit sacrifice en regard de tous ceux que sa blonde devait consentir pour mener leur enfant à terme. Il ne se plaignait donc pas et essayait plutôt d'alléger la grossesse de Lili. En lisant le journal électronique, il était tombé sur une critique de film étranger qui plairait sûrement à Lili. Dès qu'il lui en avait fait mention, elle avait accepté que le visionnement du supposé chef-d'œuvre soit au programme de leur après-midi.

La salle était vide. Ils s'en désolèrent un instant avant de s'installer dans leurs sièges presque trop confortables. Le film – sous-titré – commença. L'intrigue du thriller était difficile à suivre. Thomas croyait avoir manqué une information cruciale et se pencha vers Lili pour lui poser une question.

— Est-ce que c'est la passagère qu'il a croisée dans l'autobus au début du film ?

— Hein ?

Thomas quitta l'écran des yeux pour découvrir le visage ensommeillé de Lili. Elle se frotta les yeux.

— J'dormais, avoua-t-elle, contrite. Qu'est-ce qui s'est passé ?

Thomas se contenta de passer un bras autour des épaules de sa blonde pour lui permettre de se rendormir. Elle n'opposa aucune résistance et s'abandonna contre l'épaule de son chum. Le générique défilait à l'écran quand elle ouvrit les yeux de nouveau. Thomas se désolait de ne pas pouvoir disséquer le film avec elle. Il adorait les discussions qui suivaient toutes leurs sorties au cinéma. Lili et lui partageaient rarement la même opinion sur la performance des acteurs ou l'intérêt de l'intrigue. Ça donnait lieu à des discussions enflammées où Lili défendait son point de vue avec la rage du désespoir. Thomas adorait la voir ainsi. Se basant sur son expérience, il se dit que Lili aurait raffolé du film d'aujourd'hui. Évidemment, il garda cette information pour lui, car Lili semblait boudeuse à la sortie du cinéma.

— On a payé pour rien. On aurait été mieux de rester à la maison devant un vieux film qu'on a vu mille fois, maugréa-t-elle.

Thomas tourna sa langue sept fois avant de lui répondre. C'est lui qui avait payé pour leur sortie et il ne s'en plaignait pas. Il se demandait pourquoi Lili faisait tout un plat pour une vingtaine de dollars mal investis.

— T'aurais pu me réveiller. Tu savais que je voulais le voir ce film-là.

— Tu dis tout le temps que la grossesse t'épuise, que tu dois te reposer. Je pensais bien faire en te laissant dormir.

Lili devait bien admettre que sa réaction était puérile. Elle avait de plus en plus d'accès de colère spontanés qu'elle n'arrivait pas à s'expliquer. Elle glissa sa main dans la grande paume chaude de son chum. Thomas referma le poing pardessus, emprisonnant la main en entier. Ils se sourirent et oublièrent leur différend. Ils n'allaient quand même pas se chicaner pour un film.

Quelques jours plus tard, l'humeur de Lili était au plus bas. Elle était hyperémotive. Thomas commençait à éprouver des difficultés à suivre les montagnes russes hormonales que la grossesse lui imposait. Elle riait aux éclats et, quelques secondes plus tard, elle pouvait fondre en larmes subitement. Le phénomène était particulièrement remarquable lorsqu'elle regardait la télévision. Elle faisait sienne la moindre émotion vécue par les personnages des séries télé qu'elle suivait religieusement et pouvait s'émouvoir des publicités qui entrecoupaient ses émissions préférées. Il y avait maintenant en permanence une boîte de mouchoirs sur le coin du divan. Tous les jours, Thomas jetait à la poubelle des mouchoirs froissés et mouillés de larmes.

Pour éviter la déprime journalière, Thomas proposa à Lili de sortir faire du lèche-vitrine. Il avait trouvé une liste, écrite par Lili, des achats qu'ils devaient faire avant l'arrivée de leur enfant. Pourquoi ne pas commencer, maintenant? La liste était longue et garnie, aussi bien l'alléger tout de suite.

— J'peux pas, j'ai du travail.

Sa blonde refusait de magasiner! Thomas se pinça pour être certain qu'il était bien réveillé. Décidément, il ne comprenait plus sa tendre moitié.

— Depuis quand tu travailles en soirée? Tu dis tout le temps que t'es pas efficace en fin de journée, que ça travaille mieux le matin.

Lili admit que tous les jours, en début d'après-midi, elle faisait une sieste. Elle essayait de combattre le sommeil sans succès puis s'abandonnait à sa fatigue avec l'intention de reprendre le travail dans quelques minutes. Parfois, elle se réveillait uniquement en fin d'après-midi. Elle accumulait donc du retard au travail et devait maintenant faire l'effort de travailler en soirée.

Lili travailla à peine une heure et à vingt heures, elle quitta sa table de travail pour le lit conjugal. Elle s'endormit comme un bébé qui a passé la journée au grand air. Thomas la trouva endormie et retourna vers le salon pour poursuivre la lecture d'un roman.

Grâce aux explications de Lili, il savait que cette fatigue extrême ne serait pas présente toute la durée de la grossesse et qu'elle disparaîtrait avec la fin du premier trimestre.

Heureusement, parce que pour le moment, il avait l'impression de s'éloigner de sa blonde. Il trouvait difficile de passer toutes ses soirées seul alors que Lili roupillait dans leur chambre. Il se sentait célibataire…

Frédérique échappa une chope de bière. Le liquide se répandit sur le sol pendant que les morceaux de verre se dispersaient sur le plancher derrière le comptoir. Elle cracha un juron avant d'aller chercher le balai et le porte-poussière. Ce n'était pas sa première gaffe de la semaine. Elle se maudit intérieurement pour sa maladresse et fit semblant de ne pas voir les sourires naissants sur les visages des habitués assis au bar.

Un coup d'œil à l'horloge lui indiqua que c'était l'heure de sa pause. Elle avait quinze minutes pour décompresser. Elle fila en cuisine pour emprunter un pot de mayonnaise et quelques tranches de pain, et sortit pour manger ses sandwichs inusités dehors. Ses goûts alimentaires la surprenaient elle-même. Son attirance pour la mayonnaise était récente et elle en incorporait à tous ses repas. Un peu plus et elle en aurait mis dans ses céréales pour déjeuner.

Elle regarda les passants qui déambulaient. Toujours pas de Simon en vue. Depuis le début de la semaine, elle le guettait. Il avait été d'une régularité presque maniaque jusqu'à ce qu'elle couche avec lui et, depuis, il n'avait pas remis les pieds au café. Frédérique voulait bien se faire croire qu'elle s'en moquait, mais tous les jours, elle espérait qu'il réapparaisse.

En début de semaine, elle était convaincue qu'il viendrait la relancer au café, mais les jours passaient et n'exauçaient pas son souhait. Frédérique rêvassait et fantasmait sur leur future rencontre. Elle se promettait de ne pas céder à ses avances aussi vite la prochaine fois. Elle serait indépendante. Ses pensées la distrayaient de son travail et l'établissement comptait désormais moins de verres et d'assiettes intacts à cause de Simon Meilleur.

— Salut, Frédérique !

Lili se tenait debout devant elle. D'un mouvement du menton, Frédérique lui indiqua de prendre place à ses côtés, termina de mastiquer son énorme bouchée de sandwich et proposa de partager son festin avec elle.

— Non merci, j'ai plus des envies de pommes vertes, moi.

— J'aimerais bien que les miennes soient aussi santé, mais bon, j'en ai plus pour longtemps.

Les filles gardèrent le silence un moment. Embarrassée, Lili finit par tendre la main vers le sandwich indemne et croqua le tout sans appétit. L'idée que Frédérique se fasse avorter la troublait. Étrange d'aborder un tel sujet lorsqu'on est soi-même enceinte.

— Je sais que ça ne me regarde pas, prévint Lili, mais t'as pas pensé le garder ?

— Pas une seconde. J'ai rien à lui offrir.

Ce constat dévasta Lili. Elle ne pouvait se l'expliquer, mais l'idée qu'on refuse un aussi beau cadeau la choquait. Il fallait sûrement avoir pleuré pendant des mois devant un test de grossesse négatif pour comprendre la chance que représentait le fait d'être fertile. Elle pensa aux nombreuses femmes stériles qui écrivaient sur les forums destinés aux femmes enceintes. Elles étaient nombreuses à entamer des démarches pour adopter une fois épuisées toutes les ressources pour tomber enceinte. Certaines portaient leur choix sur l'adoption internationale, mais la majorité aurait souhaité un enfant d'ici, qui puisse leur ressembler physiquement.

— Tu pourrais l'offrir en adoption, risqua Lili.

— Faudrait quand même que je le porte neuf mois, que j'élargisse du derrière pour rien, pis que je souffre à l'accouchement.

Malgré l'humour de Frédérique, Lili resta songeuse.

— J'en connais qui paieraient une fortune pour l'aimer, ton bébé.

Frédérique s'apprêtait à répondre lorsqu'elle vit Jeannine qui s'avançait vers elles.

— Merde, ma mère.

Frédérique se cala un peu plus sur le banc, espérant illusoirement que Lili la cacherait et que Jeannine passerait son chemin. Évidemment, Jeannine les vit de loin et s'approcha d'elles, le sourire aux lèvres.

— J'suis contente de vous voir toutes les deux. Comment va la grossesse ? demanda-t-elle à Lili.

— Beaucoup de fatigue, un peu de nausées, mais rien de bien grave. Et vous ?

Trop heureuse qu'on lui pose la question, Jeannine poussa sa fille afin de s'asseoir à côté de Lili pour se plaindre à son goût.

— Premièrement, tu vas me lâcher le vous. On a presque le même âge.

Lili sourit alors que Frédérique roulait des yeux. Jeannine avait la fâcheuse habitude d'oublier son âge et de penser que les amies de sa fille rêvaient d'être ses amies. Voyant que Lili était réceptive, elle en profita.

— Porter des jumeaux, c'est pas facile. Mes hormones font du rodéo, je m'endors partout, c'est dur sur le *body*…

Jeannine prit quelques minutes pour énumérer en détail tous les malaises, petits et grands, que la grossesse lui imposait. Si Lili écoutait attentivement, Frédérique commença à se curer les ongles et demanda l'heure. Sa pause se terminait, elle devait rentrer. Jeannine en vint donc au but de sa visite.

— Je t'ai apporté des babioles.

Elle tendit un sac de pharmacie à sa fille. Frédérique y plongea la main et en ressortit un flacon.

— Acide folique ?

— Au cas où, répondit simplement Jeannine. Pense pas que je t'ai oubliée, dit-elle à l'intention de Lili. Toi aussi t'en as un. C'est Esther qui l'a.

Devant l'incompréhension de Lili, Jeannine crut bon de préciser :

— Je travaille dans une pharmacie. Les p'tits bobos, ça me connaît. Pis Dieu sait que pendant une grossesse, y en a beaucoup ! J'vais vous aider à régler vos p'tits malaises.

— C'est gentil Jeannine, merci !

Jeannine prit un ton de conspiratrice pour dire à Lili qu'elle savait qu'Esther était enceinte. Lili fut surprise d'apprendre que sa meilleure amie avait confié son secret à une simple patiente.

— J'suis une bonne oreille, expliqua Jeannine. On dirait que j'attire ça, les confidences. Un secret comme ça, c'est lourd à porter. J'pense que ça lui a fait du bien de m'en parler.

Lili n'en croyait pas ses oreilles. Si Esther ressentait le besoin de se confier, pourquoi ne l'avait-elle pas contactée elle, son amie de toujours ? Elle craignit pendant un moment qu'Esther lui en veuille de ne pas lui avoir donné de nouvelles dans les derniers jours. Elle peinait à passer à travers ses journées et avait bien peu de temps pour clavarder en direct ou prévoir une vidéoconférence. Elle prit la résolution ferme de voir Esther, le plus tôt possible.

Frédérique fouillait la Toile. Sa discussion avec Lili l'obsédait. Pour la première fois de sa vie, elle inscrivit le mot «maternité» dans le moteur de recherche. Une quantité astronomique de sites dédiés aux femmes enceintes apparut à l'écran. La situation avait quelque chose d'incongru pour elle. Elle se sentait comme un adolescent boutonneux qui navigue sur des sites pornographiques et qui craint à tous les instants le retour de ses parents.

Elle chercha à identifier les forums de discussion axés sur les problèmes de conception. Elle fut surprise de constater le nombre d'internautes qui y étalaient impudiquement leur vie privée. Malgré les pseudonymes unisexes, Frédérique comprit que la clientèle était constituée de femmes qui rêvaient de maternité, sans succès. Les témoignages ne l'attendrirent pas, mais plus sa lecture avançait, plus elle réalisait le potentiel qu'elle avait de trouver preneur pour son enfant.

Elle revint au moteur de recherche et y inscrivit les mots «mère porteuse». Le premier lien à s'afficher fut celui d'une agence proposant des services de mères porteuses aux États-Unis. Le site révélait les coûts associés aux services de l'agence. Un estimé détaillait la transaction à plus de 50 000 $. Si, dans la majorité des cas, les couples clients désiraient que l'enfant soit conçu avec le sperme du papa, Frédérique se convainquit que bien des parents, pour la moitié de la somme, seraient prêts à prendre son bébé aux gènes paternels anonymes. Finalement, ce qu'elle avait à offrir, c'était l'adoption d'un beau bébé en bonne santé. Pour vingt-cinq ou trente mille dollars, Frédérique pouvait bien sacrifier neuf mois de sa vie.

— J'aurai l'argent pour me faire refaire le *body* après l'accouchement. Pis les femmes qui engraissent enceintes sont justes des lâches qui savent pas se contrôler.

En quelques clics, elle constata que, chaque année, des dizaines de couples avaient recours aux services d'une autre femme au Québec pour porter leur enfant. Si certains faisaient appel à des cliniques de fertilité pour officialiser les démarches, plusieurs mentionnaient leur besoin sur des sites de petites annonces. Leur demande se retrouvait coincée entre une vieille motoneige usagée et une cage à hamster en très bon état.

Elle réfléchit un moment avant de taper ces quelques mots sur le clavier: «Jeune femme enceinte, en parfaite santé, cherche parents affectueux pour son bébé. 30 000 $, négociable.»

Elle hésita un instant avant d'appuyer sur la touche permettant à son message d'être lu par les internautes, puis pensa à l'augmentation mammaire qu'elle souhaitait depuis des années. Porter sa grossesse à terme couvrirait largement les frais d'une telle opération. Échanger son bébé contre une paire de seins lui paraissait non éthique, mais elle se rabattit sur un argument plus humain: elle ferait le bonheur d'un couple infertile.

Inconsciemment, elle souhaitait donner à son enfant ce qu'elle souhaitait pour elle-même: être la raison de vivre de quelqu'un. Un couple prêt à payer des milliers de dollars pour avoir un enfant allait le chérir et l'adorer. À défaut d'avoir eu cette chance, Frédérique voulait bien l'offrir à son enfant.

Clic! Il était trop tard pour reculer.

Seule devant l'écran de son ordinateur, Lili regretta que la technologie ne soit pas suffisamment évoluée pour lui permettre de se téléporter dans la cuisine d'Esther. Ce qu'elle venait d'apprendre la sidérait et elle aurait voulu prendre la main d'Esther pour l'assurer de son soutien. Elle ne pouvait que parler sans quitter des yeux le visage de son amie. Un visage où il était bien difficile de déchiffrer les émotions.

— Il t'a annoncé ça tout de suite après que tu lui as dit que t'es enceinte ? Pas fort, ragea Lili.

Honteuse, Esther fixait son clavier sans prononcer un mot. Lili se demanda si son amie avait honte d'être trompée par son mari ou si elle avait honte d'être enceinte sans son accord. Sentant Esther fragile pour une rare fois, Lili se fit un devoir de prendre son parti.

— Mon chum va l'engueuler comme du poisson pourri quand il va savoir ça.

Lili espérait seulement que Thomas ne soit pas déjà au courant. Voyant que sa colère n'était pas partagée, Lili se calma. Elle comprit qu'Esther était bien plus triste que fâchée.

— Les enfants sont au courant ?

La panique que Lili put lire dans le regard de son interlocutrice faisait mal à voir. Elle savait que les enfants seraient le nerf de la guerre pour Esther.

— T'imagines les conséquences ? Savoir que ton père, ton modèle, trompe ta mère. On en a pour des années à payer des psys pour réparer leurs traumatismes, se plaignit Esther.

— Il va sûrement rompre avec elle. Il peut pas cracher sur tout ce que vous avez bâti.

Esther n'en savait trop rien. Jean-François n'avait pas parlé ouvertement de les quitter. La discussion sur le sujet s'était terminée en queue de poisson. Depuis, ils s'évitaient, chacun réfléchissant sur la suite des choses pour leur couple mal en point. Esther était résolue à se battre et même à passer l'éponge. Il le fallait, pour les enfants. Elle était certaine que Jean-François en ferait autant.

Thomas salua une cliente qui repartait avec un gros bouquet de marguerites. Il aimait bien cette fleur, pour sa simplicité. Au moment même où la dame s'en allait, Jean-François passa la porte en sens inverse.

— Dis-moi pas que tu te décides enfin à m'encourager!

C'était la réplique classique de Thomas chaque fois que Jean-François lui rendait visite sur son lieu de travail. Jean-François achetait rarement des fleurs. Il prétendait qu'Esther n'aimait pas en recevoir.

— Oui. J'ai besoin d'un gros bouquet.

— À te voir la face, on dirait que c'est pour un enterrement. T'es quand même pas frustré que je ne sois pas allé au gym cette semaine?

Jean-François garda le silence, sans même sourire, ce qui intrigua Thomas qui se dirigea tout de même vers les grandes portes vitrées derrière lesquelles oiseaux de paradis, lys et gerberas se disputaient la vedette. Il sélectionna quelques fleurs monochromes susceptibles de plaire à Esther, une femme ordonnée et classique, puis revint vers le comptoir où l'attendait Jean-François.

— C'est Esther qui va être contente, se moqua Thomas.

— Non. Ma maîtresse.

Thomas leva les yeux vers son ami, certain que ses oreilles lui jouaient des tours. Malheureusement, le visage de Jean-François lui confirma ses pires craintes.

— Dans quel pétrin tu t'es fourré, mon vieux ?

Jean-François raconta sa rencontre avec Julie, l'insistance de cette dernière, la cour assidue dont il avait été l'objet. Il partagea ses problèmes conjugaux sans entrer dans les détails. Il en dit juste assez pour que Thomas comprenne que ça n'allait pas bien à la maison et que cette relation extraconjugale mettait un baume sur son quotidien.

— J'aurais préféré jamais entendre ça, avoua Thomas. T'imagines dans quelle position tu me places face à Lili ?

— Fais-toi-z'en pas. Y a rien que tu vas lui dire qu'Esther lui aura pas déjà dit. J'ai juste besoin de ventiler un peu parce que, y a pire… Esther est enceinte d'un autre.

— Voyons donc ! Tu vas pas croire ça, toi aussi !

Jean-François sourcilla. Ainsi donc, même Thomas était au courant. Esther lui cachait sa grossesse depuis longtemps. C'était une preuve supplémentaire de sa culpabilité. Cet enfant-là n'était pas le sien.

Lorsque Thomas lui demanda ce qu'il avait l'intention de faire pour régler le problème, Jean-François surprit son ami :

— J'vais prendre l'odieux de la séparation sur moi. En partant à cause de ma maîtresse, j'évite à Esther d'avouer qu'elle a été infidèle.

Thomas ne pouvait pas accepter que son ami fasse une bêtise aussi navrante.

— On va prendre une bière, dit-il simplement.

— La boutique ?

Thomas se dirigea vers l'entrée. Il retourna la pancarte annonçant que le commerce était ouvert.

— Et Lili ? objecta encore Jean-François.

— Elle doit déjà dormir. C'est une vraie pantoufle ces jours-ci.

Thomas ferma la caisse, ramassa ses clés et songea un instant à téléphoner à la maison pour prévenir Lili qu'il rentrerait tard, mais à quoi bon la réveiller ?

Les deux hommes passèrent quelques heures à trinquer au houblon. La bière coulait à flots et les confidences de Jean-François devenaient de plus en plus personnelles. Thomas réalisa que la situation n'était ni noire, ni blanche. Son couple d'amis vivait une crise comme tant d'autres couples. À travers le monologue de Jean-François, il captait beaucoup d'espoir. Jean-François parlait d'Esther avec une grande tendresse, mais est-ce que la tendresse est suffisante pour garder un couple uni ?

En rentrant au loft, Thomas eut un peu de difficulté à insérer sa clé dans la serrure. Ça le fit sourire. Il n'avait plus l'habitude de l'ivresse. Il pénétra à l'intérieur sur la pointe des pieds dans l'espoir de ne pas réveiller Lili.

Lorsqu'il distingua sur le plancher devant lui des orteils parfaitement peints en rose, Thomas comprit que Lili ne dormait pas. Il remonta du regard le corps de sa blonde, des ongles de pieds jusqu'au visage. Dieu qu'elle était belle et qu'il avait envie d'elle.

L'impression festive et printanière laissée par le vernis fit place au visage impatient de Lili. Elle l'avait attendu toute la soirée, voulait passer du temps avec lui et lui reprochait que son désir ne soit pas partagé.

— C'est parce qu'être ensemble en ce moment, c'est te regarder dormir mon amour, bafouilla Thomas.

— Je nous fabrique un bébé, normal que je sois un peu fatiguée.

— Justement, je pensais que tu en profiterais pour dormir un peu.

— J'avais pas de tes nouvelles, j'étais morte de peur. J'me voyais déjà monoparentale !

Thomas fit un effort surhumain pour chasser la brume d'alcool qui lui envahissait le cerveau. Lili n'était pas du genre paranoïaque, elle ne lui demandait jamais de rendre des comptes sur son horaire ou de se rapporter. Pendant un bref instant, il fut tenté d'éclater de rire devant la blague de sa blonde, mais les larmes qui affluaient au coin de ses yeux l'empêchèrent de commettre cette bourde monumentale. Elle était sérieuse.

— T'étais pas avec une autre, hein ?

Thomas comprit instantanément qu'Esther s'était confiée à sa douce. Contaminée par la peine de sa meilleure amie, Lili craignait de subir le même sort. Leurs amis avaient toujours été un modèle pour eux. Savoir qu'un couple aussi solide risquait la descente aux enfers déstabilisait Lili.

Thomas réfléchit à toute vitesse pour trouver les bons mots à dire en pareille circonstance. Il voulait s'excuser et rassurer sa blonde. Il cligna des yeux une fraction de seconde. Lorsqu'il les rouvrit, le soleil pointait à travers les rideaux du salon, Lili avait disparu. Merde, il s'était endormi.

Les chiffres alignés sur le réveille-matin en forme de grenouille témoignaient qu'elle devrait regagner son lit. Esther sut qu'elle en serait incapable. Elle opta donc pour caresser encore un peu les blonds cheveux de son grand garçon. Esther s'émerveillait de la douceur de la tignasse de l'enfant et prenait plaisir à faire glisser des mèches entre ses doigts, inlassablement. Ça l'apaisait.

Antoine l'avait alertée avec ses cris. Il faisait rarement des cauchemars, mais Esther refusait qu'il vienne les rejoindre dans le lit conjugal. Elle préférait s'asseoir inconfortablement sur le plancher à côté du lit de son fils pour qu'il se rendorme. Cette nuit, c'était presque une bénédiction de le veiller plutôt que d'être allongée à fixer le plafond de sa chambre, seule.

Jean-François avait découché. Si elle espérait qu'il ait loué une chambre dans un motel miteux, elle se doutait bien qu'il avait gagné le lit de sa maîtresse. À quoi bon s'en priver maintenant qu'elle était au courant ? Elle essayait de chasser de son esprit les images de leurs deux corps s'entremêlant. Sans succès.

Alors que le garçonnet regagnait doucement les bras de Morphée, Esther poursuivit ses cauchemars éveillés. Elle retournait la situation dans tous les sens pour trouver des solutions. Son couple s'enlisait dans un terrible bourbier. Toutes les issues envisageables était douloureuses et comportaient leur lot de déchirements publics et de honte.

— On va toujours être une famille, hein, maman ?

Surprise qu'il ne dorme pas, Esther regarda son fils. Ce petit bonhomme de six ans l'impressionnait par sa clairvoyance. Antoine absorbait les émotions de ses parents comme une éponge. Esther avait beau jouer de finesse pour lui épargner des souffrances ou lui cacher des informations, on aurait dit qu'il pouvait lire dans son cerveau. Contrairement à sa petite sœur qui incarnait l'insouciance, Antoine s'inquiétait de tout et de rien.

— On va toujours être une famille, murmura-t-elle. Dors, maintenant.

Antoine ferma les yeux et se laissa bercer par le doux mouvement des doigts de sa mère sur son cuir chevelu. Lorsqu'elle fut certaine qu'il dormait profondément, Esther quitta silencieusement la pièce et s'enferma dans la salle de bain pour laisser libre cours à son chagrin. Elle fit un détour pour prendre deux pilules bleues dans le fond de son sac. Elle avala ses nouveaux antidépresseurs avec une gorgée d'eau bue à même le robinet. Heureusement que sa nouvelle médication semblait lui convenir. Elle avait suffisamment de problèmes à gérer et se voyait mal faire face à des effets indésirables. Ses larmes silencieuses bien qu'abondantes cessèrent instantanément lorsqu'elle entendit la porte d'entrée s'ouvrir.

Jean-François avançait à pas de loup. Les quelques heures de sommeil qu'il s'était offertes sur le siège arrière de sa voiture le laissaient courbaturé, fripé et maussade. Chacun de ses pas résonnait dans sa tête comme un coup de gong. Il voulait prendre une douche, avaler des comprimés pour réduire son mal de tête et filer au travail. Il se dirigea vers la salle de bain dans l'espoir d'éviter sa femme et ses enfants avant d'être présentable.

Il tomba nez à nez avec Esther.

— J'ai dormi dans la voiture, se justifia-t-il.

— Je veux pas le savoir.

Esther lui céda la place et s'enfuit dans leur chambre. Jean-François commença par chercher de quoi réduire son mal de bloc dans la pharmacie. Il se doucha, se brossa les dents et enroula une serviette autour de ses hanches avant de sortir de la pièce embuée.

Esther s'était habillée et fixait nerveusement la porte de la chambre. Lorsque Jean-François fit irruption dans la pièce, le torse nu, elle se sentit obligée de détourner le regard. Il fila vers la penderie pour trouver de quoi se vêtir.

Esther ne put s'empêcher de le regarder du coin de l'œil. La serviette se retrouva sur le plancher, exposant la nudité de Jean-François. Esther n'en ressentit aucun émoi et s'en attrista intérieurement.

— Ça me dérange pas que tu découches, mais rentre plus tôt pour pas que les enfants se doutent de quelque chose.

Jean-François mit un certain temps afin de bien choisir ses mots :

— J'ai pas envie de jouer une double vie.

Esther ne savait pas trop comment interpréter ce qu'elle venait d'entendre. Elle se demandait si c'était le chant du cygne pour eux ou l'assurance qu'il quittait sa maîtresse. Il vint s'asseoir à ses côtés, lui prit la main. Esther retrouva espoir.

— Julie m'a offert de m'installer temporairement chez elle.

Esther eut un haut-le-cœur et retira sa main de celle de son mari. Il avait prononcé le prénom avec tellement de douceur que c'en était indécent.

Si Jean-François avait besoin de temps pour réfléchir à leur avenir, soit ! Mais il n'était pas question que les enfants en subissent les dommages collatéraux.

— On a pris des chemins différents, toi et moi, continua-t-il. Faut arrêter de se mettre la tête dans le sable.

Esther comprit que malgré tous ses efforts, le bateau prenait l'eau. Elle avait beau ramer, il fallait être deux pour se sauver du naufrage et rejoindre la rive. Elle espérait encore que Jean-François se lasserait de son amourette et reviendrait à de meilleurs sentiments. Elle prit donc la résolution de cacher leur rupture le plus longtemps possible aux yeux des enfants.

— Tu vas partir pour un long voyage d'affaires, décida-t-elle.

CHAPITRE 4

Lili se plaça de profil pour admirer son bedon en expansion dans le miroir. Elle recherchait l'angle qui mettrait en valeur ses nouvelles courbes timides. Avec près de quatre mois de grossesse de complétés, elle s'étonnait que son ventre ne soit pas plus proéminent. Le commun des mortels attribuait le renflement à un excès de poutine beaucoup plus qu'à une grossesse. Pourtant, Lili trouvait évident qu'elle porte un enfant. Thomas se gardait de lui briser ses illusions.

Lili hésitait longuement devant la penderie chaque matin. Elle évitait tout vêtement trop cintré pouvant lui causer de l'inconfort dans la journée. Les fermetures éclair de ses pantalons commençaient à se plaindre lorsqu'elle essayait de leur fermer le clapet, mais sinon, sa garde-robe régulière lui allait toujours. Elle arrêta son choix sur une robe légère et fluide. Elle souhaitait être à son avantage pour cette journée spéciale.

Les risques de fausse couche étant écartés avec la fin du premier trimestre, Lili avait décidé de célébrer l'événement en amoureux. Elle avait proposé à Thomas d'échanger un cadeau symbolique pour leur rôle de parent. Thomas devait trouver un présent pour Lili et vice versa.

Ils s'installèrent au salon après le repas pour échanger leurs cadeaux. Lili fut la première à tendre son présent à Thomas : une simple enveloppe qu'elle avait rehaussée du nom de son amoureux.

Thomas ouvrit l'enveloppe délicatement et découvrit un certificat-cadeau applicable sur des cours d'haptonomie.

— Qu'est-ce que ça mange en hiver, l'haptonomie ?

— C'est pour que le papa communique avec le bébé pendant la grossesse, expliqua Lili. Un truc supernature comme tu les aimes.

Plus elle décrivait cette science de l'affectivité et les techniques utilisées pour que le père prenne contact avec son enfant à l'intérieur du ventre de la mère, plus Thomas entrevoyait le cauchemar. Il ne savait pas sur quel site Internet Lili avait déniché un truc aussi ésotérique, mais il trouvait que ça relevait davantage du charlatanisme que de la science. Elle avait beau mettre l'accent sur le lien papa-enfant qu'il aurait la chance de développer, pour Thomas, c'était un cadeau empoisonné.

Il remercia chaleureusement sa blonde pour cette « bonne idée » inattendue. Elle réussissait toujours à le surprendre. Fière de son coup, Lili trépignait à l'idée d'ouvrir son présent. Thomas ne se fit pas prier pour le lui offrir, convaincu qu'il était d'avoir misé sur un cheval gagnant.

La boîte de bonne dimension était soigneusement emballée et enrubannée. Lili déchira le papier pour découvrir…

— Un tire-lait.

— Le plus *hightech*, s'enthousiasma Thomas.

Il entreprit de sortir l'appareil de sa boîte pour en exposer toutes les caractéristiques à Lili. On aurait dit un élève récitant une leçon apprise par cœur. Évidemment, il insista sur les fonctionnalités modernes et le design des plus contemporains. Il relata à quel point la vendeuse avait vanté ce modèle et qu'il avait même fouillé sur Internet pour trouver des commentaires d'utilisatrices. Tout le monde semblait unanime pour dire que c'était la Cadillac des tire-lait.

Lorsqu'il termina son exposé, Thomas remarqua des larmes au coin des yeux de Lili. Il se félicita intérieurement de son achat qui remuait la fibre maternelle de sa blonde. Lorsque les larmes naissantes devinrent un torrent, Thomas commença à douter de son interprétation de la situation. Il eut beau questionner Lili, elle était incapable de prononcer une parole, pleurant à chaudes larmes.

— Tu m'as dit que tu voulais allaiter, que c'est ce qu'il y a de mieux pour le bébé. T'as pas changé d'avis, toujours?

Lili secoua la tête entre deux sanglots.

— Dis-moi pas que t'as trouvé un meilleur modèle que ça! T'aurais préféré l'acheter toi-même?

Lili se calma et expliqua à son chum la raison de sa tristesse.

— J'voulais que tu fabriques un berceau.

Thomas maniait le ciseau à bois comme pas un. Le superbe hochet qu'il avait offert à Lili lorsqu'elle lui avait annoncé sa grossesse en témoignait à lui seul. Il sculptait littéralement des œuvres d'art et la moindre patte de chaise abîmée retrouvait vie au contact de ses mains et de ses outils. C'était un loisir paisible qu'il pratiquait à temps perdu. Dans l'arrière-boutique de son commerce, il avait aménagé un coin ébénisterie. À la fermeture, il s'y assoyait de longues heures s'il savait que Lili sortait avec des copines ou travaillait. Le contact de cette matière noble, l'odeur du bois sablé, tout lui plaisait dans cet art.

— Tu dis toujours que ça fitte pas avec le style moderne de l'appart, se défendit-il.

Si Lili reconnaissait la valeur artistique de ce que créait son chum, elle ne souhaitait pas pour autant que ses œuvres envahissent leur loft moderne. Lili aimait l'art déco, les matières chatoyantes, le bling-bling. La seule pièce que Thomas avait travaillée pour elle était un coffre à bijoux qu'il avait sculpté pour souligner leur premier anniversaire de rencontre. Lili l'utilisait, mais elle le glissait dans un tiroir. Si elle prétendait qu'elle évitait de l'exposer pour ne pas attirer les voleurs, Thomas n'était pas dupe : son cadeau n'allait pas avec la décoration du loft.

Thomas était donc déstabilisé par la remarque de Lili. Comment pouvait-elle imaginer qu'il ait fabriqué un berceau pour leur enfant alors qu'elle n'avait jamais voulu que ses pièces entrent dans le loft ?

— Ça fitte pas avec la décoration, mais ça fitte avec un bébé, expliqua-t-elle.

— J'aurais dû y penser, choisit de répondre Thomas, souhaitant ainsi calmer la tempête.

— Il me semble que c'est évident que toutes les femmes enceintes rêvent de ça !

Thomas dut admettre en son for intérieur que les désirs d'une femme enceinte lui échappaient totalement.

Ce qui le mystifiait aussi, c'était l'obsession de Lili à chercher un prénom farfelu pour leur enfant. Elle lui avait exposé sa théorie selon laquelle un prénom est porteur d'une charge émotive et énergétique, et que le choix qu'ils feraient pour leur enfant à naître était crucial.

Thomas faillit s'étouffer avec une gorgée de jus d'orange en posant les yeux sur la liste de prénoms concoctée par Lili et mise en évidence sur le réfrigérateur. Puisque Manfred, Narcisse, Quentin, Cosette et Victorine y figuraient parmi une quinzaine d'autres, Thomas ressentit un urgent besoin de participer à la recherche du prénom parfait. Chaque fois que Lili lui proposait une autre trouvaille, il n'osait pas critiquer ouvertement son choix et lui proposait de mettre le tout sur la liste en espérant trouver des arguments pour l'écarter éventuellement. Il devait s'y mettre sérieusement...

Comprenant le manège de son amoureux, Lili mit en branle une chasse au prénom des plus inusitée. Elle débuta sa collecte d'informations sur le site de la Régie des rentes du Québec. En quelques clics, Lili sut précisément le nombre de fillettes prénommées Victorine dans les dernières années. Puisque le nombre oscillait entre zéro et trois annuellement, Lili en conclut que c'était un argument de vente important. Après tout, qui a envie que son enfant se retrouve dans une classe avec trois camarades portant le même prénom ? Manfred était encore moins attribué, quoique présent dans les statistiques compilées par le site. Toutefois, lorsque Lili réalisa que le personnage principal du film *L'ère de glace*, un énorme mammouth bourru, s'appelait Manfred, elle raya définitivement ce choix de sa liste.

Puisque le commun des mortels associe un prénom aux personnes qu'il a croisées dans sa vie et que Lili ne connaissait aucune Victorine ou Cosette, elle fit rapidement une recherche sur Facebook pour mettre un visage sur ses prénoms préférés. Entre deux laideurs, une mocheté et un problème d'obésité morbide se cachait toujours une perle d'esthétisme dont Lili imprimait la photo avant de l'épingler sur le frigo en appui à la candidature d'un prénom.

Au bout de deux heures de travail, la porte du réfrigérateur ressemblait à une couverture de magazine retouchée par un logiciel informatique. Rien de bon pour le moral d'une femme qui engraissait à vue d'œil depuis quelques mois. Lili retrancha quelques prénoms de sa longue liste, question d'alléger la galerie de sourires qui l'accueillerait chaque fois qu'elle aurait une petite fringale.

Elle détailla le portrait situé juste à côté de la poignée du congélateur : une jeune femme fière, naturelle et l'œil pétillant d'intelligence. Céleste…

Lili profita de l'absence de son amoureux pour rendre visite à ses parents. Elle souhaitait un point de vue objectif sur ses choix de prénom. Elle fut accueillie par son père qui lui fit signe de ne pas faire de bruit.

— Ta mère dort.

— À cinq heures de l'après-midi ?

— On a plus vingt ans, dit-il avec un soupçon de tristesse dans la voix. Ta mère fait de l'insomnie, puis elle se rattrape de jour.

Lili décida donc de mettre la main à la pâte et de préparer le souper avec son père, en attendant le réveil de sa mère. L'opinion de cette dernière lui importait et elle savait que son père perdait tout sens critique dès qu'une idée émanait de sa fille unique. Il ne serait donc pas d'une grande aide devant son dilemme.

Ce n'est que lorsque la table fut dressée et le repas servi, que la mère de Lili se leva enfin.

— Il était temps ! l'accueillit Lili en simulant l'exaspération.

— C'était la fête de ta tante Laurianne hier. On s'est couchés un peu tard, expliqua-t-elle brièvement.

— Papa m'a dit que tu faisais de l'insomnie, rectifia Lili.

Ses parents se consultèrent rapidement du regard.

— Les deux combinés… Tu comprends que j'avais besoin d'une sieste ! Qu'est-ce qu'on mange ?

Les trois se mirent à table et Lili expliqua la raison de sa visite. Elle déroula sa liste de prénoms sans récolter un grand enthousiasme de la part de sa mère.

— C'est souvent à la naissance qu'on décide, Lili. En voyant la face du bébé.

— C'est ça qui est arrivé, pour moi ?

— Non. Dans ton cas, Lili était décidé dès le début de la grossesse. En l'honneur de ma grand-mère Lilianne qui est décédée juste...

La fin de la phrase s'étrangla dans la gorge de la mère de Lili. Sensible aux émotions des autres, Lili réprima un sanglot. Finalement, l'émotivité qu'elle attribuait aux hormones de grossesse était peut-être juste un gène familial.

Frédérique aimait son prénom. Il était source de quiproquo et dégageait quelque chose de fort, de mordant. Souvent, les gens s'attendaient à un homme et restaient bouche bée en découvrant une superbe fille. Ça avait joué en sa faveur lors d'entrevues, d'examens ou pour éviter une contravention. Tout le monde lui demandait si ses parents l'avaient nommée ainsi à cause du personnage principal du film *Danse lascive*. Elle répétait inlassablement qu'elle était née bien avant la sortie du film et que la seule responsable de ce choix était sa mère.

Frédérique se rappelait même cet amant de passage qui était incapable de jouir en l'appelant par son prénom.

— J'ai l'impression de coucher avec un gars, se justifiait-il.

Du peu que lui avait donné sa mère, son prénom était probablement ce dont elle était le plus fière. Le reste, ça dépendait des jours.

Aujourd'hui, Frédérique voulait connaître les détails de sa génétique familiale. La moitié de son arbre généalogique avait foutu le camp avant même qu'elle ne voie le jour, mais elle avait besoin de l'autre cinquante pour cent pour rassurer d'éventuels parents désireux d'acheter son enfant.

Jeannine hésita à lui révéler les antécédents familiaux. Elle n'approuvait pas les démarches de sa fille pour vendre son bébé au plus offrant. Elle considérait que l'avortement était beaucoup plus sensé dans le cas de cette grossesse.

— J'rends service ! se défendit Frédérique. Y a plein de monde pas capable de faire des bébés. Tu devrais comprendre ça, toi ?

Frédérique savait qu'elle venait de frapper sous la ceinture et que la remarque blesserait sa mère. Jeannine se battait depuis huit ans pour tomber enceinte et son conjoint considérait l'adoption depuis quelques années.

— Mais de là à vouloir en acheter un sur Internet… Tu pousses un peu fort, ma fille !

— Parce que tu penses que les tiens étaient gratis ? Ça vous a coûté combien, vos traitements de fertilité ?

— Franchement, c'est pas la même chose ! s'insurgea Jeannine.

— T'as raison. Mon bébé, j'vais le vendre ben moins cher que t'as payé les tiens.

Ce que Jeannine ne pouvait pas admettre, c'est qu'elle aussi avait considéré de faire adopter Frédérique avant sa naissance. Non pas en échange d'argent, mais simplement pour se délester du fardeau qu'elle représentait à l'époque. À cause de ses croyances religieuses, elle n'avait pas sérieusement considéré l'avortement, mais offrir un foyer avec des parents aimants lui avait effleuré l'esprit alors qu'elle tirait le diable par la queue. À travers Frédérique, elle revivait ces mois d'angoisse et ce déchirement intérieur lorsqu'on doit décider de la vie d'un autre.

Frédérique sentit l'ébranlement de Jeannine et adoucit son discours.

— Tout le monde est gagnant: je fais de l'argent pis les parents ont un bébé.

— Ce bébé-là t'a choisie. Toi. Pas une autre.

Frédérique eut l'impression d'entendre Gerry. Son beau-père avait fait campagne auprès de Jeannine et, tel un perroquet, sa mère répétait son discours. Frédérique ne put s'empêcher de repenser à son enfance et à sa voisine de palier qui avait joué la mère substitut.

— Y a peut-être pas fait un choix éclairé, se contenta-t-elle de répondre.

Sous-entendant par le fait même qu'à vingt-sept ans, elle n'avait pas la confirmation que son propre choix avait été judicieux.

De retour à la maison, Frédérique regarda une énième fois sa boîte de courriels afin de vérifier si elle avait reçu des réponses à la suite de la parution de son annonce. Depuis plusieurs semaines, elle recevait des pourriels, mais aucune demande sérieuse de renseignements. Si personne ne se manifestait, elle allait être quitte pour un avortement tardif.

Lorsqu'elle tapa son mot de passe, elle fut surprise de constater que trois nouveaux messages attendaient d'être lus. Le premier provenait d'un homme qui désirait une photo de la mère porteuse en question. Il demandait des photos en bikini pour pouvoir juger adéquatement de l'état de santé de la vendeuse. Frédérique jeta le courriel à la poubelle. Le second message promettait de faire grossir le pénis du destinataire de manière miraculeuse et il suivit le même chemin que le courriel précédent. Le troisième attira l'attention de Frédérique.

Il provenait d'une femme nommée Chloé qui avait visiblement un certain degré d'éducation puisque Frédérique ne décelait pas de fautes d'orthographe. En tous cas, aucune qu'elle était en mesure d'identifier. La femme de trente-quatre ans avait même annexé des photos d'elle et son mari à sa touchante missive. Frédérique put constater l'opulence du couple qui posait ici sur une plage du Sud et là devant une grande maison.

Le couple ne pouvait pas concevoir d'enfant à cause d'une malformation génétique de Chloé. Ils désiraient donc adopter un enfant d'ici qui leur ressemblerait. Frédérique prit le temps d'examiner la photo du couple. La jeune femme souriante sur les clichés aurait pu être sa sœur : même taille fine, même chevelure abondante et foncée, même délicatesse au niveau des traits.

Frédérique venait de trouver sa famille d'adoption. Elle en était certaine ! Elle décida tout de même de jouer de prudence en leur proposant une rencontre en personne. Elle les invita au café.

Le cœur de Thomas pulsait le sang à un rythme fou. Son corps en entier n'était plus que douleur. Jamais il n'avait autant souffert lors d'une séance d'entraînement. À ses côtés, Jean-François grimaçait. Des deux, c'est lui qui avait toujours été le plus en forme, le plus athlétique. Thomas songea un instant à la tête qu'il devait avoir en ce moment et remercia le ciel qu'aucun miroir ne se trouve devant lui. Si Jean-François peinait à suivre la cadence imposée par le professeur de spinning, Thomas avait depuis longtemps abandonné.

Une fois au vestiaire, après une douche revigorante, Jean-François tendit un bout de papier à Thomas sans rien dire. Thomas y lit une adresse qui lui était inconnue. D'un froncement de sourcils, il signifia à Jean-François qu'il attendait des explications.

— Ma nouvelle adresse. Celle de Julie.

Thomas empocha le bout de papier avec l'intention de le jeter à la première occasion. S'il respectait les choix personnels de son ami, il n'avait pas l'intention d'encourager sa décision de quitter Esther en le visitant chez sa maîtresse. Il ne voyait pas l'intérêt de connaître la jeune amante de Jean-François et serait vu comme un traître par sa propre blonde s'il mettait les pieds dans l'appartement de la bombe qui détournait Jean-François de sa femme.

Le récit de Jean-François le laissait perplexe. À l'entendre parler, Esther l'avait cavalièrement chassé de la maison et lui avait interdit l'accès à ses enfants. Elle lui faisait payer son infidélité en l'obligeant à mentir.

— J'vais être obligé d'appeler les enfants et de leur dire que je suis à l'autre bout du monde pour le travail, alors que mon territoire dépasse pas une heure de route. Peut-être qu'Emma va gober ça, mais Antoine est trop vieux pour avaler ça sans se douter de quelque chose, raisonna Jean-François.

— Le bébé ?

Dans toute cette histoire, Thomas était préoccupé par la grossesse d'Esther. Le fait d'attendre lui-même un enfant plaçait cette information sur le haut de la liste des priorités. Ce qui n'était visiblement pas partagé par Jean-François.

— Pourquoi tu penses qu'elle m'éloigne comme ça ? Elle prépare le terrain pour son amant. J'suis sûr.

— Si elle avait vraiment un amant, elle en aurait parlé à Lili, non ?

— J't'en ai pas parlé, moi, répliqua Jean-François.

— Oui, mais les filles, ça se dit tout.

— Tu connais mal Esther. Ses mauvais coups, elle en parle pas. Elle peut pas supporter de faire des erreurs, encore moins de les étaler publiquement.

— Penses-tu que Lili est au courant ? questionna Thomas. Pour la rupture, je veux dire.

Jean-François réfléchit un instant avant de prodiguer un conseil à son ami.

— Si tu veux pas te mettre dans la merde, attends qu'elle t'en parle la première.

Les hormones de Lili étaient en dents de scie depuis le début de la grossesse. Le messager d'une aussi mauvaise nouvelle se ferait jeter des roches par Lili. Autant que le coupable, sinon plus. Thomas devait trouver une stratégie pour éviter les gros cailloux.

Thomas était sur ses gardes. Chaque phrase échangée avec Lili avait des allures de sirène précédant un éboulis. Les minuscules pierres auxquelles il s'attendait ressemblaient plutôt à des rocs de Gibraltar.

Chaque discussion démarrait de manière anodine. Thomas n'était donc pas en mesure de savoir si sa blonde lui tendait un piège ou si elle faisait simplement la conversation. Actuellement, elle se questionnait sur la pertinence de faire baptiser leur enfant puisqu'ils n'étaient pratiquants ni l'un ni l'autre. Un sujet qui semblait sécuritaire... Pour Thomas, cela allait de soi. Pas question de réunir les amis dans une église et de faire semblant d'être de bons chrétiens devant un homme de Dieu. Ils se contenteraient d'un souper avec leurs proches pour souligner la naissance.

Lili révéla cependant qu'elle aimerait que son enfant ait un parrain et une marraine.

— Esther et Jean-François. Qu'est-ce que t'en penses ?

« Nous y voilà, pensa Thomas, elle sait. » La question était banale, mais Lili était suffisamment rusée pour la poser à ce moment précis afin de soutirer des informations à son chum. Si Esther l'avait informée de sa rupture, Lili venait à la pêche pour savoir si Thomas en avait été mis au courant par Jean-François. Si elle ne le savait pas, Thomas risquait de lui apprendre la nouvelle et d'en payer le prix. Il marchait sur une corde raide et ne savait plus où poser le pied pour ne pas tomber.

— Tes parents seraient pas trop vexés qu'on leur préfère des amis ? risqua-t-il.

Thomas se trouvait brillant. Pour éviter les problèmes : répondre à une question par une question.

— Ils vont avoir le titre de grands-parents, répliqua Lili. C'est déjà bien, non ?

Puisqu'ils étaient tous deux enfants uniques, Jean-François et Esther feraient office d'oncle et de tante. Leur offrir le titre de parrain et marraine éviterait aussi de froisser les parents de Lili ou de Thomas en leur préférant l'autre couple de grands-parents. Un argument à considérer, selon Lili.

— Ça va leur donner une raison supplémentaire pour travailler sur leur couple. Je dis pas que c'est ce qui va régler la crise qu'ils traversent, mais ça pourra pas nuire.

Thomas ne trouva rien à ajouter. Il était maintenant fixé : Lili ne savait rien.

— Je les invite à souper pour leur annoncer la nouvelle, continua Lili. Jeudi, ça te va ?

— Parfait !

« Au moins, se dit Thomas, Esther va devoir mettre cartes sur table. Quand Lili va les inviter, elle n'aura d'autre choix que de dévoiler la vérité. »

Esther gardait les yeux fermés. Ça l'aidait à percevoir les effluves de parfum qui s'accrochaient encore au col de la chemise qu'elle avait enfilée avant de se mettre au lit. Il y avait des années qu'elle n'avait pas dormi seule et porter la chemise de son mari la rassurait et simulait une présence masculine à ses côtés. Ça ne réchauffait pas les draps, ne diminuait pas les dimensions du lit, maintenant beaucoup trop grand, mais Esther s'accrochait aux dernières notes épicées du parfum de son mari pour se convaincre de son retour prochain.

Elle quitta la chambre, les yeux bouffis par un sommeil entrecoupé de larmes, et entreprit de se préparer pour sa journée de travail avant le réveil des enfants. Sous la douche, elle s'abandonna à la chaleur bienfaisante de l'eau, mais termina ses ablutions sous un jet glacial : ça effaçait toute trace de sommeil et resserrait les tissus.

Un soupçon de mascara et de fard à joues et elle était fraîche comme une rose, prête à jouer la mascarade devant les enfants.

Depuis que papa était parti en « voyage d'affaires », la tâche de travail qui incombait à Esther avait presque doublé.

Elle réalisait à quel point Jean-François et elle formaient une bonne équipe. Elle redoublait donc d'ardeur en espérant secrètement que son partenaire soit bientôt de retour pour accomplir sa part de la routine familiale. La vie de mère monoparentale faisait de plus en plus peur à Esther au fur et à mesure que les jours sans Jean-François s'additionnaient.

Les petits s'ennuyaient de leur père, surtout Emma qui vouait un amour sans borne à son papa. Heureusement, Jean-François se faisait un devoir d'appeler juste avant l'heure du dodo. Chaque soir, il inventait une histoire brève qu'il leur racontait au téléphone. La nuit dernière, Esther avait retrouvé un téléphone blotti contre le petit corps chaud de sa fille. Lorsqu'elle avait voulu le lui retirer, la fillette s'était réveillée et avait exigé qu'on la laisse dormir avec l'appareil, au cas où papa téléphonerait. Le cœur en charpie, Esther avait acquiescé à la demande de sa fille.

Après avoir conduit les enfants à la garderie et à l'école, Esther fila vers la clinique pour son suivi de grossesse. Le médecin fut surpris que le père ne soit pas présent.

— Rendu au troisième, c'est moins énervant, tenta de justifier Esther. Puis mon conjoint a un surplus de travail inattendu ces jours-ci.

Voilà qui achevait la discussion.

Il y eut d'abord la pesée mensuelle qui répugnait toujours autant à Esther. C'était une humiliation dont elle aurait pu se passer. Chaque mois, elle portait ses vêtements les plus légers et ôtait même ses chaussures avant de monter sur l'appareil. Ensuite, le médecin essaya de capter les battements cardiaques du bébé pour s'assurer de sa bonne santé. Le fœtus avait la bougeotte et Esther ne put entendre que quelques boums boums rythmés.

Lorsqu'elles quittèrent la salle d'examen pour retourner dans le bureau du médecin, Esther se renseigna au sujet des effets des antidépresseurs sur son bébé. Le médecin la rassura.

— Dix pour cent des femmes font une dépression lorsqu'elles sont enceintes et la majorité sont traitées avec de la médication.

— Y a pas de risques pour le développement du bébé ?

— Aucun. Il n'y a que les risques de prématurité qui augmentent au troisième trimestre. Votre bébé pourrait aussi souffrir de troubles respiratoires à la naissance, dus au sevrage.

Esther se maudissait intérieurement. Elle n'acceptait toujours pas sa dépression qu'elle voyait comme une faiblesse et non pas une maladie

— Votre posologie n'est pas élevée, continua le docteur. Ça devrait bien se passer.

— Et pour l'allaitement ?

— C'est plus compliqué, mais c'est pas impossible. On n'est pas encore rendus là, on va espérer que les choses se placent pour vous avant l'accouchement.

C'est ce qu'elle se répétait inlassablement chaque fois que l'angoisse l'étreignait. Que l'accouchement n'était pas prévu pour demain et que l'enfer qu'était devenu sa vie avait le temps de retrouver un semblant d'air de paradis avant que naisse l'enfant.

En fin de journée, Esther se rendit à la garderie pour récupérer Emma. Elle emmena la petite à la pharmacie pour acheter du dentifrice avant de filer vers l'école d'Antoine. Elle hésitait entre deux tubes lorsque le cri de sa fille la figea sur place.

— Papa !

La fillette détala comme un cheval de course et se jeta littéralement sur son père qui l'accueillit avec surprise au bout de la rangée.

— T'es revenu ! s'enthousiasma Emma. Maman, maman, papa est revenu de voyage !

Voilà qui bousillait les plans d'Esther. Elle ramassa un tube de dentifrice et tout en s'exhortant au calme, se dirigea vers le duo père-fille.

Jean-François haussa les épaules en signe d'impuissance. Il ne pouvait quand même pas faire l'aller-retour vers la ville voisine pour s'acheter un déodorant. Il savait qu'il y avait un risque à fréquenter les mêmes établissements que le reste de la famille, mais quelles étaient les probabilités qu'ils se croisent à la pharmacie alors qu'il y faisait un achat éclair ? Trop élevées, apparemment.

— J'avais oublié des articles de voyage, dit-il en appuyant sur le dernier mot et en montrant le déodorant et les lames de rasoir qu'il avait à la main.

Emma ne lâchait pas son père d'une semelle. Elle insista pour rentrer à la maison dans sa voiture à lui pendant qu'Esther filait à l'école pour chercher Antoine. Jamais Esther ne sacrait, mais le chapelet de jurons qu'elle fit défiler entre la pharmacie et l'école de son fils avait de quoi intimider n'importe quel adepte de tavernes obscures.

Le quatuor se retrouva à la maison. Lorsque Esther mit les pieds dans la cuisine, Emma portait son minitablier de chef et Jean-François lui faisait goûter la sauce à spaghetti qu'ils avaient mis à mijoter. Antoine réserva un accueil chaleureux à son père qu'il n'avait pas vu depuis plusieurs jours. Ça faisait du bien d'avoir un homme à la maison.

Le souper s'éternisait. Jean-François voulait profiter de chaque seconde avec les enfants. Il s'était ennuyé d'eux, mais il redoutait surtout de se retrouver seul avec Esther. En fin de soirée, fidèles à leur habitude, les enfants essayèrent de gagner quelques minutes de plus avant de retrouver leur lit. Emma prétexta la présence d'un gros monstre bleu en dessous de son lit pour se faire border longuement, tandis qu'Antoine exigea une histoire supplémentaire pour compenser la brièveté de celles racontées au téléphone les jours précédents. Normalement, les parents les auraient gentiment chassés sous les couvertures, ne se pliant pas à leurs caprices. Ce soir, Esther et Jean-François remerciaient secrètement les enfants de retarder le moment où ils devraient s'expliquer.

Une fois les enfants couchés, c'est le salon que les adultes choisirent comme arène de combat. Ils s'observèrent un moment en silence, se demandant lequel des deux serait le premier à dégainer. Jean-François fut rapide à asséner un coup à son adversaire :

— Faut leur dire la vérité, Esther.

— C'est quoi la vérité ? chuchota Esther avec des yeux menaçants. Que leur père s'envoie en l'air avec une fille qui a la moitié de son âge ? Qu'il est prêt à cracher sur sa famille pour une aventure insignifiante ?

Esther était en furie. Ce qui eut pour effet de faire monter la moutarde au nez de Jean-François. Plutôt que d'exploser à son tour et de se lancer dans une série d'injures tout aussi monstrueuses à l'endroit d'Esther et du bâtard qu'elle portait, Jean-François choisit de jouer l'honnêteté.

— J'ai pas envie qu'on se déchire, Esther. J'ai trop d'estime pour toi.

Il tenta un faible sourire. Esther soupira et dut bien admettre que sa réaction était exagérée. L'espace d'un moment, elle fut tentée de rejeter la cause de son emportement sur ses hormones de grossesse. Enceinte, les hormones avaient le dos large, mais elle opta plutôt pour le silence.

— La vérité, c'est qu'on a besoin de réfléchir, proposa Jean-François. Tous les deux.

— Tu veux vraiment quitter ta femme enceinte ?

— J'vais toujours être là, financièrement pis moralement, mais j'en ai assez de faire semblant que ça va bien, tu comprends ?

Esther comprenait, elle avait fait semblant toute sa vie.

En allumant l'ordinateur familial, Esther pria pour que sa discussion avec Lili ne s'éternise pas. La pile de vêtements destinés à la laveuse augmentait sans cesse, elle devait repasser ses uniformes de travail et elle rêvait de prendre dix minutes pour s'immerger dans un bon bain chaud avant de se glisser sous les couvertures. Le sommeil était difficile à trouver et se relaxer quelques minutes dans la baignoire ne pourrait pas nuire.

Elle activa la caméra intégrée à l'ordinateur et remarqua tout de suite que quelque chose clochait. Lili n'était pas branchée. Son amie ne manquait jamais leurs rendez-vous virtuels, comme elle aimait les appeler. Elle prit donc le téléphone, craignant que quelque chose n'aille pas, lorsqu'elle entendit cogner timidement à la porte d'entrée.

Elle trouva Lili sur son balcon, un thermos à la main pour lui faire une surprise.

— Tisane ! Il manque juste les tasses.

Sans attendre, Lili fit la bise à son amie et entra dans la maison.

— Je me suis dit que ça faisait trop longtemps qu'on s'était vues. Au diable la technologie pour ce soir.

À contre-cœur et avec une lenteur suspecte, Esther sortit des tasses de son armoire. Elles s'installèrent à table avec une bonne tisane fumante.

— Jean-François est pas là ?

— Une sortie entre chums, mentit Esther.

Elle avait honte que son mari la laisse pour une autre, plus jeune. Elle n'était pas prête à rendre la chose publique.

— Ça doit être difficile de lui faire confiance après ce qu'il t'a révélé, risqua Lili. Moi, j'aurais envie de me déguiser pis de le suivre ou d'engager un détective privé.

— Quand t'auras huit ans de mariage derrière la cravate, on s'en reparlera.

Esther espérait changer de sujet et clouer le bec de Lili en misant sur la longévité de son histoire d'amour. Lili ne fréquentait Thomas que depuis deux ans et avant de le rencontrer, elle n'avait eu que des amourettes de courte durée. Sa répartie n'eut cependant pas l'effet escompté.

— Comment vous gérez la crise ?

— Un jour à la fois.

— Mais concrètement ? voulut savoir Lili.

— On fait chambre à part. Il dort sur le canapé dans le sous-sol.

— Pis devant les enfants ?

— Comme d'habitude.

Le style télégraphique d'Esther inquiéta Lili. Il était évident que sa meilleure amie n'avait pas envie d'aborder le sujet, mais Lili croyait sincèrement qu'il fallait crever l'abcès, que ce serait salutaire pour Esther de parler de la situation.

— T'as espoir que tout se tasse ? enchaîna-t-elle.

— Évidemment, affirma Esther avec conviction.

— Tant que vous restez sous le même toit, c'est bon signe, non ?

Si Esther avait pu se noyer dans sa tisane, elle l'aurait fait. Elle se cacha derrière le bord de sa tasse et ferma les yeux un instant. Elle donnait l'impression de savourer les arômes fruités alors qu'elle tentait de reprendre ses moyens.

— Je sais pas comment tu fais, soupira Lili.

Un silence enveloppant s'installa entre les deux femmes. Elles en profitèrent pour boire leur tisane à petites gorgées.

— Comment va la bedaine ? demanda Esther pour changer de sujet.

Lili abandonna son interrogatoire et relata les derniers développements concernant sa grossesse. Elle profita de l'expérience d'Esther pour calmer ses angoisses de mère en devenir. Ses nombreuses lectures sur le sujet l'alarmaient davantage qu'elles ne la rassuraient et Esther abordait la question avec beaucoup plus de gros bon sens que les internautes qui se prononçaient sur les forums fréquentés par Lili.

— Y a ma mère qui m'inquiète aussi. Elle n'a pas son énergie habituelle. On dirait qu'elle et mon père me cachent quelque chose…

— Pourquoi ils te feraient des cachotteries ?

— Pour m'épargner. J'suis tellement émotive ces temps-ci…

— Toi ? Voyons…

Pour son commentaire ironique, Esther récolta une tape sur l'épaule.

— Enceinte, on s'inquiète de tout. C'est normal, confia Esther.

— Toi aussi ? demanda timidement Lili après avoir pris conscience qu'elle monopolisait la conversation depuis un bon moment.

— Non. Moi, tout va bien.

Esther sentit que son amie attendait plus de détails de sa part, elle entreprit donc de la satisfaire.

— C'est mon troisième. C'est aussi important, mais ça se vit différemment. T'as aussi les deux premiers dont tu dois t'occuper. Ça laisse moins de temps pour se flatter la bedaine, disons.

Après sa deuxième tasse de tisane, Lili se rendit à la salle de bain. Elle se regarda dans le miroir, replaça quelques mèches de cheveux. Une drôle d'impression, indéfinissable, l'envahit. Elle regarda autour d'elle : quelque chose clochait sans qu'elle soit capable de mettre le doigt dessus. La maison d'Esther était son deuxième chez-soi, elle en connaissait les airs et les refrains par cœur. Elle quitta la pièce sans réaliser qu'il manquait une brosse à dent dans le verre et que le rasoir de Jean-François avait disparu.

Elle s'apprêtait à quitter son amie lorsqu'elle se rappela le but premier de sa visite.

— Êtes-vous libres jeudi ?

Prise au dépourvu, Esther allongea sa liste de mensonges.

— Le cours de ballet de la petite est changé de jour cette semaine.

— Vendredi, d'abord ?

— C'est mon rendez-vous chez la coiffeuse, j'suis vraiment due, se justifia-t-elle.

— Choisis un soir la semaine prochaine, celui qui vous adonne. Thomas et moi, on veut vous inviter à souper.

— OK, je vérifie avec Jean-François.

Après les salutations d'usage et les embrassades, Lili partit. Une fois seule, Esther se frappa la tête contre le mur à quelques reprises en espérant en faire jaillir une idée de génie qui lui permettrait de se sortir avec élégance du bourbier dans lequel elle s'enlisait à cause de ses mensonges.

Jean-François campait de nouveau chez sa maîtresse. Il réalisait que la situation lui plaisait de plus en plus. Si, au départ, l'idée d'être de nouveau en « voyage d'affaires » l'agaçait, elle se révélait finalement idéale.

L'appartement que Julie partageait avec deux amies avait des airs de maison des jeunes et Jean-François avait mis un certain temps avant de pouvoir identifier qui étaient les deux autres signataires du bail. Les amants, les chums et les collègues de travail entraient ici comme dans un moulin, si bien que Jean-François avait l'impression de vivre dans une commune.

Tout le monde semblait avoir la moitié de son âge, mais plus les jours passaient, plus Jean-François s'identifiait à eux. La différence d'âge s'estompait et il était contaminé par l'insouciance de ses nouveaux amis.

Il y avait longtemps que Jean-François n'avait pas ressenti un tel sentiment de liberté. Mis à part le fait qu'il devait être au travail à heure fixe tous les matins, aucun horaire ne régissait sa vie quotidienne. On improvisait des repas dignes d'une année de cégep : le beurre d'arachide et le Kraft Dinner ayant une popularité défiant l'entendement. Jean-François ne pouvait s'empêcher de sourire en se disant qu'Esther ferait toute une tête si elle connaissait le contenu de son menu hebdomadaire, la catégorie des fruits et légumes se résumant à une tranche de poivron sur la pizza et à trois petits pois flottant dans ses nouilles instantanées.

Ses revenus personnels étant moins limités que ceux de ses nouveaux colocataires, Jean-François leur fit la surprise d'un sauté de crevettes cari-coco accompagné de vin qui ne provenait pas du dépanneur. Chacun se régala et on élut unanimement Jean-François cuistot du samedi soir.

Flatté, Jean-François pris sa tâche à cœur. La reconnaissance de ses pairs lui gonflait l'ego. Il se sentait apprécié et supérieur. À la maison, Esther prenait les repas en charge. Une vraie Josée Di Stasio. Il arrivait qu'elle lui cède sa place devant le fourneau, mais uniquement lorsque la préparation du repas aurait pu être confiée à un enfant de dix ans. Jean-François avait maintenant le contrôle et il aimait ça.

Rien ne lui plaisait davantage que de dormir nu comme un ver dans un lit aux draps fripés. Dormir étant un bien grand mot : Julie le tenait éveillé pour des séances de jouissance mémorables et l'appartement n'était jamais vraiment silencieux avec le va-et-vient incessant des autres. Si Jean-François collectionnait les orgasmes, ses heures de sommeil étaient inversement proportionnelles.

Ses enfants lui manquaient. Materner ses colocataires ne compensait pas. C'était le seul véritable bémol actuel. Il aurait échangé une semaine de nuits torrides avec Julie pour embrasser ses enfants et les border avant leur dodo. Bon, peut-être pas une semaine entière, mais au moins quelques jours.

L'insouciance le grisait. Lui qui craignait de vieillir rajeunissait depuis qu'il avait emménagé ici.

Jean-François regarda l'heure affichée sur le réveille-matin. Il était en retard. Il prit tout de même le temps de contempler les fesses rebondies de Julie qui dormait, couchée sur le ventre. Il aurait volontiers mordu la chair fraîche et tendre, mais le temps lui manquait. Il remonta le drap sur la jeune femme puis fila en douce pour ne pas la réveiller.

Lorsqu'il poussa la porte de la salle de bain, il trouva une jeune femme en sous-vêtements assise sur le bord de la baignoire en train de se raser les jambes. Il allait refermer la porte lorsqu'elle éclata de rire.

— T'es ben pudique! Entre.

Troublé, Jean-François pénétra dans la pièce et se dirigea vers le lavabo avec l'intention de se raser en vitesse.

— J'm'appelle Crystelle.

— Jean-François.

Les présentations faites, Jean-François ouvrit la pharmacie et sa main se posa machinalement à l'endroit où il rangeait ses effets personnels. Il ne palpa que le vide.

— Tiens.

La jeune femme lui tendait un rasoir, son rasoir. Il la remercia et entreprit de se raser lorsqu'il vit dans le miroir que la lingerie, qui cachait les charmes de la belle quelques secondes plus tôt, se trouvait maintenant sur le sol. Elle ouvrit les robinets, attendit patiemment que l'eau soit chaude avant d'entrer dans la baignoire et de refermer le rideau derrière elle. Jean-François eut tout le loisir de l'admirer dans son costume d'Ève.

Après avoir parcouru les jambes élancées de Crystelle à plusieurs reprises, le rasoir était maintenant émoussé, mais pas la libido de Jean-François.

Dans le local, une vingtaine d'enfants de deux à cinq ans chahutaient à rendre fous Gandhi et mère Teresa réunis. Jeannine souhaitait s'investir dans sa communauté et la dame à la réception de l'hôtel de ville lui avait parlé du Coin des bambins, un organisme offrant quelques heures de répit par semaine aux parents de jeunes enfants. Un groupe de bénévoles, majoritairement des grands-parents, s'occupaient des tout-petits pendant que les parents faisaient des courses ou allaient au cinéma.

Convaincue que quelques heures de bénévolat par semaine remplissaient parfaitement la promesse faite à Dieu de donner au suivant si sa faveur était exaucée, Jeannine s'était inscrite pour offrir un coup de main. En ce moment, elle regrettait son choix.

Certains adultes racontaient des histoires, d'autres faisaient des bricolages à partir de matières recyclées. Jeannine remarqua deux petites filles, plus tranquilles que la moyenne, qui jouaient à la poupée dans un coin du local. Elle se dirigea vers elles avec l'intention de participer à leur jeu.

Elle posa ses fesses sur une minuscule chaise qui, c'était plus qu'évident, ne lui était pas destinée et ramassa une poupée disloquée. Ainsi armée, elle entreprit d'établir le contact avec les enfants.

— Bonjour. Je m'appelle Jeannine. C'est quoi vos p'tits noms ?

Les deux fillettes l'ignorèrent superbement et continuèrent à catiner leurs poupées respectives. Jeannine revint à la charge.

— Moi aussi j'aime ça, les bébés. J'en ai un dans mon ventre.

Les fillettes cessèrent leur jeu momentanément pour observer Jeannine.

— T'es trop vieille, décréta la plus grande des deux qui devait avoir quatre ans.

Jeannine en resta bouche bée. La jeune impertinente adressa un commentaire à sa petite sœur :

— C'est pas beau les mensonges. Fais pas comme la madame.

La cadette hocha la tête en signe d'assentiment, les propos de sa grande sœur étant paroles d'évangile pour ses jeunes oreilles. Elles reprirent leur jeu et Jeannine n'en faisait pas partie.

Voyant qu'elle ne servait à rien dans ce coin du local, Jeannine avisa un petit garçon assis à table. Il venait de terminer sa collation. La compote de pommes qu'il avait généreusement renversée sur son gaminet témoignait de son festin. Elle ramassa une débarbouillette humide et s'assit aux côtés de l'enfant.

— Matante Jeannine va ramasser les dégâts, OK ?

Un timide sourire accueillit sa proposition. Confiante, elle nettoya le chandail, puis la table. Elle trouva un linge propre pour essuyer le visage barbouillé du garçon. Avec vigueur, elle le frotta d'une oreille à l'autre.

— Bobo, articula le bambin.

— Où ça, bobo ? demanda Jeannine.

Pour toute réponse, le petit souleva les épaules en signe d'impuissance.

— Jeannine a quand même pas trop frotté. Ou bien t'es sensible en torrieu…

Les larmes montèrent aux yeux de l'enfant, sa lèvre inférieure se mit à trembler. Le cataclysme était imminent ! Avant même que Jeannine n'ait eu le temps d'ajouter quelque chose, les pleurs de l'enfant remplirent le local. Il hurlait si fort que Jeannine en resta pétrifiée pendant quelques secondes. Un sentiment d'impuissance familier lui noua la gorge. En une fraction de seconde, elle revivait toutes les crises de larmes de Frédérique. Des pleurs qu'elle n'avait jamais su comprendre ou calmer.

Reprenant ses esprits, Jeannine agrippa le petit bonhomme et le serra dans ses bras. Elle se tourna face au mur pour que personne ne la voie murmurer des excuses à l'oreille de l'enfant. Peut-être lui avait-elle finalement trop frotté le visage.

Elle avait épuisé sa liste d'excuses et ne savait plus quel saint invoquer lorsque l'enfant vomit sa purée de pommes sur l'épaule de Jeannine.

— Fini bobo, articula-t-il.

Jeannine sut à cet instant précis qu'elle ne retournerait pas faire du bénévolat au Coin des bambins.

Cette mauvaise expérience, Jeannine la voyait comme une station de son chemin de croix. Elle devait prouver sa bonne volonté à Dieu. Elle décida donc de réorienter ses efforts vers une clientèle qui lui semblait plus inoffensive que les enfants : les personnes âgées.

Dans le local, une vingtaine de vieillards se préparaient à jouer au bingo. Jeannine avait proposé ses services pour divertir les pensionnaires de ce centre pour personnes âgées autonomes. La clientèle d'ici lui conviendrait mieux : pas de cris, pas de course, pas de larmes. Un vieux monsieur, assis confortablement entre deux dames, lui fit signe d'approcher.

— Êtes-vous une nouvelle résidante ?

— Franchement, Hector, elle a la moitié de notre âge, laisse-la tranquille, bougonna la dame à ses côtés.

— Que voulez-vous, dit le vieil homme, je repère ça rapidement, une jolie dame. La preuve…

Le vieux don Juan saisit la main de sa femme et l'embrassa tendrement. Ils avaient l'air de deux tourtereaux. Jeannine décida de s'imposer au trio pour la soirée. Hector lui présenta Blandine, son épouse, et Yvette, la sœur de cette dernière. Il mit Jeannine en garde contre le début de surdité de sa belle-sœur. Il lui faudrait articuler comme il faut pour bien se faire comprendre. Parler haut et fort, Jeannine n'avait aucun problème avec ça.

— Êtes-vous célibataire ? demanda encore Hector.

— Je suis en couple depuis près de dix ans, confia Jeannine.

— Nous, ça fait soixante-deux ans, crut important de préciser Blandine.

— Je vais bientôt être maman pour une deuxième fois. J'attends des jumeaux, dit Jeannine.

— Nous, on en a douze, renchérit Blandine. Ils ont quitté le nid ça fait longtemps, mais c'est toujours nos bébés.

Jeannine eut vraiment l'impression que Blandine était en compétition avec elle. Elle ne digérait peut-être pas que son mari lui ait fait un compliment à son arrivée. Peut-être était-elle jalouse de nature ? Jeannine ne se démonta pas pour autant.

— Ça surprend, une grossesse à quarante-trois ans, hein ?

— Pauvre p'tite fille, dans notre temps, on enfilait les enfants jusqu'à notre retour d'âge. Ça a rien d'extraordinaire un bébé passé quarante ans.

— Mais des jumeaux… c'est plus difficile. J'ai déjà des maux de dos…

Blandine attrapa la balle au bond et en profita pour dresser la liste de tous ses petits malaises. Son énumération était ponctuée des hochements de tête d'Yvette et des sourires d'Hector qui se mit aussi de la partie pour faire comprendre à Jeannine que ses inconforts de quarantenaire enceinte étaient de la petite bière en comparaison de leurs maux de personnes du troisième âge.

Jeannine essaya tant bien que mal de tirer la « couverte » de son côté en faisant valoir son expérience de commis dans une pharmacie. Elle pensait que ses connaissances du domaine de la santé pouvaient intéresser ses partenaires de jeu, mais Blandine avait pratiqué le métier d'infirmière dans ses jeunes années.

La soirée épuisa Jeannine. Elle qui espérait trouver une oreille attentive et intéresser les plus âgés à la palpitante histoire de sa vie, fut quitte pour écouter les récriminations d'une vieille femme en manque d'attention qui n'acceptait pas qu'on lui vole la vedette ou que le regard de son mari s'éloigne trop d'elle.

Jeannine sut à cet instant précis qu'elle ne retournerait pas non plus faire du bénévolat à la maison de retraite.

On la testait. Jeannine était convaincue que Dieu en personne lui mettait des bâtons dans les roues pour tester sa foi. Elle n'abandonnerait pas ! Jeannine proposa donc ses services à la maison des jeunes de la municipalité. Les adolescents ne demandaient pas autant de soins que les enfants et ils parlaient moins que les vieillards. C'est tout juste s'ils étaient capables d'aligner trois mots. Jeannine aurait donc tout le loisir de partager son savoir avec eux.

Dans le local, une vingtaine d'adolescents végétaient sur des divans passés de mode ou se défiaient autour d'une table de billard. Jeannine choisit d'observer la clientèle avant même de tenter une approche. Il faut dire qu'elle était échaudée par ses expériences précédentes.

Elle identifia rapidement le souffre-douleur de la place : une jeune fille rondelette qui avait les cheveux teints en rose. La couleur était délavée et mal appliquée, le résultat, navrant. Jeannine sut tout de suite qu'elle avait une mission et s'approcha de la grosse adolescente.

— Tu changes souvent de couleur, hein ?

— J'vois pas en quoi ça t'intéresse, la vieille.

— J'suis experte en coloration, se vanta Jeannine.

À l'entendre parler, Jeannine n'alignait pas les boîtes de teinture pour cheveux sur les tablettes d'une pharmacie, elle les avait inventées et en connaissait tous les secrets. Elle proposa à Bouboule de lui teindre les cheveux d'un violet électrique et de lui fournir un échantillon de shampooing qui l'aiderait à garder la couleur uniforme et vibrante.

Le lendemain, les deux s'enfermaient dans la salle de bain de la maison des jeunes pour réaliser l'exploit capillaire. La couleur choisie par Jeannine rehaussait le bleu des yeux de l'adolescente. Ça n'en ferait pas la reine du bal de graduation au printemps suivant, mais Jeannine remarqua l'assurance que sa nouvelle tête donnait à Bouboule et s'en félicita.

La semaine suivante, Jeannine conseilla un adolescent sur les produits contre l'acné. Une fille vint lui demander conseil pour un piercing qui s'infectait. Jeannine alla même jusqu'à percer le haut des oreilles d'un punk qui arborait plus de bijoux aux lobes qu'il n'avait de doigts.

Jeannine sentait qu'elle faisait le bien autour d'elle. Elle avait gagné la confiance des adolescents et ressentait une grande fierté à donner des conseils à tout un chacun comme si elle enseignait à la faculté de pharmacie de l'université la plus proche.

Sans qu'elle s'en rende compte, les plaintes à son sujet s'accumulaient sur le bureau de la directrice de la maison des jeunes. Les parents se plaignaient de la trop grande influence de Jeannine sur leur progéniture. Une mère déplorait le fait que sa fille de treize ans se soit fait tatouer sans sa permission parce que Jeannine lui avait fourni les coordonnées du meilleur tatoueur de la ville alors que d'autres parents accusaient Jeannine d'inciter leur enfant à être actif sexuellement en leur fournissant des condoms. Après quelques semaines de bénévolat, sans même qu'on lui fournisse d'explications, Jeannine fut remerciée. Elle en conclut que le bon Dieu considérait sa dette payée.

En mettant le pied dans le café, Lili repéra Frédérique qui servait des clients. Elle se dirigea donc vers le comptoir sachant très bien que c'était l'endroit stratégique où s'asseoir pour discuter avec sa nouvelle amie pendant son quart de travail.

Elle avait épluché le dictionnaire des prénoms et voulait en soumettre quelques-uns à Frédérique pour avoir son opinion. Elle sortit son iPad dans le but d'afficher à l'écran la liste de prénoms qu'elle avait rédigée. Elle relut ses préférés, tout en se caressant le ventre. Peut-être que le bébé se manifesterait en fonction de ses préférences ?

Elle sentit une main se poser délicatement sur son épaule.

— Bonjour. J'ai remarqué la main sur le ventre… expliqua la femme.

— On peut rien vous cacher. Déjà dix-neuf semaines de complétées, confirma Lili.

— Je peux ? demanda la femme en approchant sa main du ventre à peine rebondi.

Lili fut surprise par la demande de la femme. Esther lui avait déjà raconté qu'une fois enceinte, vous devenez un bien public et que des gens mal élevés prennent plaisir à vous tripoter le ventre sans même demander la permission, mais la grossesse se devinait à peine dans le cas de Lili.

Elle accepta tout de même que la jeune femme touche son ventre. L'étrangère cessa de respirer au contact de sa main sur le ventre chaud de Lili. Elle finit par retirer sa main à contre-cœur, comme si ce lien lui manquait déjà.

— Savez-vous si c'est un garçon ou une fille?

— L'échographie est la semaine prochaine.

La jeune femme prit place aux côtés de Lili et entreprit un véritable interrogatoire dont Lili ne savait que penser. La dénommée Chloé lui résuma ensuite sa vie de couple rocambolesque. Elle précisa honteusement qu'elle embrassait le célibat depuis peu, mais qu'elle ne souhaitait pas faire marche arrière. Elle espérait convaincre Lili qu'elle était la meilleure personne pour prendre soin de son bébé, lui faire sentir qu'elle avait tellement d'amour à donner…

Lili ne comprenait rien au charabia de la femme.

— Il doit y avoir une erreur. Je ne cherche pas de gardienne.

Le visage de Chloé changea de couleur, la haine que Lili pouvait y lire contrastait étrangement avec l'affabilité qu'elle y avait vue quelques secondes plus tôt.

— Combien? cracha la jeune femme.

— Pardon?

— Combien de plus voulez-vous pour le bébé?

— Mon bébé est pas à vendre! s'offusqua Lili.

Le ton monta suffisamment pour que les clients du café tournent la tête dans leur direction. Frédérique décida donc d'intervenir. Elle fila en cuisine, apostropha le gros plongeur qui transpirait devant la tour d'assiettes sales et lui demanda d'escorter une cliente à l'extérieur du café. Lorsqu'ils arrivèrent dans le café, Lili et Chloé étaient debout, on aurait dit deux coqs prêts au combat. Imposant, l'homme n'eut aucun mal à faire sortir la cliente agressive qui invectivait maintenant Lili, la traitant de vipère, de profiteuse et de sale menteuse.

Frédérique invita Lili derrière le comptoir, dans la section de la cuisine réservée aux employés en pause. Elle lui offrit un grand verre d'eau que Lili toucha à peine, encore sous le choc de l'altercation dont elle avait fait les frais.

— Merci, souffla Lili qui était reconnaissante qu'on ait évacué l'enragée.

— C'est moi qui te remercie, spécifia Frédérique. T'es plus qualifiée que moi pour les entrevues d'embauche.

Le cerveau de Lili mit quelques secondes avant d'enregistrer correctement la réplique de Frédérique.

— Entrevue d'embauche ? répéta Lili. T'es en train de me dire que c'est ton bébé que la femme voulait acheter ?

— C'est toi qui m'as donné l'idée. Normal que tu participes au processus de sélection.

Lili était sans voix. À la honte d'être mêlée à une histoire aussi sordide se mélangeait la frustration d'avoir été aussi lâchement manipulée par Frédérique. Lili aimait le caractère effronté de Frédérique. Secrètement, elle aurait aimé agir de manière aussi désinvolte et affranchie, mais lorsque ces traits de caractère jouaient contre elle, elle appréciait un peu moins.

Frédérique raconta en long et en large les démarches qu'elle avait entreprises via un site d'annonces classées. Elle se désolait que les acheteurs ne soient pas au rendez-vous et commençait à s'inquiéter pour la suite des choses.

— J'avais l'intention de la rencontrer moi-même, confia Frédérique. Je pouvais pas deviner que tu serais au café en même temps qu'elle. Je suis juste pas intervenue lorsqu'elle t'a prise pour moi. J'm'excuse, Lili.

Lili ne décoléra pas instantanément. Elle mit quelques minutes avant de revenir à de meilleurs sentiments. Sa grossesse avançait, elle sentait maintenant son enfant bouger dans son ventre, il devait en être de même pour Frédérique. Une fraction de seconde, elle s'imagina devoir se séparer de son enfant à naître et le vertige s'empara d'elle. Elle préférait de loin être dans ses souliers plutôt que dans ceux de Frédérique. Son amie n'avait toujours pas preneur pour son enfant. Qu'allait-elle faire ?

— Avortement, dit simplement Frédérique. Ça fait deux mois que mon annonce est en ligne et j'ai pas de candidats sérieux. J'vais pas prendre le risque que personne se manifeste.

Entendre parler de la vie d'un enfant de manière aussi froide et mercantile avait quelque chose d'obscène pour les oreilles d'une femme enceinte. Parler d'avortement alors que la vie grandit en soi n'est pas naturel. Lili aurait préféré que Frédérique comprenne instinctivement que ses démarches la mettaient mal à l'aise et qu'elle ne souhaitait pas vraiment en entendre parler. Lili prit congé de Frédérique en espérant que la prochaine fois qu'elles se croiseraient, une seule des deux serait enceinte.

Frédérique fixait le plafond de sa chambre. À ses côtés, un amant de passage dormait. Avide de chaleur humaine, la grossesse n'avait pas modifié ses habitudes. Elle additionnait les nuits sans lendemain comme d'autres collectionnent les timbres.

Elle devait cependant admettre que le désir était de moins en moins au rendez-vous. Sans qu'elle puisse l'expliquer, elle avait de la difficulté à atteindre l'orgasme. On aurait dit que son corps n'avait pas la tête au plaisir comme avant.

L'image de Simon se juxtaposait de plus en plus souvent au visage de ses différents amants et brisait le crescendo de sa jouissance. Elle n'avait pas su lui mettre le grappin dessus et cet échec la brûlait encore.

Un léger pincement au ventre la tira de sa rêverie. On aurait dit qu'une petite bulle d'air se déplaçait doucement dans ses intestins. Lorsque le mouvement se produisit une deuxième fois, Frédérique comprit avec horreur que ce n'était pas une manifestation de son système digestif, mais bien le bébé qui commençait à bouger.

Sans perdre de temps, elle se leva, congédia l'homme avec lequel elle avait passé la nuit, et qu'elle n'avait pas l'intention de réinviter sous ses draps, et téléphona à une clinique pour se faire avorter. On l'informa qu'elle devait avoir moins de treize semaines de gestation de complétées pour avoir accès aux services de la clinique. Frédérique se savait enceinte depuis plus longtemps que ça.

— Voyons donc ! J'ai toujours pensé qu'on pouvait se faire avorter jusqu'à vingt semaines.

— Vingt-deux en fait, mais seulement dans quelques cliniques spécialisées. Souhaitez-vous les coordonnées de l'une d'entre elles ? demanda la réceptionniste de la clinique.

Frédérique nota le tout avec fébrilité et composa le nouveau numéro. On lui offrit un rendez-vous quelques jours plus tard.

Elle se présenta à la clinique avec quelques minutes d'avance. On l'invita à prendre place dans la salle d'attente. La majorité des femmes présentes gardaient la tête basse. Les plus jeunes avaient des écouteurs greffés aux oreilles et se coupaient du monde extérieur grâce aux chansons qu'elles avaient téléchargées récemment. Les plus vieilles érigeaient un livre comme rempart entre elles et le reste de la salle. On évitait soigneusement de croiser le regard de l'autre. Dès que l'infirmière se présentait pour appeler une patiente, tout le monde glissait un signet dans son livre afin de savoir où reprendre sa lecture, ou enlevait un écouteur de son oreille pour ne pas que son prénom soit répété deux fois de suite.

Frédérique observait les femmes rassemblées dans la salle d'attente. Jamais il ne lui vint à l'esprit d'imaginer les raisons qui les poussaient à se faire avorter. Elle reluquait plutôt le style vestimentaire de chacune, réalisant que les vêtements d'intérieur semblaient avoir la cote pour accompagner un avortement. Frédérique n'avait pas sacrifié son style pour le confort. Elle ne le faisait jamais. Elle se demandait si la trentenaire assise en face d'elle se teignait les cheveux ou si elle avait naturellement des reflets dorés lorsqu'on l'appela.

Docile, elle répondit à toutes les questions de l'infirmière. Oui, elle voulait un avortement. Non, elle n'hésitait pas. Elle était à dix-neuf semaines de grossesse. Le père était inconnu. La préposée conclut qu'effectivement, l'avortement était possible, la patiente n'étant pas ambivalente devant son choix et ne vivant aucune pression extérieure pour subir la procédure chirurgicale. Frédérique soupira d'aise.

— Très bien. Il nous reste l'échographie, madame Labonté, et on procédera ensuite à l'avortement.

Frédérique s'allongea sur la table d'examen. La technicienne fit les calculs nécessaires puis sortit de la salle sans dire un mot. Lorsque l'infirmière revint dans la pièce, elle s'assit aux côtés de Frédérique.

— Y a un problème ? s'enquit Frédérique.

— On ne peut pas pratiquer l'avortement aujourd'hui.

— Demain ou après-demain, ça change rien pour moi, en autant qu'on en finisse bientôt.

— Madame Labonté, vous avez plus de vingt-deux semaines de gestation de complétées. Il est trop tard pour un avortement.

Thomas écoutait le tic tac de l'horloge. Le temps s'égrenait avec une lenteur insupportable. Alors que Lili était confortablement allongée sur le dos, lui devait maintenir une position accroupie qui lui donnait mal aux genoux.

Ils participaient à leur premier cours d'haptonomie. Thomas comprenait maintenant pourquoi le cours se donnait en privé. Il n'imaginait pas plusieurs couples rassemblés dans une même pièce pour ce genre d'exercices introspectifs. Le professeur lui demandait d'établir le contact avec son bébé en posant sa main sur le ventre de Lili. La difficulté venait du fait qu'il devait utiliser le véhicule qu'était Lili pour atteindre le bébé et communiquer avec lui. En matière d'abstraction, on ne pouvait faire mieux selon Thomas.

Depuis plus de trente minutes, Thomas faisait semblant de se concentrer sur les techniques d'haptonomie. Il rédigeait plutôt une liste mentale des fournitures à acheter pour la fleuristerie.

Lili se désolait que leur bébé ne réagisse pas malgré tous leurs efforts. Le professeur leur suggéra de s'exercer à domicile afin de perfectionner la technique et de permettre au bébé d'interagir avec son père. Thomas angoissait à l'idée de devoir recommencer ce cirque. Il avait hâte de voir officiellement son bébé à l'échographie.

Le gel était froid. Davantage que ce à quoi s'attendait Lili. La technicienne en radiologie prit un bâtonnet en bois pour étendre la substance transparente sur le ventre de Lili. Elle prit soin de tourner l'écran afin que les futurs parents puissent bien voir le bébé sur le moniteur. Après quelques secondes d'attente, Lili et Thomas virent apparaître leur bébé en noir et blanc. La technicienne leur fit remarquer que junior suçait son pouce. Ils en furent émus.

L'analyse du fœtus dura cinq bonnes minutes pendant lesquelles le couple n'échangea aucune parole, absorbé qu'il était par les images de son enfant. Même si le radiologue était le seul en mesure d'offrir un verdict sur le développement du bébé, la technicienne les rassura : tout semblait normal.

— Voulez-vous connaître le sexe ? demanda-t-elle.

Lili supplia son chum du regard. Ils avaient abordé la question à plusieurs reprises sans jamais obtenir de consensus. Thomas voyait beaucoup de charme à attendre le moment de la naissance pour connaître le sexe du bébé. Il préférait attendre alors que Lili brûlait d'impatience. Elle argumentait que connaître le sexe permettrait d'arrêter définitivement leur choix sur un prénom. Le contact serait plus personnalisé. Et puis, comment décorer la chambre et acheter les premiers vêtements si on ne connaissait pas le sexe du bébé ? Thomas s'était retenu d'ajouter que les couleurs unisexes étaient légion.

Sentant que sa blonde lui ferait payer cher cette petite victoire, Thomas capitula. D'un léger signe de tête, il donna son accord pour connaître, enfin, le sexe du bébé.

La technicienne entreprit donc de diriger son appareil vers l'entrejambe du fœtus, mais il ne coopérait pas. Il gardait obstinément les jambes croisées. Thomas sourit en se disant que son bébé était déjà complice avec lui. « Finalement, peut-être que l'haptonomie fonctionne vraiment », blagua-t-il intérieurement. Il s'apprêtait à faire une farce sur le sujet à Lili lorsqu'il perçut le léger tremblement du menton de sa blonde. Elle se retenait de pleurer.

— Allez, bébé ! murmura simplement Thomas en glissant les doigts de Lili au creux de sa grande paume chaude.

Comme s'il n'attendait que l'approbation de son père, le bébé se déplaça et la technicienne prit un cliché de ses fesses.

— Je pense que c'est le mieux qu'on pourra obtenir de sa part aujourd'hui, conclut-elle.

Lili et Thomas eurent beau se tordre le cou dans tous les sens, ils ne parvinrent pas à reconnaître le sexe de l'enfant. Amusée par la scène, la technicienne décida tout de même de mettre fin à leur supplice.

— Félicitations ! C'est une petite fille.

Thomas serra la main de son amoureuse. Il choisit de se taire pour ne pas briser l'émotion qui l'étreignait. Il aurait une fille. Il espérait déjà qu'elle ressemble à sa mère.

Lili aussi garda le silence, étranglée par une vague d'amour maternel. Une petite bonne femme flottait dans son ventre.

En sortant de l'hôpital, Lili proposa à Thomas de faire un détour afin d'acheter un premier pyjama pour fille. Lili en avait déjà magasiné quelques-uns, jaunes avec des canards ou verts avec des lapins. Elle souhaitait maintenant faire l'acquisition d'un vrai pyjama de princesse : orné de dentelle, rose avec des fleurs ou des cœurs.

Thomas, qui avait fermé boutique afin d'être présent à l'échographie, préférait retourner au travail.

Ce n'est qu'une fois à l'intérieur du loft que Lili craqua. Elle téléphona à Thomas pour lui révéler qu'elle voulait un pyjama pour célébrer la grande nouvelle. Elle souhaitait acheter un souvenir pour se remémorer à jamais la journée où ils avaient appris le sexe de leur premier enfant. C'était un rituel qu'elle souhaitait répéter à chaque grossesse.

D'abord surpris, Thomas réalisa qu'il avait manqué de tact en refusant ce simple plaisir à sa blonde. Les deux s'entendirent pour remédier à la situation en fin de journée, Thomas prenant la décision de fermer son commerce une heure plus tôt pour l'occasion.

L'exercice se révéla finalement des plus amusants. Lili jeta son dévolu sur une robe blanche parsemée de petits escargots multicolores alors que Thomas décida d'acheter un cache-couche orné d'un koala pastel en pur coton biologique. Il l'avait choisi en essayant de se représenter une version miniature de sa blonde. Si Lili avait eu trente ans de moins, Thomas était certain que ça lui serait allé comme un gant.

D'un commun accord, ils firent un détour pour annoncer le sexe de l'enfant aux parents de Lili. Enfant unique, Lili était la seule à pouvoir leur donner une descendance. Elle savait que sa mère attendait de connaître le sexe de l'enfant qu'elle portait pour dévaliser les boutiques. Elle rêvait depuis si longtemps d'être grand-mère.

— Où est maman ? demanda Lili en trouvant son père seul, debout, en plein centre de la cuisine.

Le vieil homme hésita sur la réponse à donner, puis choisit d'être honnête avec sa fille.

— Elle est à l'hôpital.

— Qu'est-ce qu'elle a ? s'alarma Lili.

— Rien de grave, des tests de routine.

— Un vendredi soir ?

L'observation de Lili était juste. Le commun des mortels peinait à obtenir un rendez-vous pendant les heures de bureau. Aucun spécialiste n'était assez zélé pour recevoir une patiente un vendredi soir sans que ce soit urgent. Thomas, qui observait la scène en retrait, décela la nervosité de son beau-père. Le pauvre homme se servait un verre d'eau uniquement pour tourner le dos à sa fille. Une manœuvre dont le but était d'avoir le temps de trouver une porte de sortie. Solidaire de son beau-père, Thomas crut bon de tirer une chaise pour inviter Lili à s'asseoir. Leurs yeux se posèrent simultanément sur une petite valise ouverte sur la table. Elle contenait quelques articles personnels appartenant à la mère de Lili.

— Elle reste à l'hôpital ?

— C'est juste pour être en observation. Ta mère…

— Pas encore de l'arythmie cardiaque ? le coupa Lili.

Un simple hochement de tête de son père confirma le verdict de Lili.

— C'est grave ?

— Ben non. Faut juste surveiller de plus près… parce qu'on vieillit.

— Tu veux qu'on aille à l'hôpital avec toi ?

— Non. Ta mère a besoin de repos, pas de visite.

Le ton était presque agressif et n'invitait certainement pas à relancer l'offre. Lili n'avait jamais vu son père dans cet état.

— Je vais la voir et je t'appellerai pour te donner de ses nouvelles, dit-il plus calmement.

Lili acquiesça.

— Vous n'êtes sûrement pas venus ici pour entendre parler de nos bobos, termina le vieil homme sur une note positive en espérant clore le sujet.

— On est venus vous annoncer le sexe du bébé, mais c'est moi qui veux l'annoncer à maman.

— Dis rien, d'abord, ma grande. Je serai pas capable de me retenir.

— As-tu une préférence ou une prédiction ? questionna Lili.

— On vous souhaite juste un bébé en santé.

Le vieil homme vint déposer un baiser sur le front de sa fille avant de la serrer dans ses bras. Il ferma ensuite la valise et chassa le jeune couple en leur ordonnant de célébrer la belle nouvelle qu'ils avaient reçue aujourd'hui.

Thomas poussa littéralement Lili hors de la cuisine et lui intima de se reposer avant l'arrivée de leurs invités. Elle l'embrassa et trouva refuge sur le divan moelleux. Elle ramassa son iPad et concentra son attention sur le fil de nouvelles de ses amis.

Lili croyait que son amoureux se souciait de sa santé et de son bien-être, mais Thomas voulait surtout éloigner sa blonde pour ne pas qu'elle ressente sa nervosité. Il devait s'activer pour combattre son stress et mettre la table faisait office de calmant pour ses nerfs.

Deux jours plus tôt, Lili lui avait annoncé qu'Esther et Jean-François étaient enfin disponibles pour leur souper de couple. Esther lui avait confirmé qu'ils seraient présents vendredi pour partager leur table. Lili et Thomas allaient enfin leur proposer d'être parrain et marraine de leur fille. C'était l'occasion rêvée de leur révéler le sexe de l'enfant que portait Lili.

Le lendemain, lorsque Thomas en avait touché mot à Jean-François au gym, ce dernier avait haussé les sourcils de surprise. Jamais Esther n'avait fait mention de l'invitation. Les deux hommes avaient tergiversé sur la marche à suivre pour éviter les impairs, ne comprenant pas comment Esther pensait pouvoir se sortir seule de ce faux-pas. Leur plan allait être mis à exécution, ce soir.

Esther arriva à l'heure prévue, ponctuelle, comme à son habitude. Les deux femmes s'étreignirent et, évidemment, Lili remarqua l'absence de Jean-François.

— Le pauvre a mal au dos, justifia Esther. Il s'excuse de ne pas pouvoir venir.

Thomas n'en croyait pas ses oreilles. Esther mentait avec une aisance qui confirmait que ce n'était pas la première fois. Il fallait à tout prix qu'il lui parle avant qu'elle envenime davantage la situation.

Il cherchait encore une excuse pour se retrouver seul avec elle lorsque trois petits coups frappés à la porte d'entrée lui signifièrent qu'il était trop tard. Lili ouvrit la porte sur un Jean-François souriant qui lui tendit un bouquet de fleurs. Elle fronça les sourcils, ne comprenant pas trop ce qui se passait.

— Pour une fois que je suis à l'heure, tu me laisses pas entrer ? fanfaronna Jean-François.

En entendant la voix de son mari, Esther pâlit de quelques tons. Thomas lui fit un petit sourire contrit en espérant qu'elle jouerait le jeu jusqu'au bout. Tant qu'à mentir…

Lili finit par laisser entrer Jean-François. Le quatuor était figé dans l'entrée, chacun se demandant quelle pièce du jeu d'échecs bouger pour ne pas de retrouver échec et mat.

— Ton dos va mieux ? questionna finalement Lili, après avoir humé ses fleurs.

Jean-François jeta un rapide coup d'œil à Thomas et Esther qui lui firent discrètement signe d'approuver.

— Ben oui. C'est fou ce qu'un analgésique peut faire de nos jours, mentit Jean-François.

— T'aurais dû rester couché, reprocha Esther.

— J'voulais pas manquer le party, répliqua Jean-François avec une pointe de sarcasme dans la voix.

Si l'intonation échappa à Lili, Thomas en revanche sentit que le sol pouvait se dérober sous leurs pieds à tout instant. Il invita donc tout le monde à se diriger vers la cuisine avant que la situation ne devienne encore plus explosive. Le repas se déroula dans un semblant d'harmonie, chacun des convives y allant de sujets généraux ou de commentaires sur l'actualité. Tous les propos d'ordre personnel étaient soigneusement évités. Sauf par Lili.

Au dessert, tous les sujets de conversation banals étaient épuisés. Thomas avait beau déployer des trésors d'imagination pour éviter les silences embarrassants, il y avait des limites à parler de l'inconstance de ses fournisseurs hollandais ou à chialer contre les changements de taxes imposés par le gouvernement.

Lili sentait bien le malaise ambiant. Cependant, elle en ignorait la véritable cause. Pour elle, la grossesse non prévue d'Esther et la récente aventure extraconjugale de Jean-François suffisaient amplement pour tiédir l'atmosphère. Elle invita tout le monde au salon pour faire sa grande demande en espérant que ses amis reviennent à de meilleurs sentiments.

— On connaît maintenant le sexe de l'enfant, commença-t-elle.

— Une fille ? s'écrièrent en chœur Jean-François et Esther.

Déçue, Lili jeta un regard noir à son chum.

— T'as vendu la mèche ? reprocha-t-elle à Thomas.

— J'ai rien dit ! se défendit-il en jetant un regard implorant vers ses amis. Mais ils avaient quand même cinquante pour cent des chances de miser juste.

Les félicitations fusèrent. Jean-François demanda s'ils avaient commencé à chercher des prénoms.

— C'est presque choisi. J'aime beaucoup Chrysalide. C'est un prénom rare, mais qui est en progression en Europe. Ça veut dire que ça pourrait être populaire ici dans quelques années, expliqua Lili. Sinon, on aime beaucoup Céleste.

— Intéressant, finit par articuler Jean-François.

Le couple d'amis ne voulut pas se prononcer davantage sur les choix de Lili, que Thomas ne semblait pas partager à la façon qu'il avait de fixer le sol. Il avait proposé Camille ou Jeanne pour la simplicité de ces prénoms et leur caractère intemporel. Lili avait rejeté ses propositions sans même les considérer. Thomas priait secrètement pour qu'un nouveau prénom capte l'intérêt de sa blonde. Il s'imaginait difficilement, dix-huit ans dans le futur, en train de justifier à une adolescente suicidaire les raisons pour lesquelles il ne s'était pas opposé à sa mère pour le choix de son prénom.

Le coup de coude que Lili lui donna, le sortit de sa rêverie.

— Vas-y, murmura-t-elle.

— Lili et moi, on voudrait vous demander d'être parrain et marraine de notre fille.

— Vous êtes un couple modèle pour nous et on croit en vous, même si vous traversez une période plus difficile, ajouta Lili, pleine d'espoir.

— C'est un grand honneur que vous nous faites, accepta Esther avec un trémolo dans la voix.

Elle se tourna vers Jean-François en s'attendant à ce qu'il appuie son affirmation, au lieu de quoi il se leva avant d'articuler péniblement :

— C'est assez, Esther. Dis la vérité à Lili ou c'est moi qui vais le faire. Thomas est déjà au courant.

Acculée au pied du mur, Esther préféra garder le silence plutôt que d'avouer l'échec de son mariage. Elle se leva dignement et se dirigea vers la salle de bain. Jean-François accepta donc d'être le porteur de mauvaises nouvelles. Il révéla tout à Lili en essayant d'être le plus délicat possible. Il n'hésita pas à prendre le blâme et conclut en espérant que Lili serait présente pour Esther. Elle en aurait grandement besoin.

Frédérique déposa une grosse pointe de gâteau aux carottes devant Lili et une coupe de fruits frais devant Esther.

— Est-ce que mon dessert compte pour une portion de légumes ? demanda Lili.

— J'pense pas, répondit Jeannine qui arrivait sur les entrefaites. Mais il compte pour une portion de plaisir, ça s'annule.

La séparation d'Esther et de Jean-François n'était plus un secret pour personne. Esther se faisait discrète sur le sujet, mais Lili n'hésitait pas à répandre la nouvelle. C'était sa manière à elle de prendre soin de sa meilleure amie. En avisant les autres de la situation de sa copine, elle s'assurait qu'Esther serait entourée, supportée et aimée. Esther continuait de jouer les femmes fières et autonomes, mais Lili s'appliquait à faire craquer ce vernis en douceur. Esther ne demanderait pas d'aide, par orgueil, alors Lili s'assurait qu'elle en reçoive subtilement.

Jeannine participait avec enthousiasme au plan de réconfort de Lili. Joueuse de première ligne, elle prenait plaisir à chouchouter Esther contre son gré. Elle s'imposait et offrait des conseils avant même qu'Esther ne formule un besoin ou une question. L'irritation qu'elle pouvait créer ne surpassait pas l'amusement que Lili lisait dans les yeux d'Esther. Jeannine devint donc le bouffon de service et le dictionnaire médical du groupe.

Frédérique supportait la présence de sa mère par amitié pour Lili. Elle devait bien admettre que Jeannine déridait le groupe et que son savoir en matière de santé profitait à toutes. Elle s'inquiétait cependant de sa propension à croire qu'elle avait le même âge qu'elle et ses amies.

Esther, d'abord réticente à laisser entrer de nouvelles personnes dans son cercle d'amis, appréciait de plus en plus les rencontres du quatuor féminin. Être enceinte et célibataire lui pesait. Elle avait constamment l'impression d'être jugée par les autres, même ceux et celles qui ne connaissaient pas son histoire. Avec Jeannine, Frédérique et Lili, elle se sentait moins seule pour traverser le reste de sa grossesse.

— J'ai quinze minutes, annonça Frédérique en prenant place sur la seule chaise libre à la table des filles.

Sa pause était de courte durée, mais la majorité du temps, elle s'étirait grâce à la complicité de ses collègues. Lorsque le café était tranquille en fin de soirée, Frédérique arrivait facilement à papoter une heure en compagnie de ses amies.

Frédérique remarqua tout de suite l'air morose de Lili. Elle en fit la remarque et Lili sauta à pieds joints sur l'occasion d'expliquer son grand dilemme.

— On s'entend pas sur le prénom du bébé, avoua Lili.

Les filles se retinrent d'éclater de rire. Leurs angoisses personnelles surpassaient aisément le drame vécu par Lili. La grossesse la rendait soupe au lait et se moquer de ses problèmes ne ferait qu'empirer la situation. Le plus sérieusement du monde, elles s'intéressèrent à la question et tentèrent de trouver des solutions.

— Dans le fond, c'est pas le prénom le problème, décréta Frédérique. T'imaginais que ta grossesse serait un conte de fées pis c'est pas ça qui se passe.

— Je pensais que Thomas et moi on allait se rapprocher. On dirait que c'est l'inverse qui se produit.

— Vous êtes peut-être pas sur la même longueur d'ondes, commença Esther, mais au moins vous êtes ensemble.

La réplique fut accueillie par un silence respectueux. Il était rare qu'Esther fasse mention de sa situation personnelle. Les trois autres filles attendirent pour voir si Esther allait poursuivre ses confidences. Devant son silence, Jeannine enchaîna :

— Moi, c'est l'inverse. Gerry fait une grossesse sympathique.

— Très très très sympathique, confirma Frédérique, un sourire dans la voix.

— C'est pas mêlant, on dirait qu'il est plus enceinte que moi ! blagua Jeannine.

— Que je te voie pas te plaindre, menaça Frédérique. Je donnerais cher pour avoir un Gerry. Je le voudrais juste plus jeune, moins bedonnant et avec un peu plus de goût en matière vestimentaire.

— T'as encore bien des années devant toi pour trouver l'homme idéal, répondit Esther.

— L'homme idéal, peut être. Mais un père pour mon enfant…

Trois mâchoires se décrochèrent en même temps autour de la table.

— T'as pas avorté ? demanda Jeannine, pleine d'espoir.

— Y était trop tard, confirma Frédérique. J'ai vingt-trois semaines de faites. Y aurait fallu que je paye pour avorter aux États-Unis.

— Tu vas le garder ? risqua Lili.

— Je vais le placer en adoption à la naissance.

La nouvelle avait pris tout le monde de court. Un malaise s'installa. Chacune buvait sa tisane en silence pour ne pas avoir à commenter la situation. Finalement, Frédérique éclata de rire avant de se lever.

— Ma pause est finie. J'vais travailler. Vous pourrez en profiter pour déblatérer dans mon dos de mère irresponsable.

En un éclair, son rire mourut et son visage devint de marbre. Les trois autres se retournèrent pour voir ce qui troublait autant Frédérique. Un beau jeune homme venait de faire son entrée dans le café et se dirigeait vers le comptoir. Des yeux, il parcourut la place. Lorsqu'il repéra Frédérique, elle eut droit au plus enjôleur des sourires que Simon ait jamais fait.

CHAPITRE 5

Frédérique regarda à travers le judas de la porte. Il n'y avait personne à l'entrée. Elle aurait pourtant juré avoir entendu quelqu'un frapper des coups discrets, quelques secondes plus tôt. Elle décida donc d'ouvrir pour en avoir le cœur net.

Sur le pas de la porte, elle découvrit un paquet recouvert de soie vermeille. Un long ruban blanc finement ciselé rehaussait le cadeau. Elle se pencha, ramassa le présent et elle s'apprêtait à rentrer dans l'appartement lorsqu'une voix se fit entendre :

— Ça t'intéresse pas de savoir qui te laisse des cadeaux ? Tu crois quand même pas aux fantômes, à ton âge ?

Elle reconnut la voix de Simon avant même de le découvrir, caché au bord de la cage d'escalier.

— J'ai souvent des fantômes qui me laissent des offrandes sur le pas de ma porte. C'est en échange des sacrifices humains que je pratique dans ma chambre… le nargua-t-elle.

Les secondes s'égrenèrent sans que ni l'un ni l'autre prononce une parole. Simon s'attendait à ce que Frédérique l'invite à entrer ; elle, à ce qu'il lui offre des excuses ou à tout le moins, des explications.

La veille, au bar, Frédérique avait soigneusement évité Simon, laissant le soin à une de ses collègues de le servir.

Elle avait multiplié les excuses pour ne pas lui accorder de son temps. Il y avait toujours un autre client à satisfaire, une table à nettoyer ou une commande à prendre. Simon avait quitté le café bredouille sans avoir réussi à parler à Frédérique.

Beau joueur, Simon comprenait qu'elle lui fasse la vie dure. Il n'avait pas donné signe de vie depuis un mois. Même s'il avait de bonnes raisons pour expliquer son comportement, Frédérique n'en savait encore rien. Il ne s'attendait pas à ce qu'elle lui tombe dans les bras, mais réalisait que la partie de chasse allait être plus longue et ardue que prévu.

— Je peux entrer? finit-il par demander. Laisse-moi au moins le privilège d'être là pour l'ouverture du cadeau.

— J'peux très bien l'ouvrir ici, dans le couloir.

À bout d'arguments, Simon lui fit signe d'ouvrir le paquet. Sans aucune délicatesse, Frédérique enleva l'emballage, ouvrit la boîte et découvrit un magnifique kimono japonais, en pure soie. Frédérique voulut en connaître la taille et remarqua tout de suite qu'il n'y avait pas d'étiquette.

— Directement d'Asie, coupé sur mesure pour toi, se contenta-t-il d'affirmer.

— Sur mesure à distance, j'ai hâte de voir ça, railla Frédérique.

— Si ma mémoire est bonne, il devrait t'aller comme un gant.

Avec une main, Simon avait défini les contours fictifs et aériens d'un corps féminin. Il venait d'avouer à Frédérique qu'il gardait précieusement en mémoire les détails de son anatomie. La lueur de convoitise qu'elle vit s'allumer au fond de son œil lui confirma qu'il gardait un bon souvenir de la seule nuit qu'ils avaient partagée.

— Tu veux l'enfiler ? demanda Simon.

— Bien sûr.

Elle lui claqua la porte au nez et se dirigea vers la table de la cuisine pour déposer le paquet. Du bout des doigts, elle caressa l'étoffe soyeuse. Frédérique déplia le kimono : il était splendide. Elle retira ses vêtements et laissa glisser le cadeau sur sa peau. Un frisson de plaisir la parcourut.

Elle noua l'obi sur le devant de la tunique, se regarda dans le miroir et, satisfaite, passa dans le corridor pour parader devant Simon.

Lorsqu'il la vit sortir de l'appartement, un début d'érection se manifesta. Frédérique, les cheveux attachés négligemment en chignon, vêtue de ce kimono, avait des allures de véritable geisha, la docilité et la servitude en moins.

— Viens ici, dit-il doucement.

Frédérique savait qu'il allait l'embrasser et elle anticipait le bonheur de le repousser. Au lieu de ça, il la surprit en la faisant pivoter sur elle-même. Il glissa ses mains sur ses hanches, détacha l'obi et entreprit de le nouer correctement à l'arrière du kimono. Il la fit pivoter de nouveau pour être face à face avec elle. Pour attacher la large bande de tissu, il devait la prendre dans ses bras et la coller contre lui, ses mains faisant tout le travail d'expert dans le dos de Frédérique.

Pas une seule fois, il ne regarda ce qu'il faisait. Frédérique se demanda où il avait appris à maîtriser cette technique et se dit qu'il avait sûrement déjà fréquenté une Japonaise. Lorsqu'il noua l'obi, elle lui demanda de serrer un peu moins. Le tissu était fin et épousait parfaitement les formes de son corps et elle craignait que Simon remarque le début de rondeur de son ventre. Pas question de lui annoncer sa grossesse pour l'instant.

Le parfum de Simon lui emplit les narines. Cela raviva dans sa mémoire leurs ébats passionnés qui remontaient à plusieurs semaines déjà.

— T'es encore plus belle que dans mon souvenir. T'as quelque chose de nouveau dans l'œil, on dirait.

Maintenant, il allait l'embrasser, elle en était certaine. Elle hésitait entre la gifle ou simplement détourner son visage du sien. Lorsque Simon recula d'un pas pour la détailler des pieds à la tête, un sentiment de déception envahit Frédérique. Un instant, elle craignit qu'il se retourne et quitte les lieux, elle décida donc de le laisser entrer.

Une fois dans la cuisine, Frédérique fit du café et ils s'installèrent pour discuter. Simon lui révéla qu'il avait travaillé en Asie au cours des deux dernières années comme traducteur pour une grande multinationale. Il avait passé le dernier mois là-bas, dans l'espoir de trouver un nouvel emploi, son contrat précédent étant terminé. Il avait multiplié les rencontres et attendait maintenant qu'on le contacte pour la suite des choses. Il avait profité de son séjour à l'étranger pour faire confectionner le kimono.

Un contact asiatique avait réservé des billets d'avion en catastrophe, un mois plus tôt, afin que Simon regagne le Japon rapidement, un grand industriel japonais ayant manifesté l'intérêt de le rencontrer. Comme il ne possédait pas les coordonnées de Frédérique, il s'était envolé pour l'autre bout du monde sans avoir eu la chance de s'expliquer. Ce qu'il regrettait.

De toutes les explications, Frédérique ne retint que la partie concernant le départ éventuel de Simon vers l'Asie. Elle était déçue qu'il songe à repartir à l'étranger, mais paradoxalement, la situation lui convenait. Les histoires simples : très peu pour Frédérique.

Jamais ils ne virent le fond de leur tasse. Le café refroidit sans être bu pendant que deux corps se réchauffaient mutuellement sur le plancher de la cuisine.

Assise inconfortablement dans un couloir d'hôpital, Frédérique se frotta les yeux. Elle n'avait pas l'habitude de se lever si tôt et ses paupières refusaient de reconnaître que la journée était bien commencée. À ses côtés, Lili respirait profondément pour contrôler ses haut-le-cœur. Ses nausées matinales ne diminuaient pas malgré la grossesse qui progressait. Voyant les efforts que Lili faisait pour éviter de vomir, Esther lui tapota amicalement la main. Elle reçut un coup de coude de Jeannine.

— Mot de sept lettres, commençant par S: "signe que l'on retrouve sur une portée musicale et que certains considèrent comme étant fait d'or", lut-elle dans son cahier de mots croisés.

— Silence, grommela péniblement Frédérique.

Jeannine s'offusqua de la réaction de sa fille avant de réaliser qu'elle venait simplement de lui fournir la réponse à sa question.

Alignées le long du corridor de l'hôpital, les quatre femmes attendaient qu'on les appelle pour le test de glucose sanguin. Même si elles en étaient presque toutes au même stade de leur grossesse, leurs ventres proclamaient le contraire. Lili ne pouvait s'empêcher de comparer sa bedaine à celles des autres femmes présentes. Jeannine, avec ses jumeaux, arborait le ventre le plus proéminent. Suivait Esther qui en était à sa troisième grossesse. Quant à Frédérique, impossible de savoir qu'elle était enceinte. On aurait plutôt dit une amie solidaire venant tenir la main aux autres pour les nombreuses prises de sang qui les attendaient dans les prochaines heures.

— C'est long, s'impatienta Lili.

Elles devaient être à jeun pour cet examen et Lili rêvait de se mettre quelque chose dans l'estomac pour calmer ses nausées. L'infirmière en chef les appela l'une à la suite de l'autre pour la première prise de sang. Par la suite, on leur remit un verre de solution sucrée visant à déterminer leur taux de glucose sanguin. On aurait dit une boisson gazeuse à l'orange.

Elles avaient un maximum de quinze minutes pour boire en entier la solution orangée. Frédérique cala le contenu de son verre et s'installa précairement sur sa chaise pour trouver un semblant de sommeil. Les trois autres burent à petites gorgées. Esther consommait rarement autant de sucre et prenait son temps pour ingurgiter le tout, Jeannine appréciait le goût qui s'apparentait à l'Orange Crush, alors que Lili pensait à chaque gorgée qu'elle allait vomir.

— Mercredi prochain, mettez rien à votre agenda, vous êtes invitées à la maison, annonça fièrement Jeannine.

— C'est Gerry qui cuisine, j'espère, blagua Frédérique.

— C'est pas un souper, c'est une soirée de filles, rectifia Jeannine. J'vous en dis pas plus, c'est une surprise.

Jeannine laissa planer le mystère en espérant que les autres insistent pour obtenir des détails. Ce qu'elles ne firent pas.

La matinée avançait, plus qu'un seul échantillon de sang à fournir avant de pouvoir quitter l'hôpital. C'est ce moment que choisit l'infirmière pour faire la conversation avec les futures mamans présentes dans la salle d'attente. Elle s'informait du sexe des bébés à naître, prodiguait un conseil à une jeune maman inexpérimentée, demandait les choix de prénom à certaines ou les difficultés rencontrées par d'autres femmes enceintes. Lorsqu'elle se tourna vers Esther, elle reconnut tout de suite son hygiéniste dentaire et utilisa ce prétexte pour s'asseoir à ses côtés. Elle prenait visiblement son travail à cœur et Esther fit face à une rafale de questions toutes plus inutiles et personnelles les unes que les autres.

— C'est le troisième, confirma Esther à la suite de l'une de ses interrogations.

— Tous du même père ? questionna l'infirmière. De nos jours, les couples se font et se défont. C'est pas rare d'avoir des enfants de pères différents quand y a plus de deux enfants dans la famille.

Esther demeura bouche bée. Elle ne souhaitait pas parler de sa vie privée et elle priait pour qu'on l'appelle pour sa prise de sang afin de mettre un terme à l'entretien. En temps normal, elle aurait détourné la conversation avec agilité, mais elle se sentait dans un nuage de brume. Les antidépresseurs, probablement. La sentant dans un état de vulnérabilité, Lili décida d'intervenir :

— Esther, viendrais-tu prendre l'air avec moi ? J'ai mal au cœur.

— Faut rester ici, s'opposa l'infirmière. Faire de l'activité va modifier votre taux de glucose.

Elle attaqua de nouveau Esther avec ses questions, si bien que Frédérique prit les choses en main.

— Écoute… Manon, lut-elle sur l'épinglette fixée à l'uniforme de l'infirmière. Mon amie aime pas ça se faire jouer dans les culottes en public. Ça te dérangerait-tu de te trouver une autre victime pour assouvir ton besoin compulsif de poser des questions indiscrètes ?

L'infirmière bredouilla des excuses et s'éloigna du quatuor alors que Jeannine et Lili pouffaient de rire. Troublée, Esther se contenta de murmurer un timide merci à Frédérique. Elle n'aimait pas beaucoup le franc-parler de cette dernière, qu'elle trouvait vulgaire à l'occasion, mais elle devait bien admettre que sa fougue et son manque de retenue offraient aussi des avantages. Elle lui devait une fière chandelle pour avoir éloigné d'elle la pseudo-Colombo.

Un jeune infirmier vint prendre la relève. Probablement demandé en renfort par l'infirmière précédente, gênée de revenir auprès du groupe l'ayant chassée. Il appela d'abord Esther pour sa prise de sang.

— Avez-vous vu le pétard ? murmura Lili.

— Si j'avais dix ans de moins… roucoula Jeannine.

— Vingt, rectifia Frédérique.

Elles bavaient toutes les trois devant le jeune apollon. Lili échafaudait des fantasmes tous plus osés les uns que les autres où elle tenait la vedette aux côtés du dieu grec. Elle en rougit de plaisir, ce qui n'échappa pas à Frédérique.

— Madame-couple-parfait est infidèle en pensées ? hasarda-t-elle.

— Gardez ça pour vous, mais depuis quelques semaines, j'ai vraiment la libido dans le tapis, avoua Lili. Thomas a même de la misère à me suivre.

— C'est les hormones de grossesse, confirma Jeannine. Imagine, enceinte de jumeaux…

— *Too much information*, l'arrêta Frédérique que la vie sexuelle de sa mère n'intéressait pas.

— Est-ce que ça te fait ça, toi aussi ? demanda Lili à Frédérique.

— Pas besoin d'être enceinte pour aimer le sexe, répondit simplement Frédérique, un sourire coquin sur les lèvres.

Esther revint s'asseoir. Lorsqu'elle entendit le mot « sexe », elle s'inquiéta de la tournure que prenait la conversation. Lili l'invita à se prononcer sur le sujet.

— Ça change rien pour moi, révéla-t-elle. Ma libido est au beau fixe.

Ce fut au tour de Jeannine d'être appelée par l'infirmier pour sa prise de sang. Au moment où elle s'assoyait devant lui et s'apprêtait à lui sourire de toutes ses dents, elle se leva, une lueur de panique dans les yeux, et courut jusqu'aux toilettes qui, malheureusement, étaient déjà occupées par une patiente. Elle vomit en plein corridor. Décidément, sa grossesse lui réservait bien des surprises, et pas toujours positives. Elle devrait reprendre son test de glucose sanguin au complet.

Lili avançait à pas de loup. Même si le son de la douche couvrait le bruit de ses déplacements, elle ne voulait pas que Thomas se rende compte de sa présence tout de suite. Elle laissa tomber sa robe de chambre au sol et entreprit de rejoindre son chum sous la douche. Thomas se savonnait les cheveux, les yeux fermés. Il sursauta lorsque Lili posa ses mains sur son torse.

— Veux-tu me frotter le dos ? demanda-t-elle en laissant courir ses doigts sur la peau de Thomas.

Elle venait de plus en plus souvent le retrouver sous la douche. Plus la grossesse avançait et plus sa libido devenait envahissante. Elle qui avait toujours préféré faire l'amour le soir en ressentait une urgence le matin. Une petite vite sous la douche calmait ses pulsions et lui permettait de passer une bonne journée.

Thomas se réjouissait des nouvelles envies de sa blonde. Elle le surprenait à l'occasion et devenait plus entreprenante, initiant les moments d'intimité. Il constatait que les changements physiques que subissait Lili n'affectaient en rien son estime personnelle ou son désir. Plusieurs de ses amis lui avaient confié que leur femme perdait tout intérêt pour le sexe pendant leurs grossesses. Thomas se trouvait chanceux que ce ne soit pas le cas de Lili.

Quelques jours plus tard, lorsque Thomas rentra du travail, épuisé, une scène surprenante l'attendait. Lili avait déposé un billet doux sur la console dans l'entrée conviant Thomas à des ébats sucrés. Les lumières étaient tamisées, une musique de circonstance inondait le loft. Il se dirigea vers leur lit, convaincu qu'à cette heure, Lili était sous les couvertures. Il se dit que l'allusion sucrée impliquait probablement un peu de miel ou de crème fouettée.

Lili brillait par son absence. Elle n'était pas au salon non plus. Il se demanda un instant si elle planifiait une partie de cache-cache.

— Lili ? appela-t-il.

— Par ici.

La voix venait de la salle de bain. Thomas s'y dirigea, s'attendant à trouver sa blonde dans un bain moussant, au lieu de quoi, il trouva Lili immergée dans une baignoire de Jell-O. S'ébattre dans ce dessert gélatineux n'avait rien d'attrayant pour Thomas. Il trouvait même la chose un peu ridicule, mais Lili ne lui laissa pas le temps de s'opposer à son fantasme et le fit basculer dans la baignoire avec elle dès qu'il s'assit sur le rebord du bain afin de l'embrasser.

Le lieu était inconfortable, le Jell-O froid et l'expérience ratée du point de vue de Thomas. En plus, Lili lui confia la tâche de tout nettoyer lorsqu'elle se dirigea, repue, vers leur chambre après une bonne douche chaude.

Thomas mit près d'une heure à rendre une apparence normale à la salle de bain. Ça lui donna suffisamment de temps pour se remettre de ses émotions. Le comportement de Lili commençait à le troubler. Elle ne cessait de lui réclamer plus de vigueur lors de leurs rapports intimes. Elle qui avait toujours préféré la douceur à l'ardeur, se métamorphosait et Thomas n'était pas certain que ça lui convienne finalement.

La grossesse, de plus en plus apparente, le mettait mal à l'aise et il s'expliquait mal que sa blonde se transforme en chatte en chaleur alors qu'elle portait leur enfant. Il n'en avait pas touché mot à Lili, mais sa libido personnelle déclinait à vue d'œil. Ça n'avait rien à voir avec le physique de sa blonde qu'il trouvait resplendissante, mais plutôt à la présence d'un être pur entre eux. Pour la fin de la grossesse, il se serait bien contenté d'une position sage et traditionnelle dans un lit douillet.

Le comble de son traumatisme survint en visite chez ses beaux-parents, lorsque Lili l'appela de la salle de bain, prétextant être incapable d'enlever un cil gênant dans un de ses yeux. Thomas arriva à la rescousse et se fit prendre d'assaut par sa lionne de blonde.

— Lili, t'es complètement folle, s'opposa mollement Thomas.

— Perds pas de temps à jaser. Si on fait ça vite, ils se rendront compte de rien.

Elle s'apprêtait à descendre sa braguette lorsque Thomas lui saisit les poignets.

— J'suis pas à l'aise.

— T'as pas envie de moi ? J'commence à prendre du poids pis tu me trouves moins désirable ? s'inquiéta-t-elle.

— T'es la plus sexy des femmes enceintes, Lili.

— C'est comme si tu me disais que je suis la moins pire dans la catégorie "grosses toutounes".

— Je te trouve sexy. Est-ce que cette formulation-là est meilleure ?

— Pourquoi t'as pas le goût, d'abord ?

Thomas eut beau se défendre que l'endroit et les circonstances n'étaient pas stimulantes, Lili continua de croire que le problème venait d'elle.

— Y a ta mère aussi, continua-t-il. Tu trouves pas ça bizarre qu'elle ait perdu autant de poids ?

— Ça paraît pire parce que moi, j'engraisse à côté d'elle, ironisa Lili.

— Elle dit qu'elle a changé ses habitudes de vie à cause de son arythmie cardiaque, mais je trouve ça louche.

— Ce qui est louche, c'est un gars qui refuse de baiser sa blonde.

Thomas avait toujours détesté ce terme. « Se faire baiser » avait une connotation négative pour lui. Ça sonnait comme une mauvaise décision d'affaires ou un geste déloyal envers un ami, pas comme une séance de jambes en l'air avec la femme qu'on aime.

Il parvint difficilement à faire entendre raison à Lili, mais réussit à différer leurs câlins jusqu'au retour à la maison. Il faudrait vraiment qu'il avoue à Lili que sa libido connaissait des ratés.

Jeannine fit signe à ses invitées de se diriger vers le salon. Les trois se figèrent de surprise un instant en découvrant une inconnue, sagement attablée devant un paquet de cartes. La mise en scène était parfaite: la vieille femme se balançait doucement de gauche à droite en chantant une mélopée recto tono et en gardant les yeux fermés. On aurait dit une mauvaise actrice de série B voulant faire croire à une transe divine. L'amoncellement de colliers de pacotille qui ornaient son cou tenait du pire cliché qu'on puisse imaginer dans le domaine de la divination.

— J'vous présente Gabie, une voyante, murmura Jeannine pour ne pas troubler la méditation de la pseudo-Gitane. Elle va toutes nous tirer aux cartes.

— Elle a loué son costume chez Party Expert, vous pensez? se moqua Frédérique.

Jeannine ignora le commentaire et leur fit signe de revenir sur leurs pas, en silence, vers la cuisine. Elle était fière de son idée. Fervente d'astrologie et d'art divinatoire, Jeannine connaissait Gabie depuis plusieurs années. Elle la consultait sur une base annuelle pour savoir ce que lui réservait l'avenir. Au moins soixante pour cent de ses prédictions s'étaient réalisées avec les années. Si on acceptait de faire graduer des enseignants de français avec cette note de passage, Jeannine jugeait qu'elle était aussi acceptable pour la cartomancienne.

— Qui veut y aller la première?

Les trois filles se consultèrent du regard. Esther, pragmatique et terre-à-terre, n'accordait aucune crédibilité à ce genre d'exercice, mais annonça qu'elle y allait la première pour faire plaisir à Jeannine. Alors qu'elle se faisait prédire un garçon, une rencontre qui allait lui ouvrir les yeux sur sa situation et un grand ménage dans sa vie d'ici un an, Esther traduisait en simultané qu'elle avait cinquante pour cent de chances d'accoucher d'un bébé de sexe masculin, qu'elle devait justement appeler son optométriste et que son frigo était vraiment sale. Le grand ménage, elle s'en chargerait elle-même dans les jours à venir.

Frédérique fut la deuxième convoquée au salon. Sceptique, elle avait bien l'intention de donner du fil à retordre à la cartomancienne.

— J'vous le dis tout de suite, vous avez intérêt à être ferrée pour me faire croire à vos niaiseries.

Gabie se contenta de lui indiquer le paquet de cartes et lui demanda calmement de le couper en quatre.

— Vous cherchez des parents pour le bébé. Pas besoin. Le destin a déjà prévu un couple pour en prendre soin.

— Vous direz au destin de me téléphoner, ironisa Frédérique. Il me manque des infos à leur sujet.

— Le grand amour rôde autour de vous, poursuivit Gabie, imperturbable.

Cette fois, Frédérique retint ses sarcasmes. Le grand amour, elle y rêvait secrètement. Bien qu'elle fût convaincue que Gabie tenait des informations privilégiées la concernant – à cause de sa relation avec Jeannine – elle avait soudainement envie de croire aux prédictions qu'on lui faisait.

— C'est une femme.

— Pardon ?

— Le grand amour, c'est une femme.

Frédérique patienta un moment, croyant que la diseuse de bonne aventure allait relire ses cartes et constater son erreur. Voyant qu'elle demeurait sur ses positions, Frédérique éclata de rire. Elle riait encore lorsqu'elle réapparut dans la cuisine. Incapable d'expliquer les raisons de son hilarité, elle prit Jeannine par les épaules et la chassa à son tour vers le salon pour se retrouver seule avec ses amies.

— Elle m'a dit que j'allais virer lesbienne !

— Moi, que je devais faire le ménage de mon frigo, ajouta Esther. Ça m'insulte un peu, d'ailleurs...

— Quand tu te feras traiter de gouine, on s'en reparlera, lui lança Frédérique.

Esther se contenta de rouler des yeux plutôt que de se défendre. Ne rencontrant pas d'opposition, Frédérique revint à la charge :

— D'ailleurs, avant que t'aies envie de changer d'équipe, faudrait te trouver un p'tit jeune pour te redonner le goût.

— J'laisse ça dans ta cour, t'as plus d'expérience que moi dans ce domaine-là, rétorqua Esther d'une voix neutre.

— Parlant de p'tit jeune sexy, les coupa Lili avant que la discussion ne dégénère, c'est l'heure du rapport concernant le beau Simon.

— Y a rien à dire, conclut prématurément Frédérique.

Prise au piège, elle cherchait comment s'en sortir sans trop en révéler. Elle ne savait pas vraiment ce qu'elle ressentait pour Simon, ni même si un semblant d'histoire pouvait exister entre eux.

— On s'est revus.

Lili s'excita de ce simple détail et la pressa d'en dire davantage.

— J'vais tout vous raconter si Esther accepte de sortir avec un de mes amis pour un soir, crâna Frédérique.

La guerre était déclarée. Frédérique prenait plaisir à mettre Esther mal à l'aise. Son image de femme idéale et de mère irréprochable agaçait grandement la fougueuse et imparfaite Frédérique. Elle avait envie d'aider le vernis à craquer pour voir ce qui se cachait en dessous. Elle découvrit rapidement qu'en dessous se cachait une fière guerrière.

— Les adolescents qui veulent jouer avec toi seront pas intéressés à passer une soirée en ma compagnie. Ça prend un minimum de neurones pour connecter avec moi.

— J'ai quelqu'un en tête qui devrait te convenir, répliqua Frédérique sans relever la pique d'Esther à son endroit.

— Pis mes enfants ? questionna Esther. Tu voudrais quand même pas que je les impose à mon prétendant ? utilisa Esther comme argument pour se sauver de l'étau qui se refermait sur elle.

— J'vais les garder, proposa Lili. Comme ça, tu vas avoir l'esprit en paix.

Décidément, tout le monde s'était donné le mot pour l'embêter aujourd'hui. Esther se leva et s'approcha de Frédérique en lui souriant.

— Marché conclu. Maintenant, déballe ton sac !

Lili n'en revenait pas de l'audace d'Esther. Elle avait sûrement un boulon de dévissé pour avoir accepté un *blind date*. Sûrement le premier de sa vie. Décidément, la santé mentale de son amie devenait préoccupante.

Frédérique se fit un plaisir de s'attarder sur tous les détails scabreux de sa nuit avec Simon. Les filles obtenaient tellement de précisions qu'elles pouvaient visualiser la scène. Mal à l'aise, Esther n'écoutait que d'une oreille, les prouesses de Frédérique ne l'émouvant pas. Lili, par contre, prenait plaisir au récit. Elle avait déjà hâte de rentrer à la maison pour retrouver Thomas et mettre en pratique les idées de son amie dégourdie.

Frédérique les abreuvait de ses acrobaties en espérant qu'aucune ne serait assez clairvoyante pour comprendre le trouble que Simon semait en elle. Et si c'était lui le grand amour qui se cachait dans les cartes de Gabie ?

— Coudonc, c'est long, se plaignit Lili qui avait hâte de savoir ce que le destin lui réservait.

— Jeannine participe très activement à ses séances avec Gabie, railla Frédérique. Va falloir prendre ton mal en patience. Elle a toujours mille et une questions...

Jeannine ne se contentait pas d'écouter. Lorsqu'elle était face à face avec Gabie, elle parlait autant que la spécialiste des cartes. Elle s'étonnait toujours du détail des prédictions de sa diseuse de bonne aventure. Elle ne se rendait pas compte qu'elle lui fournissait la matière première.

— Une grossesse, à mon âge, ça comporte des risques. Vois-tu quelque chose là-dessus dans tes cartes ?

— Je vois des difficultés...

— Ça a un lien avec mon taux de sucre ? la coupa Jeannine.

— Effectivement...

— Je le savais. J'attends mes résultats de tests, mais je pense que je fais un peu de diabète de grossesse. J'en avais fait aussi à Frédérique.

À la sortie de sa séance, Jeannine ne manqua pas de vanter la clairvoyance de Gabie qui avait réussi à lire, dans un valet de pique et un huit de trèfle, que son glucose sanguin était inadéquat.

Ne restait plus que Lili. Elle se rendit auprès de la cartomancienne avec appréhension. Elle redoutait qu'on lui annonce un malheur. Non pas qu'elle accordât une grande crédibilité aux affirmations d'une voyante, mais ses fluctuations hormonales la rendaient vulnérable. Gabie le sentit aux vibrations que dégageait sa dernière cliente. Même si elle pressentait un malheur pour cette jeune femme, ou à tout le moins un grand chagrin, elle décida de le lui cacher. D'entrée de jeu, elle s'appliqua donc à la rassurer : sa grossesse allait bien et se terminerait d'aussi belle façon. Pas de drames en vue pour Lili! De son propre point de vue, pourtant, Lili était constamment submergée par les petits drames qui jalonnaient sa grossesse. Frédérique et Esther avaient raison: cette voyante ne valait pas deux sous.

— Avez-vous une question en terminant?

— Mon chum et moi, on s'entend pas sur le prénom à donner au bébé.

Gabie se leva, contourna la table qui la séparait de Lili et posa ses paumes au-dessus de la bedaine de la future maman. Elle sourit puis revint s'asseoir à sa place.

— Vous avez un choix qui commence par un C?

— Céleste, Chrysalide ou Camille.

Gabie fronça les sourcils avant de donner son verdict final.

— Je pense que vous trouverez autre chose à la naissance du bébé.

«Tu parles d'une réponse niaiseuse et inutile», pensa Lili. Décidément, il fallait qu'elle prévienne Jeannine de l'arnaque dont elle était victime depuis des années...

Enfermée à double tour dans les toilettes, Esther contemplait son reflet dans le miroir. À part les yeux rendus inexpressifs par la prise d'antidépresseurs, la femme qui la regardait avait beaucoup de charme. Elle repoussa une mèche rebelle derrière son oreille, soupira et sortit pour regagner la salle d'examen. Son patient ne tarderait pas à arriver.

Elle plaçait méticuleusement ses instruments de détartrage lorsqu'elle aperçut, du coin de l'œil, une belle tête brune aux tempes grises passer le cadrage de porte.

— On sort luncher, t'as envie de te joindre à nous?

Esther contempla un instant son patron avant de répondre. Mi-quarantaine, racé, sourire éclatant, plein aux as, gentleman et pourtant toujours célibataire. Trois ans plus tôt, lorsque sa conjointe était décédée du cancer du sein, il avait endossé le célibat comme d'autres endossent des habits noirs pour porter leur deuil.

— Merci, mais j'ai mon lunch, se contenta-t-elle de répondre.

— J'insiste. Ça va te faire du bien.

Il se racla la gorge, mal à l'aise, avant de continuer:

— Les potins vont vite. J'ai appris pour toi et Jean-François.

Esther rougit jusqu'à la racine des cheveux. Elle qui jouait la comédie devant ses collègues pour leur faire croire à sa petite vie rangée sans histoire venait d'être démasquée. Elle était pourtant certaine de n'avoir rien dit. Comment pouvaient-ils être au courant?

— Martine a croisé Jean-François avec une amie à elle, une certaine Julie.

Esther leva la main pour l'arrêter de parler. Sa collègue, la pire commère du bureau, connaissait la maîtresse de Jean-François. Aussi bien dire que tout le monde connaissait en détail les plus récents événements. Elle recommença à placer et déplacer ses instruments qui pourtant étaient parfaitement alignés une minute plus tôt. Le patron ne se laissa pas démonter par son attitude et poursuivit:

— Isole-toi pas, Esther. Laisse-toi aider, supporter, aimer par ceux qui t'entourent. Si t'as besoin, je suis là. On pourrait prendre un café un week-end?

Esther lui sourit timidement. Il avait tellement appuyé sur le mot «aimer» que ses intentions étaient plus que limpides. Lorsqu'il quitta la pièce, Esther se dit qu'elle allait peut-être considérer son invitation, ne serait-ce que pour flatter son ego.

La journée passa avec une lenteur inaccoutumée. Esther sentait les regards chargés de pitié de ses collègues et croyait entendre des murmures dès qu'elle s'éloignait de certains d'entre eux. Elle avait hâte de quitter la clinique. Sortir, ce soir, lui ferait finalement le plus grand bien.

Ponctuelle, Esther arriva au café à l'heure convenue par Frédérique pour le *blind date*. Elle venait de confier ses enfants aux bons soins de Lili. Jeannine viendrait également passer quelques heures en soirée pour tenir compagnie à Lili. Esther trouvait qu'elle s'incrustait un peu trop, mais puisque Lili ne s'était pas opposée à l'idée…

Elle s'assit au bar, contente d'être arrivée la première. Frédérique eut à peine le temps de venir la saluer que Samuel faisait son entrée.

Frédérique les présenta brièvement et s'éclipsa, un sourire malicieux aux lèvres.

Esther détailla le jeune homme. À ses yeux, il était l'incarnation d'un bum de bonne famille : les cheveux en bataille, un tatouage sortant du col de sa chemise, plusieurs bagues aux doigts, mais une chemise de qualité, sobre, et des chaussures bien cirées. Ça en disait long sur le gamin qui ne devait pas avoir franchi la trentaine encore. « Un garçon encore aux couches », pensa Esther. Elle se réjouit à l'idée de rentrer tôt à la maison dès qu'ils auraient terminé leur café.

— Qu'est-ce que je vous offre ? demanda Samuel en guise d'introduction lorsqu'ils se retrouvèrent seuls.

Esther se demanda tout de suite s'il la vouvoyait par politesse ou à cause de leur différence d'âge. Elle opta pour la seconde raison.

Samuel choisit une table isolée, invita Esther à s'asseoir et poussa sa chaise avant de prendre place lui-même à table.

— Frédérique m'a dit que vous être hygiéniste dentaire. Depuis combien de temps ?

Ça y est, il allait lui mettre sous le nez leur différence d'âge. C'était probablement même une commande de Frédérique ! La vicieuse... Esther choisit de garder son calme. L'heure de la vengeance viendrait...

— Ça fait plus de dix ans. Probablement au moment où toi, tu écoutais *Passe-Partout*. Oh non, excuse, tu dois pas connaître ça, c'est une émission jeunesse de ma génération, dit-elle, baveuse.

— J'ai l'air plus jeune que je le suis. J'ai trente ans.

Esther rit jaune. Elle détestait qu'on la prenne pour une imbécile et ce jeune homme se payait royalement sa tête. Voyant qu'elle était sceptique, Samuel sortit son portefeuille.

— On règle déjà et on part chacun de son côté ? fit Esther en le voyant se saisir de son portefeuille. Bonne idée !

Samuel rit à son tour, mais un rire franc, cristallin, qui freina l'élan d'Esther. Il sortit son permis de conduire et le mit à deux pouces du nez d'Esther. La date de naissance inscrite sur la carte lui donnait raison.

— Ça se falsifie, des cartes, répliqua Esther.

— J'ai pas beaucoup de temps libre pour faire la contrebande de cartes d'identité, dit-il avec humeur.

— Ton emploi de DJ dans une discothèque te prend tout ton temps ?

— Frédérique m'avait prévenu que t'étais du genre à sauter rapidement aux conclusions, mais je dois admettre que tu bats des records !

— Tu me tutoies, maintenant ?

— Esther… J'ai envie de passer une soirée agréable. Je sors pas assez souvent pour pouvoir me permettre un souper gâché.

— Y a jamais été question de souper, se révolta Esther. On avait dit un café.

Samuel se leva, prit la veste d'Esther, la lui passa gentiment sur les épaules avant de l'inviter à se lever.

— Une femme comme toi, ça mérite plus qu'un café. J'ai réservé une des meilleures tables en ville.

Quelques minutes plus tard, Esther et Samuel étaient installés confortablement dans un grand restaurant et Esther consultait un menu où les prix affichés lui donnèrent le tournis. Elle priait secrètement pour que Samuel soit vieux jeu et paie la note plutôt que de proposer de la partager comme bien des jeunes hommes le faisaient de nos jours.

— Si tu fais pas la contrebande de pièces d'identité, tu dois vendre de la drogue pour te permettre des soupers aussi chers, risqua-t-elle.

— T'es pas loin.

Esther avala sa salive de travers. Se pouvait-il que Frédérique lui ait organisé un souper avec un membre en règle de la mafia ?

— Je vends pas de drogue, j'en prescris.

— T'es médecin, toi ?

— Désolé, cette fois-ci, j'ai pas apporté mon diplôme. La prochaine fois, sans faute.

Esther allait de surprise en surprise. Elle finit par mettre ses défenses de côté grâce à la persévérance de Samuel qui se révéla le compagnon parfait. Cultivé, la conversation allait bon train. Loin d'être imbu de lui-même, il questionnait Esther qui se surprit à parler un peu d'elle et même de sa grossesse. Esther se dit qu'il devait être un médecin attentionné, intéressé par ses patients.

Il commanda une bouteille de vin en s'attardant au millésime et en proposa à Esther, malgré son état.

— Si j'ai la bénédiction de mon médecin !

— Quelques gorgées, y a pas de problème. Pis une fois n'est pas coutume.

Esther trempa ses lèvres dans son verre et dut se retenir pour ne pas en redemander. Il y avait longtemps qu'elle n'avait pas bu un aussi bon vin. Lorsque le maître d'hôtel les prit pour un couple, Samuel se contenta de sourire à Esther. Il s'attendait à ce qu'elle démente véhément l'information, mais elle décida de jouer le jeu. Ça lui plut.

À la fin du repas, lorsqu'elle mangea la dernière bouchée de sa crème brûlée aux fruits de la passion, Esther dut admettre qu'elle avait passé une excellente soirée.

Jean-François avait l'esprit embrumé par les vapeurs de marijuana qui flottaient dans l'appartement. Il n'avait jamais été un grand consommateur de drogue, mais la came circulait librement entre les colocataires. Voulant s'intégrer au groupe, il ne reculait devant rien et aspirait la fumée du joint qu'on lui tendait sans trop se poser de questions. La drogue lui permettait aussi d'apprécier les repas qui n'avaient rien en commun avec le menu santé d'Esther. D'ailleurs, des brûlements d'estomac persistants commençaient à se manifester tous les soirs.

Il se dirigea vers la salle de bain pour prendre un comprimé antiacidité. Lorsqu'il se vit dans le miroir, il ne put s'empêcher de remarquer ses yeux rougis autant par la drogue que par le manque de sommeil qui commençait à le rattraper. Malgré tout, il se sourit à lui-même d'un air niais avant de revenir vers le salon où l'attendait Julie.

Il s'affala sur le divan à ses côtés. La musique était trop forte, l'odeur du parfum de Julie trop présente, la lumière, bien que tamisée, trop vive. Julie s'assit à califourchon sur son homme et, avec sa langue, lui glissa un comprimé d'ecstasy dans la bouche. Il se laissa faire sans dire un mot, excité par ce qui l'attendait ce soir.

Depuis quelques jours, Julie lui confiait ses fantasmes les plus secrets. Parmi ses confidences, elle avait dévoilé son envie d'un trip à trois. Émoustillé, Jean-François avait accepté de se sacrifier afin de réaliser son fantasme. Leur partenaire de jeu devait arriver d'une minute à l'autre.

Jean-François anticipait cet instant avec beaucoup d'excitation. Jamais Esther ne lui aurait proposé quelque chose de la sorte. Il se surprenait à constater que leur vie sexuelle manquait terriblement de piquant et remerciait le ciel d'avoir mis Julie sur sa route pour lui faire connaître toutes ces voluptés.

La sonnette d'entrée se fit entendre. Julie retira sa main de l'entrejambe de Jean-François et recula vers la porte en enlevant son chandail qui atterrit au sol. Jean-François était impatient de découvrir l'autre femme avec laquelle il partagerait Julie. Il imaginait une grande brune à la croupe rebondie ou encore une rousse aux yeux de braise. Il prit une grande rasade d'alcool pour engourdir sa nervosité. Il voulait vraiment performer.

Il entendit des bruits de vêtements qui tombent au sol et la respiration haletante de Julie. Les coquines commençaient le party sans lui. Il se leva et se dirigea vers l'entrée. Il y trouva Julie en train d'embrasser goulûment un gars qu'il n'avait jamais vu à l'appartement. Découvrant Jean-François, Julie repoussa le nouveau venu et lui demanda de se diriger vers sa chambre. Sans plus d'explications, il alla vers la pièce du fond, comme un habitué des lieux. Au passage, il examina Jean-François de la tête aux pieds avec un sourire de satisfaction.

— T'as oublié de me préciser un détail, j'pense, s'énerva Jean-François dès que l'autre eut quitté leur champ de vision.

— Que notre invité serait un gars ? demanda ingénument Julie.

Pris de panique, Jean-François ne répondit rien et se contenta de caler son verre de vin. Il n'allait quand même pas coucher avec un autre homme juste pour avoir l'air dans le coup. L'idée de ramasser ses clés et de rentrer à la maison l'effleura un moment. Julie s'approcha, fit glisser ses mains sur ses fesses. La sensation, décuplée par la drogue qui lui coulait dans les veines, était sublime.

— Fais-toi-en pas, Jimmy est… très délicat, lui susurra-t-elle à l'oreille.

Avant qu'il ne proteste, elle l'entraîna à sa suite, vers la chambre à coucher.

Lili entendit le bruit d'une portière qu'on referme. Elle se précipita à la fenêtre pour voir Esther. Il était tard et elle s'étonnait que son amie ne soit pas encore rentrée. Le spectacle auquel elle assista la surprit. Un grand rebelle tenait Esther dans ses bras comme une jeune mariée. Elle appuyait sa tête contre son épaule. Au lieu de la voiture familiale, c'était une voiture luxueuse qui prenait toute la place dans l'entrée.

Lili retourna sur le sofa, bien décidée à faire croire à la maîtresse de maison qu'elle dormait profondément. Lorsque la sonnette d'entrée retentit, Lili dut abandonner son idée, mais prit tout de même un air endormi pour feindre qu'on venait de la réveiller.

Ce masque de faux sommeil fondit instantanément lorsque Lili comprit qu'il y avait un problème. Esther semblait comateuse. On aurait dit une ivrogne saoule raide. Après les présentations d'usage, Samuel fut dirigé vers la chambre des maîtres pour y déposer délicatement son fardeau sur le lit. Il se retira afin que Lili dévêtisse son amie et la glisse sous les couvertures. Dès qu'elle se fut acquittée de sa tâche, elle revint vers la cuisine pour quémander des explications.

— Elle a bu quelques gorgées de vin. Vraiment pas compatible avec ça.

Samuel plongea sa main dans le sac à main d'Esther et en sortit un flacon d'antidépresseurs qu'il tendit à Lili.

— Je cherchais son adresse dans son portefeuille quand je suis tombé dessus, dit-il pour justifier sa connaissance du contenu du sac d'Esther.

— On serait pas mieux de l'amener à l'hôpital ? s'inquiéta Lili. C'est peut-être dangereux, elle est enceinte.

— Fais-toi-z'en pas, je suis médecin. Elle va juste dormir comme un bébé. Si je peux me permettre, continua-t-il, tu devrais lui recommander de voir un psy. Je peux te laisser des noms de collègues. Venant de toi, ça devrait passer...

— Merci de l'avoir raccompagnée. Est-ce que je suis mieux de rester ici ? Ses enfants...

— Le divan, c'est pas terrible comme lit pour une femme enceinte. Vas-y, je vais rester, moi. Je vais réveiller Esther avant que les enfants se lèvent.

Lili jaugea le nouveau venu. Frédérique était la mieux placée pour la renseigner sur l'homme qui se tenait devant elle. Elle prétexta une envie soudaine pour s'enfermer aux toilettes et téléphoner à Frédérique. Cette dernière répondit après une seule sonnerie. Lili expliqua la délicate situation.

— Les enfants sont ici et Esther est, disons... vulnérable. Est-ce que je peux lui faire confiance ?

Frédérique s'esclaffa avant de mitrailler Lili d'arguments en faveur de Samuel.

— Il a l'air parfait à t'écouter parler, mais un homme, c'est un homme.

Frédérique révéla quelques informations concernant Samuel qui eurent tôt fait de rassurer Lili. Frédérique la surprendrait toujours. Elle quitta la maison, l'esprit en paix.

Le lendemain matin, Jean-François stationna sa voiture devant la maison. Comme tous les samedis, il emmenait les enfants en sortie pour la journée. Cette semaine, il avait pris l'initiative d'acheter à déjeuner et de se pointer plus tôt pour un brunch en famille. Le rétroviseur lui retourna l'image d'un homme fatigué, malmené par la vie. Il fallait qu'il espace ses beuveries et ses nuits blanches. Ça n'allait pas de pair avec la vie de famille.

Encore sous l'influence de toutes les substances qu'il avait inhalées ou absorbées la veille, il ne remarqua pas la BMW stationnée dans l'entrée avant d'être à sa hauteur. Impossible qu'Esther ait fait l'acquisition d'un tel véhicule sans lui en parler.

Pris d'un doute angoissant, Jean-François rebroussa chemin en direction de sa voiture, s'y assit et verrouilla les portes comme s'il était menacé. Il prit son cellulaire et composa le numéro de la résidence familiale. Une voix d'homme répondit.

— Esther, s.v.p., demanda Jean-François.

— Elle dort, est-ce que je peux lui faire un message ?

Jean-François raccrocha. Il hésitait entre fuir à toute vitesse ou rentrer à la maison pour casser la gueule à l'homme qui avait engrossé la mère de ses enfants.

Lili faisait les cent pas devant le bar de Frédérique. La serveuse lui versa une tasse d'eau chaude et y plongea un sachet de tisane à la poire avant de lui intimer de s'asseoir pour ne pas contrarier la clientèle.

— Si j'étais de tempérament violent, je l'aurais frappé ! explosa Lili.

Frédérique sourit. Elle n'avait jamais vu Lili aussi fâchée. Elle se demanda avec une certaine pointe de fierté si son propre caractère ne commençait pas à déteindre sur son amie.

— Faut vraiment être lâche pour profiter de la situation comme ça, continua Lili qui ne décolérait pas.

Le matin même, le patron du magazine pour lequel Lili travaillait à la pige lui avait offert le poste de chroniqueuse nouvelles technologies à l'étranger. Il lui proposait de couvrir toutes les foires et salons axés sur le multimédia et les nouvelles technologies à travers la planète. Lili en faisait la demande depuis cinq ans.

— Y a jamais voulu que ce soit une femme qui ait le poste, maudit macho ! Y a attendu que je sois enceinte pour me le proposer. Il savait bien que je refuserais. C'est pas pour rien qu'il m'a appelée un samedi matin pour me proposer ça. Il voulait pas que je fasse une scène au bureau.

— Il te fait payer ta grossesse. Tu vas prendre un congé de maternité pis ça le fait chier, affirma Frédérique pour rajouter de l'huile sur le feu.

En tombant enceinte, Lili prévoyait un conte de fées de neuf mois. Elle réalisait que la grossesse entraînait de nombreuses répercussions et pas toujours aussi favorables que ce à quoi elle s'était préparée.

— Une femme enceinte, c'est un paquet de troubles pour un boss. Lui, ce qu'il se dit, c'est que tu vas coûter cher à la compagnie avec tes projets de famille, décréta Frédérique.

— J'pensais pouvoir mener les deux de front : carrière et vie personnelle.

Lili réalisa rapidement qu'elle parlait pour elle-même. Frédérique ne l'écoutait plus et elle ne tarda pas à comprendre pourquoi. Simon vint s'asseoir à ses côtés.

— Allô, Lili ? dit-il simplement.

— Mon Dieu, bonne mémoire, le félicita Lili, étonnée qu'il se souvienne de son prénom.

— J'oublie jamais le nom d'une jolie femme, ajouta Simon, charmeur. Salut Fred.

Frédérique lui sourit, mais elle n'appréciait pas de passer deuxième. La remarque de Simon concernant la beauté de Lili lui brûlait les tympans. Elle réfréna son élan de jalousie et décida d'adopter une attitude détachée.

— Parle parle, jase jase, j'ai des clients à servir moi. Bénédicte va prendre ta commande, dit-elle à l'intention de Simon.

Lili s'étonna de la réaction de son amie. Pourquoi ne profitait-elle pas de la présence de Simon ? Frédérique se dirigea vers les tables du fond et s'intéressa à tous les clients qu'elle négligeait depuis l'arrivée de Lili. Fin renard, Simon comprit qu'il avait un certain ascendant sur Frédérique. Il avait bien l'intention d'en profiter.

L'autre serveuse, une nouvelle recrue en poste depuis quelques jours seulement, vint prendre la commande de Simon et en profita pour le draguer au passage. La démarche était tellement peu subtile que Lili en éprouva de la pitié. Son malaise grandit lorsqu'elle réalisa que Simon, sans encourager la jeune femme dans sa tentative de séduction, ne tentait pas d'y mettre fin. Était-il conscient qu'elle le draguait ? La jeune serveuse inexpérimentée gâchait tout avec son numéro d'ingénue.

Du coin de l'œil, Frédérique suivait le déroulement de la scène et son sentiment de jalousie grandissait. Bénédicte était en pâmoison devant Simon. Frédérique brûlait intérieurement de monter sur le comptoir pour embrasser sauvagement celui qui, quelques jours plus tôt, partageait son lit. Elle n'allait quand même pas s'abaisser à quémander l'attention de Simon. Il prenait plaisir à discuter avec Bénédicte. Frédérique en conclut qu'il cherchait à la provoquer et se promit de ne pas tomber dans le piège. Elle allait plutôt lui servir sa propre médecine.

Simon réalisa rapidement le malaise de Lili qui ne savait plus trop quelle attitude adopter devant l'insistance de Bénédicte. Il connaissait suffisamment la gent féminine pour comprendre que Lili se rangeait derrière Frédérique et que Bénédicte était une sangsue dont il fallait se débarrasser rapidement. Il fit d'une pierre deux coups. La manœuvre pouvait être catastrophique, mais si Lili lui emboitait le pas, Bénédicte comprendrait le message.

Le plus naturellement du monde, il passa un bras autour des épaules de Lili et commença à lui caresser le ventre tout en poursuivant sa discussion avec Bénédicte. Mal à l'aise par ce contact intime, Lili en comprit tout de même le but et se laissa faire. En moins de trente secondes, elle se retrouvait en tête à tête avec Simon.

— Merci, Lili chérie, blagua-t-il.

Simon prit la main de Lili et y déposa un baiser en accompagnant le geste d'un clin d'œil. Sa complice avait été parfaite et l'objectif atteint en un temps record. Il pourrait maintenant se consacrer à sa priorité: la conquête de Frédérique.

Lili fut la première à voir Frédérique sortir en vitesse par la porte avant du café. Témoin de la scène à distance, elle avait cru que Simon poussait l'audace jusqu'à draguer sa meilleure amie.

Simon sortit à sa suite, mais ne réussit pas à la rattraper avant qu'elle ne s'engouffre dans un taxi et prenne la fuite.

Le lendemain, Frédérique vit Simon prendre place au bar. Exactement ce qu'elle redoutait. Elle avait tenu Lili à distance en fermant son cellulaire mais ne pouvait pas faire de même en interdisant l'accès des lieux à Simon. Plutôt que de fuir comme la veille, elle décida de jouer un jeu dangereux: faire l'indépendante.

Lorsqu'il mentionna vouloir s'expliquer, Frédérique lui fit comprendre que le moment était mal choisi. Le bar était plein à craquer et le travail ne manquait pas. Simon commanda à manger et entreprit de se remplir l'estomac en attendant la fin de l'heure de pointe.

À quelques tabourets de lui, une armoire à glace enfilait les verres de bière plus rapidement qu'un Asiatique mastique des saucisses dans une compétition de mangeurs de hot-dogs. Lorsqu'il offrit une tournée à tous les clients prenant place au bar, Simon comprit qu'il cherchait à impressionner Frédérique. Il commençait d'ailleurs à se faire insistant, à un point tel que Simon changea de siège pour s'asseoir à ses côtés.

— Trinque avec moi, ma belle, cria le lourdaud à Frédérique.

— Je bois pas sur la job.

— Tu t'habilles pas sexy de même pour qu'on t'offre du jus de tomate ! Envoye, prends un verre, insista-t-il.

— Je m'habille sexy pour avoir du tip, pas de la bière.

Le gros soûlon sortit son portefeuille et étala sa fortune sur le comptoir.

— Avec ça, est-ce que j'ai droit à un p'tit extra de la part d'la serveuse ? demanda-t-il en sortant la langue de manière vulgaire.

Frédérique compta les billets.

— J'vaux plus que ça, quand même, dit-elle, aguicheuse, avant de se retourner pour servir une cliente.

L'homme en profita pour se hisser un peu et attraper une fesse de Frédérique au passage. Insultée, elle se retourna avec l'intention de partager son indignation, mais Simon ne lui en laissa pas le temps et s'interposa entre eux.

L'armoire à glace eut un rictus et se leva tranquillement. Il dépassait Simon d'une bonne tête et n'en ferait qu'une bouchée. Du revers de la main, il percuta le visage de Simon. La montagne de muscles sans cerveau se moquait de son opposant en affirmant qu'il n'oserait pas frapper une mauviette avec ses poings, que quelques tapettes suffiraient à le mettre hors d'état de nuire. La grande paluche de l'homme atterrit une deuxième fois sur la joue gauche de Simon. Ébranlé, Simon se concentra sur son adversaire pour éviter une autre claque qui pourrait bien l'envoyer au sol.

Dès que la main du monstre amorça un mouvement de recul, Simon utilisa une technique apprise lors de ses cours d'arts martiaux. Avant même qu'il ne comprenne ce qui se passait, le client importun se retrouvait face contre le sol, immobilisé par Simon, sous les applaudissements et les sifflements de la clientèle. Avec l'aide de deux autres clients, Simon sortit l'homme sans ménagement.

Lorsqu'il s'assit au bar, Frédérique s'approcha pour déposer un baiser sur sa joue rougie par les claques.

— Mon héros, murmura-t-elle avant de reprendre son service comme si de rien n'était.

Simon en profita pour terminer son repas. Les clients commençaient à déserter le café. Bientôt, il serait seul avec Frédérique et passerait à l'attaque. Il n'avait pas l'intention de revenir sur les événements de la veille, se disant que son spectacle d'arts martiaux valait plus que tous les mots d'excuse qu'il aurait pu utiliser. Tout ce qu'il souhaitait, c'était s'inviter à l'appartement de Frédérique pour la déshabiller du regard et des mains.

Il étala sur le comptoir tout l'argent que son portefeuille contenait avant d'apostropher Frédérique.

— Avec ça, est-ce que j'ai droit à un p'tit extra de la part d'la serveuse ? demanda-t-il en sortant la langue de manière vulgaire, caricaturant le gros ours mal léché qu'il avait mis à la porte du café.

— Ça dépend ce que tu as en tête.

— Toi, moi, ton appartement.

— Le ménage est pas fait, plaida-t-elle de manière dérisoire.

— Je regarderai rien d'autre que toi.

— J'ai plus de condoms.

— Je connais une pharmacie qui en vend, murmura-t-il comme s'il possédait les coordonnées personnelles du pape.

— Ton offre est intéressante, mais j'avais prévu de me vernir les ongles d'orteils ce soir.

— Je peux jouer les pédicures. Tout ce qui concerne ton corps m'intéresse.

— J'attends quelqu'un d'autre, risqua Frédérique comme argument ultime.

Simon recula sur son tabouret afin d'observer Frédérique attentivement. Se pouvait-il qu'elle dise vrai et qu'un autre homme partage son intimité ? Simon était déstabilisé. Normalement, il serait déjà dans un taxi en route vers l'appartement de sa proie. Frédérique était plus coriace que les autres.

— Ce quelqu'un-là… c'est ta mère ? demanda-t-il, curieux d'en apprendre davantage.

Frédérique se contenta de sourire.

— J'ai un succès fou avec les mamans, lui apprit Simon. Tu veux me présenter la tienne ?

S'il y avait une chose dont Frédérique était certaine, c'était qu'elle ne voulait pas que Jeannine s'approche de Simon.

Simon ramassa une boîte de comprimés d'acétaminophène sur la tablette de la pharmacie. Frédérique ne pourrait pas se plaindre d'un mal de tête pour éviter de se retrouver au lit avec lui. Il fit un détour par la rangée suivante pour acheter une tablette de chocolat : outil idéal pour combattre un manque d'énergie hypothétique. Après avoir trouvé l'huile d'amande douce pour un massage sensuel, il fila vers le présentoir des condoms. De peine et de misère, il avait convaincu Frédérique de l'inviter à l'appartement. Il mettrait tout en œuvre pour ne pas lui faire regretter son choix.

Il se dirigeait vers la caisse pour payer ses emplettes lorsqu'il entendit son prénom. Une femme, dans la quarantaine avancée, s'approchait de lui, tout sourire.

— Je savais que je t'avais reconnu, déclara Jeannine. J'suis la maman de Frédérique.

Simon lui sourit en imaginant la tête de Frédérique lorsqu'il lui raconterait cette rencontre fortuite. Polisson, il attendrait qu'ils soient nus pour lui faire cet aveu. Il en jouissait à l'avance.

— T'es assurément pas comme les autres, poursuivit Jeannine. S'amouracher de Frédérique dans les circonstances, ça démontre une belle grandeur d'âme.

— Une relation à distance me fait pas peur. C'est pas la première fois que je suis en *stand by* entre l'Amérique et l'Asie.

L'incompréhension qu'il lut sur le visage de Jeannine l'invita à préciser sa pensée.

— Quand vous dites "dans les circonstances", vous faites référence au fait que je risque de repartir travailler en Asie ?

— Pantoute, je parle de la grossesse de Frédérique.

Simon en laissa tomber ses condoms.

Assise au premier rang de l'église, Lili tenait le bras de son père. Le pauvre homme sanglotait sans retenue. À quelques pas de lui, un magnifique cercueil en érable contenait le corps de son épouse.

Une semaine plus tôt, les parents de Lili lui avaient annoncé la terrible nouvelle : un cancer généralisé rongeait

Gisèle. Ses jours étaient comptés. D'abord sous le choc de la nouvelle, Lili avait rapidement réalisé que ses parents étaient au fait de l'état de santé de sa mère depuis plusieurs mois. Ils avaient maquillé la terrible maladie en arythmie cardiaque pour en retarder l'annonce.

— T'es enceinte, c'était pas le temps de t'énerver avec nos problèmes, avait expliqué sa mère.

Lili repensa à la réaction de ses parents lorsqu'ils avaient annoncé sa grossesse. Sa mère ne pleurait pas de joie, mais plutôt parce qu'elle se savait condamnée et ignorait si elle pourrait assister à la naissance de son premier petit-enfant. Les commentaires de Thomas concernant le poids de sa mère lui revinrent également en mémoire comme autant de poignards. Comment avait-elle pu ne rien voir ?

Depuis le début de sa grossesse, elle portait beaucoup d'attention à son nombril, au propre comme au figuré. Si la vie se construisait à l'intérieur d'elle, à l'extérieur, l'univers s'écroulait.

Lili caressa son ventre. Comme elle aurait voulu que la maladie laisse un répit à sa mère et attende au moins qu'elle ait accouché ! Comment allait-elle faire pour élever cet enfant sans l'œil avisé et les conseils de sa maman ? Y a-t-il pire moment pour devenir orpheline que lorsqu'on s'apprête à devenir mère soi-même ? Quelle injustice...

Une odeur de roses lui emplit les narines. L'odeur préférée de sa mère. Jamais Lili ne pourrait sentir ce parfum sans repenser aux funérailles de sa mère. Thomas avait personnellement assemblé tous les bouquets décorant le corbillard, le cercueil et le chœur de l'église. Il n'avait pas lésiné sur la quantité ou la qualité du travail. S'il avait pu baigner le corps de sa belle-mère dans un océan de pétales de rose, il l'aurait fait. Un fidèle de passage aurait pu croire qu'on célébrait un mariage et non pas le départ d'un être cher tellement les fleurs égayaient l'endroit.

Lili jeta un coup d'œil à Thomas, à ses côtés. Une envie charnelle se fraya un chemin dans ses pensées. Lili lutta de toutes ses forces pour la faire taire. Elle avait honte d'éprouver du désir pour son homme en un tel lieu et dans des circonstances aussi tristes. Lorsque la mort rôde, la vie cherche parfois à s'exprimer, encore plus fort.

Ses pensées divaguèrent vers son patron. Elle avait finalement décliné son offre, incapable de se résoudre à reprendre le travail tout de suite après la naissance de son enfant. Pigiste, elle n'avait aucune sécurité d'emploi et ne savait même pas si son patron la reprendrait après son congé de maternité. Il faudrait bien la remplacer pendant son absence. Risquait-elle de perdre ses contrats ?

Décidément, sa grossesse ne se passait pas comme prévu. On aurait dit qu'une malédiction s'abattait sur sa vie depuis qu'un bébé grandissait dans son ventre. Une fraction de seconde, elle souhaita ne plus être enceinte, revenir en arrière et retrouver la sécurité de sa vie d'avant, là où le travail venait à elle, où ses hormones étaient sous contrôle et où sa mère était bien vivante. À l'évocation de Gisèle, Lili ne put réprimer un sanglot.

La main d'Esther, assise derrière elle, se posa en douceur sur son épaule. Lili se retourna et tenta de lui offrir un faible sourire qui ressemblait plutôt à une grimace de douleur. Frédérique, qui prenait également place sur le deuxième banc, posa sa main par-dessus celle d'Esther en signe de soutien. Jeannine fit de même.

Après le service funéraire, Lili et son père reçurent la famille et les amis pour un goûter. Jeannine se bourrait la face dans le buffet froid tandis qu'Esther et Frédérique discutaient:

— Comment tu l'as trouvé? s'enquit Frédérique au sujet de Samuel.

— Pas si pire, répondit laconiquement Esther.

— Arrête donc de faire la fraîche pis avoue qu'il est bandant!

— J'ai passé une belle soirée, se contenta de répondre Esther.

— S'il était pas gay, je lui sauterais dessus, confia Frédérique.

— Quoi?

Esther tombait des nues. Que Samuel soit gay ne la choquait pas, mais elle aurait apprécié en être informée. Elle, qui croyait que le jeune médecin la courtisait, réalisait à présent qu'il était simplement courtois et poli. Peut-être même que Frédérique les avaient présentés en spécifiant à Samuel qu'elle était un sujet d'étude intéressant? Peu importe, on s'était joué d'elle et elle n'appréciait pas. Esther reconnaissait que le moment était mal choisi pour faire une scène, mais elle ne put s'empêcher de jeter un regard noir à Frédérique qui, devant l'imminence de l'orage, expliqua son choix.

— J'connais aucun gars qui t'arrive à la cheville et qui pourrait t'intéresser. Ceux qui ont un minimum de classe, je les garde pour moi. Pis t'es encore amoureuse de ton mari, ça paraît. Pensais-tu vraiment que j'allais te jeter aux lions avec un imbécile qui veut juste te baiser?

Esther se demanda alors pourquoi Frédérique ne s'aimait pas suffisamment pour s'offrir la même considération et sortir de sa vie les parasites qui se relayaient dans son lit. Elle se calma. Frédérique avait vu juste. Jean-François occupait encore ses pensées et l'idée de trouver quelqu'un pour le remplacer était prématurée. N'empêche, elle dut refouler un léger sentiment de déception.

Lili s'approcha de ses amies, un gros plat de soupe à la main.

— Qu'est-ce que c'est ? voulu savoir Frédérique.

— Ta mère nous a fait de la soupe réconfortante. C'est vraiment délicat de sa part.

— Elle essaye de t'acheter, ricana Frédérique. Elle a toujours fait ça avec mes amies. Jeannine peut pas s'empêcher de se mettre le nez dans mes affaires. Elle supporte pas qu'une partie de ma vie lui appartienne pas. Y a des jours...

— T'as une mère au moins, toi, la coupa Lili. Tu devrais en profiter au lieu de chialer.

Frédérique réalisa sa bévue. Elle cherchait comment s'excuser lorsque Jeannine lui vint en aide en faisant diversion.

— Avez-vous goûté aux sandwichs aux œufs ? Délicieux, décréta Jeannine.

— Pas faim, s'excusa Esther.

Frédérique eut envie de répondre que juste l'odeur lui donnait mal au cœur, mais elle se retint de peur que son commentaire ne soit perçu comme une attaque à l'endroit de Jeannine.

— Bon, changez-moi les idées, les supplia Lili. J'ai besoin de penser à quelque chose de positif.

Les trois filles se fixèrent mutuellement un moment, ne sachant trop quel sujet amener sur la table. Esther tenta de dérider Lili.

— Ma *date* était gay. J'ai rien vu !

— Je le savais, affirma Lili. Penses-tu vraiment que je l'aurais laissé dormir chez toi sinon ?

— Vous avez dormi ensemble ? Tu nous avais caché ça, rigola Frédérique.

— Y a dormi sur le divan. Et puis à part ça, c'est pas d'intérêt public, objecta Esther. Parlons plutôt de Frédérique… Comment va le beau Simon ?

— C'est pas d'intérêt public, l'imita-t-elle.

— Si ça peut vous faire plaisir, je peux vous donner de ses nouvelles, je l'ai croisé à la pharmacie, se vanta Jeannine.

— Tu lui as parlé ?

— Bien sûr ! J'suis pas une sauvage !

— De quoi vous avez parlé ?

— De tout, de rien, de son travail, de ta grossesse…

Frédérique comprit alors la raison du silence de Simon. Il savait qu'elle était enceinte. Elle quitta les lieux avant de sauter à la gorge de sa mère.

CHAPITRE 6

Lili pigea un nouveau mouchoir dans la boîte. Le divan ressemblait à un ciel nuageux, garni de dizaines de boules froissées, jetées négligemment autour d'elle. Les yeux humides, le nez rougi, Lili ne tentait pas de retenir son chagrin et s'efforçait plutôt d'y laisser libre cours, de l'exorciser. Le téléviseur allumé crachait son contenu en sourdine. Bruits rassurants qui comblaient un silence lourd d'émotions.

Thomas observa Lili un instant avant de venir la rejoindre. Il ne se passait pas une seule journée sans qu'il la voie pleurer. Il se fraya un chemin à travers les mouchoirs usagés et passa un bras autour de ses épaules pour l'encourager. Le décès de sa mère remontait à quelques semaines. Thomas comprenait qu'elle ait besoin de vivre son deuil et de laisser couler ses larmes.

— Je suis là, se contenta-t-il de lui murmurer.

Lili sourit à travers ses larmes. Elle pouvait toujours compter sur Thomas. Son roc de Gibraltar ne la laissait jamais tomber et ne ridiculisait jamais la source de ses émotions.

— Il est tellement *cute*, articula-t-elle entre deux sanglots en pointant l'écran du menton.

Thomas mit un certain temps à comprendre le sens de cette phrase. À la télé, il y avait un film mettant en vedette un petit pingouin abandonné par sa famille. Lili pleurait de compassion envers le petit animal et non pas à cause de la perte de sa mère. À moins que l'un serve inconsciemment d'exutoire à l'autre...

En y repensant bien, Thomas constatait que sa blonde faisait preuve d'une hypersensibilité accrue depuis quelques jours. Elle rejetait la faute de ses sautes d'humeur sur ses fluctuations hormonales. Disons que la grossesse avait le dos large, depuis peu.

— Ça a pas d'allure, être aussi émotive. Faut que j'arrête de brailler, se raisonna Lili.

— À qui ça nuit que tu pleures, dans le fond? À personne. Gâte-toi!

— Ça m'empêche de fonctionner. Les trois quarts des liens vidéo que je dois commenter pour la job mettent en vedette des enfants ou des animaux et je pleure à chaque fois.

— Qu'est-ce que tu penses pouvoir faire contre ça? questionna Thomas.

Lili proposa de mettre en action une méthode proposée pour la gestion des crises de larmes chez l'enfant. Elle avait participé à l'élaboration de l'arborescence du site Internet d'une entreprise dédiée à la famille qui contenait des vidéos destinées aux parents. Dans une de ces vidéos, une psychoéducatrice recommandait l'utilisation d'un mot code pour désamorcer une crise à venir.

— Comment ça fonctionne? fit semblant de s'intéresser Thomas.

— On choisit un mot et lorsque tu sens que je vais faire une crise, tu me dis simplement le mot pour que je prenne conscience de mon état émotif. Ça évite que tu critiques mes larmes ou ma saute d'humeur, et moi que je pète une coche sans m'en rendre compte.

— Et ça va être quoi, notre mot code ?

Lili réfléchit un instant. Elle souhaitait un mot positif ayant le potentiel de la calmer instantanément. Ce qui la rendait heureuse ces jours-ci était son bébé, sa fille chérie.

— Poupoune, décida-t-elle.

Rassurée par la mise en place de ce filet de sécurité, Lili rangea les mouchoirs et sortit sa tablette électronique. Elle entama une recherche afin de s'outiller encore plus dans la gestion de ses émotions.

Le mercredi soir suivant, elle se trouvait donc un cours de yoga prénatal en compagnie de ses amies. Lili avait réussi l'exploit de réunir Frédérique et Jeannine dans la même pièce. La mère et la fille étaient en froid depuis plusieurs jours. Frédérique ne gérait toujours pas la fuite de Simon dont Jeannine était la seule responsable de son point de vue.

— C'était une question de jours avant qu'il ne s'en rende compte lui-même, plaida Lili. Dans le fond, ta mère t'a évité une discussion embarrassante !

— Pousse, mais pousse égal, Lili !

— Passe par-dessus ton orgueil. Si tu le fais pas pour Jeannine, fais-le pour moi, par respect pour le décès de ma mère.

Difficile de s'opposer à un tel argument.

Frédérique était déjà une adepte de yoga, bien qu'elle en ait abandonné la pratique depuis un certain temps. Esther anticipait positivement de délier son corps et de se remettre en forme. Quant à Jeannine, elle embrassait l'idée de découvrir une nouvelle méthode de mise en forme et, surtout, de le faire accompagnée de sa fille.

Les participantes étaient assises en cercle à la demande du professeur qui les pria de se présenter en indiquant leur nom, leur nombre de semaines de gestation et le sexe du bébé s'il était connu. La première future maman à prendre la parole éclata en sanglots à l'évocation de ses difficultés à concevoir. Son récit touchant tira quelques larmes aux autres. Lili quitta le cercle pour prendre la boîte de mouchoirs qui, à présent, ne la quittait plus. Ça commençait bien mal. Plutôt que de l'aider à canaliser ses émotions, le cours exacerbait ses fluctuations hormonales.

Frédérique bayait aux corneilles et trépignait d'impatience en attendant que la portion physique du cours débute. Esther en profitait pour s'assurer que sa pédicure était impeccable et que son chignon tenait le coup, la vie personnelle des autres ne l'intéressant pas. Jeannine, cependant, était très attentive et y allait d'onomatopées d'encouragement à chaque présentation.

Les femmes prirent ensuite place sur leurs tapis de yoga respectifs. Le professeur leur proposa une série de postures toutes plus simples les unes que les autres. Aucune contorsion, inversion ou effort soutenu ne fut proposé aux participantes.

— Quand est-ce que ça commence? souffla Frédérique à ses amies.

Lili pouffa de rire et se fit gentiment remettre à l'ordre par le professeur qui s'attendait à un peu plus de concentration de la part de ses élèves. La seule qui semblait vraiment adorer les étirements légers que suscitaient les postures en vedette était Jeannine.

— Les jumeaux me pèsent déjà sur les reins. Ça fait du bien de bouger un peu.

Frédérique aussi réalisait, malgré la difficulté peu élevée des asanas proposées, que le bébé comprimait ses organes internes. Normalement, souple comme un chat, elle pouvait exiger n'importe quoi de son corps. Cette fois, il semblait lui imposer des limites. Elle en ressentit une certaine frustration. Surtout que les choses n'allaient pas s'arranger avec les semaines d'ici la fin de la grossesse.

Après quelques minutes, le professeur proposa de passer à la partie relaxation et invita les femmes à s'allonger au sol. Sur fond de musique nouvel âge, elle entreprit une relaxation guidée où les participantes devaient imaginer une fleur au centre de laquelle se trouvait leur bébé. Elle les invita à replier mentalement chacun des pétales pour protéger leur enfant à naître.

— Casque de vélo, ceinture de sécurité, verrous pour les portes: ça, ça protège un bébé. Pas des pétales de fleur!

Toutes les têtes se tournèrent vers Esther. Frédérique, Jeannine et Lili ne purent s'empêcher d'éclater de rire. Le pragmatisme d'Esther venait de s'exprimer haut et fort. Ce genre de baratin à saveur ésotérique ne rejoignait pas Esther. Le quatuor se fit mettre à la porte du cours. Esther s'excusa auprès des autres avant de quitter la salle et fit de même avec ses compagnes une fois dans le stationnement du centre communautaire où se tenaient les cours de yoga.

— Excuse-toi pas, ça gâche ton héroïsme. Même moi j'aurais pas osé être aussi vache, avoua Frédérique.

— C'était très drôle, l'appuya Lili en recommençant à rire de plus belle.

Bras dessus, bras dessous, le quatuor s'éloigna en direction des voitures. Esther ne se souvenait pas de la dernière fois où elle avait ri de la sorte. Peut-être lors de sa sortie avec Samuel…

Frédérique épluchait son carnet d'adresses sans succès. Aucun de ses amants de passage n'était libre pour la soirée. On aurait dit qu'ils la fuyaient. En temps normal, ça se bousculait aux portillons pour abuser de son corps. Elle allait en être quitte pour se commander du chinois et zapper toute la veillée devant la télévision. La perspective d'une autre soirée en solitaire la déprimait. Elle ne supportait pas sa propre compagnie.

Plutôt que de déprimer entre les murs de son appartement, la belle décida de sortir. Elle attraperait peut-être un poisson au passage et le ferrerait jusqu'à son lit.

Devant la penderie ouverte, Frédérique hésitait. Ses tenues, toutes plus moulantes et révélatrices les unes que les autres, accentuaient le gonflement de son ventre. Les vêtements amples n'étant pas légion sur ses cintres, elle opta pour une tunique de coton léger qu'elle assortit d'un bon vieux jeans. La fermeture éclair n'offrit aucune résistance, mais le bouton du pantalon ne fermait pas. Frédérique trouva un élastique à cheveux qu'elle noua dans la boutonnière et en fit passer l'autre extrémité autour du bouton. Le jeu de quelques centimètres supplémentaires était suffisant pour qu'elle soit à l'aise.

Une fois habillée, elle s'observa dans la glace. Pas de doute : elle était enceinte. Ça paraissait. Ses amants pouvaient bien la délaisser, ils avaient remarqué les changements que subissait son corps. Frédérique voulait le nier, mais la réalité lui sauta en plein visage : elle avait l'air d'une femme enceinte. De profil, si elle tendait le tissu de sa tunique, son ventre s'apprêtait à dépasser ses seins. Bientôt, son nombril passerait la porte avant ses mamelons. Catastrophée par cette découverte. Frédérique décida de s'imposer une soirée de traitement de beauté intensif. Au diable la dépense, elle méritait un traitement royal.

Le dermatologue qui la reçut remarqua tout de suite son ventre rebondi et lui fit comprendre qu'il préférait ne pas injecter de Botox à une femme enceinte. Aucune étude portant sur le sujet n'avait été menée et il préférait ne pas prendre de risque.

— Revenez me voir après l'accouchement.

Frédérique se rabattit sur une clinique dermo-esthétique où l'on offrait des traitements antivaricosités. Les varices étaient héréditaires et les jambes de Jeannine lui confirmaient qu'elle devait prendre soin des siennes tout de suite. D'ailleurs, le surplus de poids gagné à cause de la grossesse mettait en évidence ses minuscules varices. Un scénario similaire à celui vécu chez le dermatologue se produisit. La technicienne qui l'accueillit l'informa qu'il était préférable d'attendre l'accouchement avant d'avoir recours à ce genre de traitement.

— On ne recommande pas non plus de se faire traiter pendant la période d'allaitement.

— Me voilà renseignée, ironisa Frédérique pour qui l'allaitement n'était pas au programme puisqu'elle ne garderait pas le bébé.

De plus en plus frustrée par ces refus, Frédérique se dirigea vers un spa thermal. Elle adorait le contraste marqué entre l'eau glacée et la chaleur suffocante du sauna. Ça lui permettrait d'évacuer les toxines et de se relaxer. Suer lui ferait perdre du poids en eau et lui donnerait l'impression d'avoir maigri.

Une heure de route plus tard, elle se vit refuser l'accès au site à cause de sa grossesse. Elle essaya de prétendre qu'elle n'était pas enceinte, fit mine de se vexer qu'un employé lui attribue une grossesse qu'elle ne vivait pas, mais le gérant fut intransigeant et l'expulsa des lieux.

À bout de nerfs, elle revint en ville et se dirigea vers une boutique de lingerie réputée. Bonne cliente de la place, la vendeuse l'accueillit avec le sourire, flairant à l'avance la généreuse commission qu'elle toucherait en servant Frédérique qui dépensait des fortunes en sous-vêtements affriolants.

— On cherche déjà des soutiens-gorge d'allaitement? questionna la quadragénaire qui avait remarqué le ventre de sa cliente.

Sans même saluer la vendeuse, Frédérique piqua vers le fond du magasin, dans une section cachée de l'entrée de la boutique, qu'elle ne fréquentait jamais. Celle qui proposait des culottes beiges de format géant, des soutiens-gorge qui à eux seuls faisaient office de contraceptifs et des gaines de maintien. Frédérique choisit trois gaines amincissantes, se dirigea vers la cabine d'essayage et en ressortit avec deux à la main, la troisième étant sous sa tunique.

— Je prends les trois, annonça-t-elle à la vendeuse.

Ainsi vêtue, Frédérique avait l'impression de retarder encore de quelques semaines la sortie officielle de son bedon. Le vêtement, acheté une taille trop petite, lui comprimait le ventre à un point tel qu'elle eut de la difficulté à s'asseoir dans sa voiture. Sa respiration en était affectée, mais elle était prête à tous les sacrifices pour projeter son image de fille sexy. Les courbes d'une femme enceinte ne présentaient aucun charme à ses yeux et suggéraient davantage celles de la baleine que l'épanouissement d'une grossesse.

À cet instant, elle aurait donné cher pour revenir en arrière et se faire avorter. Elle réalisait qu'elle ne pouvait plus reculer et devrait mettre cet enfant au monde et ça la terrorisait.

Esther triturait le bas de sa blouse. Elle tentait d'y effacer une tache imaginaire. Chaque fois qu'elle était mal à l'aise, Esther essayait de concentrer son attention sur des détails et l'impeccabilité de son environnement était son dada favori. Elle détestait parler d'elle et dévoiler ses faiblesses. Or, c'était justement ce à quoi s'attendait la psychologue assise en face d'elle.

Samuel l'avait référée en priorité à une copine qui se spécialisait dans le soin des âmes. La jeune thérapeute, qui devait être dans la fin vingtaine tout au plus, mettait Esther mal à l'aise. « Trop jeune, trop jolie », pensa Esther qui ne pouvait s'empêcher de croire qu'une fois la consultation achevée, la psychologue irait bavasser dans son dos avec Samuel.

Elle mentit une fois sur deux en répondant aux questions de la psy, mais les cinquante pour cent d'informations véridiques qu'elle dévoila la délestèrent d'un poids énorme.

— Je vais vous demander de vous lancer un défi personnel chaque semaine, proposa la psychologue. Rien de trop ambitieux ou imposant, ça peut simplement être d'essayer de cuisiner une nouvelle recette, de prendre une heure dans la semaine juste pour vous en pratiquant un nouveau loisir ou de vous forcer à sortir accompagnée.

Première de classe, Esther avait l'intention d'exceller, même en thérapie. Elle ne se contenterait pas de répondre au défi lancé par la thérapeute. Elle lui en mettrait plein la vue. Elle décida de se prendre en main.

En sortant de thérapie, elle se dirigea d'un pas léger vers la boutique de Thomas. Après s'être assurée que la voiture de son ex n'était pas dans les parages – après tout, Thomas et Jean-François étaient copains –, elle poussa la porte du fleuriste.

Thomas l'accueillit chaleureusement, surpris qu'elle mette les pieds dans sa boutique.

— Je veux un gros bouquet de marguerites.

— La fleur de l'innocence. C'est pour offrir en cadeau ?

— Oui, mentit-elle.

Esther voulait égayer sa cuisine. « À moi, de moi, avec amour », se disait-elle. Il y avait longtemps qu'elle n'avait pas reçu de fleurs. En voyant Thomas assembler son bouquet, elle cocha mentalement son devoir hebdomadaire. Elle avait toujours trouvé ridicule qu'une femme achète des fleurs pour elle-même. Les fleurs s'offraient en cadeau, se méritaient. Voilà pourquoi elle refusait d'admettre que le bouquet lui était destiné. L'achat qu'elle faisait était un péché d'orgueil à ses yeux.

— Comment va la bedaine ? demanda Thomas.

— Bien, j'adore être enceinte. Ça me rend sereine, mentit Esther.

— Tout le contraire de Lili, quoi !

Thomas se mordit l'intérieur de la joue. Il n'aimait pas parler dans le dos de sa blonde, surtout devant Esther. Même s'il reconnaissait que l'hygiéniste dentaire était d'une discrétion irréprochable, la solidarité féminine l'emporterait sur l'amitié qu'il y avait entre eux. Tout ce qu'il allait dire serait répété à Lili et retenu contre lui.

— T'as quelque chose à lui reprocher ? questionna Esther, l'œil mauvais.

— Non, non, mentit Thomas. C'est juste qu'elle trouve ça difficile d'être enceinte.

— Toi ?

— Quoi ?

— Trouves-tu ça difficile d'avoir une blonde enceinte ?

Thomas sentit l'étau se resserrer. Il devait peser chacun de ses mots, Esther semblait tout aussi susceptible que Lili. Devant son hésitation, un sourire apparut sur le visage d'Esther. « Elle est en train de se payer ma gueule », réalisa Thomas.

— J'avoue qu'elle doit te faire la vie dure, concéda Esther. Les changements hormonaux la rendent vraiment irritable. C'est difficile à comprendre pour quelqu'un qui n'a jamais vécu de grossesse, mais c'est vraiment pas de sa faute.

— Dès que je dis blanc, elle dit noir. Si je ne dis rien, elle m'accuse de ne pas m'investir, et si je me prononce, j'ai droit à des crises parce que je ne lui demande pas son opinion. Je ne sais plus sur quel pied danser, moi !

Esther sourit devant le désarroi de Thomas. Elle-même se remémorait des scènes de dispute avec Jean-François lors de sa deuxième grossesse. La fatigue engendrée par cette seconde grossesse en peu de temps, en plus de l'énergie nécessaire pour prendre soin de son garçon, avait donné lieu à des scènes mémorables dont Esther et Jean-François riaient avec le recul, mais elle se souvenait du drame vécu à l'époque. Il faut dire que Lili était plus extravertie et sensible qu'elle, ça ne devait pas toujours être rose pour Thomas.

— Dans trois mois, ça sera juste un mauvais souvenir, le rassura Esther. Avoir un enfant vaut largement quelques petites sautes d'humeur, crois-moi.

Thomas essaya de s'en convaincre…

Lili contempla son salon. Elle avait transféré les oreillers du lit sur le divan, apporté des couvertures pour se tenir les pieds au chaud, fait une grande théière de tisane et transporté sur un plateau quatre tasses vides et autant de cuillères. Surtout, elle avait mis, bien en évidence, quatre boîtes de mouchoirs neuves. Ses invitées pouvaient arriver.

Esther, Frédérique et Jeannine se croisèrent à l'entrée du loft. Si les deux premières arrivaient les mains vides, tel que recommandé par Lili, Jeannine tenait, appuyé contre son ventre, une boîte à gâteau ornée d'un ruban.

— Qu'est-ce que tu fais avec un gâteau, toi ? questionna Frédérique. Ton diabète de grossesse a disparu comme par enchantement ?

— Tu t'inquiètes pour ta vieille mère, ricana Jeannine à qui le reproche faisait plaisir.

Savoir que sa fille se souciait de sa santé lui remontait le moral. Elle préférait de loin les reproches formulés par Frédérique que le mutisme des dernières semaines. Une vacherie dans la bouche de Frédérique valait mieux qu'un pont coupé.

— C'est pour vous autres que je l'ai acheté. Moi j'vais juste le manger des yeux.

Jeannine ouvrit la boîte pour qu'Esther et Frédérique puissent admirer le gâteau qu'elle avait choisi. Trois têtes se penchèrent pour inspirer profondément l'odeur de chocolat.

— Juste à le sentir, pis j'ai l'impression d'engraisser, dit Esther.

— Trop gras, trop sucré, trop calorique, résuma Frédérique en pensant que sa gaine ne tiendrait pas le coup si elle succombait à son dessert préféré.

— Arrêtez donc de chialer ! s'offusqua Jeannine. Ça me frustre assez de pas avoir le droit d'en manger, vous allez me faire le plaisir d'en prendre une généreuse portion, un point c'est tout!

Depuis qu'on lui avait confirmé qu'elle souffrait de diabète de grossesse – ce qu'elle savait depuis sa rencontre avec Gabie –, Jeannine peinait à respecter le régime proposé par son obstétricienne. Elle avait toujours eu la dent sucrée et se priver de toutes ses petites douceurs la chagrinait. Elle essayait de bien s'alimenter, mais trichait à l'occasion lorsque Gerry ne la surveillait pas.

Lili ouvrit la porte et invita tout le monde à s'installer confortablement pendant qu'elle coupait différentes grosseurs de pointe de gâteau et les disposait devant ses invitées. Elle servit la tisane et s'assura que chacune ait une couverture et une boîte de mouchoirs.

— La grippe est mauvaise chez vous? s'enquit Esther en remarquant les nombreuses boîtes de mouchoirs sur le divan.

— Du double épaisseur, remarqua Jeannine. T'aurais dû me consulter, fille, on a du trois plis en spécial à la pharmacie. Beaucoup plus efficace et doux pour le nez.

— À moins que ta libido ait chuté et que le pauvre Thomas s'adonne à des activités solitaires de plus en plus souvent? se moqua Frédérique en accompagnant son affirmation d'un mouvement du poignet très peu subtil.

Lili se contenta de lui faire une grimace. Sa libido, au contraire, se portait très bien.

— Je vous propose un marathon de drames sentimentaux, révéla-t-elle.

— Chouette, des vieux films d'amour, s'enthousiasma Jeannine.

— Un marathon de films cucul? interrogea Esther. Pas vraiment mon genre. Vous auriez pas plutôt envie d'un documentaire ou d'un film étranger? J'ai toujours pas vu le gagnant en langue étrangère aux Oscars cette année.

— Tu comprends pas. Le but, c'est de pleurer un bon coup, pour se désensibiliser, expliqua Lili.

— Ahhhhh! C'est comme l'homéopathie: on combat le mal par le mal, résuma Jeannine pour les autres.

— Exactement! Ça va me faire du bien de pleurer et j'épuiserai peut-être ma réserve de larmes.

Elle ne convainquit personne avec ses arguments, mais chacune se garda bien de lui en faire mention, car elle avait l'œil humide juste à parler de ses fluctuations hormonales. Dès les premières minutes de visionnement, les boîtes de mouchoirs commencèrent à circuler entre Lili et Jeannine. Si la première pleurait avec conviction, Frédérique doutait de l'authenticité des larmes de sa mère. Pouvait-elle feindre ses émotions avec un tel réalisme? Frédérique ne doutait pas que Jeannine soit prête à tout pour s'incruster dans le cercle des femmes enceintes.

Au deuxième film, Esther essuya timidement le coin de son œil, gagnée elle aussi par les émotions des personnages. La deuxième boîte de mouchoirs se vida aussi rapidement que la première, sous l'œil agacé de Frédérique. En proie à leurs émotions, les femmes piochaient allègrement dans le gâteau apporté par Jeannine.

Peu intéressée par les tribulations des protagonistes, Frédérique reporta son attention sur le gâteau au chocolat. En cachette de ses amies, elle en prit une pointe qu'elle alla déguster dans la salle de bain. Elle avait pris soin de verrouiller la porte pour que personne ne constate son délit. Lorsqu'elle regagna le salon, la seule trace de son festin était le carcan plus prononcé de la gaine qu'elle portait.

Les trois Madeleine poursuivaient leur pèlerinage émotif avec un autre chef-d'œuvre de mièvrerie. N'ayant aucun intérêt pour un film dont l'issue était prévisible, Frédérique laissa son esprit vagabonder. Elle eut une pensée pour Simon et une émotion vive la gagna. Comment pourrait-il la trouver sexy alors qu'elle engraissait sans cesse et se bourrait la face dans du gâteau ? Pour le savoir, encore faudrait-il qu'il donne signe de vie. Même entourée, Frédérique se sentit très seule tout à coup. Lorsque Lili prit conscience du tourment se dessinant sur le visage de son amie, elle lui tendit la boîte de mouchoirs, croyant qu'enfin, elle participait à sa séance de défoulement collectif.

Elle avait beau contracter ses abdominaux, porter sa gaine et se couvrir de vêtements amples, Frédérique ne pouvait plus cacher sa grossesse. Les clients du café commencèrent à lui poser des questions ou à chuchoter dans son dos.

Si elle se foutait éperdument de l'opinion des gens qu'elle servait jour après jour, Frédérique aurait quand même préféré qu'ils ne découvrent pas son secret si rapidement. Une bonne partie de son travail consistait à charmer la clientèle et un bedon en expansion n'était pas une arme de choix pour ce combat. Les pourboires généreux, laissés par des hommes libidineux, diminuèrent. La horde de mâles en chaleur jouant du coude au bar pour être assis à proximité de la serveuse diminuait au fur et à mesure que l'évidence de la grossesse de Frédérique augmentait.

Quant à sa collection d'amants, elle s'évaporait comme par magie. Dès qu'un de ses prétendants se montrait le bout du nez, elle déployait ses charmes dans l'espoir d'obtenir un rendez-vous galant.

— Cédric ! Ça fait longtemps, roucoula-t-elle.

— Tellement longtemps que je suis étonné que tu te souviennes de mon nom.

— Comment l'oublier…

— Tu y arrivais très bien le matin en me chassant de ton appartement.

Frédérique se contenta de sourire pour ne pas avoir à admettre qu'elle jonglait à l'époque avec quelques garçons dont les noms se ressemblaient : Éric, Patrick, Cédric. C'était confus. Il lui arrivait souvent de se tromper, mais, à l'époque, ses amants ne s'arrêtaient pas à ces détails. Avec le ventre qui dépassait maintenant ses seins, Frédérique se sentait en position d'infériorité : elle n'avait plus le gros bout du bâton pour draguer. Elle n'était plus celle qui choisissait et devait travailler pour être choisie.

— Ton prénom m'importe peu. Dans le feu de l'action, je peux crier le nom que tu veux, même Jules César ou Mick Jagger si ça te plaît, lui murmura-t-elle à l'oreille.

— Pour ça, faudrait que je veuille être dans le feu de l'action avec toi. Les femmes enceintes, c'est pas trop mon fort…

La phrase eut l'effet d'une gifle sur la joue de Frédérique. Blessée, elle se dirigea vers un autre client pour se donner le temps de contre-attaquer. Lorsqu'elle revint vers Cédric pour prendre sa commande, la guerre était déclarée.

— Es-tu libre demain ? lui demanda-t-elle.

— Ça m'intéresse pas. Je vois quelqu'un, Fred. Quelqu'un de sérieux.

— Pas de problème, tu peux venir accompagné à la clinique.

Frédérique prit tout son temps avant d'enchaîner, sentant la confusion s'installer chez son interlocuteur.

— Faut que tu passes une prise de sang. Quand le bébé va naître, j'aimerais ça que le père me paye une grosse pension, alors on va vérifier si c'est toi.

Là-dessus, elle tourna les talons, fière de sa vacherie. Elle avait semé un doute dans l'esprit du jeune homme et espérait bien qu'il lui pourrisse l'existence. Cédric pouvait effectivement être le père du bébé, mais elle n'en avait rien à cirer puisqu'elle le donnerait en adoption. Elle ne le reverrait pas au café de sitôt, celui-là.

Tout comme Cédric, ses amants la délaissaient tous, un après l'autre. Frédérique s'était toujours donnée sur un plateau d'argent, croyant qu'elle n'avait rien d'autre à offrir à un homme que ses courbes délicieuses et sa chair fraîche. Elle changeait d'amant régulièrement dès qu'un semblant d'intimité se tissait. Elle avait une peur bleue de se dévoiler, croyant à tort que n'importe quel homme sensé la quitterait s'il découvrait ce qui se cachait derrière la surface polie, coiffée et manucurée qu'elle affichait. Elle préférait laisser qu'être laissée.

Enceinte de plus de six mois, avec une libido déclinante et un corps qui s'alourdissait, Frédérique se remettait en question. Qu'avait-elle à offrir à un homme, maintenant que son propre corps la trahissait ?

Esther se tenait debout devant sa penderie. Elle hésitait sur la tenue appropriée à enfiler. Rien de trop formel. Rien de trop sexy. Elle devait trouver le juste milieu.

Elle opta finalement pour un jeans de maternité et un pull confortable qui lui dénudait une épaule. Elle qui portait rarement de jeans, elle en avait acheté un à la recommandation de Jean-François, plusieurs années plus tôt. À l'époque, il affirmait que la grossesse lui arrondissait les fesses, ce que mettait en valeur le jeans. Elle ne comptait plus le nombre de compliments que son ex lui avait fait concernant cette tenue. Malgré les années qui s'étaient écoulées, Esther gardait un vif souvenir de l'étincelle de convoitise qui allumait le regard de Jean-François chaque fois qu'elle s'habillait comme ça.

Esther se tourna et dut admettre que le pantalon lui allait à merveille. Elle replaça l'encolure du chandail pour ne pas offrir trop de peau aux regards. Satisfaite, elle partit vers le restaurant où l'attendait son patron.

Il prenait place près de la fenêtre. Esther remarqua tout de suite qu'il lui avait laissé la banquette et la position la plus avantageuse pour profiter de la vue splendide. « Un gentleman », pensa-t-elle.

Ils se firent gauchement la bise avant qu'il n'invite Esther à se glisser sur la banquette. Malgré sa bedaine, elle prit place aisément et avec grâce, profitant de la proximité de son compagnon pour sentir son eau de toilette.

— Tu portes du parfum ! C'est nouveau ? demanda-t-elle pour briser la glace.

— À la clinique, j'évite... Ça incommode certains clients. J'espère que ça t'importune pas ? Je sais que les femmes enceintes ont l'odorat plus sensible.

— Ça sent très bon, répondit-t-elle en baissant les yeux.

La conversation tomba à plat, aucun des deux n'étant habitué à côtoyer l'autre en dehors du travail.

— T'es très jolie. Ça fait changement de l'uniforme.

— Faut dire que c'est pas difficile de surpasser notre uniforme ! Je sais pas qui les choisit, mais…

— C'est moi.

Réalisant son indélicatesse, elle tenta de se reprendre :

— Pas que nos uniformes soient laids, mais un uniforme c'est assez standard, ça laisse pas beaucoup de place à l'expression personnelle, bredouilla-t-elle.

Il sourit et posa sa main sur celle d'Esther pour la rassurer. Il n'était pas offusqué par son commentaire.

Ce contact intimida Esther. Elle avait accepté son invitation, mais ne souhaitait surtout pas que les choses déboulent et que son patron se fasse des idées sur les raisons pour lesquelles elle était présente ici, en ce dimanche matin. Elle retira doucement sa main.

Heureusement, la serveuse vint à la rescousse, armée de son calepin et de son crayon, pour prendre leur commande. La diversion parfaite ! Esther se contenta d'une assiette de fruits et de yogourt ; lui, d'une assiette plus costaude avec des œufs et du bacon.

— Merci d'avoir accepté mon invitation. Faut dire que je t'ai un peu tordu le bras, admit-il.

— Je veux juste passer un bon moment en agréable compagnie, spécifia-t-elle avec un sourire.

— Je comprends. J'aimerais quand même savoir comment tu vas ? La grossesse…

— Tout va bien, l'interrompit-elle. Pour passer un bon moment, on devrait éviter le sujet.

Il hocha la tête. Il ne voulait surtout pas effaroucher Esther. Il devait être patient et compréhensif. Son employée ne se livrait pas facilement.

Thomas savoura sa gorgée de café. Lili dormait encore lorsqu'il s'était levé et avait sauté dans un vieux jeans troué pour acheter des croissants et un café. Les pâtisseries étaient destinées à Lili, mais le café était son privilège.

Il déposa sa tasse sur le sol, près du mur, et entreprit d'ouvrir le gallon de peinture que Lili avait choisi pour la chambre du bébé. Au premier regard, il fut surpris par l'intensité de la teinte. Sur le couvercle, le nom «éclat de framboise» qualifiait la couleur. Personnellement, il n'aurait jamais peint la chambre d'un bébé avec une couleur si vive, mais Lili avait pris sur ses épaules la décoration de la pièce réservée à leur fille.

En deux semaines, elle avait changé trois fois d'idée. La première couche de peinture qu'avait étendue Thomas était d'un jaune timide qui rappelait celui des pétales délicats des pensées Mariposa ou du bonnet pour bébé acheté en début de grossesse. Lili s'en était d'ailleurs inspiré pour choisir la couleur de la chambre. Elle devait avoir au maximum deux mois de grossesse de complétés lorsqu'elle avait acheté les pots de peinture.

— Ça fait pas assez fille. Faut changer ça, avait-elle décrété en voyant le résultat.

Elle avait alors arrêté son choix sur un rose tendre s'apparentant à celui des bonbons pour enfants ou à la partie bombée des cœurs-saignants. Thomas pouvait très bien imaginer sa petit princesse grandir dans une pièce aux murs pastel et féminins. Pourtant, Lili avait éclaté en sanglots en constatant la couleur de la peinture une fois séchée. Sans hésiter, Thomas lui avait proposé de choisir autre chose. Il espérait maintenant que cette troisième tentative serait la bonne. Il hésitait entre le pinceau et le rouleau. Si tôt le matin, il se sentait en forme pour le travail de précision et entreprit le découpage. Le travail allait bon train. Absorbé par ses pensées, il n'entendit pas Lili arriver.

— Tu peintures la chambre ?

— J'voulais te laisser dormir et te faire une surprise, dit-il gentiment.

— T'as commencé par le plus facile. J'vais faire quoi, moi ? J'suis quand même pas pour passer le rouleau !

— Je peux te laisser finir au pinceau pis attaquer le rouleau. C'est juste que les deux autres fois, tu m'as laissé peinturer la chambre tout seul. C'est pas un reproche, se dépêcha-t-il d'enchaîner devant le froncement de sourcils de Lili, c'est juste que je pensais pas que c'était recommandé pour une femme enceinte de peinturer dans une pièce fermée.

— J'ai fait plus d'une heure de route aller-retour, pis j'ai payé un prix de fou pour avoir une peinture écolo, à l'eau, sans émanations, justement parce que je voulais qu'on fasse ça ensemble.

Thomas se pencha pour embrasser le bedon de sa blonde.

— On va faire ça en famille.

Il déballa le nouveau rouleau, l'installa sur le manche. Lili lui sourit, contente d'avoir gagné la bataille.

— Faut juste aérer un peu.

Elle se dirigea vers la fenêtre et l'ouvrit au grand complet.

— On est début novembre, Lili. On va quand même pas chauffer le dehors.

— Ça va sentir dans la maison, se plaignit-elle.

— Tu viens de dire qu'il n'y a pas d'émanations avec…

Remarquant le regard noir de Lili, Thomas s'autocensura.

— Bonne idée ! L'air frais, ça va faire sécher la peinture plus rapidement, dit-il faussement joyeux.

Quelques minutes plus tard, Lili et Thomas peignaient côte à côte avec leur manteau d'hiver sur le dos. Lili s'entêtait à vouloir garder la fenêtre ouverte et la température dans la pièce avait déjà chuté de plusieurs degrés.

Thomas observa sa blonde du coin de l'œil. Elle s'appliquait pour ne pas faire de coulées. Chaque fois qu'elle se concentrait de la sorte, ses lèvres formaient un bec de canard amusant.

— T'es belle, Lili.

Plutôt que d'avoir l'effet escompté, la remarque de Thomas fit monter les larmes aux yeux de Lili.

— J'suis une grosse baleine.

D'une seule main, elle rapprocha les pans de son manteau sur son ventre. La fermeture éclair refusait de collaborer, le manteau ne fermait plus.

— C'est normal qu'il ferme pas, ton manteau, il est cintré. Même pas enceinte, il est petit.

— Qu'est-ce que tu veux dire ?

Du coin de l'œil, Thomas vit que Lili avait cessé de peindre. Ça n'augurait rien de bon. Lui qui croyait que de faire porter la faute au concepteur du manteau enchanterait Lili, il réalisa un peu trop tard qu'il était de nouveau piégé par ses paroles.

— J'veux dire que même quand t'es toute mince, il est serré sur toi.

— Donc, j'suis pas mince.

— T'es parfaite, parfaite ! Comme la peinture, dit-il pour changer de sujet et éviter que ça ne dégénère en conflit planétaire. Les échantillons, c'est souvent trompeur, mais là, je pense qu'on a vraiment la couleur idéale !

— J'suis pas sûre.

— Pas sûre ?

— Pas sûre de la couleur.

— Ça va foncer en séchant.

Lili venait de remplacer un rose tendre par un rose plus prononcé et Thomas craignait que la vivacité de la peinture ne soit pas à la hauteur des attentes de sa blonde. Il espérait qu'elle attendrait au moins que tout soit sec avant d'exiger une autre couleur.

— C'est justement ça le problème : je trouve ça trop foncé.

Thomas voulait s'arracher les cheveux de la tête lorsque le son caractéristique d'une demande de vidéoconférence leur parvint du portable de Lili.

— Tu réponds pas ?

— On peinture.

— Tu mérites une petite pause, vas-y.

— T'es fin de te soucier de moi.

Ravie et le sourire aux lèvres, Lili quitta la pièce pour trouver son ordinateur pendant que Thomas se dirigeait vers la fenêtre pour prendre de grandes inspirations et se calmer. La pause était plus bénéfique pour lui que pour elle. Pas question de repeindre une quatrième fois. Il engagerait des professionnels si sa blonde l'exigeait.

Lili revint en maintenant l'ordinateur devant le mur.

— Qu'est-ce que t'en penses ?

— C'était plus beau le rose pastel, ma chouette, décréta Jeannine. Tu sais, les enfants, ça a besoin de couleurs douces pour bien dormir.

En entendant la voix qui sortait de l'ordinateur de sa blonde, Thomas roula des yeux. Il ne manquait plus que ça. L'opinion de Jeannine influencerait sûrement Lili.

En voulant donner une vue d'ensemble de la pièce à son interlocutrice, Lili recula le plus possible et accrocha le café que Thomas avait déposé sur le plancher. Constatant le gâchis, elle s'excusa auprès de Jeannine.

— Faut que je te laisse, Thomas a fait un dégât.

Thomas se demanda comment il pouvait être responsable d'un dégât alors qu'il se trouvait à l'autre extrémité de la pièce où il s'était produit, mais il conclut que son erreur était probablement d'avoir laissé le gobelet de café par terre. De toute façon, tout était de sa faute ces temps-ci.

— J'avais raison, c'est trop foncé.

— Sérieux, tu vas pas me dire que Jeannine c'est ta gourou de la décoration ? s'offusqua Thomas. Y a des fleurs séchées à la grandeur de sa maison ! Demande l'opinion d'Esther, au moins.

En moins de deux, Lili contacta Esther pour lui montrer les murs de la chambre en expliquant son grand dilemme. Elle demanda à Thomas de tenir l'ordinateur pendant qu'elle se tenait près du mur pour bien montrer le tout à Esther.

— Va chercher ta literie que j'voie les deux ensemble, demanda Esther.

Thomas profita du fait que Lili quittait la pièce pour trouver la douillette destinée au bébé afin de retourner l'ordinateur devant lui et s'entretenir avec Esther.

— Dis que c'est beau, que c'est magnifique, dit-il l'air faussement menaçant. Sinon tu vas avoir mon burn-out sur la conscience.

— OK, OK, mais tu m'en dois une, pouffa Esther que la situation amusait.

Lorsque Lili revint, la douillette à la main, Esther reprit exactement les paroles et l'intonation de Thomas.

— C'est beau ! C'est magnifique !

Rassurée par son amie, Lili changea à son tour son fusil d'épaule et se mit à encenser la couleur qu'elle avait choisie. Thomas se remit à la tâche, confiant de ne plus avoir à repeindre la pièce.

En début de soirée, vanné après deux couches de peinture successives, Thomas s'apprêtait à ranger le matériel utilisé dans la journée lorsque Lili fit irruption dans la pièce pour constater le résultat final.

— On a fait du beau travail, constata-t-elle.

— Pas fâché que ce soit terminé. J'suis claqué.

— Thomas? J'ai faim. Irais-tu me chercher des biscuits?

— J'pensais qu'on n'en avait plus.

— Le dépanneur en a, suggéra Lili avec un sourire charmeur.

— On a de la bonne salade de fruits dans le frigo, proposa Thomas qui n'avait vraiment pas envie de sortir après une journée de travail aussi laborieuse.

À l'évocation de la collation santé que lui proposait Thomas, Lili se renfrogna. Essayait-il de lui passer un message? «Il trouve que je mange trop ou mal», conclut-elle dans sa tête. Pour ne pas qu'il voie son trouble, elle se tourna vers le mur et en admira la peinture.

— Vraiment pas sûre de la couleur, laissa-t-elle tomber avant de tourner les talons et quitter la pièce.

— Aux pépites de chocolat ou au caramel? lui cria Thomas, acceptant sur-le-champ de sortir si ça pouvait lui éviter une autre journée de travaux forcés.

En mettant les pieds dans la boutique de vêtements de maternité, Lili rêvait de tenues confortables qui mettraient en valeur sa nouvelle silhouette. Elle constata rapidement que le choix était limité et les modèles tous semblables les uns aux autres. Elle choisit tout de même quelques morceaux qu'elle emporta dans la cabine d'essayage.

— Tu prends rien ? demanda-t-elle à Frédérique.

— Es-tu malade ? Le look sac de patates, très peu pour moi. J'rentre encore dans mon linge. Pas question que je me déguise en femme enceinte.

Lili jeta un coup d'œil en direction d'Esther et Jeannine. La première tenait un chemisier élégant à la main ainsi qu'une jupe de couleur neutre.

— C'est tout ? demanda Lili qui était maintenant à la hauteur d'Esther.

— J'ai encore des morceaux intéressants à la maison. J'vais pas me ruiner juste pour être à la mode.

La dernière grossesse d'Esther remontait tout de même à quatre ans, pensa Lili. Aussi bien dire un siècle dans le milieu de la mode. Esther ayant des goûts assez classiques, ses vêtements accumulaient souvent les années sans que ça paraisse. Elle achetait quelques accessoires à la mode et un vieux tailleur avait l'air neuf. Elle faisait sûrement la même chose avec sa garde-robe de maternité.

Les bras chargés de ses quelques vêtements, Lili se dirigea vers Jeannine qui, telle une puce, passait d'une section à l'autre en s'exclamant à chaque fois devant la marchandise.

— Dans mon temps, y avait pas autant de choix, confia-t-elle à Lili. Regarde comme c'est beau.

Elle tenait à la main une tunique à grosses fleurs mauves que la boutique recommandait de porter avec un collant ou un legging.

— Tu devrais l'essayer, suggéra-t-elle à Lili. Ça t'irait tellement bien ! Le mauve dégage des vibrations positives.

Peu convaincue par la suggestion de son amie, Lili ajouta tout de même le vêtement à ceux qu'elle avait choisis et se dirigea vers une cabine d'essayage. Esther et Jeannine prirent d'assaut les cabines voisines pendant que Frédérique faisait le pied de grue de l'autre côté, proposant ses services pour trouver d'autres tailles si celles apportées dans les cabines ne convenaient pas.

Esther sortit la première. L'éclairage aux néons de la boutique ne lui donnait pas une idée juste des vêtements qu'elle essayait. Elle hésitait à les acheter.

Jeannine finit par sortir avec le problème inverse : elle ne savait pas quoi choisir tant tout lui allait à merveille, selon ses dires.

Lili ne sortait toujours pas.

— De quoi ça a l'air pour toi ? s'informa Esther.

— As-tu essayé la tunique mauve ? voulut savoir Jeannine.

— Lili ?

Devant l'absence de réponse et craignant le pire, Frédérique ouvrit prestement la porte de la cabine. Le spectacle qui s'offrit à elle lui brisa le cœur. Recroquevillée sur elle-même, Lili pleurait toutes les larmes de son corps, une horrible tunique mauve faisant office de parachute autour de son corps.

Les trois femmes se retrouvèrent toutes dans la même cabine pour consoler leur amie.

— J'suis grosse. Y a rien qui me fait bien.

— C'est pas vrai, c'est l'éclairage de merde, les miroirs grossissants et la laideur des cabines qui t'influencent négativement. Même moi, j'ai l'air moche, réalisa Frédérique en se regardant dans le miroir.

Son excès de vanité déclencha un rire général. Lili se contorsionna et sortit son téléphone intelligent.

— Qu'est-ce que tu fais ? demanda Esther.

— Je cherche une autre boutique de maternité. Je peux rien acheter ici.

Elles décidèrent de s'entasser dans la voiture de Lili pour se rendre à l'autre boutique spécialisée en mode pour femme enceinte. Malheureusement, un environnement similaire les attendait et Lili fondit en larmes avant même d'atteindre la cabine d'essayage.

— C'est difficile en fin de grossesse, beaucoup de mamans ont de la difficulté à se vêtir le dernier mois, confia chaleureusement la vendeuse de vingt ans pour lui remonter le moral.

Étant à peine au début de son troisième trimestre de grossesse, le commentaire eut plutôt l'effet inverse sur Lili.

— Bravo ! explosa Frédérique. Vraiment pas fort de jouer les expertes pis d'émettre un diagnostic sur la date prévue d'accouchement. Est-ce que t'as des enfants ?

La jeune vendeuse secoua la tête en signe de négation.

— Alors t'as AU-CU-NE idée de ce qu'on vit ! Quand une femme enceinte pleure, ferme ta gueule ! cria-t-elle.

L'employée commença aussi à pleurer. Le spectacle était grotesque. Jeannine se sentit obligée de la consoler pendant qu'Esther faisait de même avec Lili.

Frédérique décida donc de prendre les choses en main. Elle fit le tour de la boutique, ramassa les vêtements les plus intéressants en plusieurs exemplaires et tailles, apporta le tout à la caisse et sortit sa carte de crédit sur le comptoir pour régler l'achat. Elle savait quoi faire pour prendre le contrôle de la situation.

Les bras chargés de vêtements qu'elles n'avaient pas choisis, les trois autres commençaient à s'inquiéter pour la santé mentale de Frédérique. La facture finale s'élevait à plus de cinq mille dollars.

— Tout est échangeable et remboursable, expliqua Frédérique. On va tout essayer calmement et on retournera ce qui ne fait pas.

— T'as l'intention de transformer ton appartement en boutique de maternité ? questionna Lili.

— Non. Aujourd'hui, je vous propose mes services comme styliste de luxe.

— J'veux pas te vexer, fille, mais ton appartement a rien en commun avec le palais de Céline Dion.

— On peut aller chez moi, proposa Esther.

— Faites-moi donc confiance, pour une fois.

Une heure plus tard, elles entraient dans une des boutiques les plus luxueuses de Montréal.

— On n'a pas les moyens de se payer ça, murmura Jeannine. Pis c'est même pas une boutique de maternité.

Frédérique se dirigea vers le comptoir et demanda à voir le patron. Un bel Italien, fin quarantaine, se pointa dans la boutique.

— Salut, Sergio. Ça fait longtemps...

Pas besoin d'être devin pour saisir au quart de tour que l'homme en question avait été un des amants de Frédérique. La voix langoureuse qu'elle utilisait subitement et le sourire en coin illuminant le regard de l'homme en disaient long sur les moments qu'ils avaient partagés.

— J'ai une faveur à te demander, minauda Frédérique. Mes copines méritent d'être traitées comme des reines, mais dans les boutiques de maternité, on se moque d'elles. On pourrait pas utiliser un de tes salons pour essayer des vêtements en toute tranquillité ? Après tout, tu m'en dois une...

— Je t'en dois une ?

— Si tu vois pas de quoi je veux parler, je peux toujours téléphoner à ta femme pour vérifier ce qu'elle en pense, murmura-t-elle dans le creux de son oreille.

— Le salon VIP sera mis à votre disposition jusqu'à la fermeture. Vous voulez une conseillère privée ?

— Pas besoin, sers-nous juste des amuse-gueules et ta meilleure bouteille d'eau.

Frédérique demanda le téléphone intelligent de Lili et le tendit au propriétaire des lieux.

— Pis utilise ça pour l'ambiance, mon amie a des goûts musicaux irréprochables.

Le patron donna quelques ordres à son personnel et tous se mirent au service de l'étrange quatuor qui détonnait dans la boutique. On les entraîna vers un immense salon privé avec des cabines plus grandes que la cuisine de Jeannine.

Le décor somptueux, l'éclairage chaleureux et les miroirs amincissants transformèrent l'expérience de magasinage en une véritable fête.

Frédérique sortait les vêtements des sacs tout en distribuant les morceaux à ses amies. Elle en profitait pour donner une leçon de style aux autres qui durent bien admettre qu'elle s'y connaissait et savait les mettre en valeur. Même Esther accepta un look un peu plus éclaté.

Au final, chacune trouva quelques pièces maîtresses à mélanger à ses vêtements actuels. Frédérique pigea même dans la toute nouvelle collection de la boutique. Même si les vêtements qu'on y trouvait ne s'adressaient pas aux femmes enceintes, certains morceaux extensibles rehaussaient les vêtements de maternité ayant attiré l'attention de nos futures mamans. Frédérique leur négocia un rabais inespéré de soixante pour cent qui fit en sorte que les vêtements griffés, quoique toujours très chers, soient accessibles pour le portefeuille de ses amies. La journée de magasinage se terminait plutôt bien.

Frédérique utilisa un de leurs sacs pour rapporter à la maison le reste des divines bouchées qu'on leur avait servies.

— Pas question de gaspiller. Qui d'autre en veut ?

Par timidité et savoir-vivre, les trois autres refusèrent d'être complices du larcin de Frédérique, mais ne se gênèrent pas pour s'empiffrer avant de quitter le magasin.

Alors que chacune s'apprêtait à glisser ses achats dans l'un des nombreux sacs de la boutique de maternité visitée un peu plus tôt, Esher poussa l'audace jusqu'à demander des sacs de la boutique dans laquelle elles se trouvaient.

— Ben quoi ? se défendit-elle. C'est toujours pratique des sacs de qualité.

À part Jeannine qui trouvait cette réflexion pleine de bon sens, le commentaire d'Esther ne laissa pas Frédérique et Lili dupes. En réalité, Esther avait l'intention de laisser le sac prestigieux en permanence dans sa voiture. « Pourquoi faire voir à tout le monde que tu magasines dans la boutique à une piastre quand tu peux avoir l'air d'une riche femme d'affaires ? », pensa-t-elle.

Jeannine jeta un regard circulaire sur l'appartement de sa fille. Les objets hétéroclites, l'abondance de bouteilles de vin vides alignées en haut des armoires, le chaos ambiant, tout contribuait à lui donner le vertige. Chaque fois qu'elle mettait les pieds chez sa fille, elle rêvait d'un grand ménage printanier, même en novembre. Elle ne comprenait pas qu'on puisse vivre dans un lieu aussi sombre et chargé.

D'un geste théâtral, elle ouvrit les rideaux qui laissèrent instantanément passer la lumière blanche de l'automne. Frédérique plissa les yeux devant le spectacle. Sa mère l'agressait. Non seulement avait-elle le culot de la tirer du lit aux aurores, un samedi matin, mais en plus elle créait trop de mouvement et de bruit.

— J'ai une surprise pour toi, claironna Jeannine en fouillant dans le sac qu'elle tenait à la main. Projet mère-fille ce matin !

Frédérique se crispa. Vingt ans plus tôt, elle aurait donné toutes ses poupées pour partager du temps avec sa maman. La rancœur qu'elle éprouvait à l'endroit de Jeannine refaisait surface chaque fois que cette dernière tentait un rapprochement. « Trop peu, trop tard », songea-t-elle.

Frédérique saisit la boîte que lui tendait Jeannine. Il s'agissait d'un ensemble de moulage pour femme enceinte. L'objectif étant d'immortaliser la volupté de leurs courbes.

— J'suis pas bonne en bricolage. Demande à Gerry de t'aider.

— C'est une surprise que je veux lui faire.

— Esther, d'abord ? Elle est minutieuse pis elle a l'habitude des activités d'enfant.

— C'est avec toi que je veux le faire.

— J'suis pas à l'aise de me promener les seins à l'air devant toi, pis de te couvrir la poitrine de bandelettes, justifia Frédérique.

— Tu te promènes les seins à l'air devant un régiment, pis pas devant ta propre mère ?

Frédérique se hérissa.

— Y en a juste un qui aurait ce privilège-là si t'avais fermé ta grande trappe pour une fois !

— De quoi tu parles ?

— De ta maudite manie de te mêler de ce qui ne te regarde pas. De ton mâche-patate qui est pas capable de se tenir tranquille. Du besoin que t'as de me gâcher la vie ! hurla Frédérique avant de quitter l'appartement, laissant Jeannine seule avec ses remords.

Jeannine connaissait le tempérament fiévreux de sa fille et attribuait son esclandre aux hormones de grossesse. Se pouvait-il que sa fille ait vraiment été amoureuse de Simon? Jeannine s'attristait de la tournure des événements, mais essayait de se convaincre qu'elle n'avait agi qu'à titre de catalyseur, accélérant une rupture inévitable. Frédérique allait bientôt remplacer Simon par un Philippe ou un Pierre-Luc et cet incident serait chose du passé.

Pour se faire pardonner, elle entreprit le ménage de l'appartement de Frédérique, certaine que la surprise tempérerait les sentiments de sa fille à son endroit. Vaisselle, lavage, époussetage, tout y passa. La matinée tirait à sa fin lorsque Jeannine termina sa besogne. Elle devait faire une pause entre chaque tâche ménagère pour reprendre son souffle, s'étirer le dos ou se masser les jambes. Son corps lui reprochait son bénévolat maternel. Il ne restait plus qu'à attendre la fin du cycle de lavage pour mettre les vêtements de Frédérique dans la sécheuse. Ensuite, elle s'en alla, satisfaite.

Frédérique ne rentra qu'en fin de journée. Avant même qu'elle n'actionne l'interrupteur, une odeur prononcée de citron vint lui chatouiller les narines. L'omniprésence du parfum lui souleva le cœur. En allumant, elle constata la transformation qu'avait subi son appartement. Elle détestait lorsque Jeannine jouait la femme de ménage. Elle en aurait pour des jours à retrouver ses effets personnels, le classement de Jeannine différant grandement du sien. Son chaos orchestré lui convenait davantage. Aux yeux des autres, l'appartement était un fouillis, mais elle y trouvait tout en quelques secondes, alors que là...

Fatiguée par sa journée d'errance, Frédérique choisit de se dévêtir pour enfiler quelque chose de confortable. Elle retira ses vêtements et se mit à chercher le kimono offert par Simon. Elle le portait tout les soirs et imaginait que les caresses du tissu lui étaient prodiguées par les mains de Simon.

Ne le trouvant pas sur le lit, Jeannine ayant placé les couvertures avec la précision d'un militaire entraîné, Frédérique se dirigea vers la penderie. Elle fouilla ensuite les tiroirs de sa commode lorsqu'un sentiment d'angoisse lui noua la gorge. Elle courut jusqu'à la sécheuse et y trouva le précieux vêtement dont les fibres délicates avaient été étirées en tous sens. Pour la première fois depuis longtemps, Frédérique s'agenouilla sur le sol et pleura comme une enfant.

Le lendemain matin, les yeux boursoufflés, Frédérique ouvrit à Gerry. Il avait eu la délicatesse de téléphoner plus tôt pour aviser de sa visite et apportait des croissants pour bien démarrer la journée. Son beau-père se gavait comme une oie depuis le début de la grossesse de Jeannine. Son tour de taille rendait hommage aux nombreux desserts qu'il cuisinait lui-même.

Il déposa sur la table une montagne de pots de purée pour bébé, identifiés à la main et datés. Pomme-cannelle, poire-vanille et banane-dattes se volaient la vedette. Frédérique se rappela que Gerry avait l'intention de suivre des cours de purée. Il était passé à l'action dans les dernières semaines.

— Pourquoi tu m'amènes ça ?

— Pour ton bébé. Au cas où tu changerais d'idée. Il serait ben chanceux de t'avoir comme mère. Et de m'avoir comme papi, enchaîna-t-il avant qu'elle ne lui coupe la parole pour protester. Un papi qui fait des purées, ça court pas les rues !

— C'est pas pour moi, la maternité, confia-t-elle avec assurance en repoussant les purées vers son beau-père.

— Ça, tu le sais pas tant que tu y as pas goûté.

— J'ai jamais mangé de merde, mais j'suis pas mal sûre que j'aimerais pas ça. Pas besoin de goûter à tout pour savoir que ça nous convient pas. Rapporte-ça chez vous, Jeannine va être contente.

— Qu'est-ce que tu penses, notre congélateur est plein. Ça, c'est mes surplus.

— Je les donnerai à Esther et Lili.

— Pour qui tu me prends, j'ai pensé à tout le monde. Celles-là sont pour toi.

— Gerry…

— Pour toi, pas pour le bébé. C'est bon en mausus sur les croissants, confia-t-il en dévissant un pot et en sortant les croissants encore chauds qu'il venait d'acheter. J'en referai si tu gardes le bébé.

Ils partagèrent leur goûter improvisé en commentant les différentes purées, leurs textures et leurs goûts, Gerry ayant un faible pour celle aux bananes et Frédérique dévorant avec appétit celle à la poire.

En voyant son beau-père enfourner un troisième croissant, Frédérique ne put s'empêcher de le taquiner.

— Si ça continue comme ça, c'est toi qui vas avoir l'air enceinte.

— Y en a au moins un de nous deux chez qui ça va paraître, lui reprocha-t-il gentiment. C'est beau une femme enceinte, dit-il en se caressant la panse.

Frédérique trouvait effectivement que Lili s'épanouissait au même rythme que sa grossesse. Esther perdait de sa sobriété au profit d'un éclat surprenant. Même Jeannine profitait des transformations imposées par ses bébés.

Pourtant, lorsqu'elle se regardait dans un miroir, tout ce que Frédérique voyait, c'était un corps difforme.

La voyant perdue dans ses pensées, Gerry se risqua sur un terrain qu'il savait glissant.

— Tu l'aimes ?

— Hein ?

— Simon, le gars que ta mère a croisé à la pharmacie... Tu l'aimes ?

Frédérique se contenta de hausser les épaules. Savait-elle seulement ce qu'était l'amour ?

— Appelle-le, suggéra Gerry.

— C'est lui qui s'est poussé. Je vois pas pourquoi je le pourchasserais.

— Parce que sinon, tu sauras jamais...

La discussion mourut sur cette affirmation. Gerry connaissait suffisamment sa belle-fille pour savoir que cet argument était le plus puissant. Frédérique ressassait constamment son enfance en cherchant des réponses hypothétiques : si mon père ne nous avait pas quittées, si ma mère avait moins travaillé, si j'avais eu un foyer stable, si, si, si. Gerry aurait voulu s'assurer que dans dix ans, elle ne se demande pas : « Et si je l'avais rappelé ? »

Une fois seule, Frédérique contempla son cellulaire. Elle n'avait qu'à presser la surface vitrée du doigt pour joindre Simon, mais son orgueil lui interdisait de poser ce simple geste. Elle abandonna le téléphone sur la table avant de se diriger au salon pour regarder la télévision.

La présence du bébé, les croissants au beurre et le serrement de la gaine l'empêchaient de respirer à son aise. Comme si ce n'était pas assez, le bébé choisit de se manifester de plus en plus vivement. Toujours aussi mal à l'aise vis-à-vis des mouvements dans son ventre, Frédérique se leva et regarda la télévision en position verticale. Cela ne suffit pas pour arrêter les galipettes du bébé qui dansait en cadence dans le liquide amniotique.

— Si tu bouges parce que t'es à l'étroit, j'enlève la gaine pour que tu te tiennes tranquille, dit-elle.

Elle reçut alors un solide coup dans les côtes qui lui coupa le souffle une fraction de seconde. Surprise, elle enleva la gaine et réalisa avec stupéfaction que le bébé se calmait. Elle s'assit de nouveau et reporta son attention sur une nouvelle série américaine. Le bébé donna un petit coup contre la paroi utérine. Frédérique posa sa main sur son ventre et ressentit deux petits coups successifs en plein centre de sa paume. Ensuite plus rien. Bébé dormait paisiblement.

Esther soupira en regardant sa fille. La fillette trépignait d'impatience. Chaque samedi, elle se levait la première pour se préparer. Elle fouillait dans ses tiroirs à la recherche d'une robe ou d'une jupe parce que papa lui faisait toujours des compliments lorsqu'elle était habillée «en fille». Les bas collants étaient difficiles à enfiler, mais maman pourrait toujours venir à sa rescousse lorsqu'elle serait levée. Du haut de ses quatre ans et demi, elle mettait la table, sortait la boîte de céréales, son bol et sa cuillère puis allumait le téléviseur en prenant bien soin d'en baisser le volume au minimum pour ne pas réveiller les autres. Dès qu'Esther se levait, Emma quémandait sa coiffure spéciale du samedi: des tresses françaises, des tresses de vraie princesse. Une fois le déjeuner avalé, elle pointait son joli minois devant la vitre du salon et guettait la voiture de papa.

Le rituel d'Emma brisait le cœur d'Esther. Les répercussions de sa séparation sur les enfants étaient nombreuses, petites traces de chagrin et d'ennui qui parsemaient leur quotidien. La hâte d'Emma était aussi grande que son manque de Jean-François.

Le bruit d'un moteur de voiture se fit entendre. Les pas d'Emma accourant en direction de la porte d'entrée confirmèrent à Esther que son ex était arrivé. Elle regarda par la fenêtre. Jean-François marchait avec assurance en direction de la maison. Sans cogner ni sonner, il entra. Comme on entre chez soi.

S'il y avait un autre homme dans la maison, pas question qu'il ait le temps de se cacher sous un lit ou derrière le paravent. Jean-François voulait en avoir le cœur net. Aucune chaussure inconnue ne se trouvait dans l'entrée. Connaissant la manie d'Esther d'exiger que tout le monde se déchausse avant de se promener dans la maison, pour garder les planchers propres plus longtemps, il en déduisit qu'aucun autre mâle ne squattait les lieux. S'il rêvait d'un face-à-face avec celui qui lui avait ravi Esther, il était tout de même soulagé que le duel ne soit pas pour ce matin.

— Papa!

— Princesse!

Par pudeur, Esther restait au salon quelques instants, laissant toute la place aux effusions des retrouvailles. Le rire cristallin de sa fille qui s'étouffait dans le cou de Jean-François lui serrait le cœur. Esther avait toujours été réservée quant à l'expression de ses sentiments. L'impudeur de sa fille lui venait de Jean-François. Cette facilité à se dévoiler, Esther l'enviait.

Elle apparut dans le vestibule au moment où Jean-François déposait la petite au sol pour accueillir son grand garçon. Antoine aussi s'ennuyait de son père, mais il se gardait bien de l'exprimer. Comme Esther.

— Salut, ça va ? dit-elle simplement pour manifester sa présence.

— Wow ! C'est nouveau ? demanda-t-il en pointant ses vêtements.

Il souhaitait faire diversion, réalisant qu'il était en pâmoison devant la mère de ses enfants.

— Oui, une dépense inutile, mais j'ai eu envie de me gâter.

— T'as bien fait.

Il la reluquait des pieds à la tête. Jean-François avait toujours trouvé Esther sexy pendant ses grossesses. Sa féminité était décuplée, ses formes plus généreuses lui allaient à ravir. Toutes ces rondeurs mettaient Jean-François en appétit.

— Papa, papa ! Est-ce qu'on va à la piscine aujourd'hui ?

— Cet après-midi. Pour l'instant, on va à la bibliothèque pour l'heure du conte. C'est correct si je les ramène juste après le souper ? demanda Jean-François.

— Oui, oui. Jean-François, je me demandais...

— Papa, regarde ma belle robe, les coupa Emma.

— T'es magnifique ! Une vraie princesse, lui confirma Jean-François.

Il reporta ensuite son attention sur Esther qui, visiblement, hésitait à poursuivre son idée.

— Tu disais ?

— Rien, je t'en reparlerai.

— Sûre ?

Elle confirma et les chassa de la maison. En les regardant monter à bord de la voiture de Jean-François, Esther se demanda pourquoi elle n'avait pas posé la question qui lui brûlait les lèvres. Elle se ressaisit, prit le téléphone et composa le numéro de Samuel. La réponse qu'il lui fournirait à la même question était plus prévisible que celle de Jean-François. Pour Esther, c'était rassurant.

Esther entra au café la tête haute. Vêtue de ses nouveaux vêtements, coiffée et maquillée légèrement, elle s'était même offert le luxe d'une paire de bottes à talons hauts. Une coquetterie que bien des femmes enceintes ne pouvaient se permettre. Une agence de casting à la recherche d'une femme enceinte l'aurait sûrement choisie pour sa publicité. Si son ventre et sa poitrine s'alourdissaient, ses jambes élancées et son port de tête royal faisaient d'elle la parfaite femme enceinte.

Les trois autres ne purent s'empêcher de l'observer défiler le long des tables jusqu'à la leur. Frédérique y alla même d'un retentissant sifflement d'admiration.

— J'ai du goût, se vanta Frédérique qui s'attribuait le mérite de la nouvelle garde-robe d'Esther.

Son égocentrisme provoqua l'hilarité des autres. Mal à l'aise devant autant d'attention, Esther s'assit avant que toute la clientèle la dévisage.

— J'ai une bonne nouvelle, annonça-t-elle à la ronde. J'ai trouvé une alternative à ta proposition, Lili.

La veille, Lili leur avait proposé de s'inscrire aux mêmes cours prénatals. Une nouvelle session débutait sous peu, il fallait faire vite pour que tous les couples soient acceptés, les places étant limitées. Frédérique avait rapidement levé le nez sur l'offre: «Un accouchement, c'est naturel, pas besoin d'apprendre à accoucher et pas question de payer pour un bébé qu'elle ne garderait pas.» Quant à Esther, l'idée de s'exposer publiquement comme mère célibataire ne l'enchantait pas. Elle aurait aimé rafraîchir ses connaissances, mais probablement un peu de lecture suffirait. En revanche, Jeannine saluait le flair de Lili: Gerry la harcelait pour qu'ils s'inscrivent à une telle formation depuis le début de sa grossesse. Le manque de réceptivité du groupe avait chagriné Lili, Esther avait donc cherché une alternative.

— Des cours privés à domicile! lança fièrement Esther.

— Ça doit coûter une beurrée, s'opposa Jeannine.

— Pour quatre couples et plus, ils font le même prix qu'au CLSC.

— Quatre couples ou quatre bedaines? questionna Lili.

— Quatre couples.

— Huit personnes? renchérit Jeannine juste pour être certaine que tout le monde ait la même information.

— Quatre couples, huit personnes, seize jambes et autant d'oreilles.

— Et si quelqu'un est amputé d'une jambe, est-ce que ça fonctionne quand même?

Esther se contenta d'ignorer la remarque de Frédérique qui semblait prendre plaisir à détruire son idée.

— Vous êtes partantes ou pas? On peut faire ça chez nous, le salon est assez grand pour accueillir tout le monde.

— T'as l'air d'oublier un détail, intervint Lili. On n'est pas huit. Est-ce que toi et Frédérique allez vous trouver un cavalier?

— Dans mon cas, c'est déjà fait, avoua Esther. Samuel a accepté de jouer le jeu.

Lili se renfrogna. Si elle se réjouissait qu'Esther retrouve le moral et admettait que Samuel lui faisait du bien, elle ne comprenait pas pourquoi Esther n'avait pas au moins offert à Jean-François de l'accompagner. C'était le père de son enfant, n'était-ce pas normal que ce rôle lui revienne? C'était l'occasion de lui tendre la main, de tenter une réconciliation.

— Il reste juste Frédérique à jumeler, exposa Jeannine comme si elle venait de décortiquer la théorie de la gravitation universelle de Newton.

— J'ai personne pour m'accompagner.

Les trois autres se jetèrent des regards entendus.

— Y a sûrement un gars qui peut t'accompagner pour une heure? insista Esther.

— À moins que je lui promette une p'tite vite dans ta salle de bain après le cours, je connais personne qui va venir souffler en petit chien avec moi. Non, personne.

L'image de sa salle de bain impeccable jumelée à celle de Frédérique et un amant quelconque en pleine action dérangea Esther. Sa maison n'était pas un lieu de perdition. Il fallait trouver quelqu'un. Un remue-méninge collectif s'enclencha. Chacune y allant de suggestions qui étaient aussitôt écartées. Lorsqu'un candidat faisait l'unanimité, Lili sortait son cellulaire et le contactait. Malheureusement, les quelques élus déclinèrent l'invitation, trouvant trop étrange de jouer les pères putatifs auprès d'une femme qu'ils ne connaissaient même pas.

Voyant que ses amies ne lâcheraient pas le morceau, Frédérique assura tout le monde qu'elle allait trouver toute seule. Esther réserva donc pour le week-end suivant.

À l'heure et au jour convenus, tout le monde s'entassa dans le salon d'Esther. On n'attendait que Frédérique et son cavalier pour débuter. Quelques minutes plus tard, la jeune femme se présenta, seule. L'infirmière mandatée pour offrir le cours questionna la nouvelle venue. Frédérique surprit tout le monde en sortant un coussin de son grand sac à main. Elle y avait collé la photo d'un mannequin, probablement trouvée sur un site de vente en ligne de sous-vêtements masculins. L'adonis lascif tenait une pose suggestive. Frédérique l'embrassa.

— Mon mari, dit-elle en pointant la photo, est très malade. Je lui ai dit de rester couché. Il viendra au prochain cours.

Fière de son idée, Frédérique toisa les autres du regard, les mettant au défi de démentir ses dires. Ils se contentèrent de rire intérieurement devant l'absurdité de la situation. L'infirmière se demanda un instant si on se moquait d'elle, mais puisque personne ne riait ou ne démentait l'information, elle en conclut que l'enfant de Frédérique, si la génétique faisait bien son travail, serait une splendeur de poupon.

— Je vous propose de débuter avec la vidéo d'un accouchement. Peu de gens savent vraiment à quoi ressemble la naissance d'un enfant et à quoi s'attendre. Ensuite, on parlera de vos attentes personnelles devant le cours.

On tamisa l'éclairage et démarra la vidéo. Une femme y expulsait son bébé dans des souffrances contenues. Captivée, Jeannine commenta la vidéo d'un bout à l'autre comme si elle était en charge du cours.

— Regardez comme elle pousse mal. La tête du bébé progresse même pas. Faut pas forcer avec la face, ça donne rien.

— C'est tellement beau, c'est tellement vrai, pleurnicha Lili qui était gagnée par l'émotion.

Discrètement, Esther donna une boîte de mouchoirs à Thomas, sachant fort bien qu'un déluge de larmes se préparait. Plus l'accouchement progressait, plus Lili devenait émotive. Désireux d'éviter le pire et fidèle au plan de match de Lili, Thomas mit en application ce qu'ils avaient convenu: il lui mentionna le mot-code censé la calmer et lui faire prendre conscience de ses états d'âme.

— Poupoune, lui murmura-t-il à l'oreille afin que personne d'autre n'entende.

— Chut ! Je veux rien manquer. J'peux pas croire que ça va être nous dans quelques semaines.

— Ça va, poupoune, calme-toi.

— Appelle-moi pas comme ça, ça m'énerve.

— Pou-pou-ne, articula exagérément Thomas afin que Lili comprenne son message codé.

Au même moment, le chérubin ensanglanté atterrissait finalement sur le ventre de sa mère. Lili n'avait d'yeux et d'oreilles que pour l'écran de télévision. Thomas abandonna l'idée de faire passer son message et laissa Lili assouvir son besoin de pleurer.

— Votre cours est drôlement planifié, critiqua Jeannine. Me semble qu'on devrait terminer par la vidéo, c'est un peu traumatisant d'entrée de jeu, non ?

— Nous autres, ça nous rappelle de beaux souvenirs, hein chérie ? souligna Samuel qui prenait à cœur son rôle de père de substitution.

Il avait guetté Esther du coin de l'œil tout au long de la présentation. Une multitude d'émotions s'étaient succédé sur son visage en regardant l'accouchement.

— T'as raison, mon amour, ajouta-t-elle pour donner de la crédibilité à son faux couple.

Décidément, cet homme-là était parfait pour elle. Le petit jeu auquel ils se prêtaient ce matin lui plaisait plus qu'elle ne voulait l'admettre.

Dans son coin, Frédérique ne disait pas un mot. Ce qu'elle venait de voir la rendait muette. Dans son imagination, avec l'anesthésie, l'accouchement s'apparentait à enlever une écharde de son doigt. Ce qu'elle découvrait ce matin faisait naître une sourde angoisse en elle. Passer à travers cette épreuve lorsqu'on a un bébé en récompense valait peut-être le coup, mais lorsqu'on quitte l'hôpital les bras vides…

En soirée, Frédérique décida de rester seule à la maison. Elle n'avait plus envie de draguer ou d'être draguée. Son corps l'abandonnait. Voilà comment elle se sentait à cette phase de la grossesse. Elle mettait le nez dehors de moins en moins souvent, préférant se soustraire aux regards des autres.

Elle avait enregistré un épisode de sa série américaine préférée et décida de le regarder. L'émission débutait par un accident et la vue du sang lui ramena en mémoire les images de l'accouchement visionné plus tôt dans la journée. L'angoisse revint, sournoise.

— T'as intérêt à faire ta part, menaça-t-elle son bébé. Je veux pas que tout le travail me revienne. On va faire ça en équipe.

Une vague sembla la caresser de l'intérieur, comme si le bébé lui offrait une caresse pour la consoler et l'encourager. Hypnotisée, Frédérique posa sa main à plat à l'endroit où s'était terminé le mouvement subtil. De petits « toc toc » saluèrent la présence de sa paume. Frédérique eut l'impression que son bébé se nichait au creux de sa main pour s'endormir. Elle accepta de jouer son rôle protecteur en espérant que cela convaincrait le bébé de faciliter l'accouchement.

Au même moment, le téléphone sonna. « Numéro masqué » s'afficha sur le cellulaire de Frédérique. Elle hésita un instant à décrocher, mais se dit que s'il y avait un minime pourcentage de chances pour que ce soit Simon qui appelle, elle ne pouvait pas prendre le risque de ne pas répondre.

— Oui, allô ?

— Frédérique, c'est Gerry. On est à l'hôpital. C'est Jeannine…

CHAPITRE 7

Gerry somnolait dans l'inconfortable chaise coincée entre le mur de la chambre d'hôpital et le lit assigné à Jeannine. Il se redressa, s'étira un peu avant de s'approcher et de cueillir la main de sa douce cachée entre les draps javellisés. Aucune réaction. Le personnel hospitalier l'avait averti que le sédatif administré à Jeannine la garderait endormie quelques heures. Se sachant à l'abri des regards, Gerry éclata en sanglots. Derrière l'intimité d'un rideau le séparant du reste du monde, il pouvait enfin laisser libre cours à sa peine.

Il revoyait la cuvette des toilettes dont l'eau était rouge vif et le visage de Jeannine soudainement trop blanc. Dans l'énervement, il ne trouvait plus les clés de la voiture. Une image le poursuivait sans cesse : la main de Jeannine, crispée sur le bas de son ventre, comme si elle voulait empêcher ses bébés de bouger de là. Comme si chaque doigt voulait retenir la vie à l'intérieur, lui interdire de s'écouler vers l'extérieur.

Gerry se mit à chanter une berceuse. L'effet calmant opéra sur le chanteur bien avant d'atteindre sa cible. Du revers de sa manche, Gerry essuya les dernières traces de larmes qui barbouillaient ses joues. Il ne croyait pas en Dieu, mais pria silencieusement pour remercier qui de droit de la tournure des événements. Sa femme respirait et la vie de ses bébés n'était plus en danger.

Jeannine avait été victime d'un décollement placentaire. Le médecin de garde craignait de devoir procéder à une césarienne d'urgence, mais les saignements s'étaient calmés, tout comme les contractions. Jeannine devrait garder le lit pour poursuivre sa grossesse. Dans le cas de grossesse gémellaire, il n'était pas rare que la gestation soit de plus courte durée, mais il fallait éviter à tout prix une trop grande prématurité des bébés.

L'âge de Jeannine n'aidait en rien. Gerry avait surpris des membres du personnel potinant sur leurs patientes derrière le bureau principal des infirmières. Il avait repéré l'infirmière ayant procédé à des injections de corticostéroïdes. La petite grassette n'en revenait pas qu'une femme de l'âge de Jeannine veuille un enfant.

— Les femmes veulent tellement rester jeunes qu'elles revendiquent même le droit à la maternité passé quarante ans. Bientôt, il va y avoir des manifestations de mamies qui veulent se faire engrosser. Elles ne comprennent pas qu'elles mettent leur vie en danger pis celles de leurs bébés ?

Gerry s'était contenté de retourner auprès de Jeannine en se disant qu'il aurait peut-être dû mettre un frein aux projets de famille de sa douce. La culpabilité le rongeait. Il se rassit dans la chaise lui étant réservée en espérant quelques heures de sommeil avant l'arrivée du soleil, mais tout ce qu'il accumula avant la levée du jour fut des courbatures et des ulcères d'estomac.

Au petit matin, il put retourner à la maison pour dormir un peu. Frédérique, Lili et Esther étant venues en renfort auprès de l'alitée. À elles trois, elles monopolisaient tout l'espace. Elles se relayaient sans cesse à la salle de bain – le poids des bébés pesant sur leurs vessies – et multipliaient les voyages à la distributrice de l'étage pour se mettre quelque chose sous la dent.

— Le moral de Jeannine est bon, confia Frédérique en frappant du poing la machine qui ne voulait pas lui donner sa sélection.

— Elle se plaint sans arrêt. Pas si sûre qu'elle va bien, protesta Lili.

— Quand Jeannine chiale, c'est parce qu'elle va bien. Le contraire serait inquiétant, murmura Frédérique avant qu'elles ne franchissent la porte de la chambre de la malade.

Esther dut supporter de nouveau le monologue de Jeannine sur les dangers qu'elle et ses bébés avaient courus. C'était la troisième fois que Jeannine répétait mot à mot le déroulement de la soirée passée. Chaque fois qu'une nouvelle personne lui rendait visite, la cassette rejouait inlassablement. Lili constata qu'effectivement, Jeannine semblait prendre plaisir à se vautrer dans ses malheurs.

— Je vais devoir garder le lit jusqu'à la fin de ma grossesse. Vous imaginez? Presque deux mois à pas pouvoir travailler...

— Le rêve, quoi! la coupa Frédérique.

— Très drôle. Je vais m'ennuyer à mourir!

— Je vais te passer des bons livres, proposa Esther.

— J'veux pas te vexer, mais je pense pas qu'on apprécie le même genre de lecture. Tu dois être du genre roman étranger gagnant de prix prestigieux. Des histoires compliquées avec des mots qu'il faut chercher dans le dictionnaire.

Esther sourit. Jeannine avait parfaitement raison.

— En tout cas, j'espère que ce qui m'arrive vous fait réfléchir. Laquelle de vous trois peut se vanter d'être prête à accoucher?

Les filles gardèrent le silence et réfléchirent aux paroles de Jeannine.

Prévoyante, Esther avait déjà planifié sa valise d'accouchement. Elle y avait entassé les premiers vêtements d'Emma et Antoine, ne sachant pas si elle aurait un garçon ou une fille. Elle avait méticuleusement préparé ses effets personnels. Bébé pouvait se pointer le nez à tout moment, elle était prête. La valise se trouvait en permanence dans la voiture familiale. Si les contractions se déclenchaient au travail, elle pourrait filer vers l'hôpital. La liste des téléphones d'urgence – cellulaire de son médecin personnel, ligne directe de la maternité, numéro général de l'hôpital et coordonnées d'une gardienne de secours – était affichée sur le réfrigérateur depuis quelques jours. Une copie supplémentaire de cette liste se trouvait aussi dans le coffre à gants de la voiture.

Lili, pour sa part, convint qu'elle n'était pas prête pour l'accouchement. L'événement lui semblait encore lointain malgré son ventre qui prenait de plus en plus de place. Intérieurement, elle se demandait si elle était enfin prête à devenir maman. Elle en avait tellement rêvé, mais maintenant que ça devenait réalité, elle trouvait que tout se précipitait. Elle réalisait tout à coup que si son accouchement était prématuré, elle ne serait même pas en mesure de joindre son chum, ce dernier ne possédant pas de cellulaire. Un sentiment d'urgence la saisit.

Quant à Frédérique, elle aurait voulu camper ici jusqu'à son propre accouchement. La présence des nombreux moniteurs et appareils de surveillance fœtale la rassurait. Le cadre strict d'un hôpital, la proximité du personnel hospitalier, tout contribuait à la sécuriser. Elle décida sur-le-champ d'éviter tout déplacement à l'extérieur de la ville. Tout ce qui était hors d'un périmètre restreint ayant pour centre l'hôpital devrait attendre après l'accouchement. En voyant Jeannine entourée de ses amies, Frédérique se demanda qui viendrait à son chevet après son accouchement. La solitude qu'elle anticipait lui donna froid dans le dos.

— Est-ce qu'on parie sur l'ordre de nos accouchements ? proposa Jeannine.

— Qu'est-ce qu'il y a à gagner ? demanda Frédérique.

— Un bébé, suggéra Lili.

— Je mets un p'tit deux sur Jeannine. C'est toi qui vas être la première, décréta Esther.

— Mon Dieu ! Esther qui ne sera pas la première dans quelque chose, l'agaça Frédérique. Si c'est pas Jeannine, ça va être moi la première. Ma grossesse est plus avancée que tout le monde.

— Peut-être, mais Esther en est à sa troisième grossesse, pis elle a toujours accouché un peu à l'avance, confia Lili.

— C'est chien de ne pas avoir révélé l'information avant les paris, se renfrogna Frédérique. Pis toi, Jeannine, tu penses que ça va être qui ?

— Moi. En tous cas je l'espère. Vous imaginez, deux mois couchée ?

La cassette rejoua au complet.

Durant les jours qui suivirent, Lili ressentit l'urgence de finaliser son plan de naissance. Le sujet avait été abordé lors du troisième cours prénatal donné chez Esther. On recommandait aux futurs parents de discuter de leurs attentes devant l'accouchement et de mettre le tout par écrit pour le personnel hospitalier. Le moment venu, le plan de naissance permettait aux parents, déjà stressés par l'accouchement, de se concentrer sur l'heureux événement plutôt que de faire toutes leurs demandes aux infirmières.

Les derniers mois avaient été difficiles pour Lili et Thomas. Elle reconnaissait qu'elle faisait la vie dure à son amoureux. Lili en était la première malheureuse, ayant l'impression, justifiée, de perdre le contrôle d'elle-même. Lili ne se reconnaissait plus. Thomas, encore moins.

Elle décida donc de joindre l'utile à l'agréable et de surprendre Thomas au travail afin de compléter la rédaction du plan de naissance. Il y avait longtemps qu'elle n'avait pas flirté avec lui au bureau comme elle se plaisait à le dire. Au début de leur relation, toutes les raisons étaient bonnes pour lui voler un baiser à la boutique. Elle ramassa donc son sac à main grand format, y glissa sa tablette électronique et partit à pied. Le grand air lui ferait du bien. Elle enfila un vieux manteau de ski appartenant à Thomas. C'était le seul qui pouvait contenir sa grossesse avancée.

En chemin, elle commença à réfléchir à ses attentes devant l'accouchement. Elle souhaitait vivre un moment intime, harmonieux. Les images qui se succédaient dans sa tête étaient toutes plus poétiques les unes que les autres. Elle s'imaginait, rayonnante, son poupon dans les bras, pendant que Thomas pleurait en lui susurrant des « je t'aime » à l'oreille. Comme elle avait hâte de devenir mère ! De petites gouttes gelées s'accrochèrent à ses cils. Ses larmes n'avaient pas le temps de couler sur ses joues avant de se solidifier. Elle regarda le ciel et eut une pensée pour sa mère.

Heureusement que Thomas avait pris la voiture ce matin-là. Lili ne se serait pas vue faire le chemin en sens inverse. Ses jambes lui faisaient mal et le froid lui mordait la peau. Elle eut l'idée d'inviter Thomas au café. Ils pourraient s'y réchauffer les mains sur un bol de café au lait ou une tisane avant de rentrer à la maison. L'endroit serait parfait pour discuter de l'accouchement. Lili pourrait tout noter sur sa tablette et le plan de naissance serait prêt pour le grand jour.

Perdue dans ses pensées, Lili se cogna le front contre la porte de la boutique. Machinalement, elle avait poussé la porte sans porter attention au geste. La porte était verrouillée. Thomas devait être dans l'arrière-boutique. Elle utilisa la sonnette pour l'avertir de sa présence. Le froid lui donnait l'impression que l'attente se prolongeait. Elle mit ses mains en œillère pour mieux voir l'intérieur de la boutique : toujours pas de mouvement. C'est à ce moment qu'elle remarqua l'éclairage plus tamisé qu'à l'habitude et le carton à la porte qui indiquait que la boutique était fermée. Mais où donc était Thomas ?

Lorsqu'elle arriva au loft, congelée des orteils jusqu'à la pointe des cheveux, elle trouva Thomas, le téléphone à la main.

— J'allais t'appeler. T'étais où ? T'aurais dû me laisser une note pour me dire que t'étais sortie. Depuis ce qui est arrivé à Jeannine…

— C'est plutôt à moi de te poser la question ! J'étais à la boutique. Je voulais te faire une surprise, articula-t-elle péniblement à cause de sa mâchoire gelée.

— Y avait pas de clients, j'ai fermé plus tôt.

— Mais t'es pas arrivé plus tôt.

— C'est un interrogatoire ?

Tels des chiens de faïence, ils s'observèrent un instant. Lili était surprise par l'attitude de Thomas, habituellement si conciliant. De son côté, Thomas hésitait à révéler la vérité. Il prit quelques secondes pour inventer un mensonge crédible à balancer au visage de Lili.

— Je suis allé prendre une bière avec des chums, avoua-t-il.

— Tu bois jamais la semaine.

— Ces temps-ci, je fais exception. Ça me fait du bien.

Lili accusa le coup. Entre les lignes, elle comprit que Thomas préférait être avec ses amis plutôt qu'avec elle. Comment le lui reprocher ? Elle-même ne se supportait plus par moments.

— J'suis si pire que ça ? demanda-t-elle avec sa voix de petite fille.

Thomas sourit en s'approchant d'elle. Elle lui tendait un piège et il n'avait pas l'intention de sauter dedans à pieds joints. Le prochain mensonge qu'il allait proférer valait largement le peu de remords qu'il allait entraîner.

— Rien que je ne puisse pas supporter. T'es parfaite.

Thomas proposa de faire bouillir de l'eau pour préparer une tisane que Lili accepta avec plaisir. Elle lui fit part du but de sa visite surprise à la boutique et Thomas accepta volontiers de prendre un moment pour discuter de leur plan de naissance.

Il constata rapidement qu'en fait, Lili ne proposait pas d'en discuter et voulait simplement faire approuver par Thomas les choix qu'elle avait déjà effectués.

— C'est toi qui accouches. Si tu ne veux pas la péridurale, je vois pas pourquoi je m'opposerais.

En son for intérieur, Thomas aurait préféré que Lili accepte de soulager sa douleur. L'idée de voir sa blonde souffrir lui était insoutenable.

— Tu vas couper le cordon ?

En plein ce qu'il redoutait. Thomas n'aimait pas beaucoup les hôpitaux. Son accouchement idéal se serait passé avec des antidouleurs pour Lili et aucun cordon ombilical à couper. La tâche lui répugnait. Il craignait de ne pas couper au bon endroit, de blesser le bébé, que le sang gicle... Il préférait endosser le rôle du soutien psychologique auprès de sa blonde que celui d'assistant-accoucheur.

Égoïstement, il souhaitait être déchargé de cette tâche pour se permettre également de vivre l'accouchement. S'il devait couper le cordon, il devrait aussi se couper de ses émotions. Comment pourrait-il agir les yeux embrouillés par les larmes, les mains tremblantes d'excitation ? À demi-mot, il essaya de faire comprendre son point de vue à Lili.

— Ma priorité, c'est toi. Je veux être là avec toi. Je prendrai des photos à la place.

— Pas pendant l'accouchement, quand même ! Je serai pas à mon meilleur...

— J'vais m'occuper des relations avec les infirmières.

— C'est justement pour ne pas avoir à y penser qu'on fait un plan de naissance !

À bout d'arguments de part et d'autre, les amoureux laissèrent la discussion en suspens. Lili décida secrètement d'inscrire dans le plan de naissance que le père voulait couper le cordon. Elle se disait que dans le feu de l'action Thomas se plierait à la demande du médecin. De son côté, Thomas était fier d'avoir gagné la bataille et s'étonnait que Lili ne lui tienne pas tête davantage.

Couchée sur le dos, les jambes écartées, Frédérique fixait le plafond. Elle sourit en pensant que la seule personne avec qui elle écartait les jambes dernièrement était son obstétricienne.

Une fois l'examen terminé, on lui confirma que la grossesse se déroulait comme prévu. Le bébé grossissait bien, mais ne devrait pas dépasser les sept livres à terme.

— Un poids plume. Idéal pour un premier accouchement et la délicatesse de votre bassin, avait confié la professionnelle de la santé. Vous vous dirigez vers un accouchement de rêve !

Pour Frédérique, accoucher et rêver ne pouvaient pas se retrouver dans la même phrase. Le premier étant l'antonyme du second. Plus son ventre grossissait, plus elle se demandait comment elle allait faire pour expulser le bébé de son ventre. Le passage du petit allait sûrement laisser des traces. Il fallait qu'elle évite à tout prix d'abîmer son entrejambe.

— J'aimerais une césarienne planifiée.

— Pour quelles raisons ? questionna l'obstétricienne.

— Ma famille vient de l'extérieur du pays, mentit Frédérique. Ils peuvent être ici juste quelques jours, je dois avoir une date d'accouchement béton.

— Ce n'est malheureusement pas une bonne raison pour planifier une césarienne.

— J'ai pas la chance de pouvoir arrêter de travailler très longtemps. La césarienne va me permettre un retour au travail plus rapide.

— La césarienne est une opération chirurgicale, contrairement à l'accouchement qui est une procédure naturelle. Normalement, c'est l'inverse qui se produit.

— Je veux pas accoucher, ça va tout me maganer, s'emporta Frédérique. J'ai entendu des histoires d'horreur : hémorroïdes, incontinence, etc.

— Le corps s'adapte très bien, madame Labonté. Vous avez un petit bébé, votre prise de poids est plus que raisonnable, vous êtes jeune. Il n'y a pas lieu de s'inquiéter.

Frédérique empoigna son sac et en sortit son portefeuille.

— Combien ?

— Je vous demande pardon ? s'offusqua le médecin.

— Combien pour pratiquer une césarienne ?

La femme refusa bien sûr de céder. Frédérique avait épuisé la liste d'arguments qu'elle avait préparée. Elle ne s'attendait pas à une si grande résistance de la part du médecin. Elle avait une peur bleue de l'accouchement, mais elle n'était quand même pas pour avouer ça à une femme dont le quotidien en était composé. Elle se leva avec l'intention de quitter la salle d'examen lorsque la spécialiste se mit à parler.

— Les seules raisons pour lesquelles je pratiquerais une césarienne planifiée sont si la mère ou le bébé est en danger. On accepte également de pratiquer une telle intervention si la patiente a une peur chronique de l'accouchement.

L'orgueil de Frédérique s'évapora instantanément.

— J'ai peur d'accoucher, ça se voit pas ? En plus, je vais être seule pour vivre l'épreuve.

— Le père ?

— Inconnu.

— Une amie, peut-être ?

— La seule que j'aurais invitée risque d'être dans la salle d'à côté, en train d'accoucher en même temps que moi.

— Demandez à votre mère, alors.

Ça, il n'en était pas question. Plutôt accoucher seule qu'avec Jeannine.

Jeannine promenait ses doigts sur l'écran du cellulaire intelligent que Gerry lui avait acheté. Maintenant de retour à la maison, elle devait garder le lit et se plaignait constamment de son isolement. Gerry passait le plus de temps possible avec elle, mais ses contrats l'accaparaient. Il mettait les bouchées doubles avec l'intention d'être présent à la maison après l'arrivée des bébés, et comme l'accouchement pouvait survenir à tout instant, il essayait d'accélérer le travail sur les différents chantiers.

Lili lui avait suggéré de faire l'acquisition d'un téléphone pour Jeannine. Elle se chargerait d'y télécharger des applications intéressantes et d'initier Jeannine aux nombreuses possibilités qu'un tel cadeau lui procurerait.

Depuis plus d'une heure, Lili tentait d'expliquer à Jeannine que l'appareil lui servait à présent d'ordinateur ayant accès à Internet, de console de jeu, mais aussi de téléphone et d'appareil de vidéoconférence. Un charabia difficile à comprendre pour Jeannine. Lili avait beau simplifier les explications au maximum, elle n'était pas certaine que Jeannine capte l'essentiel.

— On va faire un test. Admettons que tu veuilles m'appeler. Qu'est-ce que tu fais ?

Jeannine appuya sur l'icône verte avec un dessin de téléphone. Sa liste de contacts, somme toute sommaire à l'heure actuelle, apparut à l'écran. Elle sélectionna le nom de Lili et pressa du doigt sur le rectangle servant à envoyer un texto. Patiemment, Lili reprit les explications et proposa d'aller dans la pièce voisine pour attendre son appel. Au bout de quelques minutes, elle prit l'initiative de contacter elle-même Jeannine qui répondit à l'appel.

— J'ai réussi ! se félicita-t-elle.

— Non, Jeannine, c'est moi qui t'appelle.

La deuxième tentative fut plus fructueuse et Jeannine commença à entrevoir les heures de plaisir qui l'attendaient.

— Est-ce qu'on essaie d'appeler Esther pour une vidéoconférence ? s'enthousiasma Jeannine.

— On peut toujours, mais il y a de fortes chances pour qu'elle ne réponde pas. Quand c'est pas planifié, Esther a horreur de ça. Elle préfère avoir le temps de se coiffer et se maquiller avant, confia Lili en rigolant.

À tâtons, Jeannine finit par effectuer les opérations nécessaires pour contacter Esther. À sa grande surprise, Esther activa la caméra intégrée à son cellulaire après deux sonneries. Les deux femmes virent apparaître à l'écran une oreille en gros plan. Visiblement, Esther n'avait pas remarqué qu'elle participait à une vidéoconférence. Lili se chargea de l'en aviser. Elle dégagea alors l'appareil et le tint devant elle. Les deux autres découvrirent qu'elle se trouvait à la pharmacie.

— T'es dans le rayon des produits féminins, remarqua Jeannine.

— Pas du tout, nia Esther.

— Fille, je connais ma pharmacie par cœur. En face de toi, tablette du haut, deuxième produit, le Monistat sept jours. L'idéal pour le traitement des vaginites pendant la grossesse, les autres sont plus rapides, mais celui-là est plus doux et plus efficace.

— J'ai pas de vaginite, murmura Esther pour ne pas que les autres clients l'entendent. Je me rendais dans la section des shampooings, mentit-elle.

C'était le comble ! S'il y avait une personne avec qui elle n'avait pas envie de discuter de sa flore vaginale, c'était bien Jeannine. L'étalagiste était capable de lui demander de décrire ses symptômes en détail afin de la diriger vers le produit lui convenant. La vaginite, pour Esther, était aussi honteuse qu'une maladie transmissible sexuellement. Elle aurait préféré garder ce détail pour elle. Surtout que ce problème bénin était fréquent lorsqu'elle était enceinte.

Jeannine arqua un sourcil sceptique en entendant la réponse d'Esther. Le plan détaillé de la pharmacie bien imprimé dans le cerveau, Jeannine tenta de la remettre sur le droit chemin.

— Rangée deux, tu l'as dépassée.

Esther fit mine de s'y diriger tout en poursuivant la discussion.

— Tu travailles pas aujourd'hui ? s'inquiéta Lili.

— Oui oui. Je profitais de ma pause pour faire ma course.

— Méchante pause ! s'étonna Jeannine. Juste l'aller-retour doit prendre vingt minutes en voiture.

— Si j'étais pas dérangée par mes amies, je serais déjà sur le chemin du retour.

Esther s'enlisait dans ses mensonges. Elle avait pris la matinée pour rencontrer sa psychologue qui l'attendait dans la prochaine heure. Encore sous l'impression que seuls les faibles doivent consulter des psys, elle ne parlait pas de ses rendez-vous, préférant donner l'impression qu'elle recouvrait la santé toute seule.

Esther s'obligea à acheter une bouteille de shampooing et une autre de revitalisant pour donner plus de crédibilité à son premier mensonge. Jeannine insista pour la suivre jusqu'à la caisse afin de voir qui était en poste ce matin-là. Elle salua sa collègue. Ce n'est qu'une fois à l'extérieur de la pharmacie qu'Esther réussit enfin à mettre un terme à l'échange vidéo. Elle revint sur ses pas pour acheter son traitement contre les vaginites.

En regagnant sa voiture, elle ne put s'empêcher de penser à sa psychologue. Elle lui aurait reproché de cacher sa vraie nature à ses amies.

Une heure plus tard, dans le cabinet de la thérapeute, Esther entendait justement ce qu'elle avait prédit.

— J'aimerais que vos défis hebdomadaires engendrent de l'ouverture.

— Nouvelles positions de yoga, tenta Esther. Parce qu'aérer la maison à ce temps-ci de l'année, c'est pas une bonne idée. Les courants d'air sont vilains.

— Je pensais davantage à une ouverture de l'âme. Confier un secret, partager un rituel que vous faites habituellement en solo, quelque chose comme ça.

Esther n'en avait pas du tout envie. Si elle mentait ou agissait en cachette, c'était pour ne pas briser l'image qu'elle projetait. Dévoiler sa part de mystère risquait de changer à jamais l'opinion que les autres avaient d'elle. Le jardin secret d'Esther était plus vaste que celui de Versailles.

L'odeur de chlore flottant dans l'air donnait la nausée à Lili. Elle n'avait pas pensé qu'une visite à la piscine municipale pouvait se transformer en supplice pour son estomac. Elle essaya de cacher son malaise aux autres. Après tout, elles étaient là pour se faire du bien. L'arrivée de la saison froide offrait moins d'occasions de bouger et Lili tenait à demeurer active jusqu'à la fin de sa grossesse. La natation était l'option la plus raisonnable et la plus recommandée en fin de grossesse, l'effet d'apesanteur créé par l'eau soulageant les jambes lourdes et les reins éprouvés.

Lili enfila son maillot de bain acheté expressément pour l'occasion : un horrible bout de tissu élastique qui ressemblait aux maillots pudiques du début du siècle dernier. L'image que lui retourna le miroir du vestiaire la découragea.

— J'ai l'air d'un hippopotame, pleurnicha-t-elle.

— On a l'air d'une famille d'hippopotames, si ça peut te rassurer, ajouta Esther. Tu vas te fondre dans la masse.

Lili sourit. Sa meilleure amie avait le don de la réconforter. Son commentaire était gentil, mais à y regarder de plus près, Esther devait bien admettre qu'elle tenait la forme. La comparaison désavantageait Lili. Et la situation ne fit qu'empirer lorsque Frédérique sortit de la cabine de toilettes qu'elle avait utilisée pour se changer. Elle portait un bikini régulier.

— T'as juste pris de la bedaine, s'extasia Lili.

De dos, personne ne pouvait soupçonner la grossesse de Frédérique. Son ventre pointait vers l'avant, fier et ferme. Même sa taille était encore définie. Elle noua ses longs cheveux en un chignon improvisé et s'observa dans le miroir.

— J'ai l'air difforme. Toi au moins t'as eu l'intelligence de répartir ton surplus de poids sur tout ton corps. Moi, on dirait que j'ai le nombril égoïste. Y a gardé les surplus à proximité.

— Comme si j'avais choisi ! déplora Lili.

— Plaignez-vous pas, intervint Esther. Profitez de votre bedaine. C'est bien pire lorsque le bébé est sorti, mais que les surplus sont encore présents.

— Tu nous donnes vraiment le goût de repeupler la planète. Merci, Esther.

Esther réalisa qu'il y a des vérités qu'il vaut mieux découvrir seule. D'expérience, elle savait que tenir son enfant dans ses bras fait oublier temporairement les désagréments physiques engendrés par une grossesse. Elle avait deux trésors de quatre et six ans pour compenser les quelques livres qu'elle n'arrivait plus à perdre. « Lili comprendra bien assez vite », se dit Esther. Quant à Frédérique, qui aurait les bras vides à la sortie de l'hôpital, elle ne doutait pas qu'elle prendrait soin d'elle et retrouverait sa silhouette d'avant en criant ciseaux.

Esther ramassait sa serviette et s'attendait à ce que les autres fassent de même pour se diriger vers la piscine lorsqu'elle vit Lili fouiller dans son sac.

— Qu'est-ce que tu cherches ?

— Mon cellulaire. J'ai promis à Jeannine qu'on irait se baigner à quatre.

— C'est pas un peu zélé ? interrogea Frédérique.

Quelques secondes plus tard, Lili expliquait à Jeannine qu'elle avait l'intention de laisser son téléphone caché dans sa serviette au bord de la piscine. Elle ne voulait surtout pas qu'un autre baigneur le lui vole en le laissant exposé. Jeannine pourrait donc observer la baignade des trois filles et elles viendraient patauger à proximité pour lui faire la conversation à l'occasion.

Dès qu'elles arrivèrent aux abords de la piscine, elles se dépêchèrent de s'immerger dans l'eau pour soustraire leurs derrières aux regards des autres.

— À vous trois, vous risquez d'élever le niveau de l'eau, les taquina Jeannine.

— Heureusement que t'es pas là, ce serait l'inondation, répliqua Frédérique.

— Regardez derrière vous, dit Jeannine pour éviter un affrontement avec sa fille. Ça compense pour le niveau d'eau.

À l'autre bout de la piscine, trois déesses d'à peine vingt ans plongeaient avec grâce dans la piscine. Les nymphettes prenaient plaisir à sortir de l'eau et à se pavaner devant les quelques mâles du club de natation. Leurs peaux ruisselaient, leurs mamelons s'érigeaient, elles cambraient les reins. Les trois femmes enceintes étaient vertes de jalousie.

Lorsqu'elles vinrent à proximité de la zone qu'occupaient Lili, Esther et Frédérique, leurs battements de cils semblèrent redoubler d'intensité, contrairement à leurs battements de jambes. On aurait dit des adolescentes en manque d'attention qui se tenaient avec la fille la plus moche de l'école pour s'avantager.

— Elles parlent dans votre dos, leur apprit Jeannine.

En effet, dès que les trois femmes se tournaient vers le cellulaire, les mannequins aquatiques en profitaient pour les reluquer et pouffer de rire. Insultées, mais insécures, les trois femmes se contentèrent de faire leurs exercices.

— Vous allez quand même pas laisser rire de vous de même ! s'emporta Jeannine. Lili ? Amène-moi, j'vais leur parler.

Incrédule, Lili chercha l'approbation des deux autres du regard. Frédérique lui fit clairement comprendre que c'était une mauvaise idée. Sa mère pouvait partir dans un délire verbal qui allait amuser encore plus les canons de la beauté. Esther, pour sa part, était curieuse de la tournure que les événements pourraient prendre avec l'intervention de Jeannine.

Lili prit précautionneusement le téléphone et barbota jusqu'au trio de naïades. Sans dire un mot, elle tendit le cellulaire devant elle, à quelques pouces du nez de la première fille.

— Bonjour, commença poliment Jeannine. J'ai cru remarquer que vous prenez plaisir à rire de mes amies. Je voulais juste vous dire qu'avec la repousse que vous avez, vous devriez plutôt vous regarder dans un miroir avant de rire. Et en passant, le blond Barbie n'est plus à la mode. Vous êtes en retard de deux saisons sur les tendances. Lili, suivante !

Sans rien dire, Lili tendit le bras vers la deuxième fille. Jeannine prit quelques secondes pour la jauger avant de rendre son verdict impitoyable.

— Quant à vous, vos faux cils sont mal appliqués. Ça fait juste accentuer vos yeux globuleux. C'est du travail d'amateur. *Next* !

Lili obéit, ravie de la déconvenue des filles. Jeannine observa la dernière des filles et dut bien reconnaître qu'elle était splendide. Contrairement à ses deux amies qui usaient d'artifices, elle était une beauté sculpturale, naturelle.

— Finalement... vous êtes très malpolie, jeune fille. Je vous souhaite d'être stérile pour vous punir, cracha-t-elle.

Lili pensa que Frédérique avait de qui tenir en entendant le franc parler inhabituel de Jeannine. Décidément, garder le lit ne lui réussissait pas. Bien peu convaincue de la réussite de l'opération, Lili rebroussa chemin en direction de ses amies en sentant les regards brûlants des jeunes filles dans son dos. Jeannine attendit d'être rendue à destination pour encourager son équipe de baleines.

— Je leur ai dit ma façon de penser. Maintenant, occupez-vous plus d'elles !

— Facile à dire, répliqua Frédérique. C'est pas toi qui te baignes dans la même piscine. J'suis sûre qu'elles sont capables de passer à côté de nous pis de pisser dans l'eau juste pour nous faire chier.

— Je vais sortir et vous attendre au bord de la piscine, proposa Esther que la simple évocation de ce scénario rebutait.

Esther s'enroula dans sa grande serviette douillette et se trempa les orteils dans l'eau de la piscine. Elle en profita pour observer Lili et Frédérique. Elle sentait bien que cette dernière avait un ascendant de plus en plus fort sur Lili. Avant, pour prendre une décision, Lili se contentait de l'appeler. Maintenant, elle ne faisait rien sans consulter Frédérique. Toute cette ardeur qu'elle mettait à inclure Jeannine dans leur groupe relevait également de son attachement à Frédérique. Lili espérait lui ouvrir les yeux. Probablement compensait-elle la perte de sa mère en essayant de créer un lien plus fort entre Frédérique et Jeannine.

Esther était jalouse. Elle croyait que leurs grossesses simultanées les rapprocheraient. Lili semblait préférer la légèreté et l'insouciance de Frédérique aux conseils et à l'expérience qu'elle avait dans le domaine. Au fond, elle comprenait : les deux filles vivaient une première grossesse et bien qu'elles ne partagent pas la même vision de la maternité, elles faisaient les mêmes découvertes au même moment, alors qu'Esther se contentait de revivre le miracle pour une troisième fois. À la différence près que cette fois-ci, elle accueillait la nouveauté en célibataire.

Le visage d'Esther s'éclaira. « Voici mon défi : avouer à Lili que j'ai peur d'accoucher seule. M'ouvrir à elle », se dit-elle. Elle fit un signe de la main aux deux autres pour les inviter à la rejoindre. Ses plantes de pieds commençaient à ratatiner.

Au moment où Lili s'agrippait à l'échelle pour sortir son corps de l'eau, ce qu'Esther entendit lui hérissa le poil sur les bras.

— J'ai la chienne de péter au frette. Voudrais-tu m'accompagner ? J'veux juste pas être seule.

— Wow, c'est tout un honneur, s'émut Lili. Je sais juste pas si je vais être à la hauteur.

— Es-tu capable de tenir une main pis encourager un peu ?

— Ben oui.

— La job est à toi, conclut Frédérique.

Esther comprit entre les lignes qu'il était question de l'accouchement de Frédérique. Elle ne pouvait pas croire que Lili accepte de vivre ce moment si intime avec une presque étrangère alors que sa meilleure amie, en l'occurrence elle-même, était seule et aurait bien besoin de présence et de soutien.

— Tu devrais penser à ta grossesse, intervint Esther. Les chances que vous accouchiez en même temps sont grandes, tu pourras peut-être pas tenir ton engagement. Te connaissant, si ça se déroule mal, tu vas angoisser pour ton propre accouchement. T'es tellement émotive que tu risques de nuire plus que d'aider.

Frédérique croisa les bras sur sa poitrine. Elle détestait la lucidité d'Esther.

— Je ne t'ai rien demandé, Esther. C'est entre Lili et moi.

— T'as raison, se rétracta Esther. Lili est assez grande pour prendre ses décisions toute seule.

— Je vais y aller, trancha Lili. Mais les chances qu'on accouche en même temps sont quand même élevées. Et si c'est moi qui accouche la première, je ne pourrai pas abandonner mon bébé pour être avec toi.

— Bref, les probabilités qu'elle puisse y être sont de trente-trois pour cent, évalua Esther.

— Merci, madame Statistiques, ronchonna Frédérique.

Lili réfléchit un instant, Esther avait raison. Les risques qu'elle ne puisse honorer son engagement étaient plus importants que les chances qu'elle accompagne Frédérique. Il fallait trouver une alternative.

— Pourquoi t'engagerais pas une accompagnante à la naissance ? suggéra-t-elle.

— Une quoi ?

— Une spécialiste de l'accouchement. Habituellement une femme qui connaît ça, qui est à l'aise, qui va te soutenir, te donner des trucs. Thomas et moi, on y avait pensé à un moment donné, mais on a choisi de vivre ça ensemble finalement.

— Accoucher avec une inconnue, se plaignit Frédérique. C'est aussi tentant que de filmer mon accouchement et de mettre ça sur les réseaux sociaux.

— Ces femmes-là sont formées et habituellement très respectueuses.

— J'imagine qu'il va falloir que je la paye, en plus ?

— Entre quelques dollars et être toute seule, qu'est-ce que tu choisis ? demanda Esther.

La trouille que ressentait Frédérique grandissait de jour en jour. Elle savait que d'ici peu, elle donnerait sa fortune pour s'assurer d'une présence à ses côtés lors de l'accouchement.

Jean-François pressa fermement le tube de baume après-rasage entre ses doigts. Rien n'en sortit. Les colocataires avaient encore vandalisé ses produits personnels. Sa bouteille de gel douche était vide, ses lames de rasoir émoussées et voilà que même son après-rasage avait trouvé preneur.

Habitué aux produits luxueux proposés par Esther, Jean-François se rabattait maintenant sur les articles en solde à la pharmacie puisqu'il devait renouveler son inventaire toutes les deux semaines, ses achats faisant office de bien commun à l'appartement.

Le visage en feu, Jean-François regagna la chambre qu'il partageait avec Julie depuis quelques mois. Il se mit en quête de son complet gris. Il assistait aujourd'hui à une rencontre et les grands patrons allaient tous être présents. Il avait pris soin d'apporter son veston et le pantalon coordonné chez le nettoyeur quelques jours plus tôt.

Si le pantalon était sagement rangé dans l'enveloppe de plastique du nettoyeur, le veston avait disparu. Jean-François le trouva, roulé en boule au fond de la penderie.

— Qui a porté mon veston? ragea-t-il.

— C'est Rémi, répondit la voix endormie de Julie.

Sans attendre, Jean-François traversa l'appartement pour obtenir une explication sur l'état lamentable de son veston. Le coupable dormait, mais Jean-François le réveilla sans ménagement.

— J'avais une entrevue pour une job et j'avais rien à me mettre sur le dos, plaida Rémi.

— Pis comment ça se fait que les manches sont froissées comme ça?

— J'voulais des manches trois-quarts pour faire plus cool. J'vais te le repasser, suggéra l'emprunteur de veston.

— Ça va pas faire disparaître l'odeur de graisse! s'emporta Jean-François.

— L'entrevue était pour un fast-food. Mets du parfum.

Jean-François tourna les talons sans rien ajouter. Il devait trouver une tenue alternative. Sa prise de bec avait tiré Julie du sommeil. Elle s'habillait lascivement lorsqu'il revint dans la chambre. Jean-François fouilla désespérément dans les tiroirs de la commode pour trouver quelque chose à agencer à son pantalon propre. Sa colère le rendait sourd à ce qui se passait autour de lui, mais une phrase de Julie lui rendit l'audition.

— En passant, faut que t'ailles chez le doc. J'ai une saloperie de MTS.

— Pardon? s'étrangla Jean-François.

— Chlamydia. Ça se soigne. Faut que tu te fasses prescrire des pilules.

Jean-François s'assit sur le lit, ses genoux ayant décidé à l'unanimité de flancher après l'annonce de Julie. Tel un condamné à mort qui voit défiler sa vie juste avant l'injection fatale, Jean-François rembobina le film de sa vie des derniers mois. Il revit les excès, la débauche, les interdits auxquels il avait succombé. Tout ça pour aboutir à moitié habillé, le visage en feu et atteint d'une MTS. Il avait honte d'être descendu si bas. Que dirait Esther si elle apprenait la vérité? Elle le mépriserait sans doute, comme il se méprisait en ce moment.

— Fais pas cette tête-là, ricana Julie. Dis-moi pas que c'est ta première MTS!

— Parce que toi, c'est pas la première?

— *Wake up*! La chlamydia, c'est comme le rhume astheure, tout le monde attrape ça.

Jean-François entreprit de s'habiller. La discussion allait s'envenimer et ce n'était pas le moment pour une chicane de couple. Surtout que les prises de bec s'additionnaient dangereusement depuis quelque temps. Julie cherchait constamment des bêtes noires et s'amusait à ridiculiser Jean-François. Elle lui reprochait de jouer au père avec eux. Ce à quoi Jean-François répliquait que s'ils se comportaient en adultes, il n'aurait pas à jouer le patriarche.

— T'es fâché?

— Julie, sacrament! Tu m'apprends que j'ai une MTS comme on annonce qu'on rentre à quatre heures!

— C'est pas la fin du monde!

— Pour moi, oui.

— Si t'es pas content, tu peux toujours retourner avec ton ex.

Jean-François en avait assez entendu. Julie ramenait le sujet d'Esther de plus en plus souvent dans leurs chicanes. Chaque fois, il se sentait obligé d'intervenir en faveur de son ex. Il ne permettait pas qu'on salisse la réputation de la mère de ses enfants. Esther n'était pas parfaite, mais sa vie était rangée, ordonnée et cohérente. Tout ce qui avait fini par miner leur mariage lui manquait. Ce qu'il reprochait à Esther, son manque de fantaisie, sa rigidité, l'absence de lâcher-prise, lui semblait maintenant attirant comme un verre de chardonnay à une mouche.

Il regrettait d'être parti.

La journée fut un fiasco. Jean-François ne parvint pas à attirer l'attention des grands patrons sur lui. Il avait la tête ailleurs…

À la fin de la journée, il stationna sa voiture devant la maison familiale. Avec stupéfaction, il remarqua qu'il s'était trompé de chemin. Par habitude, ou sur commande de son subconscient, il revenait vers Esther. Résolu, il prit son courage à deux mains et entra dans la maison.

Surprise, Esther le laissa tout de même participer à la routine du soir avec les enfants. Une fois seuls, Jean-François expliqua le but de sa visite.

— C'est fini avec Julie.

Le pouls d'Esther s'accéléra. Elle n'arrivait pas à dire si cette nouvelle était bonne ou mauvaise. Une partie d'elle se réjouissait que Jean-François retombe sur terre, mais l'autre moitié craignait la suite de son aveu.

— C'est une bonne chose… j'imagine, laissa tomber Esther sans même regarder Jean-François.

Le plus naturellement du monde, elle fit couler de l'eau dans l'évier et entreprit de faire la vaisselle. La tâche lui donnait une contenance dont elle avait bien besoin en ce moment.

Dans son dos, Jean-François se tordait les mains. Il voulait revenir à la maison, oublier les derniers mois, réunifier sa famille. Toute la journée, il avait réfléchi pour en venir à la conclusion que quitter Esther avait été une erreur. Le mirage que représentait Julie s'évanouissait. La réalité le rattrapait. Il lui fallait trouver les mots pour annoncer sa décision à Esther.

— Tu vas te prendre un appartement ? questionna Esther.

— C'est-à-dire que…

— C'est pas le bon temps pour acheter une maison. Loue quelque chose jusqu'au printemps. T'auras un meilleur prix dans quelques mois. Financièrement, ça sera pas le Klondike dans les prochaines années, mais on va s'arranger.

— Je pensais pas à m'acheter une autre maison.

— T'es perdant à long terme avec une location. Même si tu te serres la ceinture avec une hypothèque, au moins, en bout de ligne, l'argent te revient.

Jean-François était déstabilisé. Il s'apprêtait à faire une déclaration d'amour, et Esther lui parlait d'hypothèque et d'avantages fiscaux. Il se préparait à ramener la discussion dans la direction souhaitée lorsque Esther lui coupa l'herbe sous le pied.

— Tu vas pouvoir prendre les enfants à coucher les week-ends. Ils vont être contents. Pis moi, ça va me permettre de me reposer. L'accouchement s'en vient…

Jean-François connaissait suffisamment Esther pour savoir qu'elle tentait délibérément d'éviter qu'il dévoile ses sentiments. Sûrement souhaitait-elle lui éviter l'embarras d'un refus. Peut-être aurait-il dû commencer par s'informer de sa vie amoureuse à elle ? La place était peut-être prise par un autre. Jean-François comprit qu'il devrait prendre son mal en patience, louer un appartement rapidement et que la reconquête d'Esther demanderait un peu de temps. Mais en avait-il devant lui ?

Lili aussi trouvait que le temps commençait à manquer. La mésaventure de Jeannine offrait une nouvelle perspective de ce que pouvait être une fin de grossesse. Lili craignait surtout de ne pas être en mesure de joindre son amoureux si les contractions se déclenchaient alors qu'ils étaient séparés ou si un problème plus urgent survenait.

Elle décida de prendre le taureau par les cornes et d'acheter un cellulaire pour Thomas. Lui qui avait toujours refusé de s'équiper d'un téléphone portable comprendrait certainement la nécessité actuelle de la chose. Elle hésitait entre un modèle de base avec du temps d'antenne à la carte et la plus récente génération de téléphones intelligents. Si le premier répondait parfaitement au besoin qu'avait Lili de pouvoir joindre son homme en tous temps, le second arriverait peut-être à convaincre Thomas de conserver l'appareil après l'accouchement.

Lili opta pour le modèle dernier cri et ne lésina pas sur le forfait d'activation. Avant de l'offrir à Thomas, elle y téléchargea des applications susceptibles de le charmer : encyclopédie botanique, niveau pour la menuiserie, jeux de patience. Quelques dizaines de dollars plus tard, elle entreprit de garnir la discothèque virtuelle de Thomas. Elle téléchargea dans le petit appareil de vieilles chansons françaises fredonnées par son amoureux et quelques pièces qui relataient leur histoire commune, dont la chanson *Les bonbons* de Brel. La liste de lecture finale proposait un mélange éclectique d'Aznavour, Claude Léveillée, Grand Corps Malade et Kenny Rogers.

Pour que le cadeau soit parfait, Lili décida également de remplir le carnet d'adresses et de numéros de téléphone. Certains numéros lui étaient familiers et elle les entra de mémoire. Pour la suite, elle devrait subtiliser l'agenda papier de Thomas afin de connaître les coordonnées des essentiels de son chum.

Le soir même, alors que Thomas partait s'entraîner en compagnie de Jean-François, Lili commença le transfert des informations dans la mémoire du cellulaire. En feuilletant l'agenda pour être certaine de ne pas avoir oublié un numéro noté au fil des semaines, Lili remarqua une inscription suspecte. Un simple prénom noté à la hâte : Magalie. Se pouvait-il que Thomas songe à appeler leur fille ainsi ? En y regardant de plus près, Lili retrouva la même inscription à trois reprises dans l'horaire de son chum. La plus récente datait du fameux jeudi où Lili avait fait l'aller-retour à pied à la boutique.

Jeannine appuya sur la touche d'envoi. C'était le neuvième document qu'elle transférait à Lili, Esther et Frédérique. Depuis le matin, elle naviguait sur la Toile à la recherche d'informations relatives aux grossesses gémellaires. Parmi ses trouvailles : une association québécoise pour parents de jumeaux, la liste des vedettes internationales ayant des jumeaux et un essai sur la difficulté pour un enfant ayant un jumeau identique de se forger une personnalité propre. Fascinée par la quantité d'informations disponibles sur Internet, Jeannine partageait ses découvertes.

La veille, elle avait fait une recherche sur le Capricorne, le signe astrologique que partageraient leurs enfants s'ils naissaient à terme. Jeannine transférait aux autres tout ce qu'elle trouvait à ce sujet. Esther apprit donc que le capricorne était un insecte pouvant s'attaquer à la charpente d'une maison. Frédérique lut avec amusement que le signe astrologique d'Elvis Presley et de Martin Luther King était le Capricorne. Et Lili reçut des prédictions personnalisées en fonction de sa date prévue d'accouchement : sa fille serait bonne à l'école et aurait un caractère introverti, selon un astrologue offrant des consultations en ligne gratuites.

Ayant épuisé le sujet du jour, Jeannine commença la deuxième tâche la plus intéressante de sa journée : s'inventer un malaise. Les visites se faisaient rares à son chevet, elle contactait donc ses amies pour se plaindre d'un petit bobo et quelqu'un finissait par venir la voir avec une solution à son problème. La veille, Lili lui avait acheté un baume pour soulager ses jambes ankylosées. Elle avait consacré quelques minutes à lui masser les pieds avec la crème rafraîchissante que Jeannine avait pris soin d'exiger au préalable. La journée d'avant, Esther était accourue avec des gouttes ophtalmologiques, Jeannine prédisant l'apparition d'un orgelet. Quand ce n'était pas Gerry qui faisait la navette entre le travail et la maison pour répondre aux envies alimentaires de Jeannine, c'était Frédérique qui se pliait aux caprices de sa mère pour qu'elle arrête enfin de lui téléphoner.

Jeannine décida que la victime du jour serait Esther.

— J'ai un problème de gencives. Tu voudrais pas passer à la maison pour examiner ça ?

— Soie dentaire et brosse à dents. C'est tout ce qu'il te faut. Je pourrai pas faire plus, je ne suis pas dentiste.

— Tu m'as pas dit l'autre jour qu'il existait un rince-bouche spécial pour aider ? Tu pourrais peut-être m'en apporter après le travail ? Je bougerai pas d'ici !

Son cellulaire lui était devenu indispensable. Jeannine avait une arme de destruction massive entre les mains et l'utilisait sans ménagement. Même Lili commençait à croire qu'elle avait eu tort d'initier Jeannine à l'univers des nouvelles technologies. Sa boîte de courriels débordait de documents inintéressants et Jeannine avait le don de toujours la contacter au mauvais moment pour une jasette improvisée.

Au fond, Jeannine utilisait les moyens mis à sa disposition pour garder vivant le lien qui l'unissait aux autres. L'isolement lui faisait peur. En ce sens, elle et sa fille se ressemblaient beaucoup. Elle s'était attachée à Lili et Esther au fil des semaines et redoutait qu'en s'absentant de leurs activités communes quelques semaines, elle soit reléguée au rang d'artéfact amical.

Le réseau social de Jeannine était constamment alimenté de faits anodins : je vais essayer de dormir un peu, je m'ennuie, une grossesse multiple est exigeante, j'ai envie de macaronis. Tout y passait ! Jeannine était convaincue que les détails de son quotidien passionnaient ses amies.

La grossesse pouvait bien s'éterniser. Jeannine avait de quoi s'occuper. Elle consulta son agenda virtuel et constata qu'elle devait téléphoner sans faute à Frédérique à dix-neuf heures ce soir.

À dix-huit heures cinquante-cinq, Jeannine composa le numéro du cellulaire de sa fille. N'obtenant pas de réponse, elle essaya celui de Lili qui répondit après plusieurs sonneries.

— On s'installe. Je te rappelle dans dix minutes, quand la première candidate sera là, proposa Lili.

Frédérique s'était résolue à faire appel à une accompagnante à la naissance, mais encore fallait-il trouver la perle rare. Les filles étaient mises à contribution pour identifier la meilleure ressource en fonction de la personnalité de Frédérique. Une soirée d'entrevues avait été planifiée à domicile.

Esther avait apporté papier et crayons pour chacune et avait pris soin d'élaborer un questionnaire de base servant à évaluer les candidates.

— "Quelles études avez-vous complétées?", lut Frédérique. En quoi c'est pertinent? Moi, tant que la fille fait la différence entre périnée et gonorrhée...

— Un minimum d'études en psychologie ou relation d'aide lors d'un accouchement, ça ne peut pas nuire.

— De toute manière, les questions, c'est pour meubler, intervint Lili. Faut juste que ça clique. Tu vas le sentir quand ça va être la bonne. C'est comme un coup de foudre.

Frédérique trouvait que l'idée que Lili se faisait de cette sélection importante était beaucoup trop romanesque pour elle. Elle se dit quand même qu'à elles quatre, elles allaient trouver la bonne personne.

Grâce à une agence spécialisée dans le domaine, Frédérique avait déjà sélectionné quatre accompagnantes en fonction de leur fiche de présentation. Les entretiens de ce soir permettraient à l'étau de se resserrer et de passer de quatre à une seule candidate.

Un «toc toc» discret les avisa de l'arrivée de la première personne. Pendant que Frédérique répondait à la porte, Lili en profita pour téléphoner à Jeannine afin qu'elle participe aux échanges.

Une femme sortie tout droit des années soixante-dix franchit l'entrée de l'appartement. Tout en elle exsudait la jardinière en macramé et le patchouli. Elle dédaigna la chaise mise à sa disposition et préféra s'asseoir directement sur le sol.

— Les vibrations terrestres sont importantes et faire corps avec la Terre est la base de l'harmonie personnelle.

— Sauf qu'ici, le sol est un plancher de béton de troisième étage, crut important de préciser Frédérique.

Par politesse, Esther et Lili prirent le temps de poser quelques questions à la nouvelle arrivée, mais le fait que Frédérique leur laisse toute la besogne et aille à la cuisine se servir une boisson gazeuse en disait long sur son opinion de la première candidate.

La seconde accompagnante était plus terre-à-terre. La femme costaude n'y alla pas par quatre chemins pour faire valoir ses compétences et ses limites.

— J'suis pas du genre à materner. J'ai cinq enfants, c'est ben assez. Si vous cherchez une maman de substitution…

— Vous comprenez quand même que c'est un moment émotif, risqua Lili.

— Quand vous aurez la tête d'un bébé qui essaie de sortir entre vos deux jambes, vous me direz si vous avez besoin de conseils pratiques ou d'affection.

— Je pense qu'on n'a plus de question, conclut Frédérique.

Au contraire de sa prédécesseure, la troisième aspirante-accompagnante misait beaucoup sur les liens affectifs qu'elle pouvait tisser avec sa cliente avant l'accouchement. Elle avait pris soin d'apporter du sucre à la crème qu'elle avait confectionné le matin même. Dès la première question, elle demanda qu'on la tutoie et rapprocha sa chaise de celle de Frédérique allant même jusqu'à lui tenir la main et l'appeler chaton.

— C'est pas une deuxième mère qu'elle se cherche, c'est une accompagnante, précisa Jeannine dont l'instinct maternel était écorché par l'attitude de la nouvelle venue.

Frédérique commençait à désespérer lorsque se présenta la dernière candidate. La jeune femme, préposée aux bénéficiaires pendant quelques années, était devenue accompagnante à la naissance après l'arrivée de sa propre fille. Elle aimait le contact plus chaleureux que lui offrait sa nouvelle profession. Elle proposa une série de rencontres préparatoires pour bien cerner les besoins de Frédérique et sa situation personnelle. En quelques minutes, elle avait charmé le quatuor de bedaines. Frédérique lui annonça qu'elle était embauchée sur-le-champ.

Ravie, l'accompagnante sortit sa paperasse afin que Frédérique remplisse un formulaire d'inscription pour l'agence. Quand ce fut complété, elle y jeta un coup d'œil rapide.

— Ta date d'accouchement est en janvier ?

— Oui.

— Ça paraît pas, t'es toute petite. Malheureusement, je ne pourrai pas t'accompagner. J'ai déjà deux mamans pour la même période.

La soirée se termina en queue de poisson. Déçue, Frédérique devait maintenant choisir entre la survivante du Peace and Love, la matrone ou la dépendante affective. En y réfléchissant bien, peut-être valait-il mieux qu'elle accouche toute seule. « Mieux vaut être seule que mal accompagnée », récita Frédérique pour elle-même. Jeannine passait son temps à lui rebattre les oreilles avec ce vieux dicton chaque fois que ses amants ne lui plaisaient pas. Peut-être la maxime s'appliquait-elle aussi aux accompagnantes à la naissance ?

Esther replaça une mèche de cheveux derrière son oreille. Sa coquetterie la surprit. Il n'y avait pas lieu de se fendre en quatre pour charmer son invité, mais elle souhaitait être à son meilleur.

Pendant que Samuel allumait un feu de foyer, le premier de la saison froide, Esther disposait le souper sur un plateau. Elle salivait devant les nombreux makis et sushis apportés par Samuel. Le jeune médecin rebelle avait pris soin de choisir les bouchées composées de poisson cuit comme les crevettes et la goberge, ou de sélectionner des rouleaux végétariens. Esther aurait donné cher pour partager une bouteille de vin d'Alsace avec ce délice.

Lorsqu'elle s'était exclamée qu'il en faisait beaucoup trop pour elle, il s'était contenté de lui répliquer que prendre soin des autres était une vocation pour lui.

— Tu dois pas souvent laisser les autres te gâter. Profites-en au lieu de chialer, lui avait-il recommandé.

Esther trouvait déjà qu'il en faisait beaucoup en participant aux cours prénatals. C'était une chose de jouer les amoureux devant les copains, c'en était une autre de souper en tête-à-tête.

Ils s'installèrent au sol sur des coussins pour partager leur festin asiatique arrosé d'eau minérale. L'inconfort de la position était largement compensé par la beauté du feu et l'ambiance qu'il créait. Esther appréciait la présence de Samuel plus qu'elle ne voulait l'admettre. Avec lui, elle réalisait à quel point la présence d'un homme lui manquait.

Le feu perdait de son intensité, les bûches s'étaient consumées à la vitesse de la lumière ou alors la nuit était déjà bien entamée, Esther n'aurait su dire. Samuel regarda sa montre.

— Je devrais y aller. Faut que tu te reposes.

— J'ai pas à me lever demain. C'est mon ex qui a les enfants.

Pendant la soirée, Esther lui avait raconté que Jean-François avait loué un petit appartement. Le trois et demi ne payait pas de mine, mais c'était sûrement en attendant de faire l'acquisition d'un condo plus adapté à la vie de papa célibataire. Les enfants feraient du camping dans son salon un week-end sur deux. Une aventure extraordinaire de leur point de vue d'enfant.

Le feu se mourait. La pièce était maintenant plongée dans une demi-obscurité. À l'abri de la lumière crue qui aurait révélé son embarras, Esther fit une demande inusitée à Samuel :

— Tu voudrais pas rester à dormir ?

Samuel aurait voulu fouiller l'âme d'Esther du regard, mais la pénombre l'en empêchait. Il cherchait à comprendre ce que sous-entendait cette invitation. Esther, de son côté, retenait sa respiration. Sa psychologue lui avait demandé de s'ouvrir aux autres. Si ce n'était pas ce qu'elle était en train de faire…

— Je ronfle, parfois, prévint-il.

— Moi aussi, quand je suis enceinte.

— Je prends beaucoup de place dans un lit avec mes six pieds.

— Pas plus que moi, ajouta Esther en se frottant la bedaine.

— On m'a aussi reproché de tirer sur les draps, ajouta Samuel juste pour le plaisir.

— Je vais te pousser en bas du lit, menaça Esther.

— Dans le fond, tu fais ça pour moi. T'as peur que je prenne la route après tout ce que j'ai bu.

Pour appuyer l'ironie de sa phrase, Samuel cala le reste de son eau minérale.

— Exactement, je ne voudrais pas avoir un accident avec facultés affaiblies sur la conscience.

— Je prends la gauche.

— Pas question, c'est moi qui dors à gauche.

— C'est le luxe de l'invité de choisir.

— C'est le privilège de l'hôte d'assigner où dormir.

Gentleman, Samuel laissa Esther choisir le côté du lit qu'elle préférait. De toute façon, ils y dormirent tous les deux, tendrement enlacés, en cuillères. Lui faisant office de cuillère à soupe protégeant sa cuillère à thé. Esther s'endormit comme un bébé. Bien en sécurité dans les bras de Samuel, ses idées noires et sa planification familiale firent place au sommeil en un temps record. Esther se sentait femme contre ce corps si viril. « Comment un gay arrive-t-il à me faire me sentir si féminine ? », se demanda-t-elle avant de s'abandonner à Morphée. Elle ronflait depuis longtemps lorsque Samuel trouva le sommeil.

Elle se réveilla en sursaut lorsque la sonnerie de son cellulaire retentit. Paniquée à l'idée que quelque chose soit arrivé aux enfants qui dormaient chez leur père, Esther ne prit pas le temps de se réveiller avant de répondre. Elle tendit le bras vers la table de chevet et y trouva son portable.

— Qu'est-ce que tu dirais d'acheter des croissants et de venir déjeuner à la maison ? Gerry a fait de superbes purées de fruits pour accompagner le tout. Ça sent déjà le bon café jusque dans ma chambre.

— Je bois pas de café, Jeannine.

Esther reposa lourdement la tête sur l'oreiller, sa poussée d'adrénaline l'abandonnant aussi subitement qu'elle était née. Dans son dos, Samuel espérait juste se rendormir.

Esther ouvrit les yeux et regarda son cellulaire pour y lire l'heure. Avec horreur, elle réalisa que Jeannine l'avait contactée par vidéoconférence. Le simple mouvement qu'Esther venait de faire avait permis à son interlocutrice d'avoir une vue d'ensemble de sa chambre à coucher.

— T'es pas seule ! s'exclama Jeannine.

Esther appuya sur l'écran pour mettre fin à la connexion et grogna de déplaisir.

— Tu viens de faire sa journée, on dirait, ricana Samuel.

— Avant l'heure du dîner, la moitié de la ville va savoir que t'as dormi ici.

Marabout, Esther se dégagea des couvertures. Samuel l'attrapa fermement avant qu'elle ne quitte le lit et passa un bras autour d'elle en l'obligeant à reprendre sa place auprès de lui.

— Aussi bien en profiter. Tant qu'à être coupable…

Même le souffle chaud et régulier de Samuel dans son cou n'eut pas raison de l'anxiété d'Esther. Qu'allaient penser ses amies de son comportement ? Elle regrettait d'avoir invité Samuel pour la nuit et commençait déjà à chercher des excuses pour s'en sortir élégamment. L'exercice la fatigua et elle finit par se rendormir.

La sonnette d'entrée la tira du lit quelques heures plus tard. Samuel était sous la douche à en juger par le bruit de l'eau qui coulait. Elle enfila un peignoir, certaine de trouver Lili ou Frédérique sur le pas de sa porte. Jeannine avait sûrement répandu la nouvelle et ses amies venaient réclamer des détails juteux.

— Ma vie privée vous regar…

Esther ne termina pas sa phrase. Jean-François se tenait sur le perron, mal à l'aise.

— Tu m'invites pas à entrer ?

Jean-François entendit le bruit de la douche. Additionné à la robe de chambre qu'Esther avait enfilée et à la voiture qui se trouvait dans l'entrée, l'équation était sans équivoque.

— Où sont les enfants ? s'inquiéta Esther.

— Chez Thomas et Lili. Je voulais qu'on se parle, mais je comprends que le moment est mal choisi.

Le bruit de la douche cessa. Esther priait pour que Samuel prenne son temps et qu'elle ait la chance de congédier Jean-François avant qu'il ne se pointe le bout du nez dans la cuisine. Les pas de Samuel lui indiquèrent qu'elle avait quelques secondes pour se trouver une contenance.

Samuel enfilait son chandail au moment où il fit irruption dans la pièce, laissant à Esther et à Jean-François le temps d'admirer ses abdominaux parfaitement dessinés. Esther se désola d'avoir dormi dos à ce beau morceau d'homme alors que Jean-François ressentit cruellement ses quarante ans devant le jeune apollon.

— Bonjour, vous devez être Jean-François ? dit Samuel le plus naturellement du monde en tendant la main à l'ex d'Esther.

Jean-François hésita, mais serra tout de même la pince au jeune blanc-bec. Il lui écrasa les phalanges du mieux qu'il put. Samuel se contenta de sourire. Comme Esther ne procédait pas aux présentations en bonne et due forme, un malaise de plus en plus évident s'installa dans la pièce.

— Vous voulez déjeuner avec nous ? proposa Samuel avec les meilleures intentions du monde.

— Je voulais juste parler à ma femme, répliqua Jean-François en mettant l'accent sur les deux derniers mots.

— Je peux vous laisser.

— Non, s'opposa Esther. On va remettre ça à un autre moment, à tête reposée, hein Jean-François ? Dimanche ? Quand tu ramèneras les enfants ?

Jean-François acquiesça avant de tirer sa révérence.

— Beau bonhomme, commenta Samuel une fois qu'il fut sorti. Mais beaucoup trop vieux pour toi.

Esther éclata de rire. Samuel possédait l'art de désamorcer une bombe. Heureusement, car grâce au concours de Jeannine, Esther traversa un champ miné tout au long de la journée. Elle fit semblant d'être occupée pour ne pas répondre à Frédérique qui téléphona à de multiples reprises, autant sur le cellulaire de Samuel que sur le sien, mais ne put s'empêcher d'ouvrir sa porte lorsque Lili cogna chez elle.

— T'es seule ?

— Oui.

— Samuel a vraiment dormi ici ?

— Faut pas croire tout ce qu'on raconte.

— Selon Jeannine, y avait pas vraiment place à interprétation.

— Est-ce que l'interrogatoire peut avoir lieu en dedans ? Il fait froid.

Les deux femmes s'installèrent à la cuisine.

— Tu devais pas t'occuper de mes enfants, toi ?

— Jean-François est repassé les prendre. Entre-temps, j'avais eu le texto de Jeannine concernant Samuel. Un plus un...

— Il s'est rien passé avec Samuel, déclara Esther.

— Moi, je le sais, mais pas Jean-François.

— On va s'expliquer dimanche, conclut Esther pour changer de sujet.

— Les apparences sont parfois trompeuses, ajouta énigmatiquement Lili.

Elle souhaitait partager sa découverte avec Esther, mais ne savait pas par quel bout commencer. Le comportement de Thomas l'inquiétait et Lili avait besoin de réponses.

— Penses-tu que Thomas me trompe ?

Esther éclata de rire, croyant d'abord à une blague. Devant le faciès anxieux de Lili, elle redevint sérieuse.

— Thomas ? Voyons donc ! Où est-ce que tu vas pêcher des idées comme ça ?

Lili expliqua les inscriptions dans l'agenda, les absences de plus en plus fréquentes de Thomas, l'impression qu'il lui mentait à l'occasion sur son emploi du temps.

— Si ça t'inquiète autant, engage un détective privé, ironisa Esther pour qui la fidélité de Thomas ne faisait aucun doute.

— Pas bête.

— Je blaguais, Lili. Thomas te voit dans sa soupe.

— Pas depuis que je suis enceinte. On dirait qu'on vit sur deux planètes.

— Tu t'en fais pour rien. Tu vas bientôt accoucher et ton amoureux va être là à tes côtés pour accueillir votre bébé. Quand vous allez le tenir dans vos bras, tout le reste va perdre de l'importance. Les conflits aussi, crois-moi.

Lili se raccrocha aux paroles d'Esther. Peut-être voyait-elle tout en noir sans raison ? Pourtant, son sixième sens lui disait le contraire.

— Moi aussi, je trouve que t'es de moins en moins là, lança Esther.

— Qu'est-ce que tu veux dire ?

— Depuis que tu connais Frédérique, je te vois moins. J'suis comme une vieille pantoufle, alors qu'elle est un escarpin.

— T'es ma pantoufle de vair. Je peux pas me passer de toi.

— D'elle non plus, on dirait.

— Tu me fais une crise de jalousie ! s'émut Lili.

— Ben non, mentit Esther. C'est juste que moi aussi, j'suis toute seule pour accoucher. J'aurais aimé ça que tu t'en rendes compte.

— Ça avait pas l'air de t'énerver.

— Les apparences sont parfois trompeuses...

Quelques jours plus tard, Thomas ferma la boutique une heure plus tôt qu'à l'habitude. Lorsque Lili constata qu'il ne répondait pas au téléphone, elle appela Esther et Frédérique et leur proposa une filature. Frédérique arriva avec une collection de lunettes solaires pour jouer les détectives. À l'unanimité, elles décrétèrent que l'accessoire risquait de les trahir en plein soir de décembre. Les filles optèrent plutôt pour les vieux chapeaux de poils qu'Esther avait sorti de son placard pour l'occasion.

Thomas étant familier avec les voitures de Lili et d'Esther, les trois Miss Marple s'entassèrent dans la petite sous-compacte de Frédérique. Elles ne pouvaient se permettre de se déplacer à pied : leurs bedaines les trahiraient et leurs jambes flancheraient avant longtemps.

Leur stratégie consistait à quadriller les rues voisines du fleuriste, à la recherche de la voiture de Thomas. Il ne pouvait pas être bien loin : il rentrait à peine une heure plus tard que prévu lors de ses troublantes disparitions.

Lili reconnut son auto devant un petit pub où elle n'avait jamais mis les pieds.

— C'est minable comme endroit, révéla Frédérique. S'il te trompe, il a pas une grande estime de la fille pour la traîner dans un endroit pareil. C'est une taverne de soûlons.

— Ou bien il va là justement parce qu'on ne penserait pas à l'y chercher, réfléchit Esther à haute voix.

— Merci pour l'encouragement, lui reprocha Lili qui ne pouvait croire que son chum la trompait véritablement.

Lili refusa qu'une de ses amies soit mandatée pour entrer à sa place. Si on devait surprendre Thomas au bras d'une autre, mieux valait que ce soit elle qui le fasse. Frédérique gara la voiture à proximité et Lili prit son courage à deux mains.

Elle poussa la porte du débit de boisson. L'odeur âcre la saisit à la gorge. Elle repéra Thomas en quelques secondes. Il riait à gorge déployée entre deux gorgées de bière. À ses côtés, deux gars que Lili reconnut comme de vieux compagnons d'étude. Son chum, tel qu'il le lui avait dit, sortait avec des amis.

Lili fut envahie d'une grande bouffée d'amour. Thomas, son Thomas, était honnête. Il avait trouvé une façon de décompresser, de se libérer du stress généré par la grossesse. Il entretenait ses amitiés, comme elle le faisait avec Esther et Frédérique. Dans le fond, ils étaient pareils.

Rassurée, elle referma la porte avant que Thomas ne la repère et rejoignit les filles le cœur léger.

Jeannine avait été écartée du commando à cause de son état de santé, mais elle fut rapidement mise au courant du succès de l'opération. Dès qu'elle reçut le texto de Lili lui confirmant que Thomas avait été retrouvé en compagnie de ses vieux amis, Jeannine reprit son jeu là où elle l'avait abandonné.

Depuis le matin, elle téléchargeait différentes applications. Elle avait mis la main sur un jeu qui l'enthousiasmait.

L'objectif était d'aligner des pierres précieuses de même couleur pour les détruire. À chaque nouvelle partie, son pointage final augmentait. Jeannine s'était donné comme défi de dépasser un million de points. Elle enlignait les parties comme une joueuse compulsive.

— Une p'tite dernière et j'arrête, essaya-t-elle de se convaincre pour la centième fois.

Sa dépendance au jeu vidéo la gardait rivée à son cellulaire. Elle tenait l'appareil à dix centimètres de son visage comme si, à proximité, elle avait plus de chances d'influencer la chute des pierres précieuses.

— Pas du rouge ! J'ai demandé du jaune !

Elle parlait au téléphone comme à un être vivant. Il faut dire qu'après quelques semaines à garder le lit, même la plus saine des personnes se trouve des amis imaginaires.

Gerry passa la tête dans le cadre de porte. Absorbée par la partie en cours, Jeannine ne le remarqua même pas. Il sourit devant sa femme si passionnée par ce qu'elle ne connaissait même pas quelques jours auparavant. L'ébauche de sourire n'eut pas le temps de s'épanouir et mourut subitement. Gerry remarqua que Jeannine n'avait pas touché à l'assiette qu'il lui avait préparée pour souper. Elle avait prétexté être au beau milieu d'une partie et lui avait demandé de laisser l'assiette à côté d'elle en promettant de manger dès que ce serait terminé. Elle n'avait pas tenu promesse.

— T'aimes pas mon souper ?

Jeannine continuait à jouer. Répondre lui demanderait de diviser son attention et elle ne pouvait pas se le permettre. Elle était si près du but.

— Jeannine, j'te parle.

— Maudit bout de boudin poilu ! J'suis morte. Ça pouvait pas attendre ? Tu m'as fait mourir.

— Toi tu fais mourir de faim les bébés. Mange ! ordonna-t-il. Si c'te machine-là t'empêche de prendre soin de mes bébés, j'vais te l'enlever.

La menace eut l'effet escompté : Jeannine déposa l'assiette en équilibre sur son ventre et croqua à belles dents dans son sandwich. Tout pour ne pas qu'on lui enlève son joujou. Dès que Gerry serait parti, elle baisserait le volume de l'appareil au minimum et reprendrait sa partie.

La visite de l'hôpital était un rituel pour tous les futurs parents. Cela permettait une reconnaissance des lieux et contribuait à diminuer l'anxiété reliée à l'accouchement. Lors de leurs cours prénatals, la monitrice avait fortement suggéré à tous les couples de prendre rendez-vous pour visiter l'étage des naissances.

Frédérique avait invité Lili à l'accompagner. Cette dernière se défila en prétextant sa propre visite prévue avec Thomas quelques jours plus tard au même endroit.

— J'peux pas y aller avec toi et demander à Thomas d'y aller tout seul.

— T'as qu'à faire la visite deux fois. Personne va s'en rendre compte.

L'idée de déambuler à deux reprises dans les couloirs de la maternité ne l'enchantait guère, mais par amitié, Lili accepta la proposition de Frédérique. Elles se donnèrent rendez-vous directement à l'hôpital, Lili ne sachant pas encore à quels événements son patron allait l'affecter pour la journée.

C'est avec soulagement que Frédérique la vit passer les portes tournantes de l'entrée du centre hospitalier avec à peine cinq minutes de retard. Elles se dirigèrent vers le deuxième étage, celui consacré aux accouchées et à leurs bébés.

La visite était instructive. Le sentiment de sécurité de Frédérique grandissait au fur et à mesure qu'elles découvraient l'étage des naissances. La dizaine de parents réunis pour l'occasion écoutaient religieusement les explications de l'infirmière en charge du groupe.

Soudainement, ils entendirent une plainte animale sortir d'une des portes entrouvertes.

— Une patiente qui accouche, expliqua brièvement l'infirmière.

Les cris de la femme emplirent bientôt le corridor, freinant les explications de l'infirmière qui aurait dû hurler pour les couvrir.

— Donnez-lui quelque chose, quelqu'un! réclama Frédérique.

— C'est déjà fait, mais la péridurale ne fonctionne pas pour toutes les patientes. Y a au moins dix pour cent des femmes pour qui ça ne donne aucun résultat.

Frédérique blêmit. «L'épidurale est pas efficace à cent pour cent?» Déjà qu'on lui avait refusé une césarienne, elle ne pouvait pas croire qu'il y avait des chances que la péridurale ne lui réussisse pas.

Le groupe atteignit enfin l'unité de néonatalogie. La section ne leur était pas accessible afin de protéger la santé fragile de tous les bébés malades ou prématurés qui s'y trouvaient. Frédérique colla son front contre la vitre afin d'observer les minuscules poupons de l'autre côté. Lili fit de même et réprima une larme. Comme elle avait hâte de tenir son bébé dans ses bras! L'idée qu'il puisse être malade lui chavira le cœur. Quelques parents, exténués et cernés, berçaient doucement leur bébé en attente d'une opération ou tendaient l'index à leur poupon isolé dans une couveuse. Frédérique souhaita très fort que son bébé soit en pleine santé. Elle n'avait pas respecté toutes les recommandations faites aux futures mamans. Elle regrettait maintenant l'alcool bu en cours de grossesse et les fromages au lait cru qu'elle avait savourés. Un bébé en bonne santé avait plus de chances d'être adopté.

Lorsqu'elles revinrent vers les salles d'accouchement, une seconde infirmière vint murmurer quelque chose à l'oreille de leur guide.

— Je vais devoir terminer la visite. Une urgence.

En quelques secondes, tout le personnel hospitalier s'activait pour effectuer une césarienne d'urgence à une jeune patiente en choc traumatique. La civière de la jeune femme passa juste à côté de Lili et Frédérique. La future maman tremblait de tout son corps et réclamait la présence de son conjoint. Le papa arriva, vêtu d'une combinaison bleue, et saisit la main de son amour.

— Ça va aller, je suis là, chérie.

Témoins de cette scène dramatique, Lili et Frédérique regagnèrent la sortie, troublées. Lili admit sans gêne l'inquiétude que lui avait provoquée la visite.

— C'est un cauchemar et on n'est pas à l'abri. Personne.

— Tu vas avoir un accouchement de rêve, tu vas voir, tenta de la rassurer Frédérique.

Lili choisit de rentrer à pied pour évacuer les mauvaises énergies accumulées pendant la visite. Frédérique regagna donc seule sa voiture. Elle s'assit derrière le volant et éclata en sanglots. Elle ne pouvait pas accoucher seule. Elle ne pouvait pas faire face à l'accouchement. Tremblante, elle prit son cellulaire et composa le numéro de Simon sans réfléchir. Il répondit après une seule sonnerie.

— Frédérique ? Qu'est-ce qui me vaut ton appel ?

— J'suis à l'hôpital, articula-t-elle avec difficulté entre deux sanglots.

Elle manquait d'air.

« Elle est en train d'accoucher », pensa Simon. Jamais Frédérique n'avait fait étalage de ses émotions. La fragilité qui transpirait de ses mots laissait présager le pire.

— Quel hôpital ?

— Irma-Levasseur.

— J'arrive.

S'il lui en voulait encore de lui avoir caché sa grossesse, Simon espérait tout de même cet appel depuis des semaines. Il avait fini par croire que Frédérique ne daignerait jamais s'expliquer. Orgueilleux, il s'était battu avec lui-même des dizaines de fois, passant à un cheveu de flancher et de contacter Frédérique. Il aurait simplement souhaité que leurs retrouvailles se passent ailleurs qu'à l'hôpital, au moment où elle accouchait…

Simon arriva à l'admission du département d'obstétrique. Aucune infirmière ne trouvait Frédérique dans les registres.

— Vous êtes certain d'être au bon hôpital ?

Paniqué à l'idée de ne pas être au bon endroit, il téléphona à Frédérique pour se faire confirmer le nom de l'hôpital où elle l'attendait. Il apprit alors qu'elle se trouvait dans sa voiture dans le stationnement. Il la trouva rapidement et se dirigea prestement vers le véhicule stationné. Il ouvrit la portière côté passager et s'assit sans dire un mot.

Frédérique ne le regarda pas. Elle glissa simplement sa main dans la sienne. Simon la porta à ses lèvres. Rassurée par son accueil, elle accepta de lui offrir sa vulnérabilité.

— J'ai peur.

— J'suis là.

Elle hésita un moment avant de se tourner vers lui, honteuse de lui avoir caché sa grossesse. Honteuse de ne pas avoir eu la maturité de le contacter avant aujourd'hui. Honteuse de refouler les sentiments qu'elle ne pouvait plus nier.

— J'ai peur de l'accouchement.

Simon ne savait pas s'il devait lui ouvrir les bras. Il était échaudé, mais Frédérique avait quand même fait l'effort de le contacter, lui. Il craignait qu'elle ne soit en train de lui jouer un numéro de charme, simplement pour vérifier s'il tomberait dans le piège. Pour une fois, il accepta de prendre le risque d'être rejeté. Frédérique trouva refuge sur son épaule.

— J'ai peur d'accoucher toute seule.

La femme indépendante et fière qu'il connaissait n'était donc ni sans faille ni aussi imperturbable qu'elle souhaitait lui laisser croire. Simon fut touché par cet aveu tout simple, mais si vrai. Devant semblable démonstration d'honnêteté, il devait ouvrir son jeu à Frédérique.

— J'y serai. Si tu veux pas être seule, je serai avec toi.

Lili remonta le col de son manteau. Une neige duveteuse commençait à tomber doucement du ciel. La féerie créée par les flocons l'enveloppa et lui fit oublier momentanément le stress de sa visite à l'hôpital.

Comme la visite avait été écourtée, Lili décida de prendre son temps avant de regagner la maison et de faire un peu de lèche-vitrine. Elle se laissa tenter par le sucre à la crème artisanal d'une confiserie de quartier et prit quelques instants pour magasiner un pyjama de bébé. Elle arrêta son choix sur un pyjama-pochette facilitant les changements de couches. Le modèle rose garni de fleurs mauves se retrouva au fond de son sac à main après avoir été payé. Thomas serait content de ne pas avoir à se battre avec les minuscules boutons ornant la majorité des pyjamas pour bébé lorsqu'il serait chargé de faire disparaître une couche souillée.

Lili se perdait dans ses réflexions lorsqu'elle aperçut une voiture identique à celle de Thomas garée à proximité. Un rapide coup d'œil à la plaque d'immatriculation lui confirma qu'il s'agissait bien de la voiture de son amoureux. Peut-être avait-il décidé de lui acheter un petit quelque chose avant de rentrer ? Toujours aussi attentionné, il aimait lui rapporter une babiole de temps en temps.

En déambulant, Lili jetait un regard à l'intérieur de tous les magasins dans l'espoir de trouver son chum. Un peu de givre se formait sur les vitrines des commerces, mais pas suffisamment pour l'empêcher de voir à l'intérieur. Elle trouva Thomas, là où elle ne s'y attendait pas : assis dans un café, une tasse à la main. Lili cligna des yeux pour être certaine qu'elle n'avait pas la berlue.

Thomas, son Thomas, partageait la table d'une femme qu'elle ne connaissait pas. Une belle d'Ivory qui devait faire tourner bien des têtes sur son passage. « On dirait Pocahontas », s'étonna Lili. Elle s'apprêtait à entrer pour se présenter lorsqu'elle vit Thomas prendre la main de la jeune femme et la serrer dans la sienne. Il lui souriait béatement. Le geste ne dura qu'un instant et Thomas retira sa main, mais le mal était fait.

Lili s'adossa au mur. Elle aurait voulu courir, s'enfuir, mais ses jambes refusaient de lui obéir. Elle trouva son cellulaire au fond d'une poche, prit une photo de l'inconnue menaçante à travers la vitrine du café et héla un taxi pour rentrer à la maison. « Il faut toujours se fier à son sixième sens », se dit-elle.

CHAPITRE 8

Lili avait finalement demandé au taxi de se rendre à une autre adresse. Sans préavis, elle avait atterri dans la cuisine d'Esther. Elle ne voulait pas se retrouver seule dans un loft déserté par son amoureux à ressasser les dernières semaines de sa vie à la recherche des indices qu'elle aurait dû voir ou des paroles qu'elle aurait dû mieux interpréter. Elle se serait fait un sang d'encre à tourner en rond dans l'attente interminable du retour de Thomas.

Durant sa courte balade en taxi, elle avait essayé d'agencer les morceaux du casse-tête. La seule conclusion possible était que Thomas la trompait. Qui de mieux qu'Esther pour la comprendre et la conseiller ?

— Thomas me trompe.

Voilà tout ce qu'elle avait été capable de prononcer avant qu'Esther la prenne par les épaules et l'invite à se déchausser pour entrer. Lili avait résumé sa soirée en quelques mots avant de sortir son téléphone et de mettre sous le nez d'Esther sa preuve irréfutable de l'adultère de Thomas.

— Tu la connais ?

— Ni d'Ève ni d'Adam.

— T'es sûre que c'est pas juste une amie ?

— Tiens-tu les mains de tes amis en public ? râla Lili.

Esther ne put s'empêcher de penser à Samuel. Une personne inconnue pouvait facilement les prendre pour un couple lorsqu'ils étaient attablés au restaurant ensemble ou que Samuel lui prenait le bras pour marcher dehors. Elle ne voulait pas sauter trop vite aux conclusions et accuser Thomas, qu'elle avait en haute estime.

— C'est pas le genre de Thomas d'avoir une maîtresse.

— C'était pas le genre de ton mari non plus avant l'été dernier.

— Tu marques un point, concéda Esther. Confronte-le !

— J'suis enceinte de presque huit mois. J'ai pas envie de savoir si mon chum couche avec une autre. J'veux pas briser ma famille à quelques semaines d'en devenir véritablement une.

— Tiens ça mort, d'abord.

— Comment veux-tu que je fasse semblant de rien après ce que j'ai vu ? Chaque fois qu'il va vouloir m'embrasser, c'est cette face-là que je vais voir, dit-elle en faisant référence à la photo qui monopolisait l'écran du cellulaire en permanence.

— Laisse-lui le bénéfice du doute, proposa Esther. Donne-lui la chance de s'expliquer avant de le condamner.

Lili avait déjà son verdict en tête et l'homme au banc des accusés n'était pas blanc comme neige. Elle remit son manteau, prête à affronter la tempête qui faisait maintenant rage à l'extérieur comme à l'intérieur.

Thomas, fidèle à ses habitudes, lisait paisiblement au salon lorsque Lili arriva. Elle se défit de son manteau tout en l'observant du coin de l'œil. Il ne montrait aucun signe de nervosité.

Lili se servit une tasse de chocolat chaud avant de venir s'asseoir au salon. Plutôt que de prendre un magazine et de pousser Thomas pour se coller et lire en amoureux, Lili prit place sur le fauteuil faisant face à son chum. Elle le fixait sans rien dire. Thomas daigna finalement lever le nez de son livre.

— T'as appris des choses intéressantes ?

La question la déstabilisa. Était-il en train de lui ouvrir une porte ? L'avait-il vue sur le trottoir en train de les épier ? Il ne pouvait pas lui faire cet aveu avec l'aplomb qu'il démontrait en ce moment. Lili ne savait pas par quel bout prendre le problème pour le disséquer. Perdue dans sa réflexion, elle oublia de répondre à la question de Thomas.

— Lili ? T'as appris des choses utiles pendant ta visite ?

Elle était tellement ébranlée qu'elle en avait oublié la visite de l'hôpital en compagnie de Frédérique.

— Oui, oui. Pis toi, comment a été ta soirée ? demanda-t-elle innocemment.

— Comme d'habitude... mais j'ai fermé un peu plus tôt.

— Je sais, je suis passée.

L'intonation de Lili alluma une petite lumière rouge dans l'esprit de Thomas. La phrase sous-entendait un reproche, Thomas le savait bien.

— J'avais promis une bière à Jérôme pour son anniversaire, se défendit-il. Comme je savais que tu étais occupée ce soir...

Lili était estomaquée. Thomas lui mentait effrontément. Les mains tremblantes, le cœur battant la chamade, elle fouilla dans son sac et mit un temps fou à trouver son cellulaire. Thomas venait carrément de lui affirmer qu'il profitait du fait qu'elle ait un engagement avec une amie pour voir sa maîtresse en cachette. Elle hésitait entre fondre en larmes ou se ruer sur lui pour le frapper. Il gardait les yeux rivés à son livre, preuve supplémentaire qu'il lui mentait.

Thomas avait l'habitude de mettre son livre de côté lorsqu'il s'adressait à elle.

Son regard descendit sur le cellulaire qu'elle tenait maintenant à deux mains. Elle le serrait tellement fort que ses jointures en étaient blanches. Devait-elle lui montrer la photo pour qu'il avoue ou essayer de lui faire cracher le morceau tout seul ? L'esprit embrouillé par la colère, Lili essaya de reprendre son calme avant d'agir.

Elle se leva et tendit l'appareil à Thomas. Perplexe, il l'observa sous tous les angles avant de soupirer avec lassitude et de le rendre à Lili.

— T'exagères pas un peu, mon amour ? Me semble que le dernier remonte à moins de six mois.

Lili réalisa alors qu'elle avait donné à Thomas le cellulaire qu'elle avait acheté pour lui quelques jours plus tôt.

— C'est un cadeau pour toi, bredouilla-t-elle. Je l'ai acheté pour pouvoir te joindre en tout temps. Avec l'accouchement qui approche...

— ... t'avais l'excuse parfaite pour m'imposer ton amour de la technologie, compléta-t-il. Merci, mon amour.

Le mot doux brûla la poitrine de Lili. Comment osait-il employer ce mot alors qu'une heure plus tôt, il devait le dédier à une autre ? Victime de son inattention, Lili changea de tactique et décida d'attendre avant de sortir le joker de son jeu. La photo pouvait bien attendre...

— J'ai déjà téléchargé ta musique préférée, des applications et rempli ton répertoire de contacts.

— Génial. Me reste plus qu'à apprendre à m'en servir.

Thomas n'était franchement pas emballé par le cadeau. Même s'il convenait qu'avec l'imminence de l'accouchement, l'objet revêtait un caractère pratique, il n'avait pas envie de le trimbaler avec lui et l'idée que tout le monde puisse le joindre en tout temps ne l'enthousiasmait pas.

Lili entreprit de lui montrer comment faire un appel en sélectionnant un contact dans son répertoire. Thomas réalisa soudain que tous les noms de ses amis y figuraient avec leurs numéros de téléphone. Même ceux que Lili ne connaissait pas.

— Comment t'as fait pour avoir tous ces numéros-là ?

— J'ai fouillé dans ton agenda.

Le visage de Thomas se décomposa. Il faisait des efforts herculéens pour ne pas laisser paraître son mécontentement, mais Lili aurait juré qu'il n'appréciait pas qu'elle ait eu son agenda entre les mains. « Une preuve de plus de sa culpabilité », songea-t-elle.

Thomas, qui connaissait les talents d'enquêteuse de sa blonde, craignait qu'elle ait fouillé plus que nécessaire. Il devrait être plus prudent à l'avenir.

En arrivant à l'appartement, Simon avait attiré Frédérique dans la chambre à coucher. Le désir muselé des dernières semaines s'était exprimé dans l'urgence. Maintenant repu, il caressait distraitement le dos de sa belle du bout des doigts. Couché sur le dos, les yeux fermés, le bras gauche passé sous la tête de Frédérique qui reposait contre son flanc, il savourait sa conquête.

Il adorait faire l'amour avec Frédérique, mais il devait bien admettre que la tigresse qu'elle était habituellement sous les draps s'était métamorphosée en chaton ce soir. La passion et la fougue qui la caractérisaient d'ordinaire avaient fait place à la retenue et la tiédeur.

Le ventre gonflé de Frédérique pressait sa hanche. Il faudrait bien qu'ils en parlent. Simon se demandait surtout s'il était le père du bébé. Il ne savait pas laquelle des deux éventualités lui faisait le plus peur : être le géniteur qu'on avait tenu à l'écart ou l'amant doublé par un autre.

Lorsque Jeannine lui avait annoncé la grossesse de Frédérique, il avait surtout été vexé que la principale intéressée ne l'ait pas mis au parfum. Peut-être Frédérique voulait-elle se faire faire un enfant et l'avait-elle utilisé ? Peut-être n'était-il qu'un divertissement alors qu'elle entretenait une relation sérieuse avec un autre ? Dans un cas comme dans l'autre, le rôle qu'on lui proposait ne lui convenait pas.

Comme bien des hommes de son âge, Simon collectionnait les aventures, mais il ne les juxtaposait pas les unes aux autres. Il changeait souvent d'amante, mais prenait soin de mettre un terme à une liaison avant d'en débuter une autre.

Impulsif, il avait tourné la page sur Frédérique en se disant que l'oubli serait facile à trouver dans les bras d'une autre. Frédérique n'avait pas cherché à le retenir. Pire encore, elle n'avait pas daigné s'expliquer. Comment pouvait-on cacher une information aussi cruciale à quelqu'un qui comptait ? Pour une des rares fois de sa vie, Simon ne se sentait pas désiré.

Les jours avaient passé sans que jamais le nom de Frédérique n'apparaisse sur la fenêtre de lecture de son cellulaire. Il se surprenait à espérer de ses nouvelles, à se précipiter sur son téléphone dès que quelqu'un tentait de le joindre, à éviter la rue où travaillait Frédérique de peur d'avoir l'air de tenter de renouer avec elle. Par orgueil, il refusait de faire les premiers pas.

Un mouvement contre sa hanche le tira de sa rêverie. Il ouvrit les yeux et constata que Frédérique s'était assoupie contre lui. C'était le bébé qui donnait des coups. Intrigué, Simon posa une main sur le ventre de Frédérique. Il ressentit la présence du bébé qui commença à dialoguer avec lui avec une alternance de coups et de glissements. L'intensité des mouvements réveilla Frédérique qui se dégagea, mal à l'aise.

— Reste, proposa Simon. Ça me dérange pas. J'aime ça.

Frédérique enfila un vieux t-shirt, quitta la pièce sans dire un mot et se dirigea vers la salle de bain. Simon s'étonna de sa réserve. L'exhibitionniste devenait pudique. Il respecta son silence, se disant qu'il pouvait bien attendre au lendemain pour connaître l'histoire de ce bébé.

Sous le jet d'eau chaude, Frédérique ordonna au bébé de se tenir tranquille. Après quelques mouvements de protestation, il obéit. Elle laissa longuement l'eau ruisseler sur sa peau. Elle espérait que Simon se soit endormi avant qu'elle ne reprenne place à ses côtés dans le lit. Ça lui permettrait d'éviter la discussion qu'elle savait inévitable, mais surtout elle n'avait pas envie de refaire l'amour. Elle connaissait les appétits insatiables de Simon. Après plusieurs minutes, elle sortit de la douche et s'épongea. Elle ne passa pas sa main sur le grand miroir afin d'en chasser la buée : elle n'avait pas envie de voir ce corps qui ne lui appartenait plus.

Jean-François borda Emma et Antoine à la sauvette. Le livre d'histoires, habituellement ponctué d'improvisation, était suivi à la lettre ce soir. Autant il aimait ses enfants, autant en ce moment, c'était la compagnie d'Esther qu'il recherchait.

Lorsqu'il eut embrassé le front des petits, il regagna la cuisine. Esther s'apprêtait à faire la vaisselle. Sachant qu'elle ne s'assoirait pas tant que le ramassage ne serait pas complété, Jean-François la chassa de devant l'évier et commença à laver les ustensiles sales. Esther s'amusa de ce comportement: jamais Jean-François n'aidait dans la cuisine, tanné qu'elle repasse derrière lui dès qu'il terminait une tâche ménagère. Pendant qu'il lavait la vaisselle, Esther entreprit la confection du lunch des enfants, heureuse du temps qu'elle sauverait dans son horaire. Les deux travaillaient en silence.

Jean-François ne souhaitait pas vraiment parler de Samuel. Tout ce qui lui importait, c'était d'annoncer à Esther son intention de la reconquérir. Esther s'attendait à être critiquée pour la présence de Samuel à moitié habillé le samedi précédent, mais les reproches se faisaient attendre.

Elle avait inventé quelques scénarios susceptibles de la tirer d'affaire, dépendamment de l'angle d'attaque de Jean-François. S'il questionnait ses fréquentations, il était facile de lui faire remarquer qu'il n'avait de leçon à donner à personne. S'il optait pour le classique «si j'avais eu les enfants avec moi...», Esther lui reprocherait de s'inviter sans s'annoncer. Finalement, s'il osait lui demander directement si Samuel était son amant, elle nierait et prétexterait que sa douche avait fait défaut et qu'elle avait accepté de le dépanner, en ami. De crainte que Jean-François mijote une offensive plus poussée, Esther décida de le prendre de vitesse.

— Désolée pour samedi matin. Si j'avais su que tu venais, j'aurais été seule.

— Est-ce que ça fait longtemps...

Jean-François ne voulait pas terminer sa phrase. Tout ce qui lui importait était de savoir si le jeune homme rencontré était le père de l'enfant d'Esther.

— C'est un ami de Frédérique que je viens à peine de rencontrer. Il est gay.

Jean-François doutait de l'information. Il savait Esther capable d'inventer n'importe quoi pour sauver les apparences. Si elle était coupable de quelque chose, elle pouvait le lui cacher simplement par orgueil. Il se souvenait du vase en verre de Murano, reçu de sa mère, qu'Esther avait brisé. Elle avait rejeté la faute sur Emma qui n'avait que deux ans à l'époque et ne parlait pas assez pour contredire sa mère. Haute comme trois pommes, la petite ne pouvait pas atteindre le vase, impossible donc qu'elle l'ait jeté par terre. Même chose pour les sacs de chips qui disparaissaient mystérieusement du garde-manger. Jean-François avait surpris Esther plus d'une fois en train d'avaler en vitesse une poignée de chips. Il n'avait qu'à l'embrasser pour savoir qu'elle venait d'en manger, mais jamais elle ne l'avouait. Elle accusait plutôt la gardienne embauchée le soir précédent.

Jean-François décida de changer de sujet et parla de leur expérience de camping de salon. S'il voulait revenir vivre ici, il ne fallait rien brusquer.

— Antoine a bricolé un feu de camp en carton et on a mangé des guimauves piquées sur des bouts de bois ramassés dehors.

Une fraction de seconde, Esther pensa à tous les germes agglutinés sur les bouts de bois que les enfants avaient portés à leur bouche, aux calories vides que représentaient les guimauves et aux dangers qu'il y avait à mettre des branches entre les mains de sa fille de quatre ans. Normalement, elle aurait critiqué son ex. Elle garda plutôt le silence. « Mes antidépresseurs sont efficaces », pensa-t-elle.

Son médecin avait encore diminué la posologie de son traitement et Esther se portait bien. Elle espérait en finir avec la prise de médication d'ici l'accouchement. Si tout se passait bien ce mois-ci, elle pourrait peut-être terminer son sevrage avant l'arrivée du bébé.

Esther admettait que la psychothérapie qu'elle suivait était en partie responsable de son bien-être. La spécialiste que lui avait référée Samuel faisait des miracles. L'autre coup de pouce significatif venait du jeune médecin qui agissait comme un baume protecteur. Esther s'attachait à lui. Il n'était menaçant d'aucune façon, c'était parfait pour elle.

Esther se rendit à son rendez-vous hebdomadaire chez la psychologue. Elle avait hâte de lui faire part de ses progrès. Comme elle s'y attendait, la nouvelle fut accueillie avec enthousiasme et Esther reçut des félicitations. Comme lorsqu'elle était enfant, elle cherchait l'approbation des autres et souhaitait plaire constamment à autrui. Au fond, la fierté dans l'œil de la thérapeute lui plaisait beaucoup plus que l'idée du sevrage…

— Votre progression est constante, vous mettez en application ce dont on parle, je vous félicite.

Esther rougit de plaisir. Elle excellait. Ça lui donnait le goût de se dépasser. Si le *Livre des records Guinness* avait une catégorie «psychothérapie la plus fulgurante», Esther aurait tenté d'y inscrire son nom.

— Cette semaine, j'aimerais que vous recherchiez votre gratification personnelle plutôt que celle des autres. Vous agissez toujours pour ne pas déplaire à ceux qui vous entourent. Votre défi sera donc de vous choisir, de vous mettre au sommet de votre liste de priorités.

Esther se demanda si servir des choux de Bruxelles aux enfants pouvait entrer dans cette catégorie...

Quelques heures plus tard, alors qu'Esther préparait sa salle d'examen pour accueillir un nouveau patient, son patron fit irruption dans la petite pièce ensoleillée et referma discrètement la porte derrière lui.

— Es-tu libre samedi ?

— J'fais pas de temps supplémentaire les fins de semaine. Demande aux plus jeunes, elles ont juste ça à faire, répliqua Esther.

— C'est pas le patron qui parle, c'est l'homme.

Il fit une pause, ne sachant pas trop comment faire part de sa demande à Esther sans qu'elle soit mal interprétée. Le malaise gagna Esther qui se demandait déjà comment repousser les avances de cet homme qui pourtant l'attirait.

— Noël s'en vient, je dois acheter des cadeaux pour les enfants, expliqua-t-il. Je me suis dit que t'étais dans la même situation. On pourrait magasiner ensemble ?

— J'suis pas du genre à m'éterniser dans les boutiques.

— Parfait, ça nous donnera le temps de prendre un café.

— Sais-tu au moins ce que tu veux leur acheter ?

— Pas vraiment. Je pensais qu'une opinion féminine m'aiderait à faire le bon choix. Surtout pour la petite. Les trucs roses, minuscules...

Esther eut une bouffée d'empathie. Elle était séparée de Jean-François, mais n'était pas veuve. Elle essaya d'imaginer ce à quoi pouvait ressembler le quotidien de cet homme avec ses enfants.

— Commence par faire une liste, je la regarderai et je t'indiquerai les choix gagnants.

— Donc, c'est non pour samedi ?

— C'est mieux comme ça.

Le patron ravala sa fierté et sortit. Esther réalisa qu'elle venait de se choisir au risque de déplaire à quelqu'un. Cet homme-là avait tout pour la séduire. En d'autres circonstances, peut-être que… mais dans la situation présente, mieux valait ne pas jeter d'huile sur le feu.

Lili appuya sur la touche d'envoi. Jeannine, Esther et Frédérique saisirent leur téléphone respectif pour y afficher la photo envoyée. Le quatuor, réuni chez Jeannine, examinait attentivement chaque centimètre carré de l'image afin d'y déceler des indices pouvant servir à identifier la femme tenant la main à Thomas.

— Difficile de ne pas remarquer une fille comme ça, souffla Frédérique. On dirait Pocahontas !

Esther et Jeannine lui firent des yeux noirs. Lili n'avait pas besoin qu'on lui souligne la beauté de son adversaire.

— As-tu interrogé le personnel ? s'enquit Frédérique. Si c'est une habituée des lieux, peut-être qu'ils la connaissent.

— Comment je vais faire pour justifier mon enquête ?

— Tu diras que c'est personnel, suggéra Esther. Que ça les regarde pas.

— Tu risques d'avoir plus d'aide si tu dis que c'est ta blonde pis que t'as peur qu'elle te trompe avec un homme, renchérit Frédérique. Le scandale, ça dénoue toujours les langues.

— Tu voudrais pas le faire pour moi ? supplia Lili. T'es habituée à la clientèle de bar.

Frédérique accepta d'aider Lili et de mener une enquête sur le terrain.

— Esther, tu peux peut-être montrer la photo à tes patients ? Avec un peu de chance, il y en a un qui va la reconnaître, proposa Jeannine.

— J'ai pas le temps d'achaler la clientèle avec ça, puis les cellulaires sont interdits dans les salles d'examen. Je peux quand même pas risquer ma job.

— Déjà que je risque mon couple, ajouta tristement Lili.

Esther était déchirée. D'un côté, elle voulait aider Lili, mais de l'autre, elle trouvait ridicule que sa meilleure amie ne vide pas la question avec le principal intéressé et qu'elle se lance dans une chasse à la sorcière. En y regardant de plus près, elle devait admettre qu'elle était mal placée pour faire la leçon à Lili. Elle non plus n'avait pas osé confronter Jean-François lorsqu'elle avait soupçonné son infidélité.

— Je vais au moins la montrer au personnel pendant mes pauses, s'engagea Esther. Y a peut-être une secrétaire ou une hygiéniste qui la connaît.

Lili lui sourit. Elle était touchée par les efforts de ses amies. Elle-même avait élaboré une stratégie.

— J'ai déjà posté un avis de recherche sur le Net.

— T'as pas peur que ça vienne aux oreilles de Thomas ? la prévint Esther.

— Thomas et Internet, ça fait deux. Mais par sécurité, j'ai juste placé la photo sur des sites de retrouvailles : je cherche une amie avec qui je suis allée au cégep… tu vois le genre ?

— Et moi ?

Jeannine ne voulait pas être en reste et demeurer les bras croisés alors que les trois autres faisaient front commun pour dénouer l'intrigue.

— Alitée ici, je vois pas vraiment ce que tu pourrais faire, constata Lili.

— Je pourrais en glisser un mot sur mes réseaux sociaux? J'ai beaucoup d'amis.

— Mauvaise idée, intervint Frédérique. Des plans pour que tu fasses foirer l'affaire. Laisse ça entre les mains des professionnels.

— On se revoit dans cinq jours pour partager nos informations? suggéra Lili.

La motion fut adoptée à l'unanimité. Chacune partit de son côté avec une tâche précise à accomplir. Jeannine se désolait d'être impuissante. Il fallait qu'elle aussi participe à l'effort de recherche. Elle savait quoi faire pour se rendre utile et n'avait pas besoin de la bénédiction des autres pour mettre son plan à exécution.

Avant de se rendre à la conférence de presse à laquelle l'avait assigné le chef de pupitre du magazine qui l'embauchait, Lili avait le temps de faire un détour par la boutique. Avant de quitter la maison, elle avait trouvé le cellulaire de Thomas sur la console dans l'entrée du loft. Son lunatique de chum avait oublié le téléphone. «À quoi bon lui avoir acheté un cellulaire s'il est pour l'oublier quand il sort!», rageait Lili. Elle se rendait donc à la boutique pour lui remettre l'appareil.

Un rapide coup d'œil à l'horloge numérique de la voiture lui confirma qu'elle avait plusieurs minutes à tuer avant sa convocation. Elle en profita pour jeter un coup d'œil au registre d'appels du téléphone de Thomas.

La liste des appels reçus était famélique. Thomas n'avait visiblement donné son numéro de téléphone qu'à très peu de personnes. Lili identifia son propre numéro, celui du cellulaire de Jean-François et un numéro inconnu. Elle appuya sur la touche de rappel afin d'identifier la provenance du coup de fil.

— L'abonné cellulaire que vous tentez de joindre n'est pas disponible...

L'appel que Thomas avait reçu en provenance de ce numéro avait été passé en fin de journée et n'avait duré que quelques minutes. « Juste assez pour se donner rendez-vous et se dire qu'on s'aime », pensa Lili. Elle enregistra le numéro suspect dans son propre cellulaire avec la ferme intention de le recomposer ultérieurement. Il n'apparaissait qu'une seule fois dans le registre, mais peut-être que Thomas avait expressément demandé à sa nouvelle flamme de ne pas le contacter pour ne pas laisser de traces. Il ne connaissait rien aux nouvelles technologies, mais il adorait les suspenses et les films policiers. Il savait sûrement que toute communication pouvait être retracée.

Lili s'attaqua ensuite à la liste des appels envoyés. Une surprise de taille l'attendait. Des dizaines de numéros différents s'alignaient les uns à la suite des autres. Jamais elle n'aurait le temps de tous les transférer manuellement dans son cellulaire et encore moins de les composer pour voir qui répondrait. Stratégiquement, elle essaya de repérer les numéros les plus fréquents. Elle choisit celui qui revenait le plus souvent et aboutit chez un artisan qui travaillait le verre soufflé. Thomas lui avait commandé certaines œuvres pour les vendre à la boutique. Il lui avait chaudement vanté les qualités esthétiques du travail du verrier la veille au soir. Lili prétexta un faux numéro et raccrocha.

Elle avait le temps pour un autre appel avant de devoir rendre l'appareil à son propriétaire. Elle choisit au hasard. Après deux sonneries, une voix féminine répondit :

— Oui, allô ?

— Bonjour madame... Pourrais-je parler à Thomas s'il vous plaît?

Lili se tapa le front contre le volant de la voiture. Elle n'avait pas prévu d'excuse pour son appel et ne savait pas trop quel chemin emprunter pour faire parler son interlocutrice et en apprendre davantage à son sujet. Elle se dit que la mention du nom de Thomas susciterait peut-être une réaction.

— Vous vous êtes trompée de numéro de téléphone.

La voix était douce, posée. Lili essaya d'y superposer le visage de l'étrangère qu'elle avait photographiée. Elle ne savait pas si les deux appartenaient à la même personne.

— Est-ce que vous êtes la maîtresse... de maison?

— Oui.

— Seriez-vous intéressée à répondre à notre sondage sur la fidélité?

Lili fut surprise que la femme accepte. Dès qu'on lui demandait sa participation à un sondage, Lili raccrochait en pestant contre les compagnies qui harcelaient les gens pour participer à ce genre de questionnaire. Qui avait le temps de répondre de nos jours?

— Êtes-vous en couple? commença Lili.

— Plus maintenant.

— Fréquenteriez-vous un infidèle?

La femme se lança dans une longue explication philosophique sur l'importance des sentiments, mais la faiblesse de la chair. Lili regardait les chiffres changer sur l'horloge de la voiture et commençait à regretter son sondage improvisé.

— J'allais oublier, coupa-t-elle son interlocutrice. Pourrais-je simplement avoir votre nom pour nos dossiers?

— Éveline Bouffard.

Lili raccrocha subitement. Elle espérait seulement que la femme n'utiliserait pas sa touche de recomposition, croyant à tort que la ligne avait été accidentellement coupée. Lili retint son souffle. Heureusement, le cellulaire resta silencieux.

Lili s'assura d'avoir bien coupé la communication avant de pouffer de rire. Madame Bouffard était une veuve coquette qui faisait pratiquement vivre le commerce de Thomas. Plusieurs fois par semaine, elle passait à la boutique pour s'acheter un petit bouquet afin de garnir sa table de cuisine. «Mon seul péché mignon», clamait-elle. Au fil de leurs rencontres, Thomas avait appris que monsieur Bouffard, de son vivant, offrait régulièrement des fleurs à sa femme. Elle honorait sa mémoire en perpétuant la tradition. La quinquagénaire avait une voix étonnamment jeune et pimpante.

Lili se trouva ridicule de perdre son temps à fouiller le registre d'appels de Thomas. Mis à part le numéro déniché dans la liste des appels reçus, elle n'était pas plus avancée. Qui plus est, elle était maintenant en retard pour le travail.

Jeannine avala un comprimé antiacidité. Le troisième en autant d'heures. Les jumeaux comprimaient son estomac et elle souffrait de reflux gastriques comme jamais auparavant. Elle repositionna les nombreux oreillers afin de surélever sa tête encore davantage. Depuis quelques nuits, elle devait dormir en position assise pour espérer quelques heures de sommeil. Elle avait une vraie raison de se plaindre et profitait de son malaise pour appeler à son chevet quiconque pouvait faire un arrêt à la pharmacie pour renouveler son inventaire de médicaments contre les brûlements d'estomac.

En plus de redresser le tronc, elle devait se tourner sur le côté à cause du poids des bébés. Les contorsions que sa situation exigeait la laissaient courbaturée, marabout et extrêmement fatiguée.

Quand son corps arrêtait ses caprices, les jumeaux lui dansaient des sets carrés dans l'utérus. On aurait dit que les petits coquins attendaient la fin des malaises gastriques pour se manifester et réactiver le tout. Jeannine et Gerry savaient qu'ils auraient un garçon et une fille à chérir. Jeannine craignait parfois qu'ils soient la réincarnation de Bonnie et Clyde. Les jumeaux travaillaient déjà en complicité pour faire enrager leur mère.

Jeannine commençait à avoir hâte d'accoucher. En plus de s'apparenter de plus en plus aux baleines, l'immobilité à laquelle l'astreignait la grossesse la rendait folle. Son travail lui manquait. Elle gardait contact avec ses collègues qui l'avisaient des changements apportés à l'étiquetage de certains produits, des articles soldés ou des nouveautés disponibles. Jeannine attendait d'ailleurs que le soleil se lève pour contacter les filles et leur proposer une soirée pédicure.

Il y avait plusieurs semaines que Jeannine avait abandonné l'idée de se peindre les ongles d'orteils. Si, par d'habiles contorsions, elle arrivait encore à rejoindre son pied avec sa main, ses yeux étaient incapables de voir le canevas à peinturer. La dernière fois qu'elle avait essayé de se vernir les ongles, Gerry avait été appelé en renfort pour tenir un miroir afin de déjouer l'obstacle que représentait maintenant son ventre proéminent. Malgré les efforts, le résultat avait été décevant.

Si Jeannine avait pu choisir, elle aurait aimé qu'Esther s'occupe de ses pieds. Hygiéniste dentaire de profession, elle aurait la minutie nécessaire pour un résultat irréprochable et sans bavure. « Les dents, les ongles, c'est du pareil au même, dans le fond. C'est petit, délicat et toujours un peu sale », pensa Jeannine.

Si c'était Lili qui jouait la pédicure pour elle, Jeannine savait qu'elle passerait un bon moment. Du groupe, Lili était la meilleure oreille qui soit. Elle pouvait supporter ses jérémiades sans jamais broncher. C'était la seule qui ne sentait pas le besoin irrépressible de renchérir chaque fois que Jeannine se plaignait d'un petit malheur personnel ou de lui démontrer la banalité de ce dont elle se plaignait comparé aux grands drames de l'humanité. Lili accueillait ses confidences sans jamais la juger. Elle aurait aimé avoir une fille comme elle…

Frédérique aussi, quoique plus dissipée, avait l'habitude de se vernir les ongles. Peut-être que ça pourrait les rapprocher ? Peut-être qu'elle devrait téléphoner uniquement à Frédérique et instaurer un rituel mère-fille ? Jeannine espérait encore que leur grossesse commune les rapproche. Il ne leur restait que quelques semaines de gestation et le miracle n'avait toujours pas eu lieu, mais Jeannine se promettait de redoubler d'efforts en ce sens.

Une petite clochette tinta. Jeannine recevait un message-texte. Avide de potins et nouvelles provenant de l'extérieur de son univers clos, elle lut avec attention le texto d'une collègue.

— Bingo ! murmura Jeannine.

La soirée mère-fille devrait attendre, le quatuor devait se réunir au plus vite. Jeannine rongea son frein et attendit que l'heure soit raisonnable pour joindre les trois autres. Et Lili fut la première contactée.

Excitées à l'idée d'avoir des pieds présentables, toutes acceptèrent l'invitation de Jeannine. À cause de leurs horaires de travail respectifs, elles ne purent se rencontrer qu'en début de soirée. Après avoir écrit son dernier article, Lili joua les chauffeurs de taxi pour Esther et Frédérique. Avant de se rendre chez Jeannine, elles devaient obligatoirement dévaliser la pharmacie pour arborer les couleurs de vernis de la saison. Mis à part Frédérique, qui renouvelait régulièrement son inventaire, Esther et Lili faisaient piètre figure avec leurs vieux vernis à moitié séchés dans les bouteilles.

— Le temps des fêtes approche, on pourrait choisir du vernis brillant, doré ou argent, proposa Frédérique.

— Pourquoi pas une pédicure française verte et rouge, tant qu'à y être ? s'opposa Esther.

— C'est pas moi qui vais te peinturer les ongles si t'exiges une pédicure française. C'est trop difficile, se plaignit Lili qui n'avait pas compris l'ironie d'Esther, occupée qu'elle était à chercher un espace de stationnement.

— Va à côté de la porte centrale, y a des stationnements pour femme enceinte, suggéra Esther.

Plusieurs voitures sillonnaient les rangées à la recherche d'un espace vacant. Le magasinage du temps des fêtes était un sport national à cette période-ci de l'année. Lili chercha les pancartes bleues annonçant les stationnements pour jeunes familles ou femmes enceintes. Une place semblait justement les attendre. Ne croyant pas à sa chance, Lili se dépêcha de tourner dans la rangée suivante avant que quelqu'un d'autre ne profite du privilège de stationner à deux pas de l'entrée.

Avant qu'elle n'atteigne son but, une petite voiture bleue se glissa aisément dans l'espace réservé. Les cris de protestation fusèrent dans la voiture de Lili.

— T'aurais dû conduire plus vite, chiala Frédérique.

— J'étais quand même pas pour provoquer un accident ou sauter par-dessus les autres chars !

La frustration qui couvait dans la voiture explosa lorsque les trois femmes virent un jeune homme à casquette s'extirper de la bagnole bleue.

— Y est sûrement pas père, à son âge. Il doit même pas être majeur !

Comme pour leur donner raison sur son manque de maturité, le jeune homme prit soin de cracher par terre pour bien marquer son territoire, remonta son jeans dont le fond de culotte lui atteignait les genoux et entreprit de contourner sa voiture. Au passage, il jeta un regard circulaire.

— Il sait qu'il a pas le droit de stationner là ! Regardez ! Il se sauve presque en courant tellement y a la chienne de se faire pogner, s'indigna Frédérique.

— Y est mieux d'avoir un enfant sur la banquette arrière pour justifier sa présence, menaça Esther.

Le jeune homme piqua vers les boutiques et s'engouffra dans la pharmacie en moins de deux. Insultée de s'être fait ravir leur place de stationnement réservée aux femmes enceintes par un adolescent insouciant, Lili gara sa voiture en double file derrière le bolide bleu.

— Y est peut-être rentré avant nous, mais on va être les premières à partir, annonça-t-elle, triomphante.

— Si je me retenais pas, je lui scratcherais sa voiture avec mes clés, s'emporta Frédérique.

— Range ton trousseau, Rambo ! Lili lui donne déjà une bonne leçon. Choisir du vernis, ça peut être très long… conclut Esther, malicieuse.

— Pas trop quand même, Jeannine nous attend. Elle m'a dit qu'elle avait une bonne nouvelle pour moi, confia Lili.

— Dans le dictionnaire de Jeannine, une bonne nouvelle pour toi ça peut aussi bien être une nouvelle application qu'elle a réussi à télécharger toute seule, railla Frédérique. Excite-toi pas trop vite !

Leur exploration du rayon des cosmétiques ne dura pas très longtemps. Esther choisit un rouge grenat, très chic et passe-partout. Frédérique, ne pouvant se résoudre à faire un choix, ramassa un vernis doré et un vert émeraude. Quant à Lili, elle choisit un rose tendre en l'honneur de la fille qu'elle portait.

— Mes ongles vont *matcher* avec son premier pyjama !

Avec des choix aussi éclectiques, elles étaient convaincues que Jeannine trouverait un vernis à son goût dans le lot.

À quelques pas de la caisse, Esther faillit entrer en collision avec un vieux monsieur distrait.

— Vous pourriez pas regarder où vous allez ? ronchonna le vieux malcommode.

Ses yeux descendirent vers le ventre d'Esther.

— C'est une grosse bedaine, ça.

« Pas pire que la vôtre », pensa Esther devant le surplus de poids du monsieur. Son pantalon de coton ouaté et son t-shirt n'aidaient en rien à dissimuler sa bedaine de bière. Esther se contenta de sourire poliment alors qu'à l'intérieur, elle rêvait d'offrir un cours gratuit de civisme au vieil homme.

— Vous devez accoucher bientôt ?

« Un autre spécialiste de la datation de grossesse, s'impatienta Lili. À quoi bon les échographies quand la moitié de la population se transforme en devin et peut vous prédire votre accouchement ? »

Esther lui jeta un regard entendu.

— J'ai juste sept mois et demi de complétés.

— Vous attendez des jumeaux, d'abord ?

Le visage d'Esther commençait à laisser paraître une pointe d'agacement. Elle détestait quand les gens se permettaient de la questionner publiquement sur des aspects privés de sa vie, comme si dès que vous étiez enceinte, vous deveniez un bien public. Il y avait des limites à se faire insulter sans réagir. Frédérique, qui n'avait rien perdu de l'échange, n'attendait qu'un signe d'Esther pour remettre l'inconnu à sa place.

Esther cherchait encore quoi répondre lorsque l'impensable se produisit : l'homme se mit à caresser le ventre d'Esther de manière impudique.

— Coucou là-dedans ! blagua-t-il, ne faisant rire personne d'autre que lui.

Frédérique fit un pas dans sa direction pour intervenir, mais Esther l'empêcha d'avancer. Elle retira la main ridée de son nombril et toisa l'inconnu avec hauteur.

— Ôtez vos sales pattes de sur mon bébé, déclara Esther avec tout le panache dont elle était capable.

— Pognez pas les nerfs. C'est juste un bedon.

Frédérique ne fit ni une ni deux. Elle saisit le pantalon du vieil homme et tira de toutes ses forces vers le bas. Avant de réaliser ce qui se passait, le touche-bedaine avait les caleçons à l'air. Lorsqu'il s'offusqua du geste, Frédérique ne se défendit même pas. Lili et Frédérique se tapèrent dans les mains, fières de la déconfiture de l'agresseur, pendant qu'Esther excusait sa compagne en essayant de remonter les culottes du monsieur.

Une fois dehors, Lili félicita Esther de ne pas s'être laissé marcher sur les pieds.

— J'aurais préféré que tu le laisses avec les culottes aux chevilles. C'est tout ce qu'il méritait. Mais ta réplique…

wow! Il me semble qu'avant, t'aurais laissé passer sans rien dire. Juste pour éviter un esclandre en public.

— Y a juste les fous qui changent pas d'idée. Maintenant, je me choisis.

Esther cheminait. Un grand sentiment de fierté lui emplit la poitrine. Peut-être finalement que Frédérique déteignait un peu sur elle et que c'était une bonne chose?

Le programme de la soirée ne se déroula pas comme prévu. Les bouteilles de vernis achetées plus tôt restèrent au fond des sacs toute la soirée. Aucune pédicure ne s'effectua dans la chambre de Jeannine. Il y avait plus important à gérer.

— Elle s'appelle Magalie Demers. Voici son adresse et son numéro de téléphone.

Lili était sans voix.

— Comment t'as fait pour trouver ça? questionna Frédérique qui doutait de la véracité des affirmations de sa mère.

Jeannine expliqua alors l'idée qu'elle avait eue après leur rencontre en début de semaine. Elle avait acheminé la photo de la maîtresse de Thomas à une collègue de travail en qui elle avait entièrement confiance. Cette dernière devait imprimer des exemplaires de la photo et les remettre discrètement à quelques caissières. À chacun de leur quart de travail, ces dernières épinglaient la photo derrière leurs caisses enregistreuses.

— C'est une tactique qu'on utilise avec les voleurs à l'étalage, expliqua-t-elle. Ça nous a permis d'arrêter quelques jeunes voyous.

L'avis de recherche avait été émis sans que personne sache véritablement pourquoi Jeannine tenait à identifier la jeune femme mystère.

— J'ai dit que c'était personnel.

— Pis personne a posé de questions? douta Frédérique.

— Ma p'tite fille, ça fait vingt-cinq ans que je travaille là. Penses-tu que j'ai pas eu le temps de découvrir les p'tits secrets de tout un chacun?

— C'est quoi le lien entre la vie privée de tes collègues et notre affaire? voulut savoir Esther.

— Mon secret se marchande. Penses-tu que Pierrette a envie que les autres sachent qu'elle a de monstrueux oignons entre les orteils ou que Lucie couche avec le p'tit Dany dans le *backstore*?

— Tu les as menacées pour qu'elles t'aident? s'ébahit Lili.

— N'importe quoi pour toi, ma belle Lili.

Frédérique avala sa salive de travers. Jeannine ne s'était jamais démenée de la sorte pour elle.

— Toujours est-il que la fille s'est présentée à la caisse de Lucie. Elle l'a tout de suite reconnue. Elle a prétexté qu'il y avait un problème avec la carte de crédit pour lui demander une pièce d'identité. Elle a mémorisé le nom et l'adresse inscrits sur le permis de conduire. Moi, j'ai fait le reste.

— C'est-à-dire?

— J'ai fait une recherche inversée sur Canada411.

Les trois autres se questionnèrent du regard, incrédules.

— Avec un nom et une adresse, c'est facile de trouver un numéro de téléphone, résuma Jeannine. On l'appelle, dit-elle en tendant son cellulaire à Lili.

— J'ai une meilleure idée, annonça Lili. On va lui rendre visite.

Nerveuse, Lili patientait depuis quelques minutes au coin de la rue. Elle avait texté le nom de l'intersection et l'heure de rencontre à Esther et Frédérique. Elles ne devraient pas tarder.

Lili avait fait un tour de reconnaissance des lieux. L'appartement de Magalie Demers se trouvait dans un triplex un peu plus loin. Situé au deuxième étage, le logement offrait bien peu d'issues: l'escalier donnant dans la rue et une échelle de secours à l'arrière de l'immeuble. Elle songeait à poster une vigile à l'arrière lors de son intervention. Ainsi, la maîtresse de Thomas ne pourrait pas s'enfuir.

Esther arriva la première et serra Lili dans ses bras.

— T'es sûre que tu changes pas d'idée?

— Je veux en avoir le cœur net, confirma Lili.

La veille au soir, Esther avait essayé de dissuader Lili de rendre visite à la jeune femme surprise en tête-à-tête avec Thomas. Mieux valait laisser retomber la poussière, ne pas agir sous l'impulsion de la colère et s'ouvrir de ses découvertes à Thomas en premier. Lili n'avait fait qu'une bouchée de ses arguments, lui rappelant que son propre mari l'avait trompée et que son inaction l'avait conduite à une séparation. Esther avait tout de même accepté d'accompagner son amie dans son raid matinal en se disant qu'elle pourrait mettre ses talents de médiatrice et de modératrice au service de l'opération.

Quelques minutes plus tard, Frédérique garait son auto à quelques pas de là. Lili et Esther la virent sortir de la voiture et se diriger vers le coffre arrière. Elle en sortit un bâton de baseball et vint rejoindre les deux autres en marchant calmement.

— C'est quoi ça? s'inquiéta Esther.

— Un outil de persuasion.

— On va quand même pas la tabasser !

— C'est pas pour elle, c'est pour son char ou son appart. Une fenêtre qui vole en éclat, ça a toujours beaucoup d'impact.

— Je refuse de vous accompagner si vous usez de violence, avertit Esther. On n'est pas des sauvages !

— À chacune son arme, trancha Lili. Prends ton cellulaire, Esther. Tu vas filmer la rencontre. Toi, Fred, tu couvres l'arrière du bloc. Ton outil de persuasion sera utilisé juste si elle essaie de s'enfuir.

Le compromis fut accepté à l'unanimité, Esther étant confiante de régler l'histoire avec des mots sans que Frédérique ait à intervenir.

Le commando se déploya sur le terrain. Alors que Lili et Esther montaient tranquillement les marches avant, leur surplus de poids les essoufflant, Frédérique avait toutes les misères du monde à se frayer un chemin à l'arrière. Ses bottillons n'étaient pas adaptés au terrain couvert de neige.

Haletantes, Lili et Esther prirent quelques secondes pour retrouver leur souffle avant de cogner à la porte de Magalie. Si elles avaient été en pleine guerre de tranchée, il y aurait longtemps que l'ennemi les aurait abattues.

Elles n'eurent pas le temps de sonner ou de cogner, la porte s'ouvrit. Magalie Demers s'apprêtait visiblement à aller travailler. C'était une très belle femme. Malgré le froid, elle trouvait le moyen d'avoir du style avec son béret de laine, son manteau cintré et ses grosses bottes de fourrure. Elle ne portait aucun maquillage et n'en avait nullement besoin avec une telle peau de pêche.

Lili fut déstabilisée par l'arrivée inopinée de la jeune femme. Elle portait des lunettes fumées qui cachaient ses yeux et sa chevelure était dissimulée sous son énorme béret. Bien qu'il y ait ressemblance avec la femme aperçue en compagnie de Thomas, Lili ne pouvait garantir à cent pour cent qu'elle était en présence de la voleuse de chum.

— Est-ce que je peux vous aider ?

— Magalie Demers ?

— C'est moi.

— Laissez mon chum tranquille, menaça Lili.

— Pardon ?

La jeune femme ne comprenait rien à la situation. La gorge nouée par l'émotion, Lili préféra étaler ses preuves plutôt que de parlementer avec sa rivale. Elle sortit son cellulaire et afficha la photo compromettante avant de la brandir sous le nez de l'autre.

Le malaise s'imprima en grosses lettres majuscules sur les traits de Magalie. C'est du moins l'impression fugace qu'eut Esther avant de voir la jeune femme se ressaisir.

— Vous faites erreur sur la personne, j'en ai bien peur, se défendit Magalie.

— Connaissez-vous Thomas Rivard ? interrogea calmement Esther.

La jeune femme assiégée prétendit que non avant de verrouiller la porte de l'appartement et d'essayer de contourner ses deux envahisseurs.

— Maintenant, excusez-moi, mais je dois partir. J'ai un rendez-vous important.

— Si vous connaissez pas mon chum, dites-moi ce que vous faisiez en sa compagnie, la semaine dernière ?

— C'est pas moi sur votre photo.

— Prenez-moi pas pour une imbécile, ragea Lili. Je sais que c'est vous.

Magalie Demers retira son béret, une courte chevelure rousse en émergea, laissant Lili et Esther figées sur place.

— Est-ce que la fille sur la photo a la même tête que moi ? nargua-t-elle.

Sans un mot de plus, elle se fraya un chemin et quitta les lieux prestement en prenant soin de bien enfoncer son béret sur sa chevelure cuivrée.

Lili composa le numéro du cellulaire de Frédérique.

— Opération avortée. C'est pas elle.

— C'est ça qui arrive quand on se fie à Jeannine, chiala Frédérique avant de raccrocher.

— Elle aurait quand même pu se couper et se teindre les cheveux, réfléchit Esther à voix haute.

— On n'est pas dans un film d'espionnage. Faudrait un maudit hasard pour qu'elle ait changé de tête entre son passage à la pharmacie pis ce matin.

— Elle était peut-être à la pharmacie pour acheter de la teinture, proposa Esther comme hypothèse.

Lili roula des yeux et commença à descendre les marches pour retrouver la chaleur de sa voiture et se rendre au travail. Esther fit de même, mais l'idée que Magalie Demers leur avait mentit ne la quittait pas.

À quelques coins de rue de là, Magalie Demers actionna son système main libre et demanda la composition d'un numéro nouvellement entré dans son cellulaire. Un message automatisé l'avisa que l'abonné n'était pas disponible. Elle lui laissa donc un message :

— Thomas, c'est Magalie. Ta blonde se doute de quelque chose. Sois discret.

Simon prit la main de Frédérique et l'embrassa. Elle essayait tant bien que mal de cacher sa nervosité, mais Simon n'était pas dupe. La technicienne en radiologie lui avait demandé à trois reprises de garder le silence pour qu'elle puisse se concentrer et prendre les mesures nécessaires à l'examen en cours. Le bébé bougeait moins depuis quelques jours et l'obstétricienne faisant le suivi de grossesse de Frédérique avait recommandé quelques examens pour s'assurer de l'état de santé du fœtus. Frédérique fixait Simon qui fixait l'écran fixé au mur.

Le spectacle était fascinant. Jamais Simon n'avait assisté à une échographie et la clarté des images présentées sur le moniteur l'impressionnait. Ici, on remarquait le profil du bébé ; là, il ouvrait la main et Simon était en mesure de compter ses doigts, ou encore bébé étirait ses jambes et ses petits talons tenaient la vedette sur l'écran pendant un court instant.

Frédérique refusait de regarder le moniteur. Mieux valait ne pas s'attacher à l'enfant qu'elle portait. C'était un bébé générique : pas de nom, pas de visage. L'idéal dans les circonstances. Par contre, elle se plaisait à observer Simon. Ce qu'il y avait dans son ventre le fascinait. Ce qu'elle avait à l'intérieur d'elle le fascinait. Son intérieur le fascinait. À en juger par ses yeux rivés à l'écran sur le mur, l'échographie pourrait durer une heure sans qu'il se lasse d'observer les cabrioles du bébé.

Frédérique savait très bien que les hommes qui s'intéressaient à elle convoitaient son corps. Ils voulaient dominer sa chair et non pas apprivoiser son esprit. « Sois belle et tais-toi », voilà comment les hommes la traitaient. Qu'un d'entre eux s'intéresse à ses entrailles dépassait l'entendement. Simon était différent.

— J'ai terminé. Votre poupoune est en parfaite santé ! conclut la technicienne.

— C'est une fille ? voulut se faire confirmer Simon.

La radiologiste comprit son impair. Elle aurait dû s'assurer que les parents voulaient connaître le sexe du bébé ou le connaissaient déjà avant de faire un tel commentaire, mais devant l'enthousiasme de Simon, elle se contenta de renchérir.

— Regardez ici.

En déplaçant son appareil sur le ventre de Frédérique, la professionnelle repéra le sexe du bébé et en figea l'image à l'écran.

— Je vous l'ajoute aux autres.

Quelques secondes plus tard, elle imprimait quelques photos, souvenirs de l'échographie, dont une où le bébé avait l'air de leur faire un clin d'œil. C'est Simon qui les reçut. Frédérique avait déjà quitté la salle d'examen.

Dans la voiture, Frédérique ne parlait pas. Elle aurait préféré ne pas connaître le sexe de l'enfant qu'elle portait. Depuis le début de la grossesse, elle était convaincue de porter un garçon. Elle espérait secrètement que ce soit le cas. Il y avait tellement de fillettes à adopter partout sur la planète qu'un garçonnet trouverait sûrement plus facilement une famille adoptive.

C'est seulement lorsque Simon stationna la voiture que Frédérique remarqua qu'ils n'étaient pas de retour à l'appartement.

— Qu'est-ce qu'on fait ici ?

— On magasine.

Simon sortit de la voiture, ouvrit la portière à Frédérique et lui tendit la main pour l'aider à sortir. Une fois le geste galant accompli, il se dirigea vers une boutique spécialisée en accessoires de bébé. Frédérique faisait toujours le poteau à côté de la voiture, refusant de lui emboîter le pas. Sentant qu'elle ne le suivait pas, Simon se retourna.

— À quoi tu joues ? lui cria-t-elle.

— Je joue pas.

Il tourna les talons et entra dans le magasin. Laissée seule sur le trottoir, Frédérique patienta un instant, certaine que Simon reviendrait pour la chercher. Voyant qu'il n'en faisait rien, l'idée de retourner dans la voiture lui passa par la tête, mais Simon avait déjà verrouillé toutes les portières. Le froid aidant, elle entra à la suite de Simon.

Elle le trouva dans la section des vêtements pour nouveau-nés. Il lui fit face, un pyjama différent dans chaque main. Il avait sélectionné un pyjama bleu orné d'une petite fée bouclée et un pyjama rose avec un zèbre à la tête surdimensionnée.

— Lequel ?

— Pourquoi tu fais ça ? Tu penses que ça m'amuse ? dit-elle d'une voix étranglée par la colère.

Simon réfléchit un instant avant de répondre. Il connaissait maintenant le détail de la situation de Frédérique. Elle lui avait balancé l'essentiel de son histoire à la va-vite entre la préparation du café matinal et le beurrage des rôties.

Il ne pouvait qu'admirer son courage de porter à terme une grossesse non désirée et de subir neuf mois de gestation qui allaient se solder par l'adoption de son bébé. Frédérique faisait tout pour garder la tête froide et ne pas se laisser émouvoir par la vie qui se déployait en elle. Si ce n'était pas de son ventre qui grossissait sans cesse, elle nierait jusqu'à l'existence de la grossesse. Elle souhaitait tellement oublier qu'elle était enceinte qu'elle n'avait rien préparé pour l'accouchement. Aucune valise n'était prête pour le grand jour. Simon avait décidé de prendre les choses en main, se disant que son implication éviterait à Frédérique de tout faire seule et d'avoir même à y penser.

— On va quand même pas la laisser toute nue à l'hôpital. Choisis !

Frédérique s'entêta à ne rien répondre.

— Je prends le bleu. Moins conventionnel. Plus à l'image de sa mère, trancha Simon.

Simon se dirigeait déjà vers la caisse lorsque Frédérique lui saisit le bras. Sans dire un mot, elle lui prit le petit pyjama des mains et le raccrocha avec les autres. Simon s'apprêtait à lui reprocher son égoïsme et à la raisonner lorsqu'il comprit ce qui était en train de se passer. Frédérique laissa courir ses doigts sur les différents rayonnages. Elle voulait choisir elle-même le premier vêtement de son enfant. Elle s'arrêta devant un pyjama blanc comme neige, la pureté incarnée. Un bout de tissu hors de prix simplement parce qu'il portait la signature d'un designer.

— C'est tout ce qu'elle va avoir de moi. Je veux celui-là.

« Le pyjama parfait pour un ange », pensa Frédérique. Simon ne s'attarda pas au prix, content que Frédérique ait participé à sa manière à préparer l'arrivée de son bébé.

L'infirmière engagée pour les cours prénatals à domicile fit le compte de ses participants : huit futurs parents. Pour la première fois, les quatre couples étaient réunis, si on comptait la présence virtuelle de Jeannine via la tablette électronique de Lili.

Simon prenait place aux côtés de Frédérique. Pour prouver son sérieux envers elle, il avait demandé à rencontrer ses amis. Frédérique avait saisi la balle au bond et lui avait proposé d'assister à une de leurs rencontres de groupe. Alors qu'il s'attendait à partager une bouteille de vin ou à un souper au restaurant, il se retrouvait assis en tailleur devant une infirmière qui l'accusait du regard. « Elle doit se dire que je suis un père irresponsable de me pointer uniquement au dernier cours », réalisa Simon devant la froideur que le professeur lui manifestait.

— Aujourd'hui, je vous propose d'aborder l'arrivée d'un enfant du point de vue du père. La grossesse d'une conjointe a de nombreuses répercussions chez le futur papa. Commençons par l'aspect psychologique.

Lili avait beau se concentrer sur l'enseignement qui leur était prodigué, elle se demandait inlassablement si c'était la grossesse, et uniquement la grossesse, qui était responsable de l'infidélité de Thomas. Peut-être qu'elles s'étaient trompées de coupable, mais un fait demeurait : il y avait une autre femme dans la vie de Thomas. Peut-être redoutait-il la paternité et cette aventure extraconjugale faisait-elle contrepoids aux responsabilités qui s'en venaient.

Thomas passa un bras autour des épaules de Lili. Depuis le coup de fil de Magalie, il tentait de se faire rassurant, présent. Un léger mouvement d'épaule de la part de sa blonde lui fit comprendre de retirer sa main. Le sujet du cours tombait mal. Thomas aurait tout fait pour ne pas avoir à parler de ses états d'âme de père en devenir. Il serait obligé de mentir puisque depuis maintenant huit mois, un fossé se creusait entre Lili et lui. Il n'était quand même pas pour en parler devant tous leurs amis.

— Certains pères se sentent exclus du processus menant à la naissance de leur enfant, enchaîna l'infirmière.

— C'est pas le cas de mon Gerry, regardez-y la bedaine ! Une vraie couveuse.

Gerry se frotta amoureusement l'abdomen. Chacun avait remarqué que son tour de taille épaississait au même rythme que celui des femmes.

— J'suis sympathique à votre cause, mesdames, plaida-t-il.

— Ça compense pour ceux qui ne s'impliquent pas, laissa tomber l'infirmière.

Quelques sourires discrets apparurent sur les visages des élèves. Simon se savait visé par le commentaire, mais il refusa de se défendre ouvertement. Si Frédérique n'intervenait pas en sa faveur, il se voyait mal contre-attaquer. Ça ne ferait que renforcer l'opinion déjà négative que l'enseignante avait de lui.

Pour sa part, Samuel ne put s'empêcher de jeter un coup d'œil à Esther. Usurpateur de paternité, il était dans les bonnes grâces du professeur. «Est-ce qu'elle regrette que Jean-François ne soit pas présent?» Il pouvait bien simuler d'être en couple avec Esther, mais il se voyait mal étaler devant les autres des craintes factices quant à l'accouchement ou aux changements entraînés par la naissance d'un bébé. Peut-être devait-il sortir du placard et avouer au professeur qu'il était un imposteur? Après tout, personne ici n'était dupe et chacun comprenait le rôle qu'il tenait. Il devrait bientôt parler à Esther.

— Vous êtes dans la lune, lui reprocha le professeur. Avez-vous des craintes par rapport à l'accouchement?

Samuel jeta un regard circulaire. Personne ne lui viendrait en aide et chacun semblait attendre avec impatience sa réponse, ravi de se bidonner intérieurement.

— Non. Je suis prêt.

Il glissa sa main dans celle d'Esther. Frédérique ne put s'empêcher de penser que ces deux-là auraient gagné les Oscars de la meilleure interprétation masculine et féminine s'ils avaient choisi une autre profession. Leur couple était crédible, vu de l'extérieur. À voir la tête du professeur, celui qu'elle formait réellement avec Simon l'était tout autant. Le pauvre se faisait malmener et Frédérique prenait plaisir à ne pas démentir les suppositions de l'infirmière. À voir Simon endurer en silence l'humiliation publique à laquelle il avait droit, Frédérique se surprit à penser qu'il avait vraiment envie de la baiser ou alors qu'il devait l'apprécier un peu.

Frédérique remarqua le regard paternel de Gerry qui la couvait. Il lui fit un clin d'œil: Simon avait passé le test.

Lorsque tout le monde quitta la maison, Samuel força Esther à prendre un bon bain pendant qu'il nettoyait et préparait le souper. Elle s'opposa mollement à ses ordres puis finit par s'immerger dans l'eau chaude avec délice. Elle observait l'île de peau qui dépassait de la surface de l'eau. On aurait dit qu'une énorme tempête avait balayé le sable dont elle était formée, modelant le paysage au gré des coups de vent. Le bébé déformait son ventre, étirant l'épiderme dans tous les sens. Il devait commencer à se sentir à l'étroit. Esther savoura la sensation, sachant très bien que d'ici peu, elle n'aurait plus le privilège de sentir un enfant bouger dans son ventre.

Au bout d'une vingtaine de minutes, une odeur de tomates grillées la mit en appétit. Elle s'extirpa de la baignoire sans trop de difficulté, prit soin de ne pas glisser sur le plancher. Elle s'enduisit le corps d'huile d'amande douce avant de relever ses cheveux en chignon et de s'enrouler dans une grande robe de chambre moelleuse.

Samuel terminait la préparation d'une sauce pour accompagner les pâtes qui leur serviraient de repas.

— T'es vraiment un homme à marier.

Le compliment le fit sourire. Il brassait la sauce lorsque le ventre d'Esther lui atterrit sur les reins. Elle l'enlaça amicalement et déposa son front entre ses omoplates. Ne voulant pas briser l'intimité du moment, il se contenta de s'assurer que la sauce ne collait pas au fond de la casserole.

— Merci pour tout ce que tu fais pour moi, murmura Esther.

— Je le fais parce que j'en ai envie.

Samuel se retourna pour lui faire face. Quelques mèches de cheveux rebelles sortaient du chignon lâche d'Esther. Les mèches humides dessinaient des boucles souples autour de son visage. « Dieu qu'elle est belle », pensa-t-il. Pour chasser le trouble qui le gagnait, Samuel replaça une mèche de cheveux derrière l'oreille d'Esther. Il crut percevoir un parfum délicat de muguet et s'avança légèrement pour mieux humer l'odeur qui provenait sûrement d'un produit pour le bain qu'avait utilisé Esther.

Samuel sentit son pouls s'accélérer. Tout en sachant fort bien qu'il jouait avec le feu, il passa les bras autour de la taille d'Esther, pressa son corps contre le sien et surveilla sa réaction. Elle ne bronchait pas et semblait avoir une pleine et entière confiance en lui. Elle esquissa un début de sourire. Il fut incapable de le lui rendre. L'émotion qu'il ressentait l'obligeait au plus grand des sérieux. Lorsqu'il vit mourir le sourire d'Esther qui fit place au même trouble que celui qu'il ressentait, Samuel se pencha pour l'embrasser avec délicatesse.

Esther fut parcourue de frissons. Plutôt que de repousser Samuel, elle lui rendit son baiser. Avant même qu'elle ait compris ce qui se passait, Samuel dénouait la ceinture de sa robe de chambre et glissait une main sur son sein. Sa bouche dévalait déjà son cou et cherchait le chemin le plus court vers sa poitrine.

Esther songea un instant à s'abandonner. Personne ne saurait. À part elle. À part lui. Elle avait confiance que Samuel serait discret. Sa peau criait famine et voulait se nourrir de chaque baiser, de chaque caresse proposée par Samuel. Puis sa rationalité prit le dessus.

— Je fais si pitié que ça ?

— C'est pas de la charité, c'est du désir, haleta-t-il.

Elle resserra les pans de son vêtement contre elle, bloquant le chemin à l'exploration de Samuel.

— T'en as pas envie ?

Esther fit signe que non et serra les dents pour ne pas crier qu'elle mentait. Elle désirait Samuel depuis longtemps, mais se voyait mal en train de faire l'amour à un homosexuel. Sa morale lui interdisait de s'abandonner à un nouvel homme alors qu'elle était enceinte de huit mois. Son éducation judéo-chrétienne s'élevait en rempart comme un gardien de la moralité. Il y avait tant d'interdits dans ce que proposait Samuel…

Le jeune homme hésitait sur la marche à suivre. Le désir l'emporta sur les manières. Il souleva Esther du sol avec la ferme intention d'abattre toutes ses réserves. Il avait passé suffisamment de temps avec l'hygiéniste dentaire pour savoir qu'il lui plaisait.

Esther se dégagea malgré tout de son emprise. Samuel joua alors sa carte maîtresse.

— J'suis pas gay, Esther.

— J'ai entendu bien des arguments pour amener une fille dans un lit, mais celui-là, c'est la première fois, rigola-t-elle.

Samuel baissa les yeux. Il aurait dû avoir cette conversation avec elle depuis longtemps. Il repoussait toujours l'annonce, craignant d'effaroucher Esther. Il la déposa sur le sol et s'éloigna, le temps de recouvrer ses esprits. Il aurait volontiers sauté sous une douche glacée pour éteindre la passion qui le consumait.

— T'es sérieux ? Mais, Frédérique…

— Frédérique pense que je suis gay parce que j'ai jamais voulu coucher avec elle.

— T'as pas démenti ?

— À quoi bon ?

— Ta réputation ! Frédérique a une grande gueule. Tout le monde va penser que t'es gay.

— Moi, ce que les autres pensent…

Les larmes montèrent aux yeux d'Esther, des larmes de rage. Elle lui en voulait pour les mensonges, mais elle lui en voulait surtout de ne pas se soucier des qu'en-dira-t-on, d'avoir suffisamment confiance en lui pour se foutre de l'opinion des autres. Au contraire, Esther s'épuisait à constamment surveiller ses arrières, à chercher à plaire à tous, à maintenir une image de perfection. Elle mentait constamment pour cacher ses travers, pour ne pas perdre la face ou révéler sa vraie nature. Elle lui en voulait d'étaler ses richesses intérieures alors qu'elle avait les poches vides.

Ils étaient si différents l'un de l'autre. Samuel la forçait aujourd'hui à se remettre en question et elle n'appréciait pas du tout la leçon. C'était le jeu de l'arroseur arrosé.

— Va-t'en.

Avant que Samuel réplique, elle se dirigea vers l'entrée et lui ouvrit la porte. L'air froid s'engouffra dans la cuisine.

En arrivant à l'hôpital, Gerry stationna la voiture illégalement, juste devant les grandes portes tournantes donnant accès à l'entrée principale du bâtiment.

— Reste là, dit-il à Jeannine en lui embrassant le bout du nez.

Il sortit du véhicule dont le moteur tournait toujours pour garder la chaleur dans l'habitacle et repoussa les quelques fumeurs qui bravaient le froid hivernal pour en griller une. « Pas question que mes bébés respirent ça ! », chialait-il intérieurement.

— Y a un règlement qui dit pas de fumeurs à moins de neuf mètres de l'entrée, s'époumona-t-il à l'intention des récalcitrants.

Jeannine sourit. Son Gerry serait assurément un papa poule. Il agissait comme un oiseau qui sent une menace planer sur sa couvée. Il s'agitait pour attirer l'attention sur lui et éviter que ses précieux oisillons se fassent dévorer. Les jumeaux étaient pourtant bien au chaud et en sécurité.

Même si la sortie consistait en une visite de suivi médical à l'hôpital, elle prenait des allures de fête pour Jeannine qui était cloîtrée, contre son gré, depuis plusieurs semaines.

Pendant que Gerry courait au poste des surveillants pour trouver un fauteuil roulant et lui éviter de marcher, Jeannine décida d'enfreindre l'ordre de Gerry et sortit de la voiture. Le froid piquant lui mettait du rouge sur les joues. La caresse insistante du vent lui gonflait le cœur. Ça faisait du bien de mettre le nez dehors.

Jeannine s'appuya contre la voiture. Ses jambes avaient du mal à la supporter. Sa cure de repos et d'inactivité n'aidant en rien son tonus musculaire et les jumeaux étant de plus en plus lourds, faire quelques pas représentait un défi. Heureusement, Gerry arrivait déjà, poussant un fauteuil roulant.

— J't'avais dit de m'attendre, la gronda-t-il.

Il saisit son coude et l'aida à s'asseoir. En évitant tout caillou ou craquelure dans le trottoir qui aurait pu créer un soubresaut pour Jeannine, Gerry la conduisit à l'intérieur.

Les examens ne durèrent que quelques minutes: une infime portion du temps qu'ils durent consacrer à l'attente du spécialiste. Au bout de trois heures, le couple refaisait le chemin inverse pour rentrer à la maison.

— Dans dix jours, on va avoir nos bébés, répétait Gerry en fixant la route devant lui. Je vais être papa dans dix jours!

Jeannine lui tapota la cuisse. Elle aussi avait hâte que la grossesse se termine, mais l'idée de subir une césarienne ne l'enchantait pas du tout.

Un des bébés se présentait par le siège. L'expulsion n'était pas impossible, mais Jeannine était inactive depuis le début de son troisième trimestre et son âge jouait en sa défaveur. À mots couverts, le médecin lui avait fait part de ses craintes. Il suggérait de planifier une césarienne. Les jumeaux se présentaient souvent prématurément, mieux valait être prêt.

Jeannine lâcha la cuisse de son homme pour trouver son cellulaire et texter sa date d'accouchement à ses amies.

En rentrant à la maison, Jeannine refusa de réintégrer le lit.

— J'ai envie d'un bon bain. J'suis tannée de me laver à la débarbouillette.

Pendant qu'elle se prélasserait dans la baignoire, Gerry en profiterait pour passer sur un chantier régler quelques détails avec un fournisseur.

— Promets-moi qu'après le bain tu retournes te coucher, par exemple.

— Promis.

Jeannine multiplia les ablutions et en profita pour se relaxer un peu. Une bulle d'huile de bain à la lavande, et une serviette roulée faisant office d'oreiller : elle était aux anges ! Elle avait pris soin de se munir de son cellulaire et pouvait surveiller ses réseaux sociaux ou jouer à un jeu en ligne tout en barbotant dans l'eau maintenant devenue tiède. Dès que l'odeur de lavande semblait s'évanouir, Jeannine ajoutait une autre bulle à l'eau du bain pour prolonger le parfum relaxant.

Lorsqu'elle réalisa que la peau de ses orteils était ratatinée, Jeannine décida de regagner la chambre tel que promis à Gerry. Elle déposa le cellulaire sur le bord de la baignoire et entreprit d'en sortir. Après quelques tentatives infructueuses, elle renonça.

— L'huile de bain, c'était pas une bonne idée finalement.

On aurait dit que la baignoire se transformait en sables mouvants. Plus Jeannine se débattait pour en sortir, plus elle glissait et se retrouvait invariablement au fond, à bout de souffle. Le ridicule de la situation lui sauta en plein visage. Jeannine se mit à rire frénétiquement. Plus elle riait, moins ses efforts pour retrouver le plancher des vaches étaient convaincants. Elle devait trouver de l'aide.

Avec précautions, elle attrapa son cellulaire : « Ça serait bien le bout que je l'échappe sur le plancher. » Elle commençait à composer le numéro de Gerry lorsqu'elle annula l'opération.

— Des plans pour qu'il refuse que je reprenne un bain.

Jeannine choisit plutôt d'appeler Frédérique à la rescousse.

Quelques minutes plus tard, Frédérique passait la tête dans le cadre de porte. Jeannine riait toujours de sa mésaventure. Les efforts de Frédérique ne pouvaient rivaliser avec la viscosité de l'huile de bain.

— Jeannine, fais un effort ou je te laisse mariner.

— Peut-être que si tu vidais le bain, ça aiderait. Moi je rejoins pas le bouchon, s'esclaffa-t-elle.

Frédérique plongea une main sous l'eau et retira le bouchon. Une fois l'eau évacuée, les parois de la baignoire s'enduisirent d'huile à la lavande.

— Veux-tu bien me dire c'était quoi l'idée d'en mettre autant ? reprocha Frédérique.

— Ça sent bon.

Frédérique fit une nouvelle tentative de sauvetage.

— Ça sert à rien, j'suis pas capable.

Frédérique recula d'un pas et contempla la scène. Le ventre de Jeannine était énorme, tellement que la baignoire avait l'air petite. Si elle redoublait d'efforts pour sortir sa mère de là, elle risquait de plonger dans la baignoire à son tour.

— Simon ! cria-t-elle. Viens m'aider.

Jeannine cessa de rire. Elle voulait bien s'exposer dans son costume d'Ève devant sa fille, mais devant son soupirant... Elle exigea que Frédérique la couvre d'une serviette pour préserver un peu de dignité. Frédérique songea d'abord à lui offrir une simple débarbouillette comme cache-sexe puis se ravisa. Mieux valait que Simon ne voie pas ça : « Bien des hommes regardent le physique de leur belle-mère pour évaluer le futur de celui de leur blonde. » Frédérique ne voulait pas souffrir de la comparaison. Le ventre de Jeannine était strié de vergetures et ses seins reposaient en permanence sur son ventre.

Lorsque Simon entra, Jeannine avait trouvé refuge sous une grande serviette qui cachait l'essentiel.

— Content de vous rencontrer officiellement, Jeannine.

— Lâche-moi le vous pis active-toi, je commence à geler.

De concert, Frédérique et Simon parvinrent à mettre Jeannine sur pied. En moins de deux, elle regagnait sa chambre à coucher et écrivait déjà un résumé de ses péripéties pour en alimenter ses réseaux sociaux.

Frédérique s'apprêtait à tirer sa révérence lorsque Jeannine les invita à souper. Gerry reviendrait d'une minute à l'autre et s'occuperait du menu.

— Avec plaisir, accepta Simon, avant que Frédérique ne s'oppose à l'idée de sa mère.

Une heure plus tard, Simon prenait place dans la chambre de Jeannine et Gerry. Un plateau sur les genoux, il tentait de manger ses pâtes sans éclabousser ses vêtements ou le couvre-lit de ses beaux-parents. L'étrangeté de la situation lui sautait en plein visage. Il pénétrait la chambre à coucher des parents de Frédérique avant même d'avoir établi son rôle auprès d'elle.

Avec curiosité, il examina l'environnement. Il remarqua le livre de chevet de Jeannine consacré au pouvoir de la pensée positive. Le signet qui en dépassait prouvait que la lecture du livre débutait à peine ou bien que le livre était ennuyeux. Le signet était orné de l'image de saint Joseph. Il avait affaire à une croyante.

Les grandes portes-miroirs du garde-robe le firent sourire. Il n'avait jamais compris que certains couples prennent leur pied en se regardant en pleine action. C'était trop d'information, pour une première rencontre qui, normalement, aurait dû se dérouler au salon.

Simon semblait être le seul embarrassé par la situation. Visiblement, Jeannine et Gerry n'avaient rien à cacher et l'accueillaient avec générosité. Simon savait que Frédérique n'avait pas l'intention de l'inviter chez ses parents tout de suite. Ils avaient abordé la question quelques jours plus tôt. Sans l'appel au secours de Jeannine, il ne serait pas ici. Il était évident que Frédérique et lui formaient un couple à présent, mais la grossesse jetait un voile d'incertitude entre eux. Voile que Jeannine s'apprêtait à lever entre deux bouchées de spaghetti.

— As-tu fait des démarches pour l'adoption ?

Frédérique faillit s'étouffer. Elle avala péniblement sa bouchée, prit le temps de s'essuyer les commissures des lèvres avec le bout d'essuie-tout que lui avait remis Gerry avant de répondre.

— C'est pas le temps, Jeannine.

— Ta grossesse est presque finie, si c'est pas le temps là, ça sera jamais le temps !

Frédérique regarda en direction de Simon. Le regard de sa fille n'échappa pas à Jeannine.

— Il sait que t'es enceinte, là. Il se doute bien qu'il y a un bébé qui va finir par sortir.

— Je suis de trop, s'excusa Simon. Je peux vous laisser.

Frédérique lui fit signe de se taire et se tourna vers Gerry, espérant que son beau-père lui vienne en aide, comme il le faisait toujours. Étonnamment, il ne prit pas son parti. Il se contenta de croiser les bras et d'attendre la suite de l'affrontement mère-fille.

— J'ai juste à attendre l'accouchement. À l'hôpital, ils vont appeler les services sociaux.

— Qui va l'adopter ?

— C'est pas important, en autant que ça soient des bons parents.

— Ça pourrait être nous, laissa tomber Gerry.

La température de la pièce chuta instantanément de quelques degrés. Frédérique darda un regard de glace sur son beau-père. Comment osait-il ?

— Non, se contenta de répondre Frédérique, la gorge nouée par une émotion qu'elle n'aurait pu identifier.

— Pourquoi ? demanda Gerry avec le plus de douceur possible.

— C'est évident !

Gerry s'aventurait en terrain miné. Surtout qu'il n'avait pas discuté du sujet avec Jeannine. Elle pourrait bien s'opposer à ses plans. Il espérait qu'elle se taise et le laisse mener la discussion.

— J'aimerais ça que tu le dises, insista Gerry.

Au lieu de quoi, Frédérique se débarrassa de son plateau. Elle n'avait plus faim de toute façon. D'un signe de tête, elle fit signe à Simon que le souper était terminé. Elle regrettait de faire vivre ça à son nouveau chum. Simon se dirait sûrement qu'il avait atterri dans une famille de fous et prendrait de nouveau ses jambes à son cou.

— Elle veut pas que j'élève sa fille. Elle a peur que je refasse les mêmes erreurs avec la p'tite, affirma Jeannine. Je la comprends.

— Jeannine, laisse-la parler. Pourquoi de parfaits étrangers plutôt que nous autres ?

Frédérique posa une main sur son ventre. La petite se manifestait. Elle ne savait pas si les coups de pied étaient des encouragements à se défendre ou des reproches en appui à Gerry. Frédérique sentit affluer les larmes. Le moment était bien mal choisi pour être émotive. Elle aurait voulu expliquer à ses proches que l'idée de côtoyer une enfant qu'elle allait délibérément abandonner lui était insoutenable, leur dire qu'elle redoutait de voir sa fille devenir exactement comme elle sans qu'elle puisse partager avec elle son expérience et l'empêcher de vivre les mêmes malheurs. Si elle n'avait pas été muette de chagrin, elle aurait crié qu'après neuf mois de don de soi, il était injuste que quelqu'un d'autre reçoive les sourires de son enfant en sa présence. Pourquoi ne voulait-elle pas que Gerry et Jeannine adoptent sa fille? « Parce que c'est MON bébé », s'avoua-t-elle intérieurement.

— Tu veux savoir pourquoi je veux pas que tu l'adoptes? Parce que je veux rien savoir d'elle, cracha Frédérique avant de quitter la pièce.

Simon hésitait sur la conduite à adopter. Gerry lui fit un timide sourire et l'invita à rejoindre Frédérique d'un signe de tête. Il courut dehors pour trouver sa blonde, assise dans la voiture, prête à partir. Une fois seuls, Jeannine reprocha à Gerry son manque de tact.

— On en attend deux, t'en veux quand même pas un troisième? Moi, j'serai pas capable, avoua Jeannine.

Gerry lui sourit et lui caressa les épaules.

— J'ai jamais eu l'intention d'adopter ma petite-fille. Je pense juste qu'il fallait brasser un peu Frédérique.

— T'as été raide. Des plans pour qu'elle veuille plus nous parler.

— Inquiète-toi pas, je peux me permettre ça avec elle.

Jeannine arqua un sourcil, sceptique.

— On a un pacte, dévoila Gerry. Toujours la vérité, même si ça fait mal à l'autre. Pis la vérité, c'est que j'pense qu'elle va regretter de donner cette enfant-là en adoption.

— Tu penses pouvoir l'influencer dans son choix?

— Non. Personne a assez de pouvoir sur Frédérique pour la faire changer d'idée.

Gerry embrassa sa femme et sortit de la pièce les bras chargés des plateaux abandonnés. Il espérait que son intervention porte fruit. S'il ne pouvait pas influencer Frédérique dans son choix, il pouvait espérer qu'elle change d'idée toute seule.

En nettoyant la vaisselle, Gerry souriait. Le geste de Frédérique ne lui avait pas échappé. Lorsqu'elle avait crié qu'elle ne voulait rien savoir de sa fille, elle avait posé les deux mains sur son ventre, comme si elle voulait boucher les oreilles de l'enfant.

Assise dans la voiture, les yeux bandés, Lili ruminait des idées noires. Thomas voulait lui faire une surprise. Dans quelques secondes, ils arriveraient chez Jeannine et Gerry, une destination que Thomas gardait secrète. Lili n'avait aucune idée de ce qui l'attendait. Tout ce qu'elle savait, c'est que sa vessie n'appréciait pas le long trajet en voiture et que bientôt, elle devrait enlever son bandeau et se rendre aux toilettes, au risque de gâcher la surprise.

Depuis le matin, Thomas se fendait en quatre pour lui plaire. Il essayait de la mettre de bonne humeur. De petites attentions, comme chauffer ses bas dans la sécheuse avant qu'elle se lève et l'accueillir dans la cuisine avec un jus d'orange fraîchement pressé étaient habituellement synonymes de réussite en la matière. Pas aujourd'hui.

Peu importait les trésors d'imagination que Thomas déployait pour la rendre heureuse, elle n'y voyait que de viles bassesses destinées à compenser son infidélité. Elle se rejouait mentalement la scène du café où elle l'avait surpris en galante compagnie.

Thomas arrêta le moteur de la voiture et descendit. Il contourna le véhicule et ouvrit la portière à Lili.

— Est-ce que je peux enlever le bandeau ? Ça serait niaiseux de tomber parce que je ne vois pas où je vais.

— Patience, patience.

Thomas l'aida à sortir de l'auto et lui offrit son bras pour la guider. Il avait hâte qu'elle découvre ce pour quoi il travaillait d'arrache-pied depuis quelques semaines.

— À partir d'ici, il faut que tu gardes le silence, exigea-t-il.

— Pourquoi ? On chasse la perdrix ? dit-elle avec humeur.

— S'il te plaît, joue le jeu, mon amour.

Elle détestait qu'il l'appelle ainsi, mais elle obtempéra de peur qu'il sorte sa collection de mots d'amour, tous moins crédibles les uns que les autres depuis quelque temps.

Thomas arrêta de marcher. Lili n'eut d'autres choix que de s'immobiliser à ses côtés. Des bruits de pas dans la neige l'avertirent que quelqu'un d'autre arrivait. Les pas moururent à proximité, mais aucun mot ne fut prononcé. Puis ce fut le bruit d'une porte de maison qu'on referme qui prévint Lili de l'action qui se déroulait à proximité. Qu'attendaient-ils ?

— Vous pouvez enlever les bandeaux.

Ce n'était pas la voix de Thomas, mais une voix d'homme qu'elle avait déjà entendue. Lili se dépêcha d'enlever le bout de tissu qui lui obstruait la vue.

Elle découvrit Esther et Frédérique à ses côtés, toutes deux un foulard à la main et sur le visage, un air hébété. Devant elles, Thomas, Jean-François, Gerry et Simon souriaient de toutes leurs dents.

Après les embrassades, Gerry invita tout le monde à l'intérieur pour rejoindre Jeannine.

— Mais il faut remettre vos bandeaux pour la surprise, exigea Gerry.

Dociles, les trois femmes obéirent. Quelques instants plus tard, elles se retrouvaient au salon où Jeannine avait eu la permission de s'installer grâce à l'homme de la maison.

Au signal, elles retirèrent leurs bandeaux. La maison avait été transformée. Partout, ballons roses et bleus témoignaient de l'événement qui était souligné. Quelques collègues et des amis d'enfance étaient réunis pour célébrer l'arrivée prochaine de tous les bébés. Ils applaudirent chaleureusement les quatre bedaines.

— Mais comment… bafouilla Lili.

— On a profité des cours prénatals pour coordonner tout ça dans votre dos, révéla Thomas.

— C'est mon idée, se vanta Jean-François.

Désireux de reconquérir sa femme, Jean-François avait trouvé le prétexte idéal pour passer du temps en sa compagnie et la rendre heureuse. Il souhaitait lui démontrer qu'il était prêt à faire des efforts et à s'investir. Surtout, il voulait s'amender et faire comprendre à Esther qu'il voulait ce troisième enfant. La partie n'était pas gagnée d'avance, mais il commençait son opération séduction aujourd'hui.

Jean-François avait proposé à Thomas un shower conjoint pour Lili et Esther. Thomas avait renchéri en suggérant d'y inclure Frédérique et Jeannine. Gerry avait d'ailleurs pris en charge la totalité des invitations les concernant. Il voulait entourer les deux femmes de sa vie de toute l'attention qu'elles méritaient.

— Vous auriez pu me demander mon avis, dit Frédérique du bout des lèvres.

Elle n'avait rien à célébrer. Dans quelques semaines, elle serait délestée de son fardeau. Ce n'était un secret pour personne. Elle se voyait mal recevoir des accessoires pour bébé alors qu'elle destinait son enfant à d'autres parents. C'était tourner le fer dans la plaie que de célébrer l'arrivée de sa fille.

— Ça prend du courage pour donner la vie. Ça, personne pourra jamais t'enlever ça, ma grande.

— On voudrait pas être à votre place, blagua Simon.

— Vous seriez pas capables, tu veux dire, le taquina Jeannine.

— On a pensé à un shower alternatif, expliqua Jean-François. Nous non plus, on n'a pas besoin d'accessoires pour bébé. On a tout gardé après la naissance d'Emma.

L'utilisation du « nous » n'échappa à personne. Il était évident que Jean-François faisait la cour à sa femme. Esther ne semblait pas s'en plaindre. Frédérique ne put s'empêcher d'avoir une pensée pour Samuel. Étonnant qu'il ne soit pas présent. Peut-être que Jean-François ne savait pas qu'il était gay et le voyait comme un rival ? Ça ne pouvait que le stimuler davantage dans sa reconquête.

— On a décidé de faire une fête personnalisée pour chacune, développa Gerry.

— On ? s'esclaffa Thomas. Soyez honnêtes, les boys ! On a eu de l'aide. D'ailleurs, laissez-moi vous présenter la maître d'œuvre de l'événement.

D'un signe de la main, Thomas invita l'organisatrice à approcher du groupe. Quatre mâchoires se décrochèrent en même temps lorsque les filles reconnurent Magalie Demers.

— Je vous présente Magalie, organisatrice d'événements en tous genre. Mais je pense que vous avez déjà fait connaissance, non ?

Lili n'écoutait plus, elle venait de comprendre que Thomas avait travaillé en cachette à organiser une journée mémorable pour elle et qu'il avait accepté le mauvais rôle de l'histoire pour ne pas vendre la mèche. Plutôt que de se disculper, il avait enduré ses sous-entendus, sa mauvaise humeur dans l'espoir de lui faire une vraie surprise.

— Désolée pour le quiproquo, s'excusa Magalie. Je ne voulais pas briser la magie. Vos chums ont tellement travaillé pour que ça demeure secret.

Lili se mit à pleurer dans les bras de son amoureux.

— T'es jamais capable de me surprendre, d'habitude, pleurnicha-t-elle.

— Je sais, mais t'as toujours le nez fourré partout, tu vois tout, t'entends tout.

— Merci mon amour.

— Ça ne fait que commencer.

Plusieurs surprises attendaient effectivement les futures mamans. Lili découvrit avec bonheur un splendide berceau en bois que Thomas avait confectionné lui-même. Son père lui remit de petits chaussons de bébé en laine bleu tendre.

— C'est ta mère qui les a tricotés avant de nous quitter. Elle était convaincue que tu aurais un garçon, s'excusa-t-il.

— Ma fille va les porter avec fierté.

Le souvenir de sa mère lui arracha encore quelques larmes supplémentaires. On lui tendit un mouchoir pour s'essuyer le visage : il restait encore d'autres présents à déballer. En quelques minutes, Lili était équipée pour accueillir son bébé convenablement. Mis à part les chaussons bleus, tout était clairement destiné à une fillette. Thomas avait pris soin de préciser à tous qu'ils attendaient une fille.

Jeannine ne fut pas en reste. Ses collègues s'étaient cotisés pour lui offrir une poussette double et deux chaises hautes.

— On a frappé un deux pour un, se moqua un jeune commis.

Gerry avait fait l'acquisition du reste des cadeaux. La montagne de présents était démesurée.

— J'en attends deux. Normal qu'y ait plus de cadeaux, se justifiait-il.

Pour ne pas monopoliser toute la soirée, Gerry se mit de la partie et développa les cadeaux avec Jeannine. Il s'extasiait devant chaque jouet, comme s'il ne les avait pas achetés lui-même.

— C'est pas deux bébés qu'on va avoir, c'est trois ! gloussa Jeannine en pointant Gerry.

Les enfants d'Esther lui remirent un carnet de coupons coloriés et découpés en compagnie de papa. Sur chacun d'eux, Jean-François avait écrit une faveur qu'Esther pouvait leur demander et les enfants avaient illustré le tout à leur manière. Emma et Antoine promettaient de jouer en silence, changer une couche, préparer des rôties ou ramasser leurs jouets en échange des coupons. Le papier échangeable contre un changement de couche fit particulièrement rire Esther.

— Regarde, maman, y a un caca ! C'est pour ça qu'on change la couche, expliqua savamment Emma avec la fougue de ses quatre ans.

Esther fit circuler son cadeau et tous purent constater qu'Emma avait dessiné une crotte plus grosse que le bébé qui l'avait produite.

— Si c'est ça qui m'attend, je vais garder le coupon, plaisanta Gerry.

Esther reçut également de confortables vêtements d'intérieur et un certificat-cadeau pour un institut de beauté réputé.

— Tu pourras te gâter pendant que je m'occuperai des enfants.

Esther se demandait encore comment ils allaient gérer leur vie de famille en étant séparés, quel soutien elle aurait pour le bébé et quels impacts concrets aurait le nouveau venu sur sa vie. Elle ne doutait pas que Jean-François s'impliquerait. Il semblait désireux de revenir auprès d'elle. Esther ne savait juste pas si elle en avait envie.

Les collègues de Frédérique avaient les mains vides, mais leur cadeau était inestimable.

— On sait que t'as prévu un retour au travail rapide et on a pensé se relayer pour couvrir tes *shifts* au café. En faisant la rotation, on est bonnes pour t'offrir deux semaines de congé de plus. Tu mérites ça.

Frédérique ne savait pas quoi dire. Autant elle espérait reprendre le travail rapidement pour ne pas s'ennuyer à la maison et regretter son bébé, autant ce congé lui permettrait de se remettre sur pied. Elle ne savait pas à quoi s'attendre de l'accouchement, mais se doutait bien qu'un peu de repos serait bénéfique après la délivrance du bébé.

— Et pendant ce temps-là, toi et moi, on part en voyage, la surprit Simon. Une semaine en amoureux, juste nous deux.

Simon espérait faciliter l'adoption du bébé en éloignant Frédérique de son univers habituel. Il se doutait bien que derrière l'indifférence qu'elle démontrait se cachait un grand déchirement.

Brusquement, Jeannine s'écria :

— Gerry ! Je pense que j'ai des contractions.

— T'es sûre ?

— J'ai déjà accouché, je sais ce que c'est une contraction, s'offusqua-t-elle.

— Ça fait quand même vingt-huit ans.

— Crois-moi, ça s'oublie pas !

La fébrilité gagna tout le monde. Jeannine croyait même avoir crevé ses eaux.

— Est-ce qu'il faut prévenir l'hôpital de devancer la césarienne ? s'alarma Jeannine.

— On s'occupe de ça, la rassura son amoureux.

Esther avait le numéro de la maternité en mémoire dans son cellulaire puisqu'elle accouchait au même endroit. Elle contacta l'unité pour les aviser de l'arrivée d'une parturiente en contractions. Jeannine fit rire tout le monde en se plaignant qu'elle allait salir le divan avec son liquide amniotique. Lorsque Gerry et Thomas aidèrent Jeannine à se relever du sofa qu'elle n'avait pas quitté depuis le début de la fête, ils réalisèrent qu'elle perdait plutôt du sang.

— Appelez une ambulance ! cria Gerry à la ronde.

— Mes bébés ! J'veux pas perdre mes bébés ! s'affola Jeannine.

Lili saisit son téléphone pour composer le 9-1-1 pendant que Gerry tentait de rassurer Jeannine et qu'Esther, toujours aussi flegmatique, cherchait la valise d'hôpital.

En moins de deux, Jeannine montait dans l'ambulance en direction du centre hospitalier, Gerry à ses côtés. Simon proposa à Frédérique de les suivre en voiture, ce qu'elle s'empressa d'accepter.

— Je veux être avec ma mère.

C'était la première fois qu'elle n'appelait pas Jeannine par son prénom.

CHAPITRE 9

Frédérique avait refusé de quitter le chevet de sa mère. Elle avait dormi sur une chaise berçante dans la chambre d'hôpital qu'occupait Jeannine. La césarienne s'était bien déroulée. La mère récupérait lentement de l'opération. Les deux bébés avaient été transférés d'urgence à l'unité de néonatalogie pour des problèmes respiratoires. La petite s'en sortait mieux que son frère jumeau, plus chétif.

Frédérique faisait semblant de dormir, mais elle épiait Jeannine qui berçait son bébé. Maman de nouveau, elle chantonnait, en faussant une note sur deux. Malgré la discordance de la berceuse, la scène était harmonieuse. Frédérique ne pouvait s'empêcher de se demander si Jeannine avait réagi de la même manière, vingt-huit ans plus tôt, si elle l'avait tenue contre elle avec émotion, lui avait rempli les oreilles de chansonnettes. En observant objectivement sa mère, Frédérique devait reconnaître qu'elle était semblable à toutes les nouvelles mères: elle agissait avec douceur pour ne pas réveiller le bébé, parlait tout bas, son œil pétillait de fierté.

Du bout du doigt, l'heureuse maman caressait le front de sa fille. Elle détaillait chacun de ses traits, s'enorgueillissant de la beauté du petit paquet chaud et rose. Jeannine leva la tête en direction du coin sombre où Frédérique avait passé la nuit. Elle remarqua que sa grande fille ne dormait plus. Malgré la fatigue, la douleur au bas-ventre et le brouillard causé par les antidouleurs, elle lui sourit et lui fit signe d'approcher.

Hésitante, Frédérique vint tout de même s'asseoir sur le lit de la convalescente. Jeannine lui tendit le bébé emmitouflé. D'un petit signe de tête, Frédérique refusa de le prendre.

— Profites-en, toi, ils vont bientôt la ramener à sa couveuse, se justifia-t-elle pour ne pas prendre sa petite sœur dans ses bras.

Les infirmières s'assuraient que le bébé retourne à l'unité de soins intensifs régulièrement pour l'alimenter en oxygène et maintenir sa température corporelle élevée. Son frère n'avait pas cette chance et devait être gardé en permanence sous la lampe infrarouge, si bien que Jeannine ne l'avait pas encore vu. Gerry restait auprès du garçonnet.

— Elle te ressemble.

Piquée par la curiosité, Frédérique porta son attention sur le visage miniature en essayant d'y déceler une quelconque parenté.

— T'avais une vraie perruque noire à la naissance, pis la même rosette sur le front, se remémora Jeannine.

Frédérique ne le savait que trop bien. Chaque matin, elle devait se battre avec son toupet pour lui imposer un mouvement uniforme, une mèche rebelle voulant toujours partir à l'inverse des autres.

Le bébé se tortilla et commença à chigner. Jeannine lui tapota les fesses pour l'inciter à se rendormir. Docile, la fillette ferma les poings et se laissa bercer par le rythme de la main maternelle sur son petit arrière-train.

— T'avais plus de caractère, par exemple. Tu pouvais hurler pendant des heures, se souvint Jeannine en souriant.

— Ça devait t'énerver, s'empressa d'ajouter Frédérique avant que le commentaire ne vienne de sa mère.

— Non. Je savais que tu te laisserais pas marcher sur les pieds. Que contrairement à moi, tu serais une battante, une fonceuse. Ça me faisait plaisir que tu sois une rebelle.

Frédérique se tut, savourant chaque mot de cet aveu.

— C'est pour ça que je t'ai appelée Frédérique. Ça a du chien, du mordant.

— Pis elle, pourquoi tu l'appelles Maxime ?

— J'aime les noms de gars, faut croire.

Jeannine demanda à Frédérique de prendre le cellulaire sur la table de chevet et de la photographier avec sa poupoune. Elle s'empressa de mettre le tout en ligne sur ses réseaux sociaux, trop heureuse de partager son bonheur familial. L'infirmière arriva quelques minutes plus tard pour voler l'enfant à sa mère. Jeannine exigea une nouvelle dose de calmants : ainsi dépossédée de son enfant, la réalité la rattrapait, la douleur aussi.

Pendant que Jeannine glissait doucement vers le sommeil, grâce à l'effet des médicaments, Frédérique décida de passer le temps en envoyant quelques textos. Elle donna les plus récentes nouvelles de l'état de santé des bébés à Lili et Esther, avant de surfer sur le Net. Malgré l'interdiction d'utiliser un cellulaire, elle s'attarda sur les réseaux sociaux et put lire la légende que sa mère avait écrite pour accompagner sa photo : « La deuxième plus belle journée de ma vie. » Frédérique sut d'instinct que la plus belle journée vécue par Jeannine remontait au jour de sa naissance, vingt-huit ans plus tôt.

Ne voulant pas réveiller sa mère, elle emprunta le couloir pour rejoindre son beau-père. Elle le trouva, assis en face des deux couveuses abritant ses bébés. Le visage inexpressif, il fixait le vide devant lui. Frédérique posa doucement une main sur son épaule. Ce simple geste occasionna une bouffée d'émotions au nouveau papa. Il détourna son visage, mais le tressautement de ses épaules trahissait ses sanglots. Après s'être essuyé les yeux avec les manches de son chandail, Gerry serra les doigts de Frédérique qui n'avaient toujours pas quitté son épaule, puis posa les mains à plat contre la paroi des couveuses.

— Ils sont vivants, hoqueta-t-il. Mes bébés sont vivants pis ma femme aussi. Merci mon Dieu. Comment va Jeannine ?

— Elle dort.

La main droite de Gerry cachait presque en entier la présence du nouveau-né. La cage thoracique du petit Julien montait et redescendait à un rythme régulier, mais rapide. Le minuscule bébé faisait de gros efforts pour s'adapter à sa nouvelle vie, trouvant probablement que la chaleur et le confort de l'utérus maternel lui avaient été retirés beaucoup trop tôt.

— Ils s'en sortent bien. Ils font ça comme des grands, l'encouragea Frédérique.

Gerry espérait juste que sa belle-fille ait raison.

Galvanisée par la naissance des jumeaux, Lili espérait de tout cœur être la prochaine à accoucher. Son statut de femme enceinte commençait à lui peser royalement sur les nerfs et sur les reins. Elle ne s'inquiétait pas outre mesure de ce qui l'attendait malgré la césarienne d'urgence de Jeannine : elle était jeune, en bonne santé et n'avait pas fait face à la même réalité que son amie durant les derniers mois.

Même si depuis le début de sa grossesse, Lili prétendait que seul le bébé pouvait décider du moment de sa naissance, elle était désormais résolue à donner un coup de pouce au sien. Maintenant officiellement en congé de maternité, elle naviguait sur la Toile à la recherche de trucs de grand-mère pouvant déclencher un accouchement.

Sur les forums de discussion, quantité de femmes partageaient leur solution miracle. Certaines propositions étaient carrément farfelues, alors que d'autres revenaient si souvent dans les écrits des internautes que Lili décida de les mettre en application.

Elle commença par les solutions les plus simples : celles ne requérant ni aide extérieure, ni achat de matériel. Lili commença par masser ses chevilles. Elle s'installa au salon et se huila des orteils jusqu'aux genoux. Juste cette opération la laissa épuisée et à bout de souffle. En se contorsionnant légèrement, elle arriva à trouver une position confortable pour exécuter son massage. Elle frotta ses malléoles en tous sens et élargit même sa zone de travail, question de mettre toutes les chances de son côté. Après quinze minutes d'activation, son corps réclama une pause. La manœuvre ne semblait pas donner de résultat, alors Lili décida de passer au plan B.

Elle se rendit dans la chambre du bébé et commença à fouiller dans la commode. Rapidement, elle trouva l'appareil qu'elle cherchait : le tire-lait offert par Thomas.

— C'était pas une mauvaise idée, finalement.

Lili ne pensait pas, lorsqu'elle avait reçu le présent de son chum, qu'elle se servirait de son cadeau aussi rapidement. Sur le site Internet d'une sage-femme réputée, Lili avait lu une information à l'effet que la stimulation des mamelons peut accélérer le processus de l'accouchement et déclencher les contractions. Aux grands maux les grands remèdes, la technologie allait lui sauver du temps. Bien sûr, elle aurait pu opter pour la méthode manuelle, mais pourquoi ne pas faire appel à la Cadillac ?

La boîte était encore scellée. Elle qui croyait sauver du temps dut d'abord faire face à l'assemblage de l'appareil. Elle lut ensuite le manuel d'instructions d'une couverture à l'autre pour être certaine de ne pas se blesser. Elle y apprit qu'elle devait stériliser l'appareil avant la première utilisation. Elle détacha donc les différentes pièces du tire-lait qu'elle venait d'assembler, en perdant un temps fou, pour les plonger dans l'eau bouillante.

Une fois l'opération terminée, Lili réalisa que si elle voulait utiliser son tire-lait tout en étant confortablement installée sur le divan, elle devait utiliser une rallonge pour rejoindre la prise électrique. Dans le placard de l'entrée, elle trouva ce dont elle avait besoin.

Elle retira chandail et soutien-gorge, posa précautionneusement la coupelle de l'appareil contre son sein gauche et activa le tire-lait. Chaque mouvement de succion lui arrachait une grimace de douleur. Elle régla donc l'appareil au plus bas avec l'intention de monter graduellement l'intensité au fur et à mesure que son corps s'habituerait à la sensation. Efficacité allait sûrement de pair avec intensité. Les contractions n'allaient pas se déclencher avec des effleurements.

Le bruit produit par la machine était presque aussi énervant que la sensation sur son sein. À quelques reprises, Lili arrêta l'appareil : pour fermer les rideaux qu'elle avait laissés grands ouverts, pour aller se chercher à boire, pour trouver une couverture à jeter par-dessus le tire-lait afin d'en minimiser le vacarme.

Indisposée par le bruit toujours trop présent du tire-lait, Lili monta le volume du téléviseur au maximum et laissa l'appareil effectuer son travail.

Quelques minutes plus tard, le rouge lui monta aux joues lorsqu'elle réalisa qu'un Thomas stupéfait se tenait debout à quelques pas d'elle.

— J'essaye de provoquer des contractions.

— Quoi ?

Mal à l'aise, Lili chercha à se couvrir avec la couverture utilisée comme outil d'insonorisation. En la déplaçant, elle augmenta le bruit ambiant.

— C'est pas ce que tu penses.

— Quoi ?

Elle mit finalement la main sur la télécommande, diminua le volume du téléviseur. Elle arrêta également le fonctionnement du tire-lait.

— Désolée pour la scène absurde, s'excusa-t-elle. J'essaye tous les trucs que j'ai trouvés pour enfin accoucher.

— Je vois…

Avisant la bouteille d'huile d'amande douce dont Lili s'était servi pour frotter ses chevilles, Thomas devint perplexe. Il fronça les sourcils et se contenta de pointer l'objet.

— Massage de chevilles… un autre truc… expliqua Lili.

— Ça fonctionne ?

— Ça a pas l'air. Mais j'ai d'autres tours dans mon sac et certains te concernent, acheva Lili d'un air malicieux.

Thomas sourit jaune. Il se souvenait des expérimentations dont il avait fait les frais en début de grossesse alors que Lili cherchait des trucs pour « booster » leur fertilité. À ce stade-ci, il ne pouvait que redouter les idées de Lili.

En soirée, Lili se rendit au café pour prendre un dessert avec Esther et Frédérique. Lorsqu'elle franchit la porte du commerce, Esther piochait déjà dans une pointe de gâteau au fromage.

— Mon Dieu ! Ça pressait !

— J'ai des rages de sucre ces jours-ci, expliqua Esther.

— Manque de sexe, intervint Frédérique en s'approchant de la table réservée pour ses deux amies.

Les filles s'embrassèrent en se penchant vers l'avant, leurs bedons étant les premiers à se faire la bise. Elles échangèrent les plus récentes nouvelles concernant Jeannine et ses jumeaux puis, rassurée, Lili commanda une assiette déjeuner, malgré l'heure tardive, et prit place en face d'Esther, pendant que Frédérique retournait derrière le comptoir pour placer la commande de Lili.

— À cette heure-ci, t'aimes pas mieux du sucré ? interrogea Esther.

— Non. Il faut que je mange épicé.

Lili dévissa le bouchon de la bouteille de Tabasco, prête à en arroser ses œufs.

— Tu disais pas que t'avais des brûlements d'estomac depuis quelque temps ?

— Oui, mais il paraît que les épices peuvent déclencher le travail. Je prends le risque des malaises gastriques pour en finir avec la grossesse. J'suis plus capable !

Esther sourit. Elle en était à sa dernière grossesse et en savourait chaque instant. Elle savait pertinemment qu'une fois libérée de son fardeau, jamais plus elle n'aurait la chance de sentir un enfant bouger dans son ventre. L'empressement de Lili ne lui était cependant pas étranger. Elle avait vécu la même urgence lors de sa première grossesse.

— Tu devrais en profiter, maintenant que t'es en congé. Repose-toi, prends du temps de qualité en couple. Après l'arrivée du bébé, tout va être chamboulé.

Esther vit bien dans le regard de son amie qu'elle n'en avait rien à foutre de se reposer. Tout ce qui comptait en ce moment était de mettre cet enfant au monde, de devenir mère. Ses conseils de mère expérimentée ne trouvaient aucun écho chez son interlocutrice.

— As-tu peur?

La question surprit Lili. Sa fille avait beau se manifester, son ventre s'arrondir un peu plus chaque semaine, tout ça demeurait quand même abstrait. Lili ne savait pas vraiment à quoi s'attendre. Elle préférait cultiver ses visions romanesques de l'accouchement que de se questionner sur le travail concret et physique qui l'attendait. Elle imaginait un poupon rose pétant de santé prenant son sein quelques minutes après la naissance. Elle rêvait au premier regard qu'elle et sa fille échangeraient. C'est un coup de foudre qu'elle anticipait, pas un calvaire à se déchirer les entrailles.

— Pas vraiment... Je devrais avoir peur?

— Non, mentit Esther.

Avant d'accoucher, mieux valait ne pas trop savoir dans quoi on s'embarquait, se dit Esther. Un accouchement ne devait pas se vivre de manière cérébrale, mais bien se vivre d'instinct. Au moment de mettre bas, la femme expérimentait son animalité dans sa forme la plus brute. À quoi bon prévenir une amie des douleurs insoutenables, du travail herculéen et des risques associés à l'accouchement?

— As-tu l'intention d'avoir la péridurale?

— Je pense pas. Je veux quelque chose de très naturel, confia Lili.

— Moi, c'est la première chose que je vais demander, affirma Frédérique en déposant une assiette d'œufs et de bacon fumants devant Lili. Pourquoi souffrir quand on peut s'éviter ça ?

— C'est la seule douleur dans la vie qui a un sens. C'est un chemin obligé pour accueillir un bébé. Je veux embrasser le processus de A à Z.

Esther se contenta de sourire. La naïveté de Lili la touchait. Elle se ferait un plaisir de lui remémorer ses paroles lorsqu'elle se plaindrait d'avoir l'entrejambe charcuté et en feu. Parlant de feu, l'estomac de Lili allait sûrement se révolter contre la quantité exagérée de Tabasco qu'elle ajoutait à ses œufs brouillés.

— As-tu peur d'accoucher, toi ? lança Lili à Frédérique.

— Non : hôpital, médecin, péridurale ou anesthésie générale. C'est mon plan de match. Avec ça, pas de problème en vue.

Frédérique avait la trouille. Elle ne voulait pas l'admettre, mais elle se demandait vraiment comment elle allait faire pour expulser son bébé. Elle redoutait la douleur physique, les traces laissées par la grossesse, la diminution du plaisir sexuel, les fuites urinaires, et par-dessus tout, la séparation d'avec son bébé. Contrairement à Lili, si elle avait pu se mettre un bouchon entre les deux jambes et convaincre le bébé de rester au chaud encore neuf mois, elle l'aurait fait.

— Avez-vous du thé à la framboise ? s'enquit Lili entre deux bouchées, tirant Frédérique de son cauchemar mental.

— Du quoi ?

— Thé à la framboise. Excellent pour…

— … déclencher des contractions, terminèrent Frédérique et Esther en chœur, en échangeant un regard complice.

— Désolée. Menthe, camomille, citron, c'est tout ce que j'ai. Tu penses vraiment que c'est efficace, tes trucs de bonne femme ?

— Je perds rien à essayer !

— Qu'est-ce que t'as d'autre en réserve ?

Lili fit l'énumération de tout ce qu'elle avait trouvé de valable sur le Net et qu'elle comptait mettre de l'avant. Frédérique écouta attentivement, laissant croire à Esther et Lili qu'elle aussi avait hâte d'accoucher. Elle mémorisait plutôt les trucs pour faire le contraire.

Frédérique se leva une troisième fois de suite afin de soulager sa vessie comprimée par le bébé. Si Lili se plaignait de souffrir d'insomnie à cause des galipettes intra-utérines de sa fille, le bébé de Frédérique semblait s'assoupir au rythme de sa maman. Jamais elle n'était importunée par un coup de pied douloureux ou une valse improvisée aux petites heures du matin. N'eût été des caprices de sa vessie, elle aurait dormi des nuits aussi paisibles qu'avant d'être enceinte.

En actionnant la chasse d'eau, Frédérique remarqua la trousse de produits de toilette de Simon sur le réservoir de la cuvette. Elle la prit et commença une fouille sommaire. Elle était presque vide : pas de brosse à dents, pas de déodorisant. Frédérique trouva les articles de son chum bien rangés dans la pharmacie. Subtilement, Simon s'installait dans l'appartement.

Frédérique avait constaté le même phénomène dans sa penderie. Plusieurs cintres portaient maintenant des vêtements d'homme. Simon alléguait que ça lui évitait de faire un saut à son propre appartement avant de prendre la direction du travail lorsqu'il dormait chez elle.

Simon avait déniché un emploi comme traducteur auprès d'une firme de développement d'entreprises qui cherchait à intéresser de potentiels investisseurs asiatiques. En attendant de se faire offrir le contrat tant espéré lui permettant un retour au Japon, cette nouvelle occupation professionnelle lui permettait de perfectionner sa maîtrise de la langue japonaise et de la pratiquer sur une base régulière.

Frédérique se laissa choir sur son lit. Un matelas posé à même le sol offrait bien des avantages pour les parties de jambes en l'air, mais se révélait un problème en fin de grossesse. La secousse réveilla Simon. Il jeta un coup d'œil au réveil avant de s'asseoir. Doucement, il chassa une lourde mèche de cheveux qui lui cachait l'épaule délicate de Frédérique et embrassa délicatement la peau de son cou.

— As-tu pensé à ma proposition ? demanda-t-il, les yeux pleins d'espoir.

La veille, Simon avait officiellement proposé à Frédérique d'emménager ensemble. Ils pourraient transférer ses affaires chez lui ou trouver un nouveau toit qui leur convienne à tous les deux. Selon lui, le moment était parfait. Un déménagement permettrait à Frédérique de tourner la page sur la grossesse, de s'occuper l'esprit à quelque chose de positif. Il lui avait exposé les nombreux avantages monétaires de sa proposition. Frédérique devait admettre que c'était tentant…

Ce n'était pas la rapidité de l'opération ou l'intimité qu'exigerait la situation qui effrayait Frédérique, mais plutôt l'idée de ne pas avoir le contrôle, de quitter un territoire connu pour finalement se retrouver sur les terres de l'autre, là où il avait l'avantage. Frédérique avait l'habitude de mener, pas de suivre.

— J'ai une contre-offre.

— Shoote.

— Tu viens vivre ici.

— Tu me niaises ?

— Quoi ? Mon appartement est pas assez bien pour monsieur ?

Simon se targuait de posséder un immense condo richement meublé. L'appartement de Frédérique faisait piètre figure aux côtés du sien. Par contre, il avait habité un minuscule studio au Japon pendant trois ans sans jamais se plaindre de l'exiguïté des lieux. À Tokyo, trouver un appartement aussi grand que celui qu'avait Frédérique était tout simplement impensable et inabordable. Simon aimait manger au restaurant, faire du sport ou aller au cinéma. Au fond, son superbe condo ne servait qu'à dormir et encore… il dormait plus souvent chez Frédérique que chez lui.

— OK, mais à une condition, dit Simon. Ton appart, mais mes meubles.

— Ça rentrera même pas.

Simon s'empara de la main de Frédérique avant de tracer de ses lèvres un chemin imaginaire du poignet jusqu'au cou de son amoureuse.

— Laisse-moi essayer de te convaincre, lui susurra-t-il à l'oreille.

— Mes histoires ont toujours foiré quand j'ai essayé la cohabitation.

Simon n'écoutait plus, enivré par le grain de peau délicat de Frédérique. Sachant déjà où les avances de Simon les conduiraient, Frédérique se dégagea doucement.

— J'ai vraiment mal dormi, mentit-elle.

— J'vais te faire couler un bain d'abord.

— Non ! Je vais juste essayer de dormir encore un peu.

Frédérique se trouvait bien puérile de repousser son amant, mais elle avait un plan de match à respecter. Lili l'avait convaincue que des relations sexuelles en fin de grossesse pouvaient aider à la maturation du col de l'utérus. Un bain chaud avait pour effet d'intensifier le travail actif des contractions, elle se contentait donc de douches tièdes et rapides. Finalement, s'activer au maximum semblait provoquer l'accouchement de certaines femmes. Frédérique avait donc décidé de paresser le plus possible. Elle ne voulait pas accoucher.

Simon annonça qu'il sortait pour jogger puis acheter des croissants. Avant de partir, il s'approcha pour embrasser Frédérique. En posant une main sur le ventre tendu, il ne put s'empêcher de sentir la peau se durcir.

— As-tu des contractions ?

— Non.

— T'es sûre ?

— Je le sentirais.

Simon attrapa sa montre et commença à minuter le phénomène malgré les protestations de Frédérique. Après quelques minutes d'auscultation, le verdict de Simon fut sans équivoque :

— T'es en train d'accoucher, Fred ! Faut aller à l'hôpital. T'as des contractions régulières aux deux minutes.

Sans attendre son approbation, Simon s'habilla et descendit la valise d'hôpital dans le coffre de l'automobile. Lorsqu'il revint, Frédérique était toujours sous les couvertures. Il lui trouva des vêtements confortables, la força à se vêtir et la guida vers la voiture.

Au département des naissances, une jeune infirmière installa un moniteur fœtal sur le ventre de Frédérique et confirma, sourire aux lèvres, que bébé semblait vouloir naître le jour même.

— On va mesurer l'activité des contractions et vous assigner une chambre dès que les contractions seront plus rapprochées.

— Mais je sens rien. Vous faites sûrement erreur.

— Vous faites partie des quelques chanceuses pour qui l'accouchement est indolore.

Chanceuse… ce n'était pas le mot qu'aurait utilisé Frédérique.

Parmi les nombreuses astuces dénichées par Lili dans le but de provoquer son accouchement, rester active était en haut de la liste. Chaque jour, Lili bravait le froid et marchait donc jusqu'à la boutique pour voler un baiser à Thomas. En été, la distance pouvait facilement être parcourue en moins de dix minutes, mais en hiver et enceinte, la promenade atteignait facilement les quarante minutes aller-retour. Lili devait donc se couvrir convenablement. Elle enfilait un vieux manteau d'hiver appartenant à Thomas, le sien ne pouvant plus accueillir ses formes épanouies. Elle ajoutait un grand châle de laine par-dessus le manteau. De loin, elle avait l'air d'un iceberg glissant sur un océan de neige.

Thomas soutenait l'initiative de sa blonde et l'encourageait à prendre l'air et à faire de l'exercice, mais les jours de tempête, il ne pouvait s'empêcher de formuler quelques remontrances. Reproches que Lili écartait du revers de la main, convaincue que son plan d'action convenait à toutes les humeurs de Dame Nature.

Lili venait tout juste de pénétrer dans la boutique lorsqu'une vibration l'avertit qu'un message texte venait d'entrer dans sa boîte de réception. Elle ôta ses mitaines et se mit en quête de l'appareil téléphonique. Empêtrée dans le grand châle qui la recouvrait, elle ne pouvait atteindre les poches du manteau. Après quelques contorsions et grâce à l'assistance de Thomas, Lili mit la main sur son cellulaire. Elle se mit à crier en lisant le message envoyé par Simon.

— Frédérique est à l'hôpital ! dit-elle à Thomas. Elle va accoucher !

Thomas remarqua la contrariété de Lili derrière la joie qu'elle simulait. Elle semblait inquiète du déroulement de l'accouchement. Peut-être les événements vécus dernièrement par Jeannine avaient-ils affecté sa blonde davantage qu'elle ne voulait l'admettre.

— Ça va bien aller, essaya-t-il de la réconforter tout en la prenant dans ses bras.

— Je sais.

Malgré l'affirmation, les yeux de Lili se remplissaient de larmes. Thomas songea alors à l'adoption du bébé. Émotive et hormonale comme elle l'était depuis le début de sa grossesse, Lili pouvait bien vivre par procuration l'abandon du bébé comme s'il s'agissait du sien. La simple idée d'être séparée de son bébé devait l'angoisser. Elle était triste pour son amie.

— C'est son choix de le donner en adoption, Lili. Faut respecter ça.

— Je sais.

Les larmes se mirent à couler sur les joues de Lili. Chaque goutte d'eau traçait une rigole en plein centre du cercle rouge s'étant formé sur sa peau en raison du froid. Lili cacha son visage au creux de l'épaule de son chum. Ce dernier ne savait plus trop quel argument mettre de l'avant pour consoler sa douce moitié. Chaque tentative pour endiguer ses larmes créait plutôt l'effet inverse. Thomas demeura donc muet, laissant sa main apaisante caresser le dos de Lili.

— J'voulais que ce soit moi, bredouilla Lili d'une petite voix de souris.

— Quoi ?

— J'voulais être la prochaine à accoucher.

C'était donc ça. Lili consacrait toutes ses énergies à provoquer la sortie de leur bébé qui se laissait toujours désirer, alors que la nature faisait le même travail pour Frédérique.

— Elle est bien avec sa maman, dit Thomas en posant une main sur l'énorme ventre de Lili. Je la comprends de ne pas vouloir sortir de là.

— Oui, mais moi je suis tannée.

— Ça achève…

Thomas invita Lili à s'asseoir un peu avant de retourner à la maison. Il lui infusa un thé à la framboise que Lili avait finalement acheté dans un magasin de produits naturels. Au moment de se remettre en route, Lili décida de faire un détour par l'hôpital avant de rentrer. Jeannine et les jumeaux étaient toujours hospitalisés et le personnel hospitalier surveillait probablement l'utilisation des cellulaires. Il y avait de fortes chances pour que Jeannine ignore que sa grande fille accouchait à l'autre bout de la ville. Lili se ferait un devoir de lui rapporter la nouvelle.

Lorsqu'elle passa les portes tournantes du centre hospitalier, Lili commençait à ressentir une certaine douleur dans le pubis. Elle avait marché plus qu'à son habitude et le poids du bébé contre les os de son bassin rendait douloureux chaque pas qu'elle faisait. Résolue d'être la prochaine à accoucher, Lili s'engagea tout de même dans les escaliers pour atteindre l'étage des naissances plutôt que de prendre l'ascenseur. En nage, elle arriva au deuxième palier. Jeannine dormait.

Lili n'avait pas la permission d'entrer à l'unité de soins intensifs pour voir les jumeaux, le risque de contagion étant trop élevé pour ces fragiles bébés. Elle frappa quelques coups timides dans la grande vitre la séparant des couveuses pour bébé afin d'attirer l'attention de Gerry qui berçait sa fille. En apercevant Lili, il sortit avec la fillette.

— Frédérique accouche, lui annonça Lili.

— Ici?

— Non, à Irma-Levasseur. C'est Simon qui m'a envoyé un texto pour me prévenir.

— Je vais être grand-père!

Lili ne sut trop quoi répondre à cette affirmation. Puisque Frédérique refusait d'être mère, Gerry pouvait-il prétendre au titre de grand-père? Le nouveau papa posait à présent ses yeux émus sur sa propre fille. La petite Maxime prenait des forces de jour en jour. Avec un peu de chance, l'hôpital allait lui donner son congé d'une journée à l'autre. Gerry pourrait la ramener à la maison avec lui. Il n'en allait pas de même pour Julien et Jeannine.

— Ils lui ont détecté une endométriose, expliqua Gerry. C'est fréquent après une césarienne comme la sienne…

— Et Julien?

— Problèmes respiratoires. Lorsqu'on le sort de la couveuse, son taux d'oxygène dans le sang descend.

— Est-ce que Jeannine a pu le voir?

— Juste une fois. Ça lui fait bien de la peine.

Lili proposa son cellulaire à Gerry afin qu'il filme Julien. Elle s'occuperait de la petite Maxime pendant ce temps.

— Après, je vais vous faire un p'tit montage musical que Jeannine pourra regarder quand elle s'ennuie de son fils.

Ému, Gerry troqua la prunelle de ses yeux contre le cellulaire de Lili. Après avoir embrassé sa fillette, il retourna auprès de son fils.

Lili, quant à elle, amena Maxime au chevet de sa mère. La sieste de Jeannine était terminée et elle accueillit la visiteuse avec effusion. Lili en profita pour partager la nouvelle du jour. Lorsqu'elle apprit que sa fille accouchait, Jeannine ferma les yeux et récita mentalement une courte prière. Elle espérait de tout cœur que l'accouchement se passe vite et bien.

Quelques minutes plus tard, Gerry arriva en courant en brandissant le cellulaire de Lili.

— Fausse alerte. Simon vient de te réécrire, ils sont en route pour l'appartement de Fred. Les contractions ont cessé.

Gerry semblait vraiment déçu de la tournure des événements. Jeannine se signa en priant pour que sa fille tienne le coup: elle ignorait que Frédérique ne ressentait pas ses contractions et redoutait que sa fille souffre plus que nécessaire. Devant la contrariété évidente de son couple d'amis, Lili retint de justesse la naissance d'un sourire. Si elle agissait vite et bien, peut-être qu'elle avait encore une chance d'être la deuxième à accoucher.

De retour à la maison, Lili s'endormit sur le divan, exténuée par son activité physique et par les émotions vécues. À son réveil, elle sortit le matériel nécessaire pour laver les planchers, à quatre pattes.

Pendant plus d'une heure, elle frotta chaque centimètre carré du sol. Le loft n'étant pas bien grand, elle termina sa besogne avant même d'avoir ressenti ne serait-ce qu'un début de contraction. Ne s'avouant pas vaincue, elle téléphona à Esther.

— Est-ce que ton double de clé de maison est toujours caché sous le pot de fleurs dans l'entrée ?

Lorsque Esther rentra du travail, elle trouva Lili dans sa cuisine en train de verser un seau d'eau sale dans l'évier.

— Qu'est-ce que tu fais là ? s'inquiéta Esther.

— Tes planchers sont propres.

— T'es complètement folle !

Lili avait nettoyé la totalité des deux étages de la demeure. Ça sentait le citron à la grandeur de la maison.

Puisque c'était jeudi et que Thomas travaillait jusqu'à vingt et une heure, Esther invita sa meilleure amie à souper. Elle exigea que Lili s'assoie au salon pendant qu'elle mettait la table et préparait le repas. Sans grande surprise, elle trouva la femme enceinte endormie devant la télé quand le repas fut servi. Elle décida de ne pas la réveiller.

En attendant que la Belle au bedon dormant émerge de son sommeil, Esther parcourut ses livres de recettes à la recherche de plats pouvant être congelés. Elle fit un saut à l'épicerie pour acheter les quelques ingrédients manquants et revint à la maison avec l'intention de cuisiner plusieurs portions de chaque recette.

Le bruit des ustensiles eut raison du sommeil de Lili. Les deux amies, après avoir réchauffé le souper maintenant froid, s'attaquèrent en duo à la confection de pâtés chinois, de cigares au chou et de lasagnes.

— Parfaits pour les jours qui suivent un accouchement. Vingt minutes au four et c'est prêt, expliqua Esther. Crois-moi, après un accouchement, ne pas avoir à s'inquiéter des repas est un must.

— T'en fais beaucoup.

— Pour qui tu me prends? C'est pour te remercier pour les planchers. Tu repartiras avec ta ration en fin de soirée.

— La moitié de tout ça rentrera pas dans mon congélateur, objecta Lili.

— Qui a dit que tu avais droit à la moitié? la taquina Esther. J'aimerais ça en donner aussi à Jeannine. Déjà que ses talents en cuisine sont limités...

Les deux femmes ne purent s'empêcher de repenser aux efforts culinaires de Jeannine lorsqu'elle les recevait. Si Gerry n'était pas aux fourneaux, les probabilités de manger une viande trop cuite, un riz pâteux ou une soupe trop salée étaient élevées. Dernièrement, Jeannine avait fait un risotto aux champignons, mais avait utilisé du riz à grain long. Un vrai fiasco! Le souvenir de leur dernière invitation à souper les fit pouffer de rire simultanément.

Si Jeannine était mauvaise cuisinière, elle n'en appréciait pas pour autant le menu qu'on lui servait à l'hôpital.

— Même moi, je ferais mieux, s'époumonait-elle chaque fois qu'elle avait de la visite. Si au moins j'avais de bons repas pour me remonter le moral...

Évidemment, la première source d'angoisse de Jeannine concernait la santé de son fiston. Trois jours après l'accouchement, elle n'avait eu la chance de tenir son garçon dans ses bras qu'une seule fois. Heureusement, comme dirigeant d'entreprise, Gerry avait le loisir de s'absenter du travail puisqu'il avait un homme de confiance en poste pour le seconder. Depuis la naissance des jumeaux, il volait quelques heures de sommeil à la maison, en profitait pour faire une toilette sommaire et revenait à l'hôpital pour veiller Julien et tenir compagnie à Jeannine. Maxime n'était pas en reste, son père la cajolant à qui mieux mieux dès qu'elle quittait les bras de sa maman.

Lili avait tenu promesse et réalisé un court montage des images filmées par Gerry en compagnie de leur fils. Le résultat émouvait Jeannine aux larmes à chaque fois, surtout le plan où l'on voyait le gros index de Gerry serré par une main si miniature qu'on aurait cru celle d'une poupée de porcelaine. Chaque fois que Gerry venait la visiter, il sortait son cellulaire pour faire jouer le montage à Jeannine.

Malgré les pitreries de son mari, Jeannine souriait de moins en moins. Elle était en désintoxication d'Internet et trouvait le sevrage plutôt dur. Deux jours plus tôt, une infirmière lui avait confisqué son téléphone puisqu'elle refusait de se conformer au règlement en interdisant l'utilisation dans les chambres de patientes. Depuis, plus de jeux, plus de courriels, plus d'appels en cachette sous les couvertures. Jeannine n'avait rien pour se distraire. Même la compagnie de sa petite Maxime, maintenant en permanence aux côtés de sa maman, semblait ennuyeuse. Lorsqu'elle avait demandé à Gerry de lui laisser son propre appareil téléphonique, ce dernier avait refusé, de peur de se le faire confisquer aussi.

Anxieuse et triste, Jeannine avait commencé à harceler les infirmières pour le moindre de ses caprices. Le plus infime de ses besoins prenait des proportions titanesques et Jeannine se transformait en tragédienne pour exiger qu'il soit comblé. La sonnette d'urgence située à la tête de son lit était plus utilisée qu'une bouteille de désinfectant entre les mains d'un hypocondriaque chronique. Les infirmières avaient commencé par ignorer la sonnerie, pour finalement demander au concierge de la mettre hors d'usage.

Jeannine se montrait peu réceptive aux demandes des infirmières. Depuis l'opération, on lui recommandait de marcher dans le corridor de l'hôpital afin de retrouver une certaine mobilité et de prévenir les adhérences au niveau de la cicatrice de la césarienne.

— Aller me promener en jaquette, les fesses à l'air, pas maquillée ni coiffée devant des inconnus : non merci ! s'était butée Jeannine.

Parfois, elle acceptait de faire quelques pas dans la chambre. Gerry déposait Maxime dans sa couchette et refusait de la tendre à sa femme.

— Va la chercher toi-même, insistait-il.

Gerry savait que leur fille était la seule raison pour laquelle Jeannine avait envie de faire des efforts. Chaque fois qu'il refaisait ce manège, au prix de douleurs atroces, Jeannine se levait et traversait la chambre pour blottir sa fille contre son sein. Gerry essayait de la motiver en lui rappelant que bientôt Maxime obtiendrait son congé de l'hôpital et qu'ils pourraient retourner tous les trois à la maison.

Frédérique se retourna de nouveau dans le lit. Contrairement à ce qu'on lui avait suggéré à l'hôpital, elle avait passé le reste de la journée allongée, à ne rien faire, dans l'espoir de retarder l'accouchement. Les minutes s'égrenaient tranquillement. Simon dormait depuis quelques heures. L'appartement était silencieux.

Ressentant une pression dans le bas-ventre, Frédérique se dirigea machinalement vers les toilettes, dans le but de se soulager la vessie. Elle n'avait pas fait deux pas à l'extérieur du lit qu'un liquide chaud se mit à couler le long de ses jambes. Elle perdait ses eaux.

Plutôt que de réveiller Simon, elle s'enfuit à la salle de bain. Après une toilette sommaire, elle s'aspergea le visage d'eau froide et essaya de rassembler ses idées. Que devait-elle faire si elle perdait ses eaux ?

— L'hôpital, répondit-elle à son reflet dans le miroir.

Au toucher, Frédérique réalisa que les contractions avaient repris de plus belle, mais elle ignorait leur régularité et leur proximité. Simon saurait calculer le tout mieux qu'elle. Elle revint donc vers la chambre. Son amant se réveilla instantanément en entendant le mot « contractions ».

Dès qu'il sut qu'elle avait crevé ses eaux, Simon refusa de calculer la durée des contractions.

— Le mot d'ordre, c'est hôpital quand tu crèves tes eaux.

Puisque la valise était déjà dans la voiture, ils n'eurent qu'à s'habiller et sortir. Autant Simon était fébrile, autant Frédérique prenait son temps.

— C'est le premier. Ça peut prendre des heures encore.

Malgré ses arguments, Frédérique commençait à sentir que les choses se précipitaient. Ses pensées magiques n'avaient plus le dessus sur son gros bon sens : elle s'apprêtait à accoucher. Une pression de plus en plus intense lui labourait les reins. L'hôpital se trouvait à quelques kilomètres seulement, dans vingt minutes elle serait en sécurité, entre les mains de docteurs et d'infirmières qualifiés.

Les amoureux ignoraient qu'une tempête de neige faisait rage. Le vent soulevait des tourbillons de flocons miniatures qui leur fouettèrent le visage, une fois dehors. Malgré l'intensité des précipitations, la chaussée était encore dégagée, Simon en conclut que le blizzard commençait à peine. Il devrait conduire prudemment, peut-être même prévoir quelques minutes de plus pour parcourir la distance entre l'appartement et l'hôpital. À cette heure de la nuit, il pourrait en revanche brûler quelques stops ou même des feux rouges.

Après quelques minutes de route silencieuses, Frédérique se mit à gémir doucement. En d'autres circonstances, la plainte aurait pu s'apparenter à un cri de jouissance timide. Simon quitta la route des yeux un instant pour s'assurer que tout allait bien pour Frédérique.

— Accélère, Simon, je pense que le bébé va pas attendre qu'on soit rendus.

Le jeune homme reporta toute son attention sur la route et appuya sur l'accélérateur. Heureusement que les rues étaient désertes.

— Attention ! cria Frédérique.

Il était trop tard, avec la neige qui commençait à couvrir la chaussée, Simon n'avait pas le temps de freiner pour éviter la petite voiture qui roulait vers eux, sur une route transversale. Il écrasa l'accélérateur au fond, dans l'espoir de passer l'intersection avant l'autre. La manœuvre permit d'éviter le pire. Le cœur battant, Simon continua sa route en direction de l'hôpital.

Frédérique se tortillait maintenant sur son siège, toutes les positions lui étant inconfortables. Elle ressentait le besoin de s'accroupir. Elle se tourna donc de côté pour diminuer la pression insoutenable qu'elle subissait maintenant dans le bas de son dos. Sa respiration devint saccadée, haletante.

— Fred ? Est-ce que ça va ?

La belle gardait les yeux fermés et ne répondait pas. Simon la vit glisser une main entre ses jambes.

— Non, non, non, murmura-t-elle.

— Quoi ? Qu'est-ce qui se passe ?

Le regard qu'elle lui jeta devait être celui des jeunes soldats qu'on envoie au front. Un regard innocent qui redoute le pire. Simon se gara sur le côté de la route, détacha sa ceinture et constata que la tête du bébé commençait effectivement à sortir. Instinctivement, Frédérique se mit à genoux sur le siège du passager.

— Peux-tu attendre ? On est à quelques minutes de l'hôpital.

Pour toute réponse, Frédérique mordit la tête du dossier et y planta férocement ses ongles parfaitement manucurés. Des larmes commencèrent à couler sur ses joues. Plus aucun son ne sortait de sa bouche. La peur lui nouait les cordes vocales.

Simon comprit qu'il devait faire quelque chose. Il composa le 9-1-1 et demanda une ambulance en précisant le coin de rues où ils se trouvaient. La préposée lui demanda de vérifier si le bébé était engagé. Au moment où il s'apprêtait à répondre que le dessus de la tête de l'enfant était visible, Frédérique émit un grognement surprenant.

— La tête est sortie, paniqua Simon. Qu'est-ce que je fais ?

— Vous allez accueillir l'enfant. À la prochaine poussée, tout le corps devrait sortir. Soyez prêt.

Simon déposa le cellulaire sur le tableau de bord afin de s'acquitter de sa tâche correctement. Tel que prédit par la standardiste, le bébé glissa dans les mains de Simon. Délivrée, Frédérique retomba sur le siège et tourna le regard vers l'extérieur. Sa fille était née. Son haleine chaude faisait de la buée sur la vitre de la voiture, cachant graduellement le paysage hivernal. Frédérique ferma les yeux. Elle avait rempli la part de son contrat, elle avait mis le bébé au monde. Maintenant, elle ne voulait que penser à elle.

Simon enleva son manteau pour le transformer en langes de fortune. Il monta le chauffage du véhicule au maximum et, en suivant les recommandations de la préposée du 9-1-1, parvint à dégager les voies respiratoires du bébé qui poussa enfin son premier cri : un cri victorieux. Simon sourit de satisfaction. Il venait, à sa manière, de mettre un enfant au monde.

Même si on lui assurait qu'une ambulance serait sur les lieux dans moins de deux minutes, Simon craignait que le bébé ne survive pas au froid. L'habitacle n'avait pas encore eu le temps de se réchauffer. Il devait aller chercher la couverture de laine dans le coffre de la voiture. L'enfant était toujours relié à sa mère par le cordon ombilical. Simon ne pouvait évidemment pas le sortir dans la tempête ni même le déposer sur le siège du conducteur. D'ailleurs, le simple fait d'ouvrir la portière allait permettre à une nouvelle vague d'air froid de s'engouffrer dans la voiture. Il tira doucement sur le bras de Frédérique qui refusa de se tourner vers lui.

— Je sais que je t'en demande beaucoup, mais tu dois la prendre.

Le regard tourné résolument vers la fenêtre, Frédérique tendit les bras pour que Simon y dépose le bébé. Elle serra maladroitement, contre elle, la petite fille qu'elle venait de mettre au monde. Ainsi délesté, Simon se faufila à l'arrière du véhicule, entre les sièges, pour mettre la main sur la couverture de laine qu'il destinait habituellement aux épaules frileuses d'une nouvelle conquête, lors d'une sortie romantique. Il entoura la mère silencieuse et la fille qui s'époumonait avec la couverture puis resta en retrait sur la banquette arrière.

Chaque cri du poupon agressait Frédérique. Sans même s'en rendre compte, la jeune femme se mit à bercer le bébé. Chacun des sons qui sortaient de la petite bouche édentée résonnait comme un appel à l'aide que Frédérique faisait semblant de ne pas entendre, mais qui l'atteignait droit au cœur. De sa main libre, elle remonta la couverture près de son menton. Elle aurait voulu en faire autant pour le bébé, mais elle risquait de l'étouffer si elle ne regardait pas ce qu'elle faisait.

La petite gigotait de plus en plus, Frédérique devait à tout prix la calmer.

— Chuutttttt… Chhuuuttttt bébé… S'il te plaît…

Dès que la supplique de Frédérique s'éleva dans la voiture, les pleurs cessèrent graduellement. Le bébé avait un point de repère, une bouée familière à laquelle se rattacher : la voix de sa mère. Surprise par la réaction de la fillette et craignant qu'elle soit morte, Frédérique déplaça le manteau de Simon pour trouver le visage du bébé.

Leurs regards se croisèrent.

Le rouge des gyrophares de l'ambulance commença à colorer le givre formé par le souffle de Frédérique contre la fenêtre, mais seul Simon s'en aperçut.

Frédérique ne trouvait pas le sommeil. Elle partageait sa chambre avec une autre nouvelle maman dont le bébé se manifestait fréquemment. Le simple rideau tiré entre les deux lits ne venait pas à bout d'étouffer les plaintes du bébé, ni le va-et-vient des infirmières voulant s'assurer du bien-être du poupon. Malgré la nuit blanche qu'elle venait de passer, Frédérique ne pouvait fermer l'œil. L'adrénaline qui coulait dans ses veines refusait de la quitter.

Elle tenait sa fille dans ses bras, petit paquet fragile et silencieux. Depuis leur admission à l'hôpital, la poupoune dormait à poings fermés du moment qu'elle était dans les bras de sa mère. Si Frédérique avait le malheur de la déposer pour aller à la salle de bain, la petite manifestait son mécontentement. Ce comportement faisait naître une certaine fierté chez Frédérique, un sentiment jamais encore expérimenté : celui d'être unique et essentielle. Le sentiment d'avoir une raison de vivre, une raison d'exister. L'impression d'avoir été choisie et désirée.

Frédérique ne pouvait détacher son regard de ce miracle d'à peine six livres et quarante-cinq centimètres. Elle guettait chacun des tics animant momentanément le visage de sa fille, essayait de comprendre ce qui se passait dans sa tête. Elle s'émouvait qu'à quelques heures de sa naissance, le bébé fasse déjà la loi, réclamant sa maman en permanence. Elle se surprenait à penser que cette pure merveille soit sa création. Comment avait-elle pu créer de toutes pièces un être vivant aussi parfait ? Probablement toutes les mères se posaient-elles la même question.

Lili et Esther choisirent ce moment pour entrer dans la chambre. Elles échangèrent un regard surpris en apercevant le bébé dans les bras de Frédérique. Elles s'attendaient plutôt à ce que les services sociaux aient déjà pris possession de la petite pour lui trouver une famille d'accueil et, éventuellement, une famille d'adoption.

« Gabie avait raison », songea Lili. Frédérique vivait un coup de foudre. Si elles avaient été promptes à se moquer des prédictions de la voyante engagée par Jeannine, Lili devait bien admettre que son amie semblait vivre un coup de foudre pour une femme. La cartomancienne n'avait simplement pas spécifié que l'objet de son amour sentirait la poudre pour bébé et aurait vingt-huit ans de moins que Frédérique.

Ne sachant trop quoi penser, sans dire un mot, elles s'approchèrent de Frédérique pour lui faire la bise et admirer le bébé. Puisque Frédérique ne semblait pas encline à expliquer la présence de la petite dans ses bras, Lili choisit plutôt de questionner l'absence de Simon.

— Il travaille, expliqua laconiquement Frédérique.

— Y aurait pu prendre congé.

Esther donna un léger coup de coude à Lili pour qu'elle se taise. Elle aussi s'attendait à trouver le petit ami de Frédérique dans la pièce, mais la présence du bébé pouvait expliquer qu'il n'y soit pas. Simon avait accepté de s'engager avec Frédérique tout en ayant l'assurance qu'elle mettrait sa fille en adoption. Il l'avait accompagnée dans les derniers milles de sa grossesse avec l'idée que bientôt, ils retrouveraient un semblant de vie normale pour un nouveau couple. À voir la fierté dans les yeux de Frédérique qui couvait sa fille du regard, Esther ne pouvait s'empêcher de penser qu'elle avait changé son fusil d'épaule. Elle ne voyait pas comment Frédérique pourrait mettre son bébé en adoption après l'avoir cajolé, admiré et bercé. Si Simon était le moindrement intelligent – et Esther ne doutait pas qu'il le soit – il en était arrivé à la même conclusion qu'elle : Frédérique allait garder le bébé. Pour lui, ça impliquait de devenir papa par procuration. Une clause du contrat à laquelle il n'avait jamais acquiescé. Depuis leur rencontre, la relation unissant Frédérique et Simon ressemblait davantage à des montagnes russes qu'à un lac tranquille. La présence du bébé était un tsunami qui pouvait facilement faire fuir Simon.

— Il finit tôt cet après-midi, les rassura Frédérique pour clore le sujet. J'ai besoin de personne d'ici là.

Esther ressentit un élan de tendresse pour Frédérique. Sous des allures de rebelle, la jeune femme était fragile et meurtrie. Même si elle prétendait le contraire, elle aurait besoin d'aide pour vivre le chambardement occasionné par l'arrivée d'un bébé.

Ce qu'Esther prêchait pour les autres, elle ne le mettait pas toujours en application dans sa vie personnelle. Ce n'étaient pas les bras virils qui manquaient dans son entourage pour la soutenir lors de l'arrivée de son bébé. Samuel et Jean-François la talonnaient dans l'espoir d'avoir le privilège d'être présents dans sa vie. Pour Esther, c'était trop peu, trop tard.

— Comment allez-vous ? questionna la thérapeute.

— Très bien.

La psychologue se contenta de fixer longuement sa patiente. Esther darda son regard dans le sien, refusant de baisser les yeux et ainsi avouer son mensonge. Le chaos d'il y a quelques mois refaisait surface. Esther devait ramer comme une folle pour garder la tête hors de l'eau, mais la technique du canard lui était familière. Elle aurait dû insister pour revenir à sa posologie précédente, mais elle s'obstinait à tendre de manière illusoire vers un sevrage complet de sa médication. Elle devait cesser sa prise de médicaments avant la naissance du bébé pour pouvoir allaiter et multipliait les mensonges pour atteindre son but.

Elle avait menti tout au long de sa thérapie, alors un peu plus ou un peu moins…

— Je me sens prête à arrêter les antidépresseurs.

— Je ne suis pas d'accord, s'opposa la thérapeute. Je ne peux pas vous forcer à continuer, mais ma recommandation irait en ce sens. Je trouve risqué qu'une patiente sujette à la dépression pendant la grossesse arrête sa prise de médication en période de post-partum.

Puisque Esther ne commentait pas, la psychologue renchérit :

— Ça fait dix ans que j'offre des consultations cliniques. Je sais quand mes patients essaient de me cacher des choses…

Elle laissa sa phrase en suspens, question de donner l'opportunité à Esther de se racheter, de dire la vérité. Esther n'en fit rien, mais elle profita de cette pause pour faire un examen de conscience. Un long examen qui se poursuivit même au-delà de son rendez-vous hebdomadaire. Bien après qu'elle eut pris la résolution de vider son flacon de pilules dans la cuvette.

Esther ne digérait toujours pas le mensonge de Samuel. Par orgueil, elle préférait reléguer aux oubliettes ses propres sentiments naissants pour le jeune médecin plutôt que de passer l'éponge sur son comportement.

— Il a abusé de ma confiance, déplorait-elle devant Lili.

— Moi, je trouve plutôt qu'il t'a bien cernée. S'il avait montré son intérêt dès le départ, tu lui aurais fermé la porte au nez, sans même lui donner une chance.

— On bâtit rien de bon sur des mensonges.

Experte en la matière, la phrase laissa un arrière-goût amer dans la bouche d'Esther. Elle aurait beau suivre toutes les thérapies possibles et imaginables, jamais elle ne serait outillée pour vivre sans le mensonge. Les apparences étaient trop importantes pour elle. Depuis son enfance, elle était passée maître dans l'art de prétendre, de trafiquer la réalité, de laisser croire autre chose que la vérité. Ses petits mensonges anodins étaient cousus de fil blanc pour qui la connaissait bien, mais sa part d'ombre résistait encore aux lumières de ses proches. Si Esther devait recenser ses mensonges, elle serait centenaire avant d'en avoir fait le compte.

Samuel avait beau implorer sa clémence, lui faire livrer des fleurs, lui écrire des lettres d'amour, Esther ne bronchait pas. Les fleurs trouvaient le chemin du bac de compost et les lettres finissaient dans le bac de recyclage, après un tour de déchiqueteuse. Pour Esther, même une rupture amoureuse se devait d'être gérée proprement. Le dossier Samuel était clos.

Celui de Jean-François était plus délicat. La présence de leurs deux enfants compliquait la gestion de cette relation. Depuis une semaine, Jean-François faisait quotidiennement la navette entre son appartement et la demeure familiale. Toutes les excuses étaient bonnes pour passer du temps à la maison. Esther pouvait difficilement lui interdire l'accès à ses enfants et il en abusait ouvertement dans le but de reconquérir sa femme.

Esther ne savait plus quels étaient ses sentiments pour cet homme qu'elle avait épousé presque neuf ans plus tôt. Jean-François était probablement la personne à qui elle avait le plus menti dans sa vie. Il était aussi celui qui pouvait le mieux débusquer ses mensonges. Esther lui reconnaissait la délicatesse de ne pas l'accuser ouvertement de mentir et de passer l'éponge sur les cachotteries vénielles. Fallait-il qu'il l'aime pour que même après neuf ans de mariage et deux enfants, il accepte qu'elle soit incapable de faire face à ses imperfections et essaie constamment de les cacher !

L'arrivée du bébé venait mêler les cartes dans la main d'Esther. En temps normal, elle aurait laissé mariner Jean-François après son infidélité et la manière cavalière dont il l'avait rejetée pour assouvir une passion purement charnelle. L'imminence de son accouchement l'incitait à renouer avec lui, ne serait-ce que pour sauver les apparences... encore une fois.

Les apparences, Gerry n'en avait rien à foutre. Après plus d'une semaine à faire la navette entre la maison et l'hôpital, à veiller son fils, toujours sous haute surveillance, et à combler les caprices de sa femme, il n'était plus que l'ombre de lui-même. Le matin, il choisissait ses vêtements dans le panier à linge sale, laissant son nez décider du meilleur agencement possible. Une barbe hirsute commençait à lui couvrir les joues et le menton. S'il avait été un homme coquet, un bâton d'anticernes aurait été son meilleur ami. Malgré tout, une étincelle au fond de son œil faisait oublier tout le reste. Il était papa et maintenant grand-papa. Que demander de plus ?

En arrivant à l'Oratoire Saint-Joseph, Gerry contempla les marches qui se dressaient devant lui. L'idée de les monter à genoux lui effleura l'esprit. Il choisit néanmoins de grimper en station verticale, car il voulait éviter que Jeannine le questionne sur son arrivée tardive à l'hôpital. Il devait faire vite.

Il s'agenouilla seulement à l'intérieur de la crypte, exactement au même endroit que neuf mois plus tôt. La sérénité des lieux faisait contraste avec son état d'esprit. Gerry prit le temps de respirer profondément avant de faire la conversation avec le vieux barbu sur un nuage. Les mains jointes, les yeux fermés, il débuta sa prière.

— Salut vieux. Je sais que j'avais promis de revenir te voir si Jeannine tombait enceinte. Je l'ai pas fait. Je m'excuse…

Gerry fit une pause. Il avisa le Fils de Dieu sur sa croix et le pointa d'un doigt menaçant.

— … mais t'as pas le droit de les faire payer à ma place. Si t'es fâché parce que j'ai pas tenu promesse, c'est à moi que tu dois t'en prendre. Mes bébés ont rien à voir là-dedans, murmura-t-il les dents serrées. Laisse-les tranquilles !

Le message était livré. Le messager, satisfait.

Dès qu'il arriva à l'hôpital ce matin-là, Gerry se dirigea vers l'unité de soins où Julien passait ses journées. Le chétif garçon dormait à poings fermés.

— La nuit a bien été ? demanda-t-il à l'infirmière présente.

— Moyen. On a eu quelques alertes.

— Encore la saturation en oxygène ?

L'infirmière acquiesça. Depuis sa naissance, Julien ne parvenait pas à respirer seul. On leur avait précisé que c'était un problème mineur qui se réglerait de lui-même en quelques jours, mais ça persistait.

— Vous en faites pas, le rassura l'infirmière, c'est un guerrier ! Il se bat.

Gerry la remercia silencieusement pour l'encouragement. Il souhaita bon matin à son fils, avant de gagner la chambre de Jeannine.

En passant le cadre de porte, il se dirigea vers la fillette dont les pieds s'employaient à repousser la couverture qui les couvrait. Avec amour, il prit sa fille et s'installa pour la bercer. Ce n'est qu'une fois assis qu'il réalisa que Jeannine était réveillée.

— Je vais commencer à être jalouse. Ils disent que quand on a des bébés, c'est important de ne pas s'oublier comme couple.

— Qui ça, ils?

— Tout le monde, les psychologues, les thérapeutes... Tout le monde sait ça!

Gerry s'approcha du lit pour embrasser sa femme, il déposa la petite Maxime dans les bras de sa mère et sortit son cellulaire. Il afficha une photo sur le petit écran avant de le tendre vers le visage de Jeannine.

— Et qu'est-ce qu'ils disent quand on est grands-parents?

Stupéfaite, Jeannine troqua son bébé contre le cellulaire, sous l'œil amusé de Gerry. Sur le minuscule écran, Frédérique, sa Frédérique, rayonnante, tenait un petit bébé contre son visage. Elle qui normalement prenait la pose lorsqu'on sortait un appareil photo ou qui exigeait de se remettre du rouge à lèvres avant qu'on immortalise son image, apparaissait ici au naturel, sans fard, décoiffée et cernée. Elle ne semblait pas préoccupée par la présence de l'objectif et portait toute son attention à sa fille. Ce que Jeannine lisait dans chaque détail de cette photo, c'était le bonheur de sa fille.

— Elle la garde. T'avais raison!

D'un geste volontaire, Jeannine repoussa ses couvertures, et laborieusement, elle se redressa dans le lit et entreprit de se lever. Gerry recula pour lui laisser toute la place. Depuis l'accouchement, elle s'obstinait à garder le lit et faisait le minimum pour recouvrer son indépendance physique. Jeannine se dirigea vers sa valise et y puisa des vêtements. Ému, Gerry ne dit mot pendant les nombreuses minutes nécessaires pour que Jeannine s'habille. Ensuite, elle ramassa ses effets personnels et les jeta pêle-mêle dans la valise.

— J'suis prête, déclara-t-elle solennellement. Ma fille a besoin de moi.

Une bouteille d'huile de ricin à la main, Lili faisait les cent pas dans la cuisine. Cette huile utilisée en pharmacie comme laxatif était recommandée sur plusieurs forums de femmes enceintes pour déclencher les contractions. Le mouvement créé dans les intestins par ce puissant purgatif entraînait, selon plusieurs, le début du travail de délivrance. Puisque les informations se contredisaient et que plusieurs spécialistes semblaient bannir l'huile de ricin des substances à consommer lorsqu'on était enceinte, Lili avait poussé plus à fond sa recherche sur le produit.

Un des premiers sites consultés lui apprit que l'huile de ricin, communément appelée l'huile de castor, était utilisée avant la Deuxième Guerre mondiale comme lubrifiant pour les moteurs à explosion. Cette information créa un doute dans l'esprit de Lili, mais ce fut surtout l'avertissement selon lequel ingurgiter cette huile pouvait occasionner des diarrhées importantes qui freina ses intentions.

— Ça sera mon plan Z, décida-t-elle. En attendant, passons au plan B.

Depuis quelques jours, Lili mettait Thomas à contribution pour provoquer son accouchement. La prostaglandine de son chum pouvait accélérer la naissance de sa fille et elle s'assurait d'en obtenir sa ration quotidienne, malgré une absence de désir sexuel. Peu importait le plaisir qu'elle y prenait ou non, ils devaient impérativement faire l'amour tous les jours.

Thomas ne s'en plaignait pas, mais il aurait souhaité que Lili laisse au moins planer le doute sur son intérêt libidineux plutôt que d'affirmer haut et fort qu'elle voulait juste son sperme. Il s'appliquait à la tâche malgré les limitations engendrées par le ventre de Lili et le manque d'entrain de sa partenaire. La rareté de leurs rapports sexuels dans les dernières semaines compensait largement les restrictions ou petits désagréments qu'il devait endurer.

Après l'amour, ils s'endormaient en cuillères. Lui repu et vidé ; elle fébrile et remplie d'espoir.

C'est une douleur au ventre qui réveilla Lili. Probablement le bébé qui venait de lui asséner un solide coup de pied ou de coude. Lili se contenta de flatter sa bedaine, manière muette d'implorer quelques minutes de sommeil de plus à son bébé. Elle allait retomber dans les bras de Morphée lorsqu'une nouvelle crampe la tira du sommeil vers lequel elle glissait doucement.

— Thomas ! Thomas ! J'pense que j'ai des contractions.

— Ça fait longtemps ?

— Je sais pas, je dormais.

— C'est du faux travail, rendors-toi.

— Et comment tu sais ça, monsieur l'expert ?

— J'ai fait mes devoirs. J'ai lu tous les livres que tu m'as achetés sur le sujet. En plus, ils en ont parlé aux cours prénatals.

Lili trouvait que ses contractions étaient douloureuses, mais que son mal était soutenable. Thomas avait probablement raison. Le travail pouvait durer plusieurs heures. À pas de souris bedonnante, elle sortit de la chambre pour que son amoureux s'offre le luxe de roupiller. Elle était bien trop fébrile pour se rendormir. Elle commença par préparer la table pour le petit déjeuner, mit son statut à jour sur les réseaux sociaux et entreprit de calculer la durée et l'espacement entre les contractions. Les dix minutes de répit qu'elle calculait entre chaque serrement de son utérus témoignaient bien que le départ pour l'hôpital pouvait attendre encore un peu.

Lili se fit couler un bain. En présence de travail actif, un bain chaud l'accélère normalement. Pour Lili, ce fut l'inverse. Les contractions s'espacèrent. Elle se remit donc à faire les cent pas dans le loft, seule manière de garder présentes ses contractions. Au réveil de Thomas, les choses n'avaient pas progressé.

— Tu devrais te coucher. Tu vas avoir besoin d'énergie pour pousser.

Lili ne savait trop à quoi s'attendre, mais elle était convaincue que l'accouchement serait aisé pour elle. Elle était demeurée active tout au long de sa grossesse et possédait une bonne endurance physique. Évidemment, elle redoutait de souffrir, mais elle se savait capable d'endurer l'intensité actuelle de sa douleur.

Lili était si absorbée par ce qui se passait derrière son nombril qu'elle ne remarqua pas la préparation matinale de Thomas, semblable à tous les autres matins. Lorsqu'elle le vit ramasser ses clés et mettre son manteau, elle s'étonna qu'il parte travailler alors qu'elle allait accoucher.

— J'ai mon cellulaire à portée de main, se justifia-t-il. Quand tes contractions seront régulières et rapprochées, téléphone-moi et je fermerai la boutique.

Encore une fois, le bon sens venait de parler. En moins de dix minutes, Thomas pourrait être de retour à la maison. Ses contractions, maintenant aléatoires, n'auguraient rien de très pressant. À regret, elle embrassa son amoureux et le laissa filer.

Jusqu'au soir, Lili essaya tant bien que mal de s'occuper l'esprit. La douleur n'augmentait pas, mais l'accumulation des heures à supporter les contractions commençait à avoir raison de sa patience et de son moral. Heureusement, Thomas téléphonait régulièrement pour prendre de ses nouvelles et essayer de la faire sourire.

En fin de soirée, Thomas regagna le loft. Il trouva Lili, les mains appuyées sur le comptoir, en train de balancer doucement son bassin de gauche à droite tout en expirant bruyamment. Elle semblait en transe et il n'osa pas intervenir, lui proposer son aide ou même la toucher avant qu'elle n'ouvre les yeux.

Dès qu'elle le vit, les larmes affluèrent. Encore. Thomas imaginait très bien dans quel état elle pouvait être. Depuis presque vingt heures elle subissait un supplice chinois, une torture lente et sournoise. Il posa une main sur ses reins et commença un massage vigoureux comme on lui avait enseigné aux cours prénatals. Lili se mit à rire de manière incontrôlable. Elle se tourna vers lui et l'embrassa.

— On va être parents! Tu vas être papa.

À l'évocation de ce mot, Thomas sentit sa gorge se serrer d'émotion. Dans quelques heures, il serait père, sa vie ne serait plus jamais la même. Le concept abstrait avait fait son chemin dans son esprit depuis neuf mois et trouvait son aboutissement. Il espérait seulement que tout se passe bien pour Lili. Il espérait surtout que tout se passe rapidement parce que l'usure du temps commençait déjà à se sentir dans l'attitude de sa blonde.

Vers minuit, Thomas réussit enfin à convaincre Lili de s'étendre avec lui. La pauvre réussit à glaner quelques minutes de sommeil troublé. Ce n'est que vers cinq heures du matin qu'elle poussa son amoureux du coude.

— Amène-moi à l'hôpital.

— Tes contractions sont rapprochées ?

— Amène-moi à l'hôpital ! lui cria-t-elle.

Quelques minutes plus tard, ils arrivaient à l'hôpital. Thomas et Lili avaient l'impression d'apercevoir le fil d'arrivée, que leur grand marathon parental tirait à sa fin. À souffrir comme elle souffrait, Lili savait que le travail avançait à pas de géant. Peut-être même que la dilatation du col était terminée et qu'elle pourrait pousser dans les minutes suivantes.

L'infirmière lui fit un examen manuel pour savoir où elle en était.

— Le travail avance, confirma-t-elle.

— J'suis à combien ?

— Deux centimètres et demi.

Le visage de Lili se décomposa. Ça ne faisait que commencer…

Les premières contractions d'Esther survinrent en plein milieu d'un traitement de canal. Esther assistait alors son patron pour la procédure chirurgicale. L'homme, père de deux enfants, décela rapidement que quelque chose n'allait pas : son hygiéniste dentaire préférée ne souriait plus.

— Veux-tu te faire remplacer ?

— On en a pour dix minutes, je peux très bien terminer mon travail, répliqua-t-elle, insultée.

S'il accepta de poursuivre le travail avec Esther, c'était autant pour la surveiller que pour ne pas froisser son professionnalisme. Néanmoins soucieux de ménager les forces de son employée, le dentiste déplaça la table des instruments pour qu'elle soit à portée de main, réduisant ainsi les tâches d'Esther.

Dès que le patient quitta la salle d'examen, le dentiste déboutonna son sarrau avant de l'abandonner sur le crochet normalement destiné aux manteaux des clients. Il se rendit à la réception de la clinique et avisa sa secrétaire d'annuler tous les rendez-vous qu'il avait à l'horaire pour la journée ou de redistribuer ses patients à ses collègues.

Il revint là où il avait laissé son employée, mais trouva une pièce vide. Un détour par la salle des employés fut tout aussi vain pour retrouver Esther. Il la vit finalement dans le corridor menant à la sortie, une main appuyée contre le mur de la bâtisse et l'autre soutenant son ventre en contraction.

— Attends-moi ici, je vais chercher ma voiture.

— Non, la mienne.

Une vague de douleur prit possession du corps d'Esther, la forçant au silence. Elle ferma les yeux, le temps que la contraction s'estompe. Le travail semblait progresser à une vitesse folle. La station verticale n'avait rien pour aider à ralentir la dilatation du col de son utérus. Esther pensa à la valise dans le coffre de la voiture familiale, au plan de naissance soigneusement plié dans le coffre à gant. Elle qui avait si minutieusement planifié son accouchement ne pourrait finalement pas bénéficier de ses préparatifs.

Esther savait qu'elle devait se rendre à l'hôpital de toute urgence. Un troisième accouchement se produisait plus rapidement qu'un premier ou un deuxième. Le corps se souvenait...

Lorsqu'elle ouvrit les yeux, son patron lui prenait le bras pour l'entraîner dans sa voiture de luxe. Esther ne put s'empêcher de formuler une courte prière : « Faites en sorte que je ne crève pas mes eaux sur ses sièges de cuir. J'en mourrais de honte ! »

Fébrile, l'homme contourna le véhicule pour prendre place derrière le volant et mit son bolide en marche rapidement. Il bifurqua à gauche à la première intersection.

— Non, non, à droite. J'accouche à l'hôpital Jean-de-Bonamour.

— Irma-Levasseur est plus proche.

Esther ne pouvait pas s'obstiner. Elle devait garder ses forces pour mettre son enfant au monde.

Le dentiste déboucha à l'urgence de l'hôpital de son choix. Calmement, mais fermement, il exigea qu'Esther soit rapidement transférée à l'étage des parturientes. Tout au long de l'admission, il demeura aux côtés d'Esther, lui tenant la main, la soutenant pour les déplacements et massant admirablement ses reins entre les contractions. Esther était si absorbée par ce qui se tramait dans son corps, qu'elle en oubliait presque que son patron était à ses côtés. C'était une main d'homme solide et chaleureuse qui tentait de la soulager, et peu importait qui en était le propriétaire, du moment que le massage était efficace.

Dès qu'on lui assigna une chambre, l'infirmière invita Esther à se coucher afin de pratiquer un examen gynécologique. Par délicatesse, le patron quitta la pièce pour laisser un peu d'intimité à la femme enceinte. Dans le corridor, il fit les cent pas, repensant aux deux fois où il avait accompagné sa femme ici. Il ressentait la même fébrilité que lors de la naissance de ses deux enfants. Dès que l'infirmière sortit de la pièce après son examen, il demanda des nouvelles de la progression du travail.

— Dilatée presque à huit et demi. Elle va bientôt pousser. Vous feriez mieux de la rejoindre pour ne pas manquer l'arrivée du bébé.

Une ambiance monacale régnait dans la chambre. Esther était assise sur un ballon suisse et s'efforçait de contrôler sa respiration. Le haut de son corps reposait sur le pied du lit. L'homme hésita entre s'asseoir à l'écart pour être disponible en cas de besoin ou prendre place à proximité pour lui masser le bas du dos et lui souffler quelques phrases encourageantes. Il se dit qu'une femme accouchait comme elle vivait : l'accouchement d'Esther serait donc contrôlé, calculé, préparé. Il ne doutait pas que les contractions soient insupportables, mais Esther ne grimaçait pas. Aucun muscle facial ne pouvait trahir ce qui se passait plus bas dans le corps d'Esther : elle avait le contrôle de la situation. Il ne put que l'admirer davantage.

— Appelle mon mari…

L'homme sortit de sa torpeur. La demande d'Esther était légitime, mais surprenante étant donné les circonstances de la séparation. Ne voulant pas la contrarier – il y avait des limites à se maîtriser en plein accouchement –, il composa le numéro qu'elle lui indiqua et sortit de la pièce en attendant que Jean-François réponde.

Après quelques sonneries, il décrocha.

— Oui, allô ?

— Jean-François, c'est Claude, le patron d'Esther.

— Qu'est-ce qui se passe ? Esther va bien ?

— Elle est en train d'accoucher. On est…

Le reste de la phrase resta en suspens. Jean-François avait déjà raccroché et filait vers l'hôpital pour accueillir son troisième enfant.

Frédérique rejouait en boucle le court enregistrement de la voix de Simon sur sa boîte vocale.

— Salut, c'est moi. J'ai un empêchement. J'te vois demain. Bisous.

Le style télégraphique ressemblait à Simon, mais un malaise évident teintait chacun de ses mots. Contrairement à ce qu'il avait promis la veille au matin, il avait brillé par son absence en soirée. Heureusement que Jeannine et Gerry avaient passé une partie de la soirée en sa compagnie, sinon Frédérique aurait ruminé des idées noires. Elle avait passé la nuit suivante à chercher une explication et à fabriquer des scènes de ménage imaginaires où elle défendait son choix de garder le bébé devant un Simon qui tentait de détruire chacun de ses arguments.

Au petit matin, épuisée, Frédérique était tout de même armée pour affronter son amant et gardait en tête quelques phrases assassines à lui balancer au visage lorsqu'il aurait le courage de venir la voir pour rompre.

Les sorties de scène de Simon n'avaient plus de secret pour elle. Dès que la situation se corsait, il prenait les jambes à son cou. Cette fois-ci ne ferait pas exception.

Frédérique avait déjà obtenu son congé de l'hôpital. Elle devait maintenant contacter Gerry pour lui emprunter un siège de bébé. Les règlements de l'institution étaient fermes : une infirmière devait vérifier que l'enfant était correctement installé dans sa coquille de transport avant de pouvoir quitter l'étage. Malheureusement pour Frédérique, le cellulaire de Gerry semblait éteint. Elle se risqua donc à téléphoner à Lili et Esther dans l'espoir de quitter l'hôpital au plus vite, mais se buta le nez aux boîtes vocales de ses deux amies.

— Maudit crisse! pesta-t-elle.

— Attention à ton langage. Y a des oreilles chastes dans la pièce.

En reconnaissant la voix de Simon dans son dos, Frédérique se hérissa. Le ton joyeux et léger de sa blague contrastait dangereusement avec l'humeur de Frédérique. Il choisissait un bien mauvais moment pour faire de l'humour. Frédérique prit une grande bouffée d'air et se retourna pour l'affronter, prête à mettre un terme à leur relation, proprement et rapidement.

Elle ne remarqua pas le siège de transport déposé à ses pieds, pas plus que le petit habit de neige pastel qu'il avait à la main.

— Un revenant... T'avais pas des imprévus ce matin qui t'auraient permis de remettre à plus tard ta visite? ironisa-t-elle.

— Je sais que j'avais dit que je reviendrais tôt, mais j'ai...

— ... pas eu les couilles de te présenter avant ce matin pour casser, termina Frédérique toutes griffes dehors.

Frédérique vit alors le siège pour bébé aux pieds de Simon. Suivant le regard de sa belle, Simon le souleva et le déposa sur le lit entre eux deux.

— J'avais plutôt des achats pressants à faire.

Il étala l'habit de neige juste à côté et entreprit d'en descendre les fermetures éclair pour faciliter l'entrée du bébé.

— Je l'aurais préféré mauve ou turquoise, mais c'est le seul que j'ai trouvé de la bonne taille. Il convient jusqu'à quarante sous zéro. Y a aussi la tuque et les mitaines assorties.

Frédérique était sans voix. Simon la laissa se remettre de ses émotions et entreprit d'habiller la petite. Frédérique s'interposa et insista pour être la seule à manipuler l'enfant. Tendrement, elle glissa sa fillette vêtue d'un pyjama blanc immaculé dans l'habit de neige. Dès qu'elle fut au chaud, la petite s'endormit. Le trio put quitter l'hôpital.

Frédérique ne prononça pas un mot pendant le trajet. Toute la haine qu'elle avait alimentée dans les dernières heures ne pouvait pas disparaître en quelques minutes. Elle doutait encore que Simon reste à ses côtés, optant plutôt pour l'hypothèse selon laquelle il attendait qu'elle soit de retour à la maison pour la larguer.

À l'arrivée, Frédérique insista pour porter la coquille du bébé malgré les protestations de Simon. Lorsqu'ils furent devant la porte de l'appartement, Simon pivota sur lui-même et prit Frédérique par les épaules. « Ça y est, se dit-elle. Il ne va même pas attendre qu'on ait franchi la porte de l'appartement pour disparaître. »

Simon hésita sur les mots à employer pour dire ce qu'il avait en tête. Frédérique était tellement indépendante, tellement sauvage qu'il ne savait pas comment elle réagirait à ce qu'il avait à lui dire. Comme un poisson, il ouvrit la bouche à quelques reprises, mais aucun mot ne voulut sortir. Nerveux, il renonça et remit à plus tard les explications. Il se contenta d'ouvrir la porte de l'appartement et d'y laisser pénétrer Frédérique avec sa fille.

L'appartement était métamorphosé. De magnifiques ballons blancs gonflés à l'hélium couvraient tout le plafond de l'appartement. De nombreux rubans y pendaient, donnant à la pièce un air féérique. Passé la surprise, Frédérique constata que le reste de l'appartement avait aussi subi des transformations. Le mobilier de Simon remplaçait avantageusement ses vieux meubles achetés au bazar. Dans la cuisine, une chaise haute trônait à côté de la table. Au salon, l'espace était restreint à cause du parc et de la balançoire assortie qui s'y trouvaient. Finalement, la chambre abritait maintenant un berceau en bois du côté où Frédérique avait l'habitude de dormir. Simon avait choisi des objets de qualité, style *vintage*, en bois. Seule la sobriété de la lingerie blanche donnait une allure moderne aux articles destinés au bébé.

— Ça a dû coûter une fortune! Je pourrai pas te rembourser, bredouilla Frédérique.

— C'est le prix d'un voyage en amoureux. J'ai revendu nos billets. Je me suis dit qu'on remettrait nos vacances à plus tard, que tout ça serait plus utile pour l'instant, dit-il en désignant l'appartement d'un mouvement circulaire.

— Merci.

Frédérique détacha le bébé et lui fit visiter sa nouvelle maison en s'extasiant de chaque détail qu'elle découvrait elle-même en cours de visite. C'était trop beau pour être vrai: elle était maman et amoureuse.

— As-tu choisi son nom? questionna Simon.

— Blanche. On va l'appeler Blanche.

Comme si elle approuvait le choix, la petite Blanche s'endormit dans les bras de sa mère, confiante que les jours à venir seraient calmes et l'avenir paisible.

L'estomac de Lili était une mer agitée. L'intensité des contractions, la douleur engendrée par le travail actif la faisaient vomir à répétition. Puisqu'elle n'avait rien ingurgité depuis la veille, elle commençait à se déshydrater. L'infirmière insista donc pour lui poser un soluté afin de lui fournir un peu de répit. Par la même occasion, on en profita pour lui installer le moniteur fœtal en permanence. Si l'effort demandé à la future maman était colossal, le bébé aussi avait sa part de travail à rendre et l'on devait s'assurer qu'il se porte bien.

Branchée de partout, maintenant obligée de garder le lit, la vivacité et la fraîcheur de Lili fondaient à vue d'œil. Armé d'un récipient de plastique, Thomas guettait la prochaine salve de vomi, le prochain haut-le-cœur de Lili. L'accouchement ne se passait pas comme prévu. Du moins, pas comme Lili l'avait imaginé. Lui-même constatait que malgré une préparation minutieuse, les futurs parents avaient bien peu de contrôle sur l'arrivée au monde de leur enfant.

S'il avait été devin, Thomas aurait ajouté des vêtements de rechange pour lui dans la valise d'hôpital. Sa blonde ne contrôlait pas toujours les humeurs de son estomac et son chandail sentait le vomi. Il aurait préféré qu'il en soit autrement pour l'arrivée de l'enfant. Surtout qu'il avait lu dans bien des manuels pour futurs papas que l'odorat est un des sens les plus développés du nourrisson.

Thomas n'avait pas imaginé qu'un accouchement puisse être aussi long et fastidieux. Au cinéma, les femmes hurlent quelques minutes et le bébé est délivré. Il était épuisé! Évidemment, il avait la délicatesse de ne pas en faire mention à Lili qui supportait tant bien que mal les nombreuses contractions. Thomas attendait la naissance de sa fille avec impatience, mais il souhaitait surtout la fin des souffrances de sa blonde.

L'impuissance à laquelle le contraignaient les circonstances le rendait fou. À deux reprises, le personnel hospitalier avait offert la péridurale à Lili pour lui permettre de se relaxer un peu, voire de dormir une heure ou deux. Lili s'obstinait à refuser. Elle essayait de respecter fidèlement tout ce qui avait été écrit dans leur plan de naissance. Et sur la feuille, il était écrit noir sur blanc: la maman ne souhaite pas la péridurale. Thomas se demandait si c'était seulement l'orgueil de sa blonde qui l'empêchait d'accepter d'être soulagée ou si vivre les douleurs de l'enfantement était significatif pour elle. Il ne put s'empêcher de sourire en pensant que si, un jour, les hommes devaient accoucher, le nombre de péridurales augmenterait en flèche. À chaque contraction, il souhaitait que Lili abdique et qu'on appelle l'anesthésiste.

Le médecin de garde creva manuellement les eaux de Lili dans l'espoir d'activer la progression de l'accouchement.

— On va vous donner du pitocin, ça augmente les contractions. Jumelé à la membrane rupturée, les contractions devraient augmenter à présent, dit-il avant de retirer ses gants et de quitter la pièce.

Lili tremblait. De peur, de fatigue, de froid. Était-ce possible que la douleur augmente encore ? Les minutes qui suivirent donnèrent raison au médecin. Gagnée par un sentiment d'échec, Lili se mit à pleurer.

— J'suis plus capable, Thomas. J'y arriverai pas. J'veux plus accoucher.

— Accepte l'épidurale…

— J'voulais un accouchement naturel.

Thomas considérait que les décisions entourant l'accouchement revenaient de plein droit à Lili. Après tout, elle avait porté leur enfant pendant neuf mois et c'est elle qui accouchait. Mais il connaissait suffisamment son amoureuse pour savoir qu'en ce moment, elle s'en remettait à lui, cherchait son approbation, sa permission. Thomas attendit la fin d'une contraction pour poser une main sur le ventre douloureux et approcher sa bouche de l'oreille de Lili.

— Je suis fier de toi, mon amour. Je sais que tu veux ce qu'il y a de mieux pour notre fille et que t'as rêvé d'un accouchement parfait, mais là, faut être réaliste. T'as tout donné, Lili. Il faut que tu te gardes des forces pour expulser le bébé. Si tu veux l'épidurale, je suis derrière toi. Tu ne seras pas une moins bonne mère, tu sais.

De gros sanglots secouèrent les épaules de Lili. Thomas sentait qu'elle abdiquait. Il en profita pour essayer de la faire rire.

— Ça sera notre secret. On fera croire aux autres que t'as accouché naturellement, pis que l'odeur de vomi vient de la chambre d'à côté.

Lili n'eut pas le temps de sourire qu'une nouvelle contraction, fulgurante, lui broya les reins. La profondeur des empreintes d'ongles de Lili dans la paume de Thomas le conforta dans sa décision de demander l'assistance de l'anesthésiste. Sans rien dire à Lili, il fit part de sa requête à l'infirmière en espérant que le spécialiste se trouve à proximité.

Assis devant la couveuse de son fils, Gerry se frotta les yeux pour en chasser les larmes qui y naissaient contre sa volonté. Les dernières journées avaient été riches en émotions. Gerry n'aurait pu dire s'il pleurait de joie ou de fatigue. L'arrivée au monde de son fils et de sa fille le galvanisait.

Depuis plus d'une semaine, il dormait à peine, s'alimentait du contenu de la machine distributrice de l'hôpital, veillait à entourer sa Jeannine de mille attentions et agissait comme ange gardien auprès de son fils. Il était conscient qu'il ne pourrait pas tenir ce rythme encore longtemps, mais il comptait sur les progrès de son petit Julien pour abandonner l'hôpital sous peu.

Gerry rêvait du jour où l'infirmière l'accueillerait en lui disant que Julien respirait bien, que tous les problèmes étaient écartés et que le petit pouvait retrouver sa sœur et sa mère à la maison. Chaque matin, il se traînait à l'hôpital dans l'espoir qu'on lui tienne un tel discours.

Même si le tube d'oxygène devait rester en permanence dans les narines de Julien, Gerry était maintenant autorisé à prendre l'enfant dans ses bras. Il s'assurait simplement que les rondelles autocollantes que le bébé avait sur chaque joue maintiennent le dispositif d'alimentation en oxygène bien en place.

Gerry adorait pratiquer le «peau à peau» avec son bébé. Il déboutonnait sa chemise et déposait doucement le bébé contre sa poitrine après lui avoir retiré son pyjama. La tête du bébé se nichait dans son cou et le fier papa le soutenait d'une seule main. De l'autre, il prenait la menotte de son fils et y glissait l'index. Il pouvait compter inlassablement les cinq petits doigts qui enserraient le sien. Parfois, les réflexes de Julien donnaient l'impression qu'il serrait le doigt de son père. Gerry vantait alors la force de son garçon et lui murmurait qu'un jour, il serait l'homme fort de la famille.

— Y a plein de belles femmes qui ont hâte de te voir à la maison. Ta mère, mais tes sœurs aussi.

Il n'hésitait pas à échafauder des plans d'avenir pour son petit bonhomme, lui parlant déjà de son entreprise de construction. Une entreprise fondée par son grand-père, qu'il avait héritée de son père et qu'un jour, il lui léguerait.

Comme il l'avait si souvent fait pendant la grossesse, Gerry chantait des berceuses à son fils. Il n'était pas rare qu'une ou deux infirmières arrêtent un instant leur course folle dans les corridors pour écouter quelques couplets. La voix chaude de Gerry, à défaut de guérir les petits corps confinés aux couveuses, agissait comme un baume sur le cœur des parents qui veillaient leur petit prématuré ou leur grand malade.

Aujourd'hui, Gerry ne chantait pas. Il savourait la chaleur de son bébé et imprégnait sa mémoire de son odeur. Il humait la tête de son fils : petite boule duveteuse sentant un mélange de poudre et de vanille. Il se canta un peu plus dans la chaise berçante et fit un rempart de son bras pour éviter que l'enfant chute. Dans un état près de l'allégresse, il s'endormit.

Il fut réveillé par l'alarme d'un moniteur. Un son malheureusement trop fréquent dans cette pièce abritant les plus fragiles des bébés. Endormi, il mit quelques secondes à réaliser que c'était le moniteur de Julien qui sonnait de la sorte. Avant même qu'il ne se redresse pour observer son fils, deux infirmières surgirent dans la pièce et lui enlevèrent le poupon. Affolé, Gerry n'entendait rien aux explications qu'elles lui fournissaient. Il ne voyait que la teinte bleutée qui gagnait les petits membres de son bébé. Tout le personnel de l'unité d'urgence se mobilisa et avant même de comprendre ce qui se passait, Gerry se retrouva seul pendant qu'on transportait son fils dans une autre salle d'isolement. Lorsqu'il voulut suivre l'enfant, on lui demanda de regagner le salon des familles, en l'assurant qu'on s'occupait de son fils.

Debout, en plein milieu du corridor, Gerry baissa les yeux, impuissant. Il inspira profondément, dans l'espoir de retrouver la note vanillée du corps de son fils, mais tout ce qui parvint à ses narines fut la puissance du désinfectant à plancher. Un parfum aseptisé et intolérable pour accompagner la peur de perdre un enfant pour toujours.

Haletant, Jean-François arriva à la maternité de l'hôpital Jean-de-Bonamour. Il demanda qu'on lui indique rapidement la salle dans laquelle se trouvait Esther Leblanc. L'infirmière lui fit répéter à deux reprises le nom de sa conjointe, avant de confirmer qu'aucune patiente n'était enregistrée sous ce nom.

— On vient de m'appeler pour me dire que ma femme accouchait, se fâcha Jean-François.

— Êtes-vous certain qu'elle n'est pas à Irma-Levasseur ?

— C'est mon troisième enfant, on a toujours accouché ici, j'vois pas pourquoi elle serait allée à Irma-Levasseur, s'impatienta-t-il.

Avec une lenteur exaspérante, l'infirmière contacta la maternité de l'autre hôpital pour vérifier s'ils avaient une patiente du nom d'Esther Leblanc en train d'accoucher. En y mettant tout le sarcasme dont elle était capable, l'auxiliaire transmit les informations reçues à Jean-François.

— On me confirme qu'Irma-Levasseur a une patiente du nom d'Esther Leblanc en train d'accoucher, mais c'est sûrement juste l'homonyme de votre femme…

En temps normal, Jean-François aurait pris plaisir à remettre cette insolente à sa place, mais il se contenta de quitter l'hôpital en courant. Il avait vingt bonnes minutes de route à faire avant d'arriver à destination et il ne voulait pas manquer la naissance de son fils.

Soulagée par l'anesthésie péridurale, Esther reprenait doucement contact avec son environnement. La douleur était supportable, bien plus que la situation dans laquelle elle se trouvait : vêtue d'une simple chemise d'hôpital, les jambes écartées, en présence de son patron. Elle remonta légèrement la mince couverture qu'on avait eu la décence d'utiliser pour la couvrir et soupira d'impatience. L'infirmière avait promis de revenir rapidement pour procéder à un nouvel examen gynécologique. Esther ressentait une irrépressible envie de pousser : l'enfant voulait naître.

Esther espérait que Jean-François soit présent pour la naissance de l'enfant et lui tienne la main, comme il l'avait fait à la naissance d'Antoine et d'Emma. Claude lui avait assuré qu'il était en chemin mais, visiblement, le bébé refusait de patienter davantage. Esther se demanda si l'enfant qu'elle s'apprêtait à mettre au monde lui envoyait un message codé en précipitant son arrivée.

D'un simple toucher, l'infirmière confirma les pires craintes d'Esther : il était temps de pousser. Le médecin fut appelé à la rescousse pendant que deux infirmières préparaient les instruments nécessaires pour donner les premiers soins au bébé.

Conscient de l'incongruité de sa présence, Claude se pencha à l'oreille d'Esther.

— Veux-tu que je reste ? demanda-t-il doucement.

Esther se contenta de lui agripper la main et de la serrer, car une nouvelle contraction se manifestait et elle devait pousser. Elle regretta presque aussitôt de ne pas l'avoir chassé lorsqu'elle sentit que ses intestins se vidaient sous la pression exercée par la tête du bébé. Décidemment, accoucher était un geste d'humilité incroyable.

Seulement quelques poussées furent nécessaires pour que Théo vienne au monde. Le grand garçon potelé trouva rapidement refuge contre le sein de sa mère. Le personnel hospitalier se retira de la chambre après avoir pesé et mesuré l'enfant et s'être assuré que la mère se portait bien.

Esther couvait son fils du regard et s'employait à lui offrir une première tétée. Témoin privilégié des événements, Claude se tenait aux côtés du duo mère-fils, silencieux. Lorsque la tétée fut initiée, Claude prit la main d'Esther entre les siennes. Pendant de longues secondes, Esther et lui se fixèrent intensément. Le moment était mal choisi pour avoir une discussion, Claude le savait bien, mais il ne pouvait plus accepter de vivre dans le doute.

— Est-ce que c'est mon fils ?

La pièce sembla se fondre dans un épais brouillard. La chambre d'hôpital fit place à une chambre d'hôtel. Des images se succédèrent devant les yeux d'Esther. Des images de la seule aventure extraconjugale qu'elle s'était offerte à vie. Des bribes de cette heure de plaisir qu'elle s'était autorisée dans les bras de son patron, neuf mois plus tôt. Jamais ils n'avaient osé parler de l'événement après coup. Esther regrettait cet écart moral et avait choisi d'effacer jusqu'au souvenir de cette baise torride qui avait clôturé le quinzième anniversaire de la clinique.

Esther hocha doucement la tête de gauche à droite dans l'espoir de convaincre Claude d'abandonner cette discussion à peine naissante. Au même moment, ses épaules se soulevèrent pour contredire sa tête. Des épaules qui criaient « au fond, je ne sais pas ».

C'est ce moment que choisit Jean-François pour faire son entrée. Il multiplia les excuses, embrassa sa femme, s'extasia devant la robustesse de son descendant et remercia Claude d'avoir été présent.

À regret, Claude décida de quitter la pièce. La présence de Jean-François avait brisé la magie du moment et bloqué toute possibilité d'aborder franchement le sujet qui l'intéressait avec Esther. Après avoir offert ses félicitations à la maman, il se dirigea vers la porte.

Il était déjà dans le corridor lorsqu'il se retourna pour jeter un dernier regard en direction d'Esther et du garçon dont il était convaincu d'être le géniteur. Esther comprit que ses problèmes ne faisaient que commencer. La porte de son placard à secrets commençait à s'ouvrir.

Thomas replaça le masque à oxygène de Lili. La pauvre poussait depuis près d'une heure et le bébé refusait toujours de sortir. Ses cheveux, imbibés de sueur, collaient à son visage. Le soluté qu'on lui avait posé en début de journée avait lentement fait enfler son visage. L'effort avait même fait exploser quelques petites varicosités sur ses joues et son menton. Thomas avait donc abandonné l'appareil photo au fond de la valise, convaincu que Lili lui reprocherait son indélicatesse s'il osait la croquer dans cet état de vulnérabilité. Il préférait, de toute manière, soutenir moralement sa copine. Malgré les interventions du médecin et des infirmières, les poussées de Lili semblaient inefficaces.

— Faut pousser des fesses, se bornait à répéter le médecin.

— Quand vous aurez accouché, vous me donnerez des leçons sur la façon de pousser! hurla Lili à l'homme en sarrau.

Imperturbable, le médecin sourit légèrement à Thomas pour lui faire comprendre qu'il en avait vu d'autres. Pour sa part, le futur papa hésitait entre appuyer sa blonde ou s'excuser de la grossièreté de cette dernière auprès du professionnel de la santé.

— Si vous avez pas accouché dans dix minutes, je vous transfère en salle d'op pour une césarienne, annonça le médecin de but en blanc.

Saisie par la menace qui lui pendait au bout du nez et refusant que son enfant vienne au monde sans même qu'elle ait la chance de le prendre dans ses bras, Lili ferma les yeux pour se concentrer.

Elle revisita mentalement la chambre qu'elle et Thomas avaient préparée avec amour pour leur fille. Elle se revit, à toutes les étapes de sa grossesse, en train d'agrandir sa collection de pyjamas roses miniatures. Elle se mit à répéter mentalement le prénom qu'ils avaient finalement choisi d'un commun accord pour leur petite princesse… Céleste. Céleste devint son mantra, sa source de courage.

Lili fit le bilan de sa grossesse. Les neuf derniers mois n'avaient pas été de tout repos. Au moment de devenir mère, d'endosser le plus important rôle de sa vie, elle constatait tout le chemin parcouru, toute la transformation qui s'était opérée chez elle. Bien sûr, elle avait changé physiquement, mais la transformation intérieure qu'elle vivait était encore plus monumentale. L'onde de choc avait des répercussions sur son couple et son entourage. Céleste engendrait un raz-de-marée que Lili n'avait pas prévu. Un vertige la saisit : serait-elle à la hauteur ? Avait-elle ce qu'il fallait pour élever une fillette et la rendre heureuse ? La grossesse avait été beaucoup plus difficile que ce à quoi elle s'attendait. Et s'il en allait de même pour la vie de famille ?

Dans un ultime effort, Lili poussa sa fille vers la sortie. Tremblante, elle cueillit le fruit de ses entrailles. Consciente de la chance qu'elle avait de tenir enfin sa fille contre elle, elle détailla le visage fripé de Céleste et y décela déjà les traits de son amoureux.

Thomas pleurait à chaudes larmes en caressant la tête de Lili. Il enfouit son visage dans la chevelure en bataille de la guerrière qui venait de donner la vie. L'estime qu'il portait à sa blonde était décuplée par ce qu'ils venaient de vivre ensemble. Lili ressentit toute la puissance de la maternité.

— Voulez-vous couper le cordon ? demanda le médecin à Thomas.

Contre toute attente, Thomas saisit les ciseaux qu'on lui tendait. Il regarda sa blonde avec fierté et sépara symboliquement la mère de l'enfant. Ils étaient maintenant une famille.

À cet instant précis, Lili n'avait d'yeux que pour son amoureux, heureuse de lire sur son visage sa joie d'être enfin père. Lorsque Thomas fronça les sourcils, Lili se mit à craindre le pire. Quelque chose clochait, elle le sentait.

— Qu'est-ce qu'il y a ? Thomas, qu'est-ce qui se passe ?

Comme dans un film, au ralenti, Lili vit Thomas porter une main à son visage comme pour en chasser les images qu'il regardait. Tout en plissant les yeux, il s'approcha de l'enfant. Il souleva la jambe du bébé et hoqueta de surprise.

— Ta mère avait raison. C'est un garçon !

REMERCIEMENTS

Merci à ma mère qui, d'aussi loin que je me souvienne, m'a toujours acheté des cahiers vierges en m'invitant à les noircir de mes idées. Maman, je te dois la semence qui fait aujourd'hui le jardin.

Merci à Alexandrine Foulon, mon experte en fertilité, pour l'amitié et les projets qui en découlent. Sans toi, le miracle n'aurait jamais eu lieu. J'étais fertile. Je ne le savais juste pas.

Merci à mon obstétricien, André Gagnon, pour son enthousiasme contagieux et son habileté à mettre le bébé au monde. Quand les entrailles veulent nous fendre, ça prend quelqu'un pour nous dire que tout va bien aller et nous tenir la main. Merci, André, d'avoir joué ce rôle à merveille.

Merci à François Tremblay. À défaut d'être le père biologique de ce roman, tu en es assurément le père d'adoption, celui qui est présent pour aimer le bébé et l'aider à grandir en beauté.

Merci à Éric, Clémentine et Simone. Aucun roman n'arrive à la cheville de l'histoire que vous me faites vivre tous les jours.

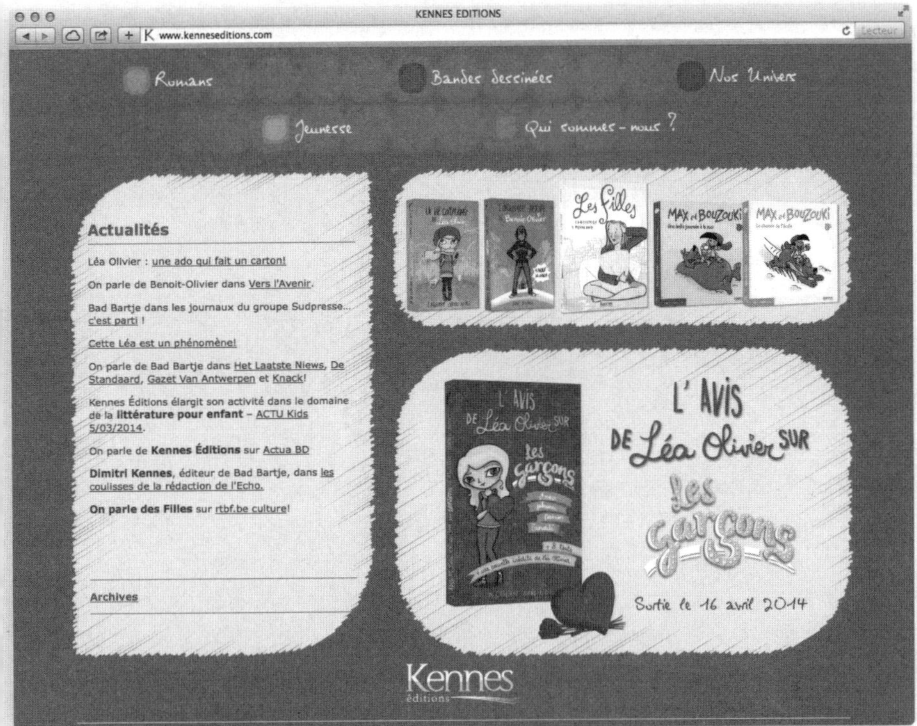

www.kenneseditions.com

facebook.com/KennesEditions